"十三五"国家重点图书出版规划项目

丛书主编 钟秉林

中国教育改革40年

职业教育

石伟平 匡 瑛 等/著

科学出版社

北京

内 容 简 介

改革开放40年来，职业教育事业发展跌宕起伏，取得了历史性的成就，发生了历史性的变革。站在历史的重要节点，有必要回望过去的路，客观认识职业教育发展的成就、不足与具有中国特色的发展道路；同时展望未来的路，职业教育在富国强民、实现“两个一百年”奋斗目标中可发挥的积极作用，以及现代化发展之路。

本书主要分为十章，采用总—分—总的基本结构。第一章总括性地描述改革开放40年职业教育事业发展的基本阶段、主要成就、核心特征；第二到八章分别聚焦8个职业教育中的核心发展问题，涉及理念变迁、体系建构、办学模式嬗变、专业课程改革、师资培养培训、农村职教改革、德育改革及国际化发展；第十章基于对新时代背景的分析，提出中国职业教育未来的发展道路。

本书将客观史实与学术研究相结合，适合职业教育领域的理论研究者与一线实践者阅读。

图书在版编目（CIP）数据

职业教育 / 石伟平等著．—北京：科学出版社，2018.12
（中国教育改革40年 / 钟秉林主编）
ISBN 978-7-03-060242-8
Ⅰ.①职…　Ⅱ.①石…　Ⅲ.①职业教育-教育改革-研究-中国　Ⅳ.①G719.2
中国版本图书馆CIP数据核字（2018）第292279号

责任编辑：孙文影　付　艳 / 责任校对：何艳萍
责任印制：赵　博 / 封面设计：黄华斌
编辑部电话：010-64033934
E-mail：edu_psy@mail.sciencep.com

科学出版社 出版
北京东黄城根北街16号
邮政编码：100717
http://www.sciencep.com
北京厚诚则铭印刷科技有限公司印刷
科学出版社发行　各地新华书店经销
*
2018年12月第 一 版　开本：720×1000　1/16
2024年1月第七次印刷　印张：20
字数：400 000

定价：99.00元

（如有印装质量问题，我社负责调换）

编 委 会

丛书序

（一）

1978年，恢复高考后第一批学子走进大学。1978年，党的十一届三中全会做出改革开放这一关乎当代中国命运的关键抉择。改革开放40年来，中国缔造了震撼世界的奇迹，解决了13亿多人口的温饱问题，实现了最大规模的经济和社会转型，正在实现从人口大国向人力资源强国的历史性转变。

改革开放40年来，中国教育事业迅速发展，成就显著。1978年，我国小学升入初中的比例只有60.5%，高校在校生只有85.6万人；2017年，全国各级各类学校51.38万所，学历教育在校生2.70亿人，专任教师1626.89万人。[①]教育普及程度不断提高，在规模上成为名副其实的教育大国。教育投入平稳增加，教育结构不断优化，教育体制改革不断深化，办学效益逐步提高，人才培养质量不断提升，服务国家、服务人民和参与国际竞争的能力显著增强。

目前，虽然我国教育在结构、质量、体制、管理等方面仍存在这样那样的问题，如人才培养质量与经济社会发展需求还有差距、教育国际竞争力还不够强等，但不可否认的是，40年来教育改革发展取得了举世瞩目的成就，为建设教育强国和

---

① 教育部．2017年全国教育事业发展统计公报．(2018-07-19) [2018-12-07]. http://www.moe.edu.cn/jyb_sjzl/sjzl_fztjgb/201807/t20180719_343508.html.

人力资源强国奠定了坚实的基础。

（二）

改革开放40年来，我国教育的功能从社会本位向以人为本转变。40年前，党和国家的工作重心转向经济建设，急需提高全民素质，教育承担了重要的社会功能。40年来，教育逐渐强调以人为本，重视学生的全面健康发展。20世纪80年代以来声势浩大的素质教育热潮，21世纪以来倡导“一切为了学生的发展”的课程改革，教育部发布多道“减负令”减轻学生过重的课业负担，国家启动新一轮高考改革等，都是为了改变不科学的教育评价指挥棒，将立德树人作为教育的根本任务。进入新时代，我们期待教育为实现学生全面发展奠基，注重学生批判性思维、创新精神与实践能力的养成，致力于学生全面而有个性的发展，培养德智体美劳全面发展的社会主义事业建设者和接班人。

改革开放40年来，我国教育的战略地位从战略重点逐步上升为优先发展。40年前，教育经费严重短缺，教育发展水平比较低下。40年来，教育的战略地位稳步提升，逐步由经济发展、科技进步、人力资源开发的战略重点上升为优先发展的战略地位。国家财政性教育经费占全国教育经费投入的比例平稳增加，国家财政性教育经费占GDP的比例从2012年起实现了超过4%的既定目标，2017年为4.14%。① 习近平在全国教育大会上强调，“教育是国之大计、党之大计”②。教育的基础性、先导性、全局性地位更加凸显。党和国家高度重视职业教育，提出大力发展职业教育、加快发展现代职业教育，构建现代职业教育体系，提升国民素质；高度重视创新型人才培养，加快建设一流大学和一流学科，提升我国高等教育的综合实力和国际竞争力；高度重视教师队伍建设，提高教师政治地位、社会地位、职业地位。进入新时代，我们期待教育引领经济社会发展，致力于为实现“两个一百年”的奋斗目标，实现中华民族伟大复兴的中国梦做出新贡献。

改革开放40年来，我国教育发展的目标已经从规模扩张转向质量提升。40年前，中国教育发展的任务是“两基”攻坚：基本普及义务教育，基本扫除青

① 中央政府门户网站. 国家财政性教育经费占GDP比例连续6年超4%.（2018-10-17）[2018-12-07]. http://www.gov.cn/shuju/2018-10/17/content_5331510.htm.

② 中央政府门户网站. 习近平出席全国教育大会并发表重要讲话.（2018-09-10）[2018-12-07]. http://www.gov.cn/xinwen/2018-09/10/content_5320835.htm.

壮年文盲。40 年来，我国教育的普及化程度全面提高，学前三年教育加快普及，毛入园率达到 79.6%；九年免费义务教育全面实施，巩固率为 93.8%；高中阶段教育基本实现普及，毛入学率为 88.3%；高等教育正在快速从大众化阶段迈向普及化阶段，毛入学率达到 45.7%；中等职业教育和高等职业教育已经成为高中阶段教育和高等教育的“半壁江山”。[①] 教育领域的主要矛盾已经突出表现为人民群众对优质教育的急迫期盼与优质教育供给不充分、不平衡的冲突，教育公平与质量问题凸显。择校、进城务工人员随迁子女受教育、大学生就业等已经成为社会广泛关注的热点问题。我国教育的发展方式正面临根本性转变，从以规模扩张和空间拓展为主要特征的外延式发展，转变为以提高质量和优化结构为核心的内涵式发展。具体表现在：学前教育要坚持抓好普及与提高保教质量并重；义务教育要兼顾提高巩固率与优质均衡发展；高中阶段教育要坚持多样化发展和特色发展；职业教育要主动适应科技进步和产业革命的需要；高等教育要加快“双一流”建设，实现内涵式发展；民办教育要严格规范和大力扶持，利用市场机制推动教育可持续发展。进入新时代，我们期待更加公平、优质、多样的教育，致力于拓展优质教育资源覆盖面，合理配置有限的优质教育资源，全面提升教育整体水平。

改革开放 40 年来，中国教育信息化发展从无到有，由弱到强。当今世界，信息技术发展日新月异，给世界带来了翻天覆地的变化。我国先后颁布了《新一代人工智能发展规划》《教育信息化 2.0 行动计划》等教育信息化发展战略，教育发展面临着前所未有的机遇与挑战：互联网、大数据、虚拟现实、人工智能等先进信息技术与教育教学深度融合，正在改变着传统的教育教学观念、教学组织形态、教学管理机制、教学方式与学习方式。知识传播方式从传统的单向传递转变为多向互动，教师的角色从知识的传播者转变为学生学习活动的设计者和指导者，学校中的师生关系正在转变为新型的学习伙伴关系。教育界对此要保持敏锐的目光，密切跟踪发展趋势，主动、理性地面对挑战；中小学校和高等学校在为信息科技革命提供人力和智力支撑的同时，要主动适应信息科技与教育融合带来的教育形态和就业市场的变革。进入新时代，我们期待构建信息革命驱动下的教育现代化新形态，同时也呼唤回归生命养成的教育，让学生学会学习，迎接充满

① 教育部. 2017 年全国教育事业发展统计公报.（2018-07-19）[2018-12-07]. http://www.moe.edu.cn/jyb_sjzl/sjzl_fztjgb/201807/t20180719_343508.html.

挑战的未来社会。

改革开放40年来，我国教育体制机制改革逐步深化，现代教育体系和能力建设取得突破。40年前，教育领域改革的迫切任务是拨乱反正，1977年恢复高考成为我国恢复与重建教育新秩序的开端。40年来，我国教育体制机制改革的重心是简政放权、扩大学校办学自主权，创建现代学校制度，建立与社会主义市场经济体制相适应的教育管理体制；特别是21世纪以来，我国进入深化教育领域综合改革、推进教育治理体系与教育治理能力现代化的新阶段。40年来，我国逐步完善义务教育管理体制，举办农村义务教育的责任主要由政府承担，以县为主，将农村义务教育全面纳入公共财政保障范围，建立中央和地方分项目、按比例分担的农村义务教育经费保障机制。40年来，我国逐步探索高校招生制度改革，更加注重科学性、自主性、选择性与公平性，人才选拔的标准从知识本位转向能力本位，考试科目从零散分科走向文理融合，考试方式从单一走向多元，招生录取从效率优先转向更加注重公平，强调对弱势群体的补偿。40年来，我国多渠道拓展经费投入，逐步引入市场机制，民办教育迅速发展，形成了从学前教育到高等教育、从学历教育到非学历教育，层次类型多样、充满生机活力的发展局面，有效增加了教育服务供给。进入新时代，我们期待建立政府主导、多元参与的中国特色现代化教育治理体系，不断深化教育领域综合改革，实现教育治理能力的现代化。

改革开放40年来，我国教育发展的模式从照搬模仿转向自主探索。1978年，我国掀起了“实践是检验真理的唯一标准”的大讨论，教育也开始在照搬、模仿国外经验的基础上，探索中国特色发展道路。习近平同志在全国教育大会上的重要讲话中强调指出：“在实践中，我们就教育改革发展提出一系列新理念新思想新观点，主要有以下几个方面，坚持党对教育事业的全面领导，坚持把立德树人作为根本任务，坚持优先发展教育事业，坚持社会主义办学方向，坚持扎根中国大地办教育，坚持以人民为中心发展教育，坚持深化教育改革创新，坚持把服务中华民族伟大复兴作为教育的重要使命，坚持把教师队伍建设作为基础工作。这是我们对我国教育事业规律性认识的深化，来之不易，要始终坚持并不断丰富发展。”① 教育发展的模式要根据各国不同的历史传统、现实国情和发展方向来进行

---

① 中央政府门户网站．习近平出席全国教育大会并发表重要讲话.（2018-09-10）[2018-12-07]. http://www.gov.cn/xinwen/2018-09/10/content_5320835.htm.

抉择，不能走趋同的道路。进入新时代，我们期待培养具有中国灵魂、国际视野、国际理解力与参与能力的世界公民，探索教育发展的中国经验与中国方案，为教育国际化做出中国贡献。

《论语·为政》有云，“四十而不惑”。回首40年来我国波澜壮阔的教育改革发展历程，这是中国教育史上浓墨重彩的一笔，也必将引起国际社会的广泛关注。可以预见，中国教育在国际舞台上将扮演越来越重要的角色。

2018年教师节，党中央召开了具有历史意义的全国教育大会，习近平同志在大会上作了重要讲话。全国教育大会在新的历史起点上开启了教育事业新征程，对加快推进教育现代化、建设教育强国、办好人民满意的教育进行了总体部署，为未来我国教育改革发展指明了方向。展望新时代，就是要扎根中国大地办教育，坚持中国优良文化传统，拓展国际视野，追求质量卓越，促进教育公平，建设教育强国。

（三）

科学出版社乔宇尚编辑策划的“中国教育改革40年”丛书为“十三五”国家重点图书出版规划项目，聘请国内教育学界的权威专家和知名学者担任主编，丛书包括10卷：《学前教育》（虞永平 张斌）、《义务教育》（宋乃庆 陈婷 张辉蓉）、《高中教育》（朱益明）、《高等教育》（张应强）、《农村教育》（范先佐）、《教育信息化》（黄荣怀 王运武）、《民办教育》（周海涛）、《学校德育》（冯建军）、《高考改革》（郑若玲）、《职业教育》（石伟平 匡瑛），力图从不同层次、不同领域、多角度展示改革开放40年来中国教育的改革进程、发展成就、改革经验和最新进展。

《学前教育》分为三编，分别从社会事业、育人活动和学术关注的角度，对40年来我国学前教育在办园、管理、经费投入、师资队伍、基本理念、保教环境、课程建设、质量评价和学术研究等方面的改革发展进行了客观、理性的阐述与分析。该书旨在回顾40年来我国学前教育改革发展的历史，揭示成就，总结经验，破解问题，概括具有中国特色的学前教育发展模式，为未来我国和国际学前教育的发展提供专业智慧。

《义务教育》在《中国义务教育发展报告》《义务教育第三方评估报告》《中国基础教育改革与发展》等系列研究成果的基础上，坚持辩证唯物主义，定量与定性相结合，点面结合，尤其注重史料、数据、典型经验案例等支撑，回眸改革开放40年中国义务教育发展的伟大历程，总结改革开放40年中国义务教育改革的成就和经验，反思存在的问题和不足，并提出对策建议，凝练改革开放40年义务教育改革发展的中国模式。

《高中教育》从普通高中教育发展与制度体系、教育经费投入、课程改革、教师培养与培训、现代高中学校管理、现代高中学校制度、薄弱学校改进与普及攻坚等七大方面，系统介绍了普通高中改革与发展的政策轨迹与实践成效。面对新时代中国教育现代化发展要求，分析了当前中国普及高中教育面临的新形势，提出了改革与发展的行动策略和普通高中学校改革的逻辑建构。

《高等教育》遵循两条基本思路：一是全面反映40年来我国高等教育改革发展的历史进程和重要成就，从学术角度系统总结我国高等教育改革发展的成果、经验及面临的问题，概括高等教育改革发展的中国模式和中国道路。二是遵循“合一分一合”的逻辑，以主题或专题形式，抓住主要方面，对我国高等教育40年的改革发展做出准确概述和客观评价，体现研究性和学术性。专题包括：高等教育大众化、高等教育体制改革和结构调整、高等教育质量建设、世界一流大学建设、高等教育体系建设、学位与研究生教育、高等教育法治化建设、高等教育对外开放与国际合作等。各个专题研究在坚持全面和准确概述的基础上，力求突出核心问题，体现创新性。

《农村教育》将关注的重点放在农村教育财政体制、农村中小学布局调整、农村中小学教师队伍建设、流动人口子女教育、农村贫困地区教育发展、农村小规模学校与大规模学校建设、农村学生资助等涉及我国农村教育发展的重要方面，就40年来党和政府在这些方面所采取的举措、取得的成效、积累的经验进行深入分析和系统总结，力图概括农村教育发展的中国模式和中国道路，发出中国声音，为国际农村教育的发展贡献中国智慧。

《教育信息化》回顾与剖析中国教育信息化改革与发展40年历程，将教育信息化发展历程分为计算机教学起步、计算机教育发展、基础设施建设大发展、教育信息化应用水平大力提升、特色教育信息化发展五个阶段，并展望了教育信息化未来发展趋势。该书以教育信息化领域权威性、国际性、引领性和战略性为追求目标，以推动中国教育改革和发展为根本宗旨，助力实现中国伟大的“教育梦”。

《民办教育》以民办教育40年发展历程为主线，以民办教育法律法规为依据，坚持改革导向、问题导向和政策导向，针对民办教育总体概况、民办教育发展数据变化、民办教育法律制度变迁、民办教育规范和管理、民办教育扶持和服务、民办学校办学体制机制、民办学校育人特色、民办教育未来展望等重要问题进行客观分析，总结改革成效，剖析突出问题，提出具体建议，努力为民办教育改革发展提供一定的理论支持和实践参考。

《学校德育》以改革开放40年德育发展的历史为经，以学校德育要素为纬，依照“总一分一总”的思路，全面回顾总结了改革开放40年德育发展的阶段、特点与经验，并从德育方针与政策、德育价值与目标、德育内容与课程、德育教学与实施、师德与德育队伍、德育理论研究与德育模式探索等方面分析了40年的变革及发展趋向，最后以习近平新时代中国特色社会主义思想为指导，分析新时代我国德育面临的机遇与挑战以及未来的发展。

《高考改革》在概述高考制度发展的基础上，对高考的形式、科目、内容、录取等高考制度各主要方面的发展与改革进行细致梳理，对其中一些较为突出的问题进行深入分析，并对高考制度的最新改革进行追踪与反思。研究成果既是对高考制度发展与改革的学术加工与思考，可以丰富相关理论成果，又可为高考综合改革实践提供学理支持，平稳推进改革进程。

《职业教育》总括性地描述改革开放40年职业教育事业发展的基本阶段、主要成就、核心特征；在此基础上分别聚焦8个职业教育发展中的核心问题进行深入研究，涉及理念变迁、体系建构、办学模式嬗变、专业课程改革、师资培养培训、农村职教改革、德育改革和国际化发展；最后基于对新时代背景的分析，提出中国职业教育未来发展的路径。

综上所述，丛书力图展示1978—2018年我国教育改革与发展的历史进程和重要成就，梳理国内学者在各专业领域的研究和探索，系统总结我国教育改革与发展的成果、经验及面临的问题。丛书旨在讲述中国教育故事，增强文化自信；总结中国经验，提高文化软实力；探寻中国教育模式，扩大中国教育国际影响力。希望丛书的出版，能够为广大读者提供参考和借鉴。

（四）

教育是梦想和希望的载体，我们都在憧憬教育的未来，构筑教育现代化的中国梦。

未来的教育，将是体现“有教无类”教育理念的公平的教育，每个公民都可以在学习型社会框架下，随时、随地、随意地学习，不断丰富和完善自己；未来的教育，将是体现“因材施教”教育理念的多样化的教育，每个公民都可以接受适合自己的教育，彰显个性和特长；未来的中国教育，将是体现“人尽其才”教育理念的高质量的教育，每个公民都可以在学习中成长，在服务国家和社会的过程中实现自我价值。

当前，我国教育已经进入深化综合改革、加强内涵建设、优质均衡发展的新时代，现实与理想的距离在不断拉近。我们有充分的理由相信，只要认真学习贯彻落实党的十九大精神和习近平同志在全国教育大会上重要讲话的精神，坚定不移地走中国特色教育发展道路，坚持改革开放，励精图治、锐意创新、厚积薄发，中国教育一定能够取得更大的发展成就，建设教育强国和人力资源强国的战略目标一定能够早日实现。

对此，我们充满期待。

是为序。

钟秉林

2018年12月7日

前　言

我国职业教育经历了1904年“癸卯学制”后110多年的发展，沐浴着改革开放的春风，进入了一个全新的发展时期。无论是外部的工作世界，还是学生、家长对职业教育的期待都已经发生了根本性的转变。改革开放40年来，我国职业教育走过了从孱弱到蓬勃壮大的艰辛道路，取得了令人瞩目的成就，探索出一条不同于西方国家职业教育发展的独特道路，积累了宝贵的经验。在全新的时代背景下，有必要对改革开放以来我国职业教育改革与发展的历程进行全面系统的梳理，并对经验教训进行总结分析。这是实现在新时代背景下我国职业教育可持续发展的关键。

基于以上背景，同时为了纪念改革开放40周年，我们撰写了本书。本书既从宏观视野对我国职业教育事业发展、职业教育理念、职业教育体系建设、职业教育办学模式等问题进行了深入的探讨，同时也对我国当前职业教育发展与改革的关键问题，如职业教育课程改革与发展、职业教育教师队伍建设、农村职业教育改革与发展、职业教育德育、职业教育国际化等，进行了全面、细致的剖析。在各章的布局架构上，既注重历史维度的纵向梳理，同时也注重对关键问题的深入讨论。因此，本书的内容既不限于历史的描述，也不囿于理论的探讨，而是以专题为主线，以梳理客观事实为基础，穿插学术研究与评论，厘清史实与学术分析相结合，全面总结与梳理我国改革开放40年来职业教育的发展历程，探讨今后职业教育理论研究与改革实践的发展方向。

由于篇幅有限，本书设立的专题并未能涵盖我国职业教育的方方面面，但本书仍具有一定的学术价值。从学科发展动向上看，当前我国职业教育研究已经进入一个新的发展阶段，不仅日益重视实证研究方法的运用，同时也注重对研究问题的多学科聚焦，本书在撰写过程中较好地贯彻了上述研究趋势，始终坚持基于证据支撑来研究相关问题并得出相应结论，同时针对不同的研究问题都选择了较为适切的学科视角进行探讨分析；从对科学技术及国民经济发展的作用来看，本书的撰写是对我国改革开放40年职业教育改革经验与教训的系统总结、梳理，并不拘泥于主题涉猎的全面广泛，而是聚焦于我国职业教育改革与发展中所遇到的关键问题与瓶颈，通过不同学科视角与多种研究方法得出了一系列重要结论，并给出了相应的对策建议，这无疑对当前正处于改革“深水期”的我国职业教育改革与发展指明了方向。

本书具有以下特点：

第一，从学术思想来看，本书通过对改革开放后职业教育不同领域改革探索经验的总结梳理，系统归纳整理了40年来我国职业教育改革与发展的历史脉络，在清晰把握历史发展逻辑的前提下，指出了我国职业教育改革与发展的未来路径。

第二，从内容范围来看，本书不拘泥于问题涉猎的全面广泛，而是坚持以问题导向为中心，选取当前职业教育改革与发展的关键问题进行了深入剖析，而且始终坚持理论与实践相结合的路径，既重视对改革实践经验的归纳总结，同时也始终坚持从不同学科视角出发反思实践经验，从而获得理性认知。

第三，从结构体系来看，本书坚持宏观视野与微观实践探索相结合的路径，既从整体上对职业教育改革与发展的相关重要议题进行了探讨分析，也在整体把握改革大趋势的前提下对职业教育改革与发展中某些关键领域的问题进行了重点分析和阐述。

第四，从写作特点来看，本书写作风格朴实无华，在论证过程中按照总—分—总、层层递进、并列等不同路径展开深入论证，始终坚持客观、全面与深入，避免作者个体主观情感的渗入。

本书凝集了整个团队的智慧与努力。其中石伟平、匡瑛对本书的研究内容、研究思路、撰写框架等进行了整体设计，并对文字做了整体把关，井文、黄姣姣、宋俐霄对各章节进行了文字和格式梳理。各章初稿的撰写者如下：第一章，匡瑛、黄姣姣、宋俐霄；第二章，石伟平、汤杰、沈茜；第三章，匡瑛、井文；第四章，石伟平、付雪凌；第五章，王亚南、付雪凌；第六章，付雪凌、石伟平；第七章，唐智彬；第八章，匡瑛、过筱；第九章，石伟平、梁珺淇；第十章，石伟平、王亚南、匡瑛。

在撰写本书的过程中，我们参考与借鉴了大量的在线信息与研究文献，引用了许多相关政策文件与学术成果，并尽可能地标注了参考文献的出处。在此，谨向这些资料的作者表示衷心的感谢。

本书面向的读者对象主要为高等院校与科研院所、各级各类职业教育机构中从事职业教育研究的学者，职业教育学专业研究生，以及从事职业教育管理、育人工作的管理者与教师。

对于本书的撰写，我们已经尽了很大努力并力求完美，但由于时间仓促与水平有限，书中的纰漏在所难免，敬请各位读者批评指正，以使本书能够在日后臻于完善。

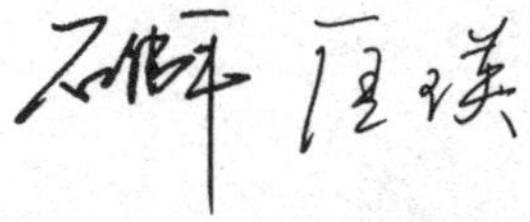

2018 年 7 月 31 日

于华东师范大学文科大楼 6 楼

目 录

丛书序（钟秉林）

前言

第一章 改革开放 40 年我国职业教育的发展 1

第一节 我国职业教育发展的主要阶段 2

第二节 我国职业教育的主要成就与发展特征 25

第三节 我国职业教育改革与发展的核心问题 29

第二章 职业教育理念的嬗变 35

第一节 改革开放 40 年人才观的流变 36

第二节 职业教育导向的流变 47

第三节 现代职业教育理念的形成与内涵 58

第三章 职业教育体系的改革与发展 65

第一节 我国职业教育体系的构建 66

第二节 中等职业教育结构改革与发展 77

第三节 高等职业教育的改革与发展 84

第四章　职业教育办学模式的改革与发展 97

第一节　职业教育办学模式改革的历史轨迹 98

第二节　我国职业教育主要办学模式的改革与发展 113

第三节　职业教育产教融合的改革与趋势 122

第五章　职业教育课程的改革与发展 127

第一节　职业教育课程改革的历史脉络 128

第二节　职业教育课程改革的核心问题 134

第三节　专业与课程改革的主要成就、问题与趋势 140

第六章　职业教育教师队伍建设的改革与发展 155

第一节　职业教育教师队伍建设的改革历程 156

第二节　职业教育教师队伍管理的改革历程 168

第三节　职业教育教师职前职后一体化培养体系的构建 176

第七章　农村职业教育的改革与发展 179

第一节　农村职业教育发展阶段与改革重心：以政策变迁为中心的考察 180

第二节　农村职业教育发展的实践样态 185

第三节　我国农村职业教育改革与发展的反思与展望 195

第八章　职业院校德育的改革与发展 205

第一节　职业教育德育实践形态的演进 206

第二节　职业教育德育的特点与中国特色 215

第三节　职业教育德育中的关键问题及其改进 221

第九章　职业教育国际化的改革与发展 227

第一节　职业教育国际化历程回顾 228

第二节　职业教育国际化的特点与中国特色 241

第三节　“一带一路”背景下职业教育国际化的改革方向 244

第十章　现代职业教育的发展之路：中国方案 251

第一节　世界发达国家职业教育现代化发展的主要路径 252

第二节　新时代我国职业教育面临的机遇与挑战 258

第三节　新时代我国职业教育现代化发展的思路与路径选择 275

附录　改革开放40年职业教育相关政策文件 286

索引 293

第一章

改革开放 40 年我国职业教育的发展

职业教育作为当代国民教育体系中不可或缺的重要组成部分，对国民经济以及社会发展有着重要作用。改革开放 40 年正是职业教育历经波折、异军突起的 40 年。在这 40 年中，职业教育规模逐渐扩大，质量日渐提升，结构日趋完善，效益稳步上升，逐渐形成了现代职业教育体系，为社会经济发展输送了一大批高素质技术技能型人才。这 40 年中，我国职业教育经历了恢复重建—大力发展—快速发展的演变历程，在体系建构、办学模式、发展内涵各方面都历经蜕变，体现了独有的中国特色，走出了符合我国国情的职业教育现代化之路。

对改革开放 40 年的回顾，无疑是一种对历史事件多维度、多方面和多层次的解读，按照海登・怀特的说法是一种历史叙事[①]。存在于 1978—2018 年的"过去"多且复杂，如何把这些纷繁复杂的过去讲述成一个"连贯的事实"（coherent reality），是仁者见仁、智者见智的事情。然而，无论运用什么样的逻辑主线，以及如何讲述，历史必然有其内在规律可循。这里主要采用关键性的历史事件和里程碑式的政策文件叙述的方式，把 40 年贯穿起来。

① 海登・怀特. 后现代历史叙事学. 陈永国，张万娟译. 北京：中国社会科学出版社，2003：62-71.

第一节　我国职业教育发展的主要阶段

改革开放以来，我国职业教育并非匀速发展的，而是经历了一个起伏又加速发展的过程。以改革开放后我国社会经济发展为背景，根据关键性事件和里程碑文件，可将我国职业教育的改革与发展划分为五个阶段。

一、恢复重建阶段（1978—1984 年）

（一）两大突出问题亟待解决

历经“文化大革命”，各类教育包括职业教育发展跌入低谷。1976 年，在邓小平的督促和领导下，教育领域的重建逐步展开。1978 年，党的十一届三中全会召开，党的工作重点转移到社会主义现代化建设上来，这标志着我国进入改革开放的历史阶段。在新的发展形势下，我国的中等教育面临着两大突出问题：①结构问题。中等教育结构畸形发展，1978 年，普通高中在校学生数为 1553 万人，而中等职业教育在校学生数仅有 212 万人，高中阶段普职比达到 88∶12，差距悬殊[①]。②发展问题。“文化大革命”结束后，全国各项事业百废待兴，需要一大批技术技能人才的支撑。这些都对中等职业教育的发展提出了迫切要求。

---

① 国家统计局. 1978 年年度数据. [2018-04-18]. http://data.stats.gov.cn/easyquery.htm?cn=C01&zb=A0M0C&sj=1978.

（二）调整中等教育结构

在上述背景下，国家越来越重视中等教育结构调整。1978年，在全国教育工作会议上，邓小平指出："应该考虑各级各类学校发展的比例，特别是扩大农业中学、各种中等专业学校、技工学校的比例。"[①] 为了响应此次会议，1979年，许多地区推行了中等教育结构改革的试点。1980年，国务院批转教育部、国家劳动总局[②]《关于中等教育结构改革的报告》，该报告提出：普职并举，城乡广泛举办职业技术学校，普高开设职业技术教育课，部分普高改办为职业技术学校、职业中学、农业中学。[③] 这项政策不仅促进了普职比的改善，而且促进了职业教育的规模发展。1983年，教育部联合几部委颁布了《关于改革城市中等教育结构、发展职业技术教育的意见》，肯定了之前的试点工作，同时提出之后需要进一步明确改革中等教育结构、发展职业技术教育的方向、途径和要求。

调整中等教育结构主要有两大措施：①恢复发展中等专业学校和技工学校。自1978年开始，教育部陆续出台了一系列关于中等专业学校办学、招生、师资等各方面规定的文件[④]。配合高考制度的恢复，中等专业学校与技工学校也全面建立正常教学秩序。1980年，《全国中等专业教育工作会议纪要》明确规定了中等专业学校的招生对象、学习年限等内容。1981年，国务院颁布《关于加强职工教育的决定》，提出了职工教育的任务和要求。1983年，教育部与劳动人事部联合发出《关于原半工（农）半读中等专业学校毕业生学历工资等问题的通知》，解决了中等专业学校关于学历和工资的历史遗留问题。②新建并大力发展职业高中。1980年，《关于中等教育结构改革的报告》中提出"应当实行普通教育与职业、技术教育并举，全日制学校与半工半读学校、业余学校并举，国家办学与业务部门、厂矿企业、人民公社办学并举的方针"[③]。1984年，根据中等教育结构改革的方针和要求，各地对普通中学的发展进行全面规划，有计划地将一部分普通高中改为职业中学或农业中学[⑤]，职业高中这一新的中等职业学校办学形式开始发展起来。

到1984年年末，全国共有普通高中17 847所，招生262.30万人，在校

---

① 邓小平在全国教育工作会议上的讲话.（1978-04-22）[2018-04-30]. http://www.jyb.cn/info/jyzck/200602/t20060227_11491.html.

② 本书中涉及诸多国家部委及其他机构的名称，为行文简便，不对各机构名称的历史沿革作说明，也不对其简称、全称进行统一，局部以与相关文件、规范、会议等的文献资料中的说法统一为准。

③ 国务院批转教育部、国家劳动总局关于中等教育结构改革的报告. 劳动工作，1980，12（4）：25.

④ 杨建才. 中国职业教育历史. 大连：辽宁大学出版社，2005：430.

⑤ 朱永新，王继平. 中国教育改革大系・职业教育卷. 武汉：湖北教育出版社，2016：108.

学生689.81万人。全国中等专业学校达到3301所，比1978年增长19.6%，招生54.61万人，比1978年增长22.1%，在校学生132.2万人，比1978年增长49%；技工学校3465所，招生30.90万人，在校学生63.92万人，比1978年增长67.3%；农业中学、职业中学7002所，招生93.90万人，在校学生174.48万人。[1]中等教育结构不合理的状况有了明显改善，如图1-1所示。

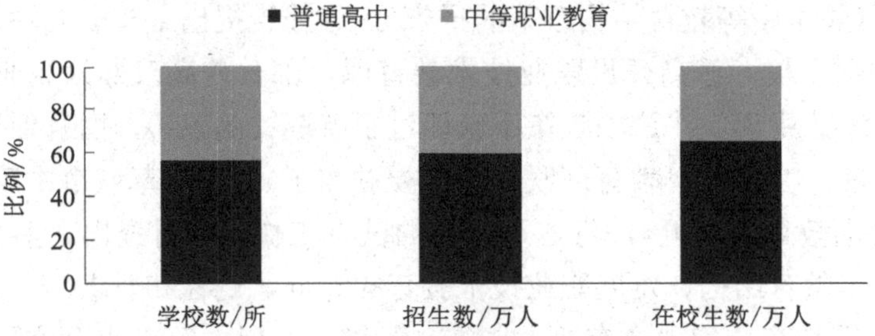

图1-1　1984年中等教育发展情况

资料来源：《中国教育年鉴》编辑部. 1986. 中国教育年鉴（1982—1984）. 长沙：湖南教育出版社.

经历了结构调整，尽管中等职业教育的规模发展起来了，但由于职业高中是由普通中学简单换牌而成，这种发展路径为其办学质量及后续发展埋下了很大的隐患。

（三）试办短期职业大学

20世纪80年代，随着经济恢复发展，社会对技术技能型人才的需求日益增加，但传统的高等专科教育却因自身存在一些问题而不能完全满足这种需要。一方面，高等专科教育培养的人才数量低于实际的需求数量；另一方面，其培养模式存在“重理论轻实践”的问题，被认为是本科教育的“压缩饼干”，培养的学生质量不能很好地匹配社会的需求。面对这一状况，一些经济较发达的地区开始自己集资办学，培养本地区急需的专门人才。1980年，江苏省建立了全国第一所高等职业教育院校——金陵职业大学。此后，各省纷纷开始建立短期职业大学。这些短期职业大学根据地方发展需要设置专业，基本为专科层次，学制也不统一，主要为三年制。其一诞生就显示出强大的生命力，到1984年，全国范围内就已发展到82所，共开设专业200多个，遍及各主要行业，在校学生达

① 《中国教育年鉴》编辑部. 中国教育年鉴（1982—1984）. 长沙：湖南教育出版社，1986：59.

46 956人[①]。短期职业大学是我国高等职业教育的开端，由于结合了当地需要、与实际生产紧密结合，培养的人才可以直接为当地经济发展服务，短期职业大学的迅速兴起对我国高等教育和职业教育产生了深远影响。

二、迅速发展阶段（1985—1997年）

（一）国民经济好转，教育体制矛盾凸显

1984年，党的十二届三中全会通过了《中共中央关于经济体制改革的决定》，这标志着经济建设成为我国社会主义改革的主战场。面对我国对外开放、对内搞活，经济体制全面展开的形势，以及世界范围内新技术革命正在兴起的势头，我国教育事业的落后与教育体制的弊端显得尤为突出，改革教育体制尤为迫切。职业教育作为与经济建设关系最直接、最密切的教育形式，也必然提上发展日程。

（二）明确职业教育的社会地位与发展方向

1985年，《中共中央关于教育体制改革的决定》明确提出了我国职业教育的发展方向：以中等职业技术教育为重点，同时积极发展高等职业技术教育，逐步建立一个从初级到高级、行业配套、结构合理，又能与普通教育相互沟通的职业技术教育体系。[②]该决定首次在战略高度上明确了教育的地位、作用和任务，也为全面改革教育指出了方向和达到目标的基本途径、方法，它的颁布实施标志着教育踏入正轨，同时我国的职业教育也步入迅速发展时期。

1986年，第一次全国职业教育工作会议召开，这次会议在肯定成绩的同时，也指出了职业教育需要解决的问题：①职业教育的规模、层次、结构尚不适应城市经济、社会发展的需要；②农村职业教育薄弱；③中专、技校发展缓慢；④职业教育质量和办学效益不高。在总结职业教育发展问题的基础上，会议确定了到1990年前后大多数地区的高中阶段职业教育招生数要与普通高中招生数大体相当的目标[③]。该会议促进了整个社会对职业技术教育的认识，推动了职业技术教育的发展。

---

① 朱永新，王继平. 中国教育改革大系·职业教育卷. 武汉：湖北教育出版社，2016：17.

② 中共中央关于教育体制改革的决定.（1985-05-27）[2018-05-01]. http://old.moe.gov.cn/publicfiles/business/htmlfiles/moe/moe_177/200407/2482.html.

③ 杨建才. 中国职业教育历史. 大连：辽宁大学出版社，2005：443.

1991年1月25日，国家教育委员会、国家计划委员会、劳动部、人事部、财政部在北京共同召开了第二次全国职业教育工作会议，在会议回顾中指出："会议的主要任务是学习、贯彻党的十三届七中全会精神，总结十年来发展职业教育的经验，进一步提高认识，明确今后发展的目标、方针和政策措施。"① 同年10月17日，《国务院关于大力发展职业技术教育的决定》颁发，该决定对职业教育的战略地位及作用高度重视，提出："初步建立起有中国特色的，从初级到高级、行业配套、结构合理、形式多样，又能与其他教育相互沟通、协调发展的职业技术教育体系的基本框架。"②

1993年，中共中央、国务院颁布《中国教育改革和发展纲要》，提出："职业技术教育是现代教育的重要组成部分，是工业化和生产社会化、现代化的重要支柱。各级政府要高度重视，统筹规划，贯彻积极发展的方针，充分调动各部门、企事业单位和社会各界的积极性，形成全社会兴办多种形式、多层次职业技术教育的局面。"③ 该政策的提出使我国职业教育办学体制与普通教育办学体制分离，实行小学后、初中后、高中后三级分流的方针，因地制宜发展初等职业教育，大力发展中等职业教育，积极探索发展高等职业教育。

1996年，我国第一部职业教育法——《中华人民共和国职业教育法》颁布，该法明确把我国的职业学校分为初等、中等和高等职业学校，确立了职业教育在中国教育体系中的法律地位。同年6月，国家教育委员会、国家经济贸易委员会、劳动部联合召开了第三次全国职业教育工作会议，这次会议明确了未来15年职业教育发展的任务和目标，对20世纪90年代末21世纪初的职业教育发展产生了深远影响。

1986—1997年是我国职业教育事业发展取得重大成就的12年。历史表明，《中共中央关于教育体制改革的决定》和第一次全国职业教育工作会议有力地推动了中国职业教育的发展。中等教育结构进一步调整（图1-2～图1-4），形成了普通教育与职业教育相并行的双轨制教育体系。

由统计数据可见，我国的中等职业教育具有了一定规模，职业教育的体系框架基本形成，发展思路更加明确，法律保障初步建立，我国的职业技术教育开始走向新的发展时期。

---

① 杨佐，费重阳. 关键问题在于提高认识——全国职业技术教育工作会议信息. 职业教育研究，1991（2）：16-17.

② 国务院关于大力发展职业技术教育的决定.（1991-10-17）[2018-05-01]. http://old.moe.gov.cn//publicfiles/business/htmlfiles/moe/moe_732/200407/816.html.

③ 中国教育改革和发展纲要.（1993-02-13）[2018-05-01]. http://old.moe.gov.cn//publicfiles/business/htmlfiles/moe/moe_177/200407/2484.html.

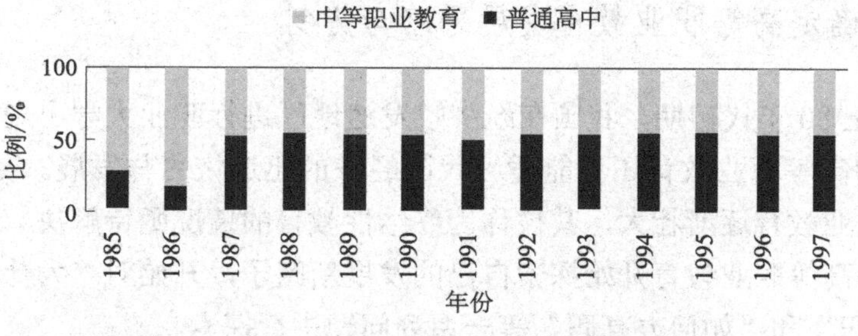

图 1-2 1985—1997 年我国中等教育学校结构

资料来源：根据 1985—1986 年《中国教育年鉴》和 1987—1997 年《中国教育统计年鉴》统计所得

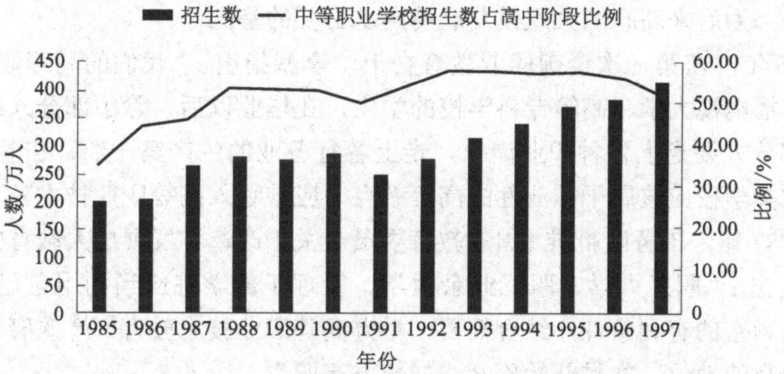

图 1-3 1985—1997 年全国中等职业学校招生情况

资料来源：根据 1985—1986 年《中国教育年鉴》和 1987—1997 年《中国教育统计年鉴》统计所得

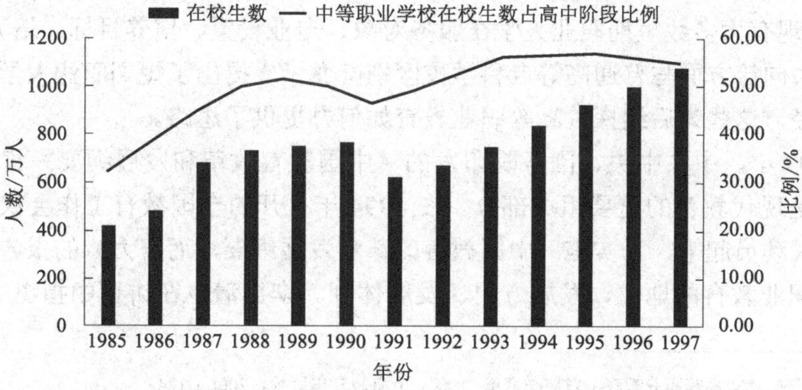

图 1-4 1985—1997 年全国中等职业学校在校生情况

资料来源：根据 1985—1986 年《中国教育年鉴》和 1987—1997 年《中国教育统计年鉴》统计所得

（三）确定高等职业教育发展思路与方针

20世纪80年代初期，我国在经济较发达地区进行职业大学小规模试点，刚成长起来的高等职业教育还不能适应我国经济的迅速恢复与发展。更重要的是，随着中等职业教育逐渐壮大，其被称为终结性教育的情况亟待解决。在这样的背景下，我国高等职业教育开始探索自己的发展新路子，开始对“为什么办高职”、“什么是高职”和“如何办高职”等一系列问题进行探索。

1985年，《中共中央关于教育体制改革的决定》明确提出要积极发展高等职业教育，使高职的地位得到了明显提高，同时进一步推动了高职发展从理论到实践的过程，为后来高职的大规模发展奠定了必要的基础[①]。

1986年，在第一次全国职业教育会上，李鹏指出：“我们的高等职业学校、一部分广播电视大学、高等专科学校的学生，在毕业以后，除小部分人继续深造外，大部分人要走上各种职业岗位，走上各行各业的生产第一线，在基层工作。所以，这类学校应该属于职业性的高等教育，应该划入高等职业技术教育这个层次。”[②] 1987年，国务院批准《国家教育委员会关于改革和发展成人教育的决定》，该决定提出：“职工大学、职工业余大学、管理干部学院应当利用自己同企业、行业关系紧密的有利条件，结合需要，举办高等职业技术教育。”[③]政府肯定了高等职业教育的地位，并且开始探索“如何办高职”。

1990年，国家教育委员会在广州召开“全国普通高等专科教育工作座谈会”，主要探讨了普通高等专科教育的办学指导思想、方针政策和具体措施。

1991年，国家教育委员会印发的《关于加强普通高等专科教育工作的意见》指出：“现有大多数短期职业大学在服务对象、专业设置、培养目标、培养模式、毕业生去向等方面与普通高等专科学校区别甚微。”[④]提出了短期职业大学分化的两条路径，这些为后续探讨高等职业教育如何办提供了思路。

1993年，中共中央、国务院印发的《中国教育改革和发展纲要》肯定了职业教育是现代教育的重要组成部分。在1994年召开的全国教育工作会议上，李鹏作了《动员起来，为实施〈中国教育改革和发展纲要〉而努力》的报告，明确了高等职业教育的地位、发展方向、发展体制。李岚清也在讲话中指出：“发展

---

① 匡瑛. 比较高等职业教育：发展与变革. 上海：上海教育出版社，2006：124.

② 李鹏. 大力发展职业技术教育是教育改革的重要内容. 新华月报，1986，(8)：139-143.

③ 国务院批转《国家教育委员会关于改革和发展成人教育的决定》的通知.（1987-06-23）[2018-05-17]. http://old.moe.gov.cn//publicfiles/business/htmlfiles/moe/moe_726/200506/8930.html.

④ 何东昌. 中华人民共和国教育重要文献（1991—1997）. 海口：海南教育出版社，1998：3092-3093.

高等职业学校，主要走现有职业大学、成人高校和部分高等专科学校调整专业方向及培养目标，改建、合并和联合办学的路子。”[①] 他的讲话初步体现了以“三改”的方式发展高等职业教育的方针。之后，国家教育委员会成立了以副主任张孝文为组长，王明达、周清远为副组长，并由各司主要领导参加的高职协调小组[②]，1996 年协调小组起草了《高等职业教育发展几个问题的汇报》，提出 :“主要是通过对已有的职业大学、部分高等专科学校、独立设置成人高校的改革、调整专业方向及培养目标来促进高等职业教育的发展。仍不能满足社会对高职人才需要时，应适当利用条件好的国家重点中专学校办高等职业教育。”[③] 该汇报体现了“三改一补”方针的基本设计思路。同年，全国职业教育会议召开，李岚清在题为《认真贯彻〈职业教育法〉，努力开创职业教育工作新局面》的报告中也再次明确了该思路。

截至 1997 年，全国高等职业教育招生 43 万人，在校生 117 万人，独立设置的高等职业学校 432 所，高等职业教育发展势头迅猛，成为后来实现高等教育大众化的一股重要力量。

（四）创办五年制高职

五年制高职是高等职业教育的一个特殊类型，它将中职与高职融为一体，统筹考虑。五年制高职在高等职业教育中占比虽不大，却发挥着重要作用。

1985 年，国家教育委员会下发《关于同意试办三所五年制技术专科学校的通知》，决定在西安航空工业学校、国家地质局地震学校、上海电机制造学校三所中等专业学校的基础上试办五年制技术专科学校[④]。三校均为专科与中专并存，招生时以中专名义招收初中毕业生。学生入学后，前两年具有中专学籍，两年期满，择优选拔升入专科，学习三年，发给专科毕业证书。未能升入专科的同学，继续按计划学习两年，发中专毕业证书[⑤]，这就是俗称的“四五套办”。1990 年，国家教育委员会批准邢台高等职业技术学校进行试点。在 1994—1996 年的 3 年时间里，共有 18 所重点中专学校被批准举办五年制高等职业教育班。

---

① 李岚清在全国教育工作会议上的总结讲话（摘要）.（1994-06-17）[2018-12-22]. http://www.jyb.cn/info/jyjck/200604/t20060407_14986.html.

② 杨建才. 中国职业教育历史. 大连：辽宁大学出版社，2005：450.

③ 闻友信，杨金梅. 中华人民共和国教育专题史丛书：职业教育史. 海口：海南出版社，2000：167.

④ 朱永新，王继平. 中国教育改革大系. 武汉：湖北教育出版社，2016：119.

⑤ 国家教委职业技术教育司. 职业技术教育文件选编（1978—1988）. 北京：生活·读书·新知三联书店，1989：629-630

实践证明，五年制高等职业教育便于统筹安排教学，实现了中等职业教育与高等职业教育的有机衔接，适应了经济建设和生产第一线岗位对高等技术应用型人才的需要，适应了职业教育多样化发展的需要。

三、深化发展阶段（1998—2004年）

（一）中等职业教育危机

20世纪末21世纪初，我国正处在实现计划经济向社会主义市场经济体制转变、经济增长方式由粗放型向集约型转变的两个“根本性转变”时期[①]。产业结构调整以及企业的关停转制导致大量就业岗位不得不进行大幅调整。1994年，《国务院关于〈中国教育改革和发展纲要〉的实施意见》中提出：“高等学校和中专学校、技工学校的毕业生，近期内除委托、定向培养生和自费生外，实行在国家宏观指导下，学校与用人单位供需见面和一定范围内双向选择的制度。”[②]中专、技校学生毕业由国家统包统分的局面被打破，双向选择、自主择业的就业新模式开始占主导地位。1998年，《关于实施〈职业教育法〉加快发展职业教育的若干意见》提出：要推进以初中后为重点的不同阶段的教育分流，指明除一些特殊专业（工种）外，要逐步实现中等职业学校不再招收高中毕业生，要逐步规范和理顺职业学校教育的学制。[③]这一政策一定程度上减少了中职学校招生数，影响其发展规模。

出于增加消费需求、延迟劳动力进入市场，缓解由现代企业制度改革以及金融危机带来的就业压力等方面的原因，我国开始实行高校扩招政策。1999年，《中共中央国务院关于深化教育改革，全面推进素质教育的决定》提出要大力发展高等职业教育[④]。高职的大发展导致人们更加青睐普通高中。

1999年，世界银行亚太地区人力开发部印发《21世纪中国教育战略目标》。该报告对我国中等职业教育发展的必要性提出疑议，认为中等职业教育在我国未来社会经济发展进程中，将失去其存在的必要性，建议中国修改既有的中等职业

---

① 杨伟雪. 高等职业教育适应社会需求和发展研究. 科教文汇，2006（11）：6-7.

② 国务院关于《中国教育改革和发展纲要》的实施意见．（1994-07-03）[2018-04-30]. http://old.moe.gov.cn/publicfiles/business/htmlfiles/moe/moe_177/200407/2483.html.

③ 国家教委、国家经贸委、劳动部关于印发《关于实施〈职业教育法〉加快发展职业教育的若干意见》的通知．（1998-03-16）[2018-04-30]. http://laws.66law.cn/law-16074.aspx.

④ 中共中央国务院关于深化教育改革，全面推进素质教育的决定．（1999-06-13）[2018-04-30]. http://old.moe.gov.cn//publicfiles/business/htmlfiles/moe/moe_177/200407/2478.html.

教育招生数占高中阶段60%的政策，降低中等职业教育的比例①，逐渐以两年制中学后职业教育机构来取而代之。由此，“中职消亡论”开始蔓延。

由于上述因素的共同影响，中等职业教育的招生数连年下滑，具体数据见图1-5。

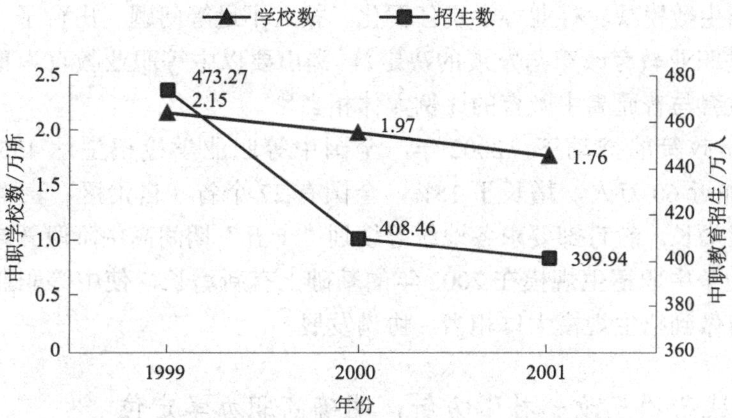

图1-5 1999—2001年我国中等职业教育事业发展情况

资料来源：根据历年《中国教育统计年鉴》统计

（二）重新布局中等职业教育，促进中高职协调发展

为了应对这一危机，1999年，教育部印发《关于调整中等职业学校布局结构的意见》的通知，该通知提出，要通过合并、共建、联办、划转等途径，改变当前“条块分割”的中等职业学校布局结构，经过2～3年的努力，初步建立起面向21世纪，布局结构合理，专业门类齐全，办学质量和整体效益好，适应社会主义市场经济体制和现代化建设需要的中等职业学校布局结构②。

2000年3月21日，教育部下发《关于全面推进素质教育、深化中等职业教育教学改革的意见》，提出可以实行灵活的教学制度，即可以实行全日制教育与部分时间制教育相结合，允许成年学员和有实际需要的学生工学交替、分阶段完成学业③。该意见对中职学制进行了明确的规定，此外还进一步明确了中等职业

① 王爱武. 中等职业教育消极发展论辨析. 中国成人教育，2003（4）：24-25.

② 教育部关于印发《关于调整中等职业学校布局结构的意见》的通知.（1999-09-09）[2018-03-09]. http://old.moe.gov.cn//publicfiles/business/htmlfiles/moe/moe_721/200408/2534.html.

③ 关于全面推进素质教育、深化中等职业教育教学改革的意见.（2000-03-21）[2018-03-09]. http://old.moe.gov.cn/publicfiles/business/htmlfiles/moe/moe_405/200412/4725.html.

学校的培养目标为：树立以全面素质为基础、以能力为本位的新观念，培养与社会主义现代化建设要求相适应，德智体美等全面发展，具有综合职业能力，在生产、服务、技术和管理第一线工作的高素质劳动者和中初级专门人才。①

连年的中职招生数与学校数滑坡促使国家颁布政策促进中高职协调发展。2002年7月28—30日，国务院召开第四次全国职业教育工作会议②。此次会议针对中职招生数锐减、行业办学责任弱化、投入不足等问题，出台了《国务院关于大力推进职业教育改革与发展的决定》，提出要以中等职业教育为重点，保持中等职业教育与普通高中教育的比例大体相当③。

在这一政策的推动下，2002年，全国中等职业学校招生达455万人，比2001年增加近60万人，增长了15%，全国有27个省（自治区、直辖市）的招生出现明显增长。教育部要求各地统筹规划“十五”期间高中阶段教育的整体发展目标，力争中职招生规模在2002年的基础上有新增长，使中等职业教育与普通高中教育做到招生规模大体相当，协调发展④。

（三）践行“三改一补”方针，明确高职办学定位

经历了前期多次论证，1998年12月，《面向21世纪教育振兴行动计划》颁布，明确提出通过“三级分流”建立初、中、高相互衔接的职业教育体系，并以“三改一补”⑤的方式来发展高职，确立了高职的地位。

1998年，国家教育委员会更名为教育部。教育部高度重视高职的发展，提出多渠道、多规格、多模式发展高职，重视教学改革，真正办出高职特色，即所谓的“三多一改”，促进了高职办学规模扩大和办学形式的丰富⑥。

1999年1月，教育部、国家计划委员会印发《试行按新的管理模式和运行

---

① 关于全面推进素质教育、深化中等职业教育教学改革的意见.（2000-03-21）[2018-03-09]. http://old.moe.gov.cn/publicfiles/business/htmlfiles/moe/moe_405/200412/4725.html.

② 2002年——第四次全国职业教育工作会议.（2014-06-23）[2018-05-01]. http://www.zjchina.org/mms/shtml/216/news/1459.shtml.

③ 国务院关于大力推进职业教育改革与发展的决定.（2002-08-24）[2018-03-09]. http://www.gov.cn/gongbao/content/2002/content_61755.htm.

④ 仇方迎. 2003中等职业学校招生：力争与普高规模相当.（2003-04-02）[2018-03-09]. http://www.china.com.cn/chinese/EDU-c/306155.htm.

⑤ 所谓“三改一补”，就是高职的四条办学途径：一是改革高专，特别是将高专办成规范化的高职；二是扩大职业大学办学规模，提倡联合办学；三是将有条件的成人高校办出高职特色；四是发挥少数重点中专的优势，办高职班。

⑥ 匡瑛. 比较高等职业教育：发展与变革. 上海：上海教育出版社，2006：127.

机制举办高等职业技术教育的实施意见》，规定：高职毕业生不包分配，不再使用《普通高等学校毕业生就业派遣报到证》，由举办学校颁发毕业证书，与其他普通高校毕业生一样实行学校推荐、自主择业……对这部分高等职业技术教育，国家不再统一印制毕业证书内芯。也即“三不一高”政策。该实施意见还明确提出，高职教育可由下列符合《高等教育法》和《职业教育法》的规定，并达到相应的国家规定标准的高等教育机构承担：短期职业大学、职业技术学院、具有高等学历教育资格的民办高校、普通高等专科学校、本科院校内设立的高等职业教育机构（二级学院）、经教育部批准的极少数国家级重点中等专业学校、办学条件达到国家规定合格标准的成人高校。①至此，职业大学、职业技术学院、高等专科学校、普通本科院校二级职业技术学院、部分重点中专、成人高等学校“六路大军办高职”的局面基本形成。

1999年1月，《国务院批转教育部面向21世纪教育振兴行动计划的通知》中指出：高等职业教育必须面向地区经济建设和社会发展，适应就业市场的实际需要，培养生产、服务、管理第一线需要的实用人才，真正办出特色。②同年6月，《中共中央国务院关于深化教育改革，全面推进素质教育的决定》指出：高等职业教育是高等教育的重要组成部分，要大力发展高等职业教育，培养一大批具有必要理论知识和较强的实践能力，生产、建设、管理、服务第一线和农村急需的专门人才。③明确了高等职业教育要培养实用人才的根本任务。

为坚持高等职业教育的科学定位，2004年4月2日，《教育部关于以就业为导向 深化高等职业教育改革的若干意见》颁发，该意见主要解决了高等职业教育的办学定位问题，调整专业设置和培养目标，推行“双证书”制度和确立五年一次评估制度。文件第一次提出了高等职业教育的发展道路——“以服务为宗旨，以就业为导向，走产学研结合的发展道路”④。这标志着高等职业教育的发展逐渐从规模扩张转向注重质量提升、内涵发展，且把就业作为高职办学的最终目的和根本要求。

2004年，教育部、国家发展和改革委员会、财政部、人事部、劳动和社会

---

① 教育部、国家计委关于印发《试行按新的管理模式和运行机制举办高等职业技术教育的实施意见》的通知．(1999-01-11) [2018-02-15]. http://www.110.com/fagui/law_96160.html.

② 国务院批转教育部面向21世纪教育振兴行动计划的通知．(1999-01-13) [2018-04-20]. http://www.law-lib.com/law/law_view.asp?id=68735.

③ 中共中央国务院关于深化教育改革，全面推进素质教育的决定．(1999-06-13) [2018-02-15]. http://old.moe.gov.cn/publicfiles/business/htmlfiles/moe/moe_177/200407/2478.html.

④ 教育部关于以就业为导向 深化高等职业教育改革的若干意见．(2004-04-02) [2018-03-20]. http://old.moe.gov.cn//publicfiles/business/htmlfiles/moe/moe_737/200507/9969.html.

保障部、农业部、国务院扶贫开发领导小组办公室七部门联合召开第五次全国职业教育工作会议，印发了《教育部等七部门关于进一步加强职业教育工作的若干意见》。该意见对高等职业教育发展做出了重要规定："在高等教育中，高等职业教育招生规模应占一半以上。"[①] 七部门建立的职业教育工作部际联席会议制度是我国职业教育发展史上的一个重要的体制创新，对我国高等职业教育的改革和发展具有十分重要的意义。

20 世纪 90 年代末的高校扩招政策使高等教育走向大众化，高等职业教育空前发展。从 1999 年开始，一大批普通本科院校组建了二级学院，加入到发展高等职业教育的行列，极大地提高了高等职业教育的社会认可度和影响力。这些学院采用新的管理体制和运行机制，成为高等职业教育发展中最具号召力的生力军[②]。1999—2004 年的高职高专数量演变情况见图 1-6。

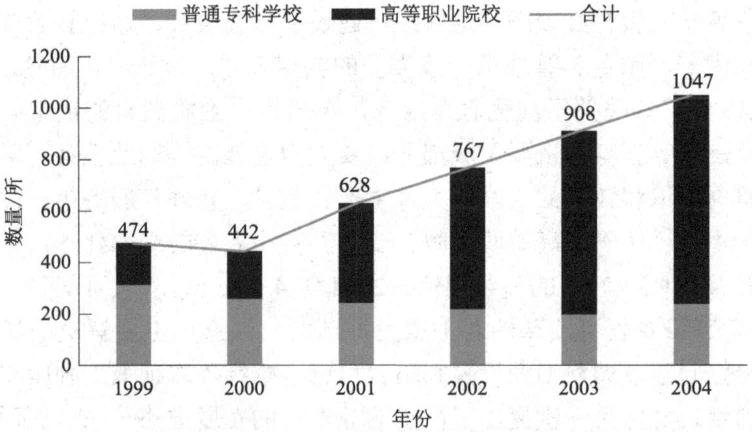

图 1-6　1999—2004 年高职高专院校数量的演变

数据来源：陈英杰. 中国高等职业教育发展史研究. 郑州：中州古籍出版社，2007：201-202.

（四）鼓励社会力量参与职业教育办学

2002 年 7 月 29 日，李岚清出席第四次全国职业教育工作会议并发表讲话，强调职业教育要形成政府主导，行业、企业和社会力量积极参与的多元办学格

① 教育部等七部门关于进一步加强职业教育工作的若干意见.（2004-09-14）[2018-03-09]. http://www.moe.edu.cn/srcsite/A07/moe_737/s3876_qt/200409/t20040914_181883.html.

② 易元祥. 中国高等职业教育的发展研究. 华中科技大学，2004：49.

局[①]。会后颁发的《国务院关于大力推进职业教育改革与发展的决定》强调，要依靠企业、行业举办职业教育，鼓励和支持民办职业教育的发展。该决定强化了政府举办职业教育的责任，力求在政府干预与市场介入之间寻求适度的平衡，这一基调取得的成效已得到公认[②]。2003年12月，《教育部、国家经贸委、劳动和社会保障部关于进一步发挥行业、企业在职业教育和培训中作用的意见》颁布，该意见充分肯定了行业和企业在职业教育教师培训、办学方面的自主权，可以自主选择办学方式、办学模式、专业设置等内容[③]。紧密结合社会经济发展需求，给予不同办学主体自主权，有利于促进我国职业教育的多元化发展，更好地贴近实际需求，办出特色。

（五）农村地区“三教统筹”，职业教育服务“三农”

1998年，国家教育委员会出台《关于加快中西部地区职业教育改革与发展的意见》，着重解决职业教育地区发展不平衡的问题，促进了劳动就业和农民脱贫致富。

进入21世纪，农村职业教育作为服务农业、农村、农民的重要手段也进入了一个全新的发展时期。2002年，《国务院关于大力推进职业教育改革与发展的决定》提出：农村和西部地区职业教育是今后一段时期职业教育发展的重点。要根据现代农业发展和经济结构调整的需要，继续推进农科教结合和基础教育、职业教育、成人教育的“三教统筹”。[④]

2003年，《国务院关于进一步加强农村教育工作的决定》颁发，提出：城市职业学校要扩大面向农村的招生规模，到2007年争取年招生规模达到350万人。城市各类职业学校和培训机构要积极开展进城务工就业农民的职业技能培训。[⑤]2004年，教育部出台《2003—2007年教育振兴行动计划》，提出“深化农村教育改革，发展农村职业教育和成人教育”，强调推进“三教统筹”和“农科教结合”，继续开展“绿色证书”教育，以及“农村职业教育要以就业为导向

① 李岚清：中国职业教育要重点推进五项改革．(2002-07-29) [2018-03-09]. http://www.china.com.cn/chinese/2002/Jul/180261.htm.

② 和震. 我国职业教育政策三十年回顾. 教育发展研究，2009（3）：116-118.

③ 教育部、国家经贸委、劳动和社会保障部关于进一步发挥行业、企业在职业教育和培训中作用的意见．(2003-12-26) [2018-05-01]. http://www.moe.gov.cn/jyb_xxgk/gk_gbgg/moe_0/moe_9/moe_31/tnull_381.html.

④ 国务院关于大力推进职业教育改革与发展的决定．(2002-08-24) [2018-05-01]. http://www.gov.cn/gongbao/content/2002/content_61755.htm.

⑤ 国务院关于进一步加强农村教育工作的决定．(2003-09-17) [2018-05-14]. http://www.gov.cn/zhengce/content/2008-03/28/content_5747.htm.

实施‘农村劳动力转移培训计划’，对进城务工农民进行职业教育和培训”[①]。国家发展和改革委员会、教育部、劳动和社会保障部三部门联合发布《关于组织推进职业教育发展专项建设计划的指导意见》，将县级职教中心纳入了专项计划之中，并逐步发展成为农村劳动力转移培训基地[②]。这一时期，国家政策积极扶持农村地区、西部地区、少数民族地区的职业教育，着重突出、大力培养新型职业农民，以就业为导向实施农村劳动力转移培训，农村职业教育被赋予了新的意义和价值。

四、内涵发展阶段（2005—2013年）

（一）提出建立现代职业教育体系

2005年11月7日，国务院在北京召开全国职业教育工作会议，会议首次提出要发展中国特色的职业教育，建立和完善中国特色的现代职业教育体系[③]。2010年，《国家中长期教育改革和发展规划纲要（2010—2020年）》出台，指明了现代职业教育体系必须具备的三个基本属性：要体现经济发展的需求性；要体现终身学习的开放性；要体现职业教育的系统性[④]。2012年，教育部印发《国家教育事业发展第十二个五年规划》，强调完善职业教育体系结构，促进职业教育与经济社会发展有机结合、加强职业教育与普通教育、继续教育的相互沟通，并提出要改革职业教育办学模式和构建现代职业教育体系试点。[⑤]这些政策文件的出台对后续建立和完善现代职业教育体系提供了坚实的基础。

（二）加强职业教育基础能力建设

职业教育基础能力既包括职业学校校园、教学设施设备、学生试验装备一系列“硬件”，还包括职业教育师资队伍和职业学校管理制度等“软件”。2005

① 国务院批转教育部2003—2007年教育振兴行动计划的通知．（2004-02-10）[2018-05-01]. http://old.moe.gov.cn/publicfiles/business/htmlfiles/moe/moe_4/200501/5323.html.

② 朱永新，王继平．中国教育改革大系·职业教育卷．武汉：湖北教育出版社，2016：299-301.

③ 黄春麟．面向可持续发展的高等职业教育课程改革行动研究．杭州：浙江大学出版社，2011：25.

④ 姜大源．应有大视野：建立国家资格框架——关于建立现代职业教育体系的建议（上）．（2014-02-10）[2018-05-11]. http://zqb.cyol.com/html/2014-02/10/nw.D110000zgqnb_20140210_1-11.htm.

⑤ 教育部关于印发《国家教育事业发展第十二个五年规划》的通知．（2012-06-14）[2018-05-12]. http://old.moe.gov.cn/publicfiles/business/htmlfiles/moe/moe_630/201207/139702.html.

年10月28日，国务院印发了《国务院关于大力发展职业教育的决定》，11月，国务院召开了全国职业教育工作会议。在新闻发布会上，教育部副部长吴启迪强调：特别突出的有“四大工程”和“四项计划”。100亿元具体将用于“四大工程”和“四项计划”中。“四大工程”与“四项计划”是全国职业教育工作会议提出的发展职业教育的重大措施，“四大工程”即“国家技能型人才培养培训工程”“农村劳动力转移培训工程”“农村实用人才培训工程”“成人继续教育和再就业培训工程”；“四项计划”即实施好“职业教育实训基地建设计划”“县级职教中心建设计划”“职业教育示范性院校建设计划”“职业院校教师素质提高计划”。教育部强调与国务院相关部门的积极协调配合，推进“四大工程”与“四项计划”的组织与实施，有利于加强职业教育基础能力建设，确保职业教育提升办学质量与水平所需的硬件条件。①

2006年6月，国家发展和改革委员会、教育部、劳动和社会保障部发出《关于编制中等职业教育基础能力建设规划的通知》，该通知明确职业教育需要为实现“十一五”经济社会发展目标提供人才保障，进一步推动中等职业学校深化改革，改善办学条件，扩大培养规模，并强调要提高教育质量②。职业学校基础设施是职业教育发展的重要硬件基础，对于提升教学质量，促进学生与学校发展，提高职业教育吸引力有着非同寻常的意义。

2005—2014年，中央财政拨款达68亿元，共着重扶持了13个职业教育培训基地、1592所县级职业教育中心和示范性中等职业学校、100所高等示范性职业学校，并组织推行了“针对中等职业学校教师的素质提升计划”，对骨干教师实行国家级培训，2013年中等职业学校学生平均公共财政预算经费为9320元，比2005年生均2410元增加6910元，增长2倍多；高等职业学校学生平均公共财政预算经费为9959元，比2005年增加7000元，也增长了2倍多，中西部地区增长更是超过了3倍③。2004—2013年，我国职业教育基础能力建设与国家投入情况如图1-7所示。

---

① 100亿将用于职教四大工程和四项计划中.（2005-11-17）[2018-05-16]. http://product.eol.cn/zhao_biao_2284/20060323/t20060323_149767.shtml.

② 国家发展改革委员会、教育部、劳动保障部关于编制中等职业教育基础能力建设规划的通知.（2006-06-19）[2018-04-18]. http://www.gov.cn/ztzl/content_370835.htm.

③ 耿洁. 我国职业教育经费投入现状与对策研究. 中国职业技术教育，2015（12）：13-19.

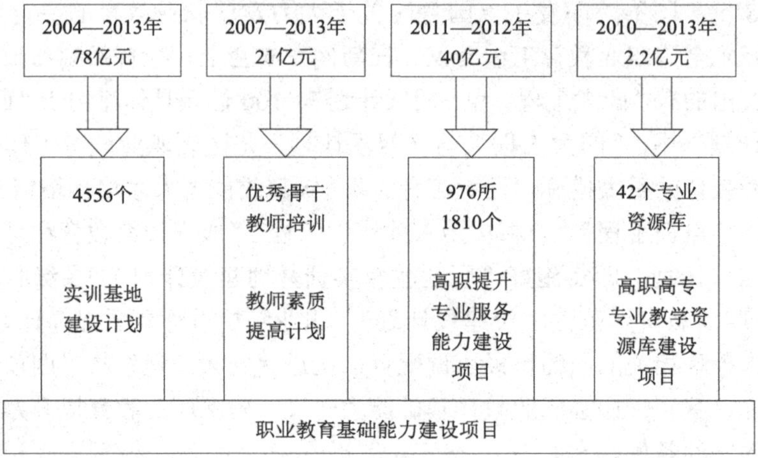

图 1-7　2004—2013 年职业教育基础能力建设项目

资料来源：耿洁. 我国职业教育经费投入现状与对策研究. 中国职业技术教育，2015（12）：13-19.

在中央财政的大力引领下，各地方政府对职业教育的投入也在不断加大。在专项职业教育经费的大力支持下，职业院校的基础设施也得到极大改善，并取得显著效果。除政府财政补贴外，国家大力倡导和鼓励社会各界大力进行教育资助，不断拓宽教育筹资渠道。在此种社会氛围下，在社会各阶层的大力支持下，职业教育的教学条件得到明显改善。

（三）推进办学改革，提升内涵与质量

2005 年，《国务院关于大力发展职业教育的决定》提出，坚持“以服务为宗旨、以就业为导向”的职业教育办学方针，积极推动职业教育从计划培养向市场驱动转变，从政府直接管理向宏观引导转变，从传统的升学导向向就业导向转变。

2006 年，教育部、财政部落实《国务院关于大力发展职业教育的决定》精神，启动实施了“国家示范性高等职业院校建设计划”，按照“地方为主、中央引导、突出重点、协调发展”的原则，遴选 100 所高职院校进行重点建设，这项计划被誉为中国高水平高等职业院校建设的“211 工程”[①]。示范性高等职业院校建设计划是加快高等职业教育改革与发展的重要战略举措，有利于鼓励各地根据自身特点采取政策措施，促进高等职业教育持续、健康发展。

2010 年，教育部印发《中等职业教育改革创新行动计划（2010—2012 年）》，

① 教育部 财政部关于进一步推进“国家示范性高等职业院校建设计划”实施工作的通知 .（2010-07-26）[2018-04-18]. http://www.moe.gov.cn/srcsite/A07/moe_737/s3876_qt/201007/t20100726_93891.html.

提出加强校企合作、创新多样化的校企一体办学模式，通过“合并、共建、联办、划转”等方式加强建设，推动规模化办学，建成实力强、规模大、声誉好的示范性职业学校；依托示范性职业学校、行业组织和覆盖行业的企业组建“行业型”、“区域型”和“特色型”职业教育集团[①]。国家对职业教育集团化办学的支持以及职业学校、企业行业自身的积极合作，促进了全国集团化办学的规模不断扩大，有利于实现教育资源共享、职业学校的优势互补与共同发展，职业教育集团化办学如今已经成为中国特色的职业教育办学模式之一，成为产教融合、校企合作的一种重要的职业教育形态。同年，《国家中长期教育改革和发展规划纲要（2010—2020年）》提出，建立健全政府主导、行业指导、企业参与的办学机制，制定促进校企合作办学法规，推进校企合作制度化[②]。除此之外，园区化办学、东西部合作办学等多种办学模式层出不穷，竞相发展起来。

（四）提高师资队伍整体素质

2005年，温家宝在全国职业教育工作会议上强调：“要加强职业教育师资培养和培训，建立职业教育专业教师到企业生产一线实践的制度，制定和完善职业教育兼职教师聘用政策，鼓励工程技术人员、高技能人才到职业院校兼职。”[③]2005年，《国务院关于大力发展职业教育的决定》也强调，要加强师资队伍建设，实施职业院校教师素质提高计划以及加强“双师型”教师队伍建设等[④]。

2007年，教育部颁发《国家教育事业发展“十一五”规划纲要》，提出切实加强教师队伍建设，全面提高教师队伍，完善职业教育兼职教师的聘任与管理制度，积极鼓励职业院校从行业企业招聘教师。[⑤]2010年，教育部出台《中等职业教育改革创新行动计划（2010—2020年）》，提出进行中职校长专题培训和推动“双师型”教师队伍补充项目，每年选拔一批本科及以上的应届毕业生到企业

---

① 教育部关于印发《中等职业教育改革创新行动计划（2010—2012年）》的通知.(2010-11-27)[2018-05-11]. http://www.gov.cn/zwgk/2010-12/28/content_1774219.htm.

② 国家中长期教育改革和发展规划纲要（2010—2020年）.（2010-07-29）[2018-05-11]. http://old.moe.gov.cn/publicfiles/business/htmlfiles/moe/info_list/201407/xxgk_171904.html.

③ 大力发展中国特色的职业教育——温家宝总理在全国职业教育工作会议上的讲话.（2005-11-07）[2018-05-12]. http://old.moe.gov.cn//publicfiles/business/htmlfiles/moe/moe_1134/200603/14133.html.

④ 国务院关于大力发展职业教育的决定.（2005-10-28）[2018-05-12]. http://www.moe.edu.cn/jyb_xxgk/moe_1777/moe_1778/tnull_27730.html.

⑤ 国务院批转教育部国家教育事业发展“十一五”规划纲要的通知.（2007-05-18）[2018-05-12]. http://www.moe.gov.cn//publicfiles/business/htmlfiles/moe/s6617/201707/138912.html.

接受为期一年的实践培训，以及招聘社会、企事业单位高技术技能人才到中等职业学校担任兼职教师[①]。2011年11月，教育部、财政部联合下发《关于实施职业院校教师素质提高计划的意见》，全面启动全国中长期教育规划纲要提出的职业教育教师队伍建设重大项目[②]。2012年10月18日，教育部、财政部、人力资源和社会保障部、国务院国有资产监督管理委员会联合印发《职业学校兼职教师管理办法》，为优化职业院校教师队伍，对专兼职教师比重，兼职教师选拔等作出规定，为职业教育教师队伍的规范化、制度化、发展性建设提供政策规范。[③]这表明兼职教师已经成为职业学校教师队伍建设中重要的一部分。2013年，教育部印发《中等职业学校教师专业标准（试行）》，这是中华人民共和国成立后的首个针对中职学校教师制定的专业标准，为中职教师队伍建设明确了方向和依据[④]。

（五）建立与完善中等职业教育资助体系

为了推进我国职业教育工作的顺利开展，确保适龄学生有学上，上好学，国家对接受职业教育的贫困家庭学生进行调研。调查显示，80%的职业学校的学生来自农村，20%～30%的城市学生家庭面临经济困难，且不少学生因家庭困难而中途退学，更有很多学生因交不起学费而无法踏入大学校门。职业学校学生资助工作得到了国家的高度重视。在2005年的全国职业教育大会上，温家宝明确指出："要建立和完善职业教育学生助学制度，使贫困家庭学生通过国家帮助和本人勤工俭学得以顺利完成学业，进一步体现社会主义教育的公平与公正。"[⑤]2006年，财政部和教育部联合颁布了《关于完善中等职业教育贫困家庭学生资助体系的若干意见》，辅助建立中等职业教育中贫困生帮扶体系和国家奖学金管理制度、学费减免制度、社会资助制度等措施来帮助困难学生完成职业教

① 教育部关于印发《中等职业教育改革创新行动计划（2010—2012年）》的通知 .（2010-11-27）[2018-05-12]. http://www.gov.cn/gongbao/content/2011/content_1836364.htm.

② 教育部 财政部关于实施职业院校教师素质提高计划的意见 .（2011-11-08）[2018-05-12]. http://old.moe.gov.cn//publicfiles/business/htmlfiles/moe/moe_960/201112/xxgk_128045.html.

③ 关于印发《职业学校兼职教师管理办法》的通知 .（2012-10-18）[2018-05-12]. http://www.law-lib.com/law/law_view.asp?id=404856.

④ 王哲，董衍美. 十八大以来中国特色现代职业教育人才培养质量工作报告 . 职业技术教育，2017，38（24）：53-59.

⑤ 大力发展中国特色的职业教育——温家宝总理在全国职业教育工作会议上的讲话 .（2005-11-7）[2018-05-16]. http://old.moe.gov.cn//publicfiles/business/htmlfiles/moe/moe_1134/200603/14133.html.

育计划[①]。2007年,《国家教育事业发展“十一五”规划纲要》进一步提出,要建立中等职业教育国家助学金制度,完善中等职业教育资助体系[②]。由此可见,通过这一系列职业教育资助政策,中等职业学校贫困生资助体系正式建立。

国家对职业教育积极的资助政策有利于大力推进贫困地区职业教育发展,为职业教育技术技能人才的培养与他们的发展创造更有利的政策环境。

五、黄金发展阶段(2014年至今)

2013年9月和10月,习近平先后提出共建“丝绸之路经济带”和“21世纪海上丝绸之路”的重大倡议。科学谋划职业教育在“一带一路”建设中的行动策略,为我国及沿线国家建设“一带一路”提供人才支撑和智力支持,既是中国职业教育的历史担当,更是中国职业教育应有的行动。

2015年3月5日,李克强提出制定“互联网+”计划,强调“推动移动互联网、云计算、大数据、物联网等与现代制造业结合,促进电子商务、工业互联网和互联网金融健康发展,引导互联网企业拓展国际市场”[③]。产业的变革必然会对“互联网+”背景下的职业教育带来巨大的挑战与发展机遇。

2014年,李克强在达沃斯论坛上发出“大众创业,万众创新”的号召,强调要形成“万众创新”“人人创新”的新态势。2015年,《国务院关于大力推进大众创业万众创新若干政策措施的意见》印发,该意见将“双创”从个人层面上升到国家政策层面,这是时代赋予创新创业的内涵意义。

党的十二届全国人大三次会议首次提出了“中国制造2025”,明确提出制造业是我们的优势产业,要坚持创新驱动、智能转型、强化基础、绿色发展,推动产业结构迈向中高端,加快从制造大国转向制造强国。“中国制造2025”对人才的需求,向职业教育提出了新的挑战。

2015年,教育部副部长鲁昕在全国高职高专校长联席会议上指出:我国加快发展现代职业教育的理念和蓝图已经形成,现代职业教育体系建设正在加快推进,科学合理的人才结构逐步成型,技术技能人力资本素质不断提升,中国特色

---

① 财政部 教育部关于完善中等职业教育贫困家庭学生资助体系的若干意见.(2006-07-24)[2018-05-12]. http://www.moe.gov.cn/jyb_sjzl/moe_364/moe_2489/moe_2530/tnull_40884.html.

② 职业教育与继续教育.(2008-10-08)[2018-05-01]. http://www.moe.edu.cn/jyb_xwfb/xw_fbh/moe_2606/moe_2074/moe_2437/moe_2444/tnull_39457.html.

③ 李克强. 政府工作报告——2016年3月5日在第十二届全国人民代表大会第三次会议上.(2015-03-05)[2018-05-29]. http://www.gov.cn/guowuyuan/2015-03/16/content_2835101.htm.

现代职业教育的发展道路基本确立，职业教育改革发展进入黄金时期。[①]

基于上述背景，职业教育开始了轰轰烈烈的改革试点。

（一）聚焦质量提升、优化人才培养

为了积极推动工学结合的人才培养模式改革，2014年，《教育部关于开展现代学徒制试点工作的意见》印发，该意见提出：各地要高度重视现代学徒制试点工作，加大支持力度，大胆探索实践，着力构建现代学徒制培养体系，全面提升技术技能人才的培养能力和水平。[②]2015年，教育部下发了现代学徒制试点工作实施方案，确定以职业院校自愿申报的方式进行，教育部分两批布局了364个现代学徒制试点，覆盖600多个专业点、5万余名学生(学徒)[③]。2018年，教育部布局第三批试点工作并且对首批试点院校进行验收。

专业设置不断满足产业发展需求。2015年，《教育部关于深化职业教育教学改革全面提高人才培养质量的若干意见》印发，研究制订规范职业院校课程设置和教学实施的有关意见，发布了新修订的高等职业学校专业目录和专业设置管理办法，并调整和补充中等职业学校专业目录，遴选和建设一批国家产业发展急需的示范专业点，深化100个国际水平专业教学标准的开发与应用试点[④]。2016年，教育部继续推动专业设置、课程内容、教学方式与生产实践对接[⑤]。2017年，教育部加强专业、课程和教材建设，修订中等职业学校专业目录[⑥]，推动了我国职业教育专业设置的优化。

2014年，教育部印发《中等职业学校德育大纲（2014年修订)》，阐述了德育的作用地位、指导思想，详细列明了德育目标、德育内容、德育原则、德育途

---

① 鲁昕.我国职业教育改革发展进入黄金时期.（2015-10-26）[2018-05-29]. http://www.tech.net.cn/web/articleview.aspx?id=20151026091648484&cata_id=N002.

② 教育部 关于开展现代学徒制试点工作的意见.（2014-08-27）[2018-05-10]. http://www.moe.gov.cn/srcsite/A07/s7055/201408/t20140827_174583.html.

③ 中国特色现代学徒制有关情况介绍.（2018-04-27）[2018-05-10]. http://www.moe.gov.cn/jyb_xwfb/xw_fbh/moe_2069/xwfbh_2018n/xwfb_20180427/sfcl/201804/t20180427_334413.html.

④ 教育部关于深化职业教育教学改革全面提高人才培养质量的若干意见.（2015-07-29）[2018-05-01]. http://www.moe.edu.cn/srcsite/A07/moe_953/201508/t20150817_200583.html.

⑤ 职业教育与继续教育2016年工作要点.（2016-03-21）[2018-05-01]. http://www.moe.gov.cn/s78/A07/A07_gggs/A07_sjhj/201603/t20160325_235210.html.

⑥ 职业教育与继续教育2017年工作要点.（2017-02-24）[2018-05-01]. http://www.moe.gov.cn/s78/A07/A07_gggs/A07_sjhj/201703/t20170301_297770.html.

径、德育评价和德育实施六方面的内容[①]。2016年，教育部办公厅出台《中等职业学校学生公约》，该公约在内容方面进行了大胆创新，对中职生在思想政治素质、专业技能学习、劳动观念、品德修养、法纪规范、形象塑造、身体健康和心理健康方面提出基本要求，体现了服务性、职业性和时代性的特征[②]。国家还先后出台了《完善中华优秀传统文化教育指导纲要》《关于全面深化课程改革 落实立德树人根本任务的意见》《关于在各级各类学校推动培育和践行社会主义核心价值观长效机制建设的意见》《关于深化职业教育教学改革全面提高人才培养质量的若干意见》，将"立德树人"作为教育的根本任务。

（二）着手从政府层面建立产教融合制度

从宏观领域来看，《现代职业教育体系建设规划（2014—2020年）》《制造业人才发展规划指南》等顶层设计类文件都明确提出要充分发挥行业企业作用，积极推进和健全产教融合、校企合作机制。从微观领域看，国家已经开始完善产教融合、校企合作的实施细则。2014年，教育部印发《关于开展现代学徒制试点工作的意见》，明确了现代学徒制试点范围、试点内涵、试点管理，更确立了试点项目任务书及备案审核制度[③]。2016年，教育部联合七部门印发了《职业学校教师企业实践规定》，该规定对职业学校教师到企业实践的重要意义、实践内容和形式、组织管理与实施、保障条件与机制、考核奖惩措施、适用范围和对象等方面进行具体明确的规定，落实了教师企业实践制度[④]。同年，国家发展和改革委员会、教育部、人力资源和社会保障部联合启动实施了职业教育产教融合工程规划项目，"十三五"期间拟投入50亿元，支持100所左右高职院校深化产教融合、校企合作，加快建设现代职业教育体系，全面增强职业教育服务经济社会发展能力。2018年，教育部等六部门联合印发了《职业学校校企合作促进办法》，该办法旨在促进、规范、保障职业学校校企合作，发挥企业在实施职业教育中的重要办学主体作用，并进一步明确了"企业开展校企合作的情况应当纳入企业社会责

① 席东梅.《中等职业学校德育大纲（2014年修订）》 王继平就新版中职德育大纲答记者问. 中国职业技术教育，2015（4）：5-9.

② 汪永智，王丹，陈昊. 解读《中等职业学校学生公约》. 江苏教育，2016（52）：30-31.

③ 周晶，岳金凤. 十八大以来中国特色现代职业教育深化产教融合校企合作报告. 职业技术教育，2017，38（24）：45-52.

④ 教育部等七部门关于印发《职业学校教师企业实践规定》的通知 .（2016-05-13）[2018-05-01]. http://www.moe.edu.cn/srcsite/A10/s7011/201605/t20160530_246885.html.

任报告”[①]。这一文件阐明了企业参与职业教育的动机和责任，在政府层面干预和构建产学融合制度方面具有划时代的意义。

（三）完善“双师型”教师的培养制度

教师是立教之本，兴教之源。2014年，《国务院关于加快发展现代职业教育的决定》继续提出要建设“双师型”教师队伍。此后，政府继续加快了对职业教育教师队伍深化建设的步伐，2016年，教育部联合七部门印发了《职业学校教师企业实践规定》，对职业学校教师到企业实践的重要意义、实践内容和形式、组织管理与实施、保障条件与机制、考核奖惩措施、适用范围和对象等方面进行了具体明确的规定，细化为28个条目[②]。根据《教育部 财政部关于实施职业院校教师素质提高计划（2017—2020年）的意见》，教育部2017年颁布了《职业院校教师素质提高计划项目管理办法》，该办法提出：以造就一支师德高尚、素质优良、技艺精湛、结构合理、专兼结合的高素质专业化“双师型”教师队伍为总体目标。[③]2018年教育部等五部门印发的《教师教育振兴行动计划（2018—2022年）》再次明确提出要大幅增加培养具有精湛实践技能的“双师型”专业课教师。[④]可见，各种“双师型”教师理念开始落地成发展措施和政策制度。

（四）职业教育助力精准扶贫

随着职业教育的发展，它不再只关注自身内涵发展，也开始在其他领域发挥着不可替代的作用，不仅为经济发展提供了技术技能型人才，还在精准扶贫中展示了自身独特的作用。《职业教育东西协作行动计划（2016—2020年）》提出：精准脱贫与职教发展相结合；以职业教育助推精准脱贫，以精准脱贫带动职业教育发展；围绕脱贫攻坚的部署和需求，盘活、扩大优质职业教育资源，进一步做强中职、做优高职、做大培训，增强职业教育办学的针对性，形成精准脱贫与职教

---

① 教育部等六部门关于印发《职业学校校企合作促进办法》的通知.（2018-02-22）[2018-05-01]. http://www.gov.cn/xinwen/2018-02/22/content_5267973.htm.

② 教育部等七部门关于印发《职业学校教师企业实践规定》的通知.（2016-05-13）[2018-05-01]. http://www.moe.edu.cn/srcsite/A10/s7011/201605/t20160530_246885.html.

③ 教育部办公厅关于印发《职业院校教师素质提高计划项目管理办法》的通知.（2017-03-31）[2018-05-01]. http://www.moe.edu.cn/srcsite/A10/s7011/201705/t20170512_304448.html.

④ 教育部等五部门关于印发《教师教育振兴行动计划（2018—2022年）》的通知.（2018-03-22）[2018-05-01]. http://www.moe.edu.cn/srcsite/A10/s7034/201803/t20180323_331063.html.

发展相互促进的良好局面。[①]教育部、国务院扶贫办印发的《深度贫困地区教育脱贫攻坚实施方案（2018—2020年）》也提出全面落实东西职业院校协作全覆盖行动、东西协作中职招生兜底行动、职业院校参与东西劳务协作等三大任务[②]。

（五）“一带一路”背景下职业教育国际化程度提高

我国职业教育积极开展国际合作与交流，与多个国家建立了合作与交流关系，形成了类型全面、形式多样、领域广泛的职业教育交流合作格局。《职业教育与继续教育2016年工作要点》中提出，要服务“一带一路”建设和国际产能合作，积极落实职业教育对外援助承诺，开展职业教育与企业合作“走出去”试点，开发与国际先进水平相对接的专业教学标准和课程体系[③]。《职业教育与继续教育2018年工作要点》中提出，要积极参与2018年中德政府磋商职业教育分论坛等，借鉴德国“双元制”等模式，推动职业院校服务企业转型升级，联合商务部等开展职业教育“走出去”专题调研，打造以“鲁班工坊”等为代表的品牌项目，共同支持建设一批新的试点，服务好我国在国际产业体系分工中有竞争力的重点产业和企业[④]。

第二节　我国职业教育的主要成就与发展特征

一、初步形成具有中国特色的现代职业教育体系

职业教育体系的建设是职业教育各项事业顺利进行的制度保障，是职业教育改革与发展的核心诉求。改革开放以来，职业教育体系建设一直是党中央、国

---

① 教育部办公厅 国务院扶贫办综合司关于印发《贯彻落实〈职业教育东西协作行动计划（2016—2020年）〉实施方案》的通知.（2017-06-02）[2018-05-12]. http://www.moe.gov.cn/srcsite/A07/zcs_zhgg/201706/t20170615_307017.html.

② 教育部 国务院扶贫办关于印发《深度贫困地区教育脱贫攻坚实施方案（2018—2020年）》的通知.（2018-01-15）[2018-05-12]. http://www.gov.cn/xinwen/2018-02/27/content_5269090.htm.

③ 职业教育与继续教育2016年工作要点.（2016-03-21）[2018-05-01]. http://www.moe.gov.cn/s78/A07/A07_gggs/A07_sjhj/201603/t20160325_235210.html.

④ 职业教育与继续教育2018年工作要点.（2018-02-26）[2018-05-01]. http://www.moe.gov.cn/s78/A07/A07_gggs/A07_sjhj/201802/t20180227_327906.html.

务院对于发展我国职业教育事业的一项重大决策。根据政府在不同历史时期依据社会发展需要对我国职业教育体系建设做出的安排，经过几十年的改革与发展，职业教育已经成为一个规模庞大、结构复杂的系统，初步建成了现代职业教育体系框架。一个具有中国特色、世界水平的适应发展需求、产教深度融合、中职高职衔接、职业教育与普通教育相互沟通、体现终身教育理念的现代职业教育体系正在形成之中①。学生上升通道已经打通，职业教育与普通教育沟通更加顺畅，接受职业教育不再是“断头路”，而是形成了从中职、专科、本科到研究生的“直通车”。

二、专业设置不断适应产业发展需要

专业结构与产业结构能否匹配直接反映了职业教育服务产业和经济发展的能力。2010年，教育部印发新修订的《中等职业学校专业目录（2010年修订）》，其强调重点发展面向现代农牧业、先进制造业特别是装备制造业、现代服务业和战略性新兴产业等专业，加强服务区域特色产业，尤其是民族文化艺术、民间工艺等领域的专业建设；强调五个对接，即专业与产业、企业、岗位对接，专业课程内容与职业标准对接，教学过程与生产过程对接，学历证书与职业资格证书对接，职业教育与终身学习对接，努力构建与产业结构、职业岗位对接的专业体系。②2015年，教育部印发新修订的《普通高等学校高等职业教育（专科）专业目录（2015年）》，其主要根据产业分类进行专业划分，更加符合我国产业结构调整要求③。调整后的专业设置更能体现现代产业发展的新趋势、新动态和新要求，有助于技能体系的形成与人才培养的针对性。

三、职业教育人才培养规模著称世界

目前，我国已经建成了世界上规模最大的职业教育体系。据统计，2016年，全国共有高职学校1395所，在校生规模1082.89万人，共招生343.21万人，毕业生329.81万人；中职学校10 893所，在校生规模1599.01万人，共招生

① 教育部等六部门关于印发《现代职业教育体系建设规划（2014—2020年）》的通知.（2014-06-16）[2018-03-05]. http://old.moe.gov.cn/publicfiles/business/htmlfiles/moe/moe_630/201406/170737.html.

② 教育部关于印发《中等职业学校专业目录（2010年修订）》的通知.（2010-03-08）[2018-5-29]. http://old.moe.gov.cn/publicfiles/business/htmlfiles/moe/moe_722/201005/xxgk_87384.html.

③ 万玉凤. 我国高等职业教育专业总数减少423个.（2015-11-10）[2018-05-11]. http://zhijiao.jyb.cn/zyjyxw/201511/t20151110_642561.html.

593.34 万人，毕业生 533.62 万人。[①] 全国 1.23 万所职业学校开设约 10 万个专业点，年招生总规模 930 万人，在校生 2682 万人，每年培训上亿人次，基本覆盖国民经济各领域，职业院校为我国提供了中高级技术技能人才，特别是在高速铁路、城市轨道交通、现代物流、电子商务、信息服务等快速发展的行业中，新增技术技能人才 70% 以上来自职业院校，成为实体经济发展的中坚力量。[②] 目前，中职、高职已分别占据我国高中阶段教育和普通高等教育的“半壁江山”，中国从制造业大国向制造业强国迈进的过程中，职业教育源源不断地输送着高质量人才，为我国成为人力资源强国添砖加瓦。

四、职业教育就业质量稳步提高

改革开放 40 年来，职业教育的人才培养质量逐步提高，就业质量也连年稳步上升。截至 2016 年年底，中职毕业生就业率保持在 95% 以上（图 1-8），高职毕业生半年后就业率超过 90%，就业质量持续向好[③]。

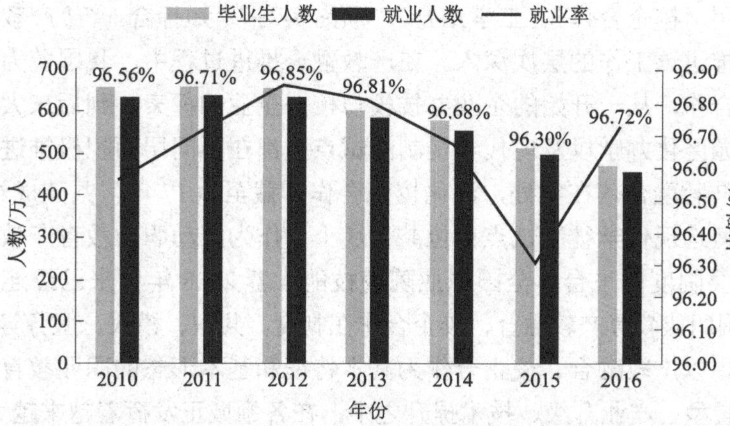

图 1-8　2010—2016 年中职毕业生就业情况

资料来源：根据教育部公布的 2010—2016 年全国中等职业学校毕业生平均就业情况统计

中职毕业生的就业质量得到提升，2010 年，在 71 所被调查中等职业学校

① 平和光，李孝更. 十八大以来中国特色现代职业教育体系建设报告. 职业技术教育，2017，38(24)：37-44.

② 教育部对十二届全国人大五次会议第 3727 号建议的答复.（2017-09-05）[2018-05-10]. http://www.moe.edu.cn/jyb_xxgk/xxgk_jyta/jyta_zcs/201712/t20171218_321679.html.

③ 我国建成世界上规模最大职业教育体系.（2017-05-08）[2018-05-10]. http://www.moe.edu.cn/jyb_xwfb/xw_fbh/moe_2069/xwfbh_2017n/xwfb_07050402/170504_mtbd02/201705/t20170508_303984.html.

中，起薪为1000～2000元（含）的中职毕业人数占74.53%，高于2000元的人数仅占15.78%，而2016年起薪高于2000元的人数比例已达到53.46%，并且有社会保险的就业毕业生达84.61%，毕业生的薪金待遇和社会保障状况有较大改善，对就业表示不满意的毕业生仅占毕业生总数的3.38%。高职毕业生就业质量也逐步提升，《2017中国高等职业教育质量年度报告》显示，高等职业院校毕业生就业率稳中有升，2016届高职毕业生半年后就业率为91.5%，2016届高职毕业生半年后就业率相比2012届提升1.1个百分点，并且2016届高职毕业生毕业半年后平均月收入3599元，连续5年稳定增长，与2012届相比，提高了31.8%。毕业生就业满意度连续提升，2016届毕业生就业满意度达63%，比2012届提升了12个百分点。①

总的来看，我国职业教育的数量与质量都稳步提高。

五、大力推进了产教融合、校企合作

改革开放的40年，是职业教育逐步开放、跨界合作逐步深入的40年。各个发展阶段使用“校企合作”“工学结合”“顶岗实习”“知行合一”“产教融合”等不同表述来推进该工作的层次深入。在产教融合推进过程中，我国着力尝试多种形式的校企合作，从一开始的企业办技校与校办企业的探索，到后来大力推进集团化办学、园区化办学以及现代学徒制的试点，都在不同层面积极推进合作的深度。力争将产教融合落在实处，深化校企合作。截至2017年，共建成约1300个职教集团，遴选现代学徒制试点单位共165个。作为推动职业教育产教融合、校企合作的重要制度性平台，全国职业院校技能大赛2008年以来已经连续举办了10届②。我国职业教育产教融合、校企合作在制度、共识、模式、服务等方面取得了显著成效，以产教融合、校企合作为基本特征和基本形态的职业教育更加深入地嵌入经济转型、产业升级、技术提升之中，在各领域正发挥着越来越大的作用。

六、职业教育国际化水平显著提升

改革开放以来，我国各个领域与国际交流的水平都大幅提升。我国职业教

① 张静. 高职毕业生就业率稳中有升.（2017-07-19）[2018-05-16]. https://www.tech.net.cn/web/articleview.aspx?id=20170719095838805&cata_id=N483.

② 全国职业院校技能大赛有关情况介绍 .（2018-04-27）[2018-05-29]. http://www.moe.gov.cn/jyb_xwfb/xw_fbh/moe_2069/xwfbh_2018n/xwfb_20180427/sfcl/201804/t20180427_334415.html?authkey=rtexi2.

育经历了聚焦单项输入—双向合作—对外输出几个时期，至今形成了类型全面、形式多样、领域广泛的职业教育交流合作格局。职业教育国际化过程中各方主体角色与发挥功能日益清晰，服务领域不断扩大，服务对象不断细化、服务内容不断丰富。2016年我国提出要服务“一带一路”建设和国际产能合作，促成我国职业教育与其他国家的合作，实现职业教育的对外援助承诺，开展职业教育与企业合作“走出去”试点，开发与国际先进水平相对接的专业教学标准和课程体系①。2018年，我国提出要积极参加中德政府磋商职业教育分论坛，借鉴德国“双元制”等模式，推动职业院校服务企业转型升级，联合商务部等开展职业教育“走出去”专题调研，打造以“鲁班工坊”等为代表的品牌项目，共同支持建设一批新的试点，服务好我国在国际产业体系分工中有竞争力的重点产业和企业。②由此可见，职业教育通过自身的不断发展壮大和国际化程度的不断深入，其在国际舞台上的话语权和合作宽度与层次都已经初步形成、具备。

第三节 我国职业教育改革与发展的核心问题

改革开放的40年，是职业教育取得辉煌成就的40年，在职业教育发展史上留下了浓墨重彩的一笔。在系统梳理改革开放以来职业教育取得的重大成就的基础上，明晰发展中的关键问题，对于下一阶段职业教育发展方向的确立具有重要意义。

一、办什么样的职业教育才能满足学生发展需求

改革开放40年中，职业教育的人才观也在不断变化，特别体现在对技能型人才的肯定上，这也为我国职业教育的发展奠定重要基础。职业教育人才培养目标也经历了“清晰—模糊—再清晰”的过程，从突出技术，到技术与技能并重。在不断发展的过程中，职业教育理念导向也发生了变化。职业教育的发展最初是学历本位的，以获得学历为主，与学校教育并无二致，然而这并不能凸显职业教

① 职业教育与继续教育2016年工作要点.（2016-03-21）[2018-05-01]. http://www.moe.gov.cn/s78/A07/A07_gggs/A07_sjhj/201603/t20160325_235210.html.

② 职业教育与继续教育2018年工作要点.（2018-02-26）[2018-05-01].http://www.moe.gov.cn/s78/A07/A07_gggs/A07_sjhj/201802/t20180227_327906.html.

育的职业性特质。因此，2005年全国职业教育工作会议明确提出，职业教育要以就业为导向，职业学校必须始终瞄准市场缺口，专业设置应紧跟市场需求，与行业、企业紧密联合，关注职校学生就业质量。职业学校的学生的出路多样，既可选择就业，也可选择升学，为了满足学生发展需求的多样性，职业教育逐渐过渡到生涯导向，关注学生的个性发展问题。然而，随着职业教育理念的不断变化，也出现了诸如高技能人才的技能结构为何，单一课程体系如何满足学生多样成才目标，职业教育要着力解决“满足学生多样需求”“办人民满意的职业教育”等问题。

二、职业教育制度与保障体系有待完善

改革开放40年来，职业教育体系经历了从建立“职业教育体系”，到建设“中国特色现代职业教育体系”，再到建设“中国特色、世界水平的现代职业教育体系”的发展脉络。目前，现代职业教育体系已建立从中职，到高职，到技术本科，再到专业学位研究生教育的贯通培养，并衔接普通教育与职业教育、职业教育与继续教育，搭建起人才多样化成长路线。然而，在发展过程中也出现了许多问题亟待解决：①制度还不完善，包括职业教育和培训的管理体制，职业教育和培训的学习制度，职业教育与普通教育、继续教育的衔接等急需改革、建立和完善；②我国职业教育学历证书与职业资格证书相分离，严重制约了职业教育和培训体系的构建与完善；③在同一学校体系内，教育与培训工作体系“两张皮”，协调机制“无抓手”，保障机制“无约束”状况普遍存在；④质量保障体系不健全，缺乏严格的对职业教育和培训机构的资质认定制度和监管手段；⑤还存在认为职业教育和培训体系是两个体系的争议。

三、办学模式的多样化有待进一步建立产教融合深度合作的长效机制予以保障

我国职业教育办学模式的改革是以办学体制为核心的，改革的目的是为了增强职业教育适应经济社会发展变化的能力。改革开放前，职业教育办学模式为了适应计划经济的发展，建立了具有计划性的职业教育办学模式，随着我国从计划经济体制向市场经济体制转型，这样的职业教育办学模式越来越难以适应市场经济社会发展的需要，必须进行变革。改革开放以来，职业教育办学模式经历了

由原来封闭、单一的学校教育模式到开放性的、多元主体的混合式办学模式，办学形式多样化，发展民办教育，鼓励社会力量参与办学，逐渐形成了六种办学模式：校企合作、引企入校、厂中校、集团化办学、校办企业、企业办学等。职业教育办学模式越来越多样化，虽然校企合作已经达成共识，但是校企合作的深度还不够，依然存在一系列问题，如缺乏相应的保障机制约束企业，与学校合作不能满足企业的经济利益诉求，企业的用工需求与学校教学秩序之间的矛盾等都影响着校企深度合作。因此，为了实现产教深度融合，要着力解决校企合作长效机制问题。

四、职业教育课程高水平开发队伍的建立与课程内容更新问题

20世纪80年代，我国职业教育课程延续并规范新中国成立后形成的“三段式”课程，这一时期职业学校非常重视文化知识和专业理论知识的传授，课程设置主要包括政治理论课、普通文化课、专业基础课和专业课，课程过分注重理论知识的系统性，而忽视学生实践能力的培养。20世纪90年代，是我国职业教育课程改革启动的重要阶段，这一时期课程建设的主要内容是引入已于20世纪80年代在许多发达国家盛行的能力本位课程模式，包括能力本位教育课程模式、模块式就业技能课程模式等，这一时期在借鉴国外模块课程的基础上，我国职业教育研究者结合我国职业教育实际进行了一种创新性探索，开发了“宽基础、活模块”课程。能力本位课程增强了课程内容的应用性，课程设置也更为灵活。进入21世纪，中国开始形成本土化的课程理论，包括项目课程、基于工作过程系统化的职业教育课程，以及职业教育工学结合课程，我国职业教育课程模式的构建进入到了“由借鉴国外课程到创建中国特色”的阶段。职业教育课程改革取得了显著成效，但是也存在一些问题，例如，缺乏专业教学标准体系、教学标准开发的支持体系和高水平职业教育课程开发队伍，如何构建有效课堂，专业教学法如何体现等。核心素养提出后，职业教育不能只注重课程与岗位的对接，同时要考虑核心素养如何在职业教育课程里体现的问题。

五、职业教育师资队伍实践能力有待增强

改革开放以来，虽然职业教育总体上得到恢复与发展，但是师资队伍却难

以恢复，师资数量严重不足，质量也不高。为了解决这一问题，国家提出通过挖潜改造解决师资紧缺问题，通过设置专门的师资培养机构，如独立设置职业技术师范学院、大学内设职业技术师范学院等来解决师资稳定来源的问题。对职业教师的培养主要有两种模式，一种是职前培养，一种是职后培训。到2012年，共建成了300多个职业教育师资培训基地。与此同时，2009年，人力资源和社会保障部办公厅下发《关于公布首批全国技工院校师资培训基地的通知》，确定西安技师学院等21所技工院校为首批全国技工院校师资培训基地。但随着许多技术师范院校的转型，如江苏技术师范学院变成江苏理工学院等，师范学院失去了专门为职业学校培养师资的功能，师资职前培养弱化了，职后培训体系针对性又不强，虽然后来实行了教师下企业的制度，但是实施过程中遇到了一系列问题，所以教师能力缺口、专业实践能力与教育教学能力不强等问题成为阻碍职业教育发展的瓶颈性问题。

六、农村职业教育制度有待完善，办学水平有待提高

改革开放前，农村职业教育的发展重心在于推动农业的发展；改革开放后，市场经济体制确立，农村职业教育的重心由农业发展转向农村经济建设，提出科教兴农的口号，并建立乡镇农民文化技术学校教授农民实用技术。21世纪以来，我国城乡二元结构愈发明显，农村劳动力纷纷涌向城市寻求发展机会，这一时期，农村职业教育的重心逐渐转向注重农民个人的发展，培养新型农民，提高农民素质。尽管农村职业教育发展形势好转，但农村职业教育依然是农村教育中最为薄弱的一环。随着经济社会的不断发展，农村职业教育不断面临着新的挑战，如制度问题，立法不完善、执行力不强、监管力度弱等问题；办学条件与水平落后，硬件设施不能满足学生学习需求，师资力量薄弱，缺乏优势的职业教育资源等；招生不规范，招生市场混乱；等等。这些问题都严重制约着农村职业教育的进一步发展。

七、职业院校德育专业特色有待发展

1978—1995年，职业教育德育未明显从普通教育德育中分化出来，相关德育实践也主要体现于中小学德育和高校德育的政策文件中。1996年，《中华人民共和国职业教育法》颁布，职业教育的地位得到提高，思想政治教育和职业道德

教育也首次在职业教育的体系中被明确提出。2002年，党的十六大提出全面建设小康社会的目标，巩固全社会的思想道德基础成为事关全局的重要任务，职业教育德育进入了政策完善阶段，逐渐确立了具有职业教育特色的德育的相关制度与政策，如2001年出台了《教育部关于中等职业学校德育课课程设置与教学安排的意见》，2009年印发了《关于加强和改进中等职业学校学生思想道德教育的意见》等。2013年以来，职业教育德育进入了内涵发展阶段，强调将立德树人作为教育的根本任务。在新工业革命背景下，职业精神、工匠精神等也为大众所重视。随着职业教育的大发展，职业教育德育逐渐形成了全员德育、专业德育、文化德育等特色。然而，职业教育德育如何与专业更深层次融合还有待进一步解决。随着职业教育德育实践的不断深入，德育工作也面临重大挑战，如德育目标定位过于理想化、德育内容不能及时得到更新、德育方法的单一性、德育评价机制不完善、德育师资队伍结构不合理等，必须有针对性地解决上述关键问题，才能促使职业教育德育又快又好发展。

八、职业教育国际化服务能力亟待加强

改革开放初期，我国职业教育主要是向国外尤其是发达国家学习先进的职业教育经验，是单向化的学习。在对国外先进经验的学习逐渐深入的过程中，我国也意识到不仅要学习国外先进经验，也要积极展开国际交流与合作，通过与国际组织、发达国家的积极合作，职业教育国际交流的内涵进一步深刻。因此，国际交流与合作逐渐从单向式转为双向式交互。随着我国“一带一路”倡议的逐渐深入推进，我国职业教育发展进一步走出国门，在国际舞台上，成为技术技能人才培养标准的制定者和输出者，并且将自身的优秀经验传递给其他国家。我国对亚非地区的职业教育进行援助扶持，说明我国职业教育逐渐走向世界，我国职业教育的国际影响力也在逐步提升。职业教育国际化深入发展，随之也出现了一系列问题，如对“走出去”企业人才需求的挖掘、国际合作长效机制的建立、国际化组织管理方式的确立、国际化师资队伍的建立等都进一步影响着我国职业教育的国际化服务能力。随着“一带一路”倡议的深入推进，职业教育的国际化服务能力亟待加强，从而有效帮扶“一带一路”国家。

改革开放40年中，职业教育发展取得了历史性的成就，但也出现了亟待解决的核心问题，如发展理念、体系构建、办学模式、课程改革、师资培养、德育、国际交流等方面凸显的问题。国家应着重解决职业教育发展中的核心问题，促进职业教育更好更快发展。

第二章
职业教育理念的嬗变

改革开放40年，我国职业教育理念处于不断发展变化中。其中职业教育人才观、职业教育导向的流变以及现代职业教育理念的形成与内涵值得重点关注。职业教育人才观指的是职业教育的人才培养目标。总体来看，中等职业教育的人才培养目标经历了清晰—模糊—清晰的过程；高等职业教育的人才培养目标处于一个不断清晰的过程。职业教育导向指的是职业教育的办学目标或职业院校的专业面向。改革开放40年，受到政治、经济以及社会需求的影响，职业教育导向总体呈现“学历导向”—“就业导向”—“生涯导向”演变趋势。传统职业教育理念过于重视开发个体的短期技能水平，忽略了对人的培养，没有考虑到个体长期的生涯发展。随着工业4.0、智能制造、职业教育服务“一带一路”的提出，传统职业教育理念已不能满足人们的发展需求。自十八大报告提出“加快发展现代职业教育”以来，关于“现代职业教育理念”的探讨就未曾停止。到底何为现代职业教育？我国今后职业教育将往何处发展？这些问题都值得我们深入思考。

第一节　改革开放40年人才观的流变

科技兴国、人才强国。改革开放40年，我国对人才的培养高度重视，与此同时，对于人才的标准也曾有过激烈的探讨。从传统意义上的“劳心者治人，劳力者治于人”，认为只有从事复杂智力工作的人才能被称作是人才，到2018年中共中央办公厅、国务院办公厅发布《关于分类推进人才评价机制改革的指导意见》，明确指出“建立与中国特色社会主义制度相适应的人才评价制度，努力形成人人渴望成才、人人努力成才、人人皆可成才、人人尽展其才的良好局面，使优秀人才脱颖而出”[①]，我国的人才观发生了重要的变化。其中，较为突出的一点是对于技能型人才的认可，这为我国职业教育的发展奠定了重要基础。

下文将着重梳理改革开放40年中职业教育人才观的流变。根据关键事件和里程碑文件，我们可将人才观的流变历程划分为五个阶段，即恢复期、发展期、转折期、重振期和完善期。值得说明的是，人才观流变的五阶段与职业教育改革与发展的五阶段整体保持一致，但考虑到涉及人才培养目标的政策文本出台时间、学界对于人才培养定位的争议等因素，二者在具体的时间划分上略有出入。

---

① 中共中央办公厅 国务院办公厅印发《关于分类推进人才评价机制改革的指导意见》.（2018-02-26）[2018-05-07]. http://www.gov.cn/zhengce/2018-02/26/content_5268965.htm.

一、恢复期（1978—1984年）

（一）两类中等职业学校人才培养目标定位清晰

中等专业学校主要培养中级技术人员或管理人员。我国的中专、技校是在20世纪50年代初，学习苏联的教学和办学模式而兴办起来的。1978—1984年是中等专业学校的恢复期，当时实行分工分级，按系统归口的管理制度，招收初、高中毕业生，毕业生以干部身份就业，分配有体制上的保护。1980年，国务院批转教育部、国家劳动总局《关于中等教育结构改革的报告》，对中专的人才培养目标进行明确定位，即中专是培养中级技术管理人才的学校，应保持现行的领导管理体制不变[①]。

技工学校主要培养中级技术工人。和中专一样，技工学校也创办于20世纪50年代中期。因其培养的技术工人对现代化建设具有重要作用，1978年到1984年，国家鼓励技工学校的恢复和发展。1980年，《关于中等教育结构改革的报告》明确指出技工学校人才培养定位，即"培养中级技术工人的学校。要办好现有技工学校，并根据生产建设的需要，稳步地有计划地发展"[①]。

（二）短期职业大学培养地方急需的高等应用人才

1980年底，发展国民经济的第五个五年计划完成。地方社会主义四化建设迫切需要人才，但国家统一分配的高等专门人才与地方经济建设所需的一线生产、服务、管理的实用型、技艺型人才严重脱节。在此背景下，有些大中城市开始试办高等职业教育，短期职业大学应运而生。

短期职业大学的共同特点是自费、走读、不包分配，一般由地方政府举办，招收普通高中毕业生和少量中等职业技术学校的毕业生。职业大学的专业根据当地经济特点和人才需求设置，具有较强的针对性和灵活性，可分为管理、服务、涉外、财经、应用文科、政法、农林、教育、医药卫生和工科10大类[②]。由此可见，当时短期职业大学的培养目标主要是培养地方经济建设急需的高等应用人才。

短期职业大学的出现为我国高等教育的发展注入新鲜血液。20世纪80年代，这些学校通过校际协作，共同推动高职教育的发展，取得了一定成绩。但是，由

---

① 国务院批转教育部、国家劳动总局关于中等教育结构改革的报告的通知．(1980-10-07) [2018-05-07]. http://www.chinalawedu.com/falvfagui/fg22598/413.shtml.

② 匡瑛. 比较高等职业教育：发展与变革. 上海：上海教育出版社，2006：123-125.

于它在我国发展时间不长，经验不足，政府不够重视，多数学校把其办成了“压缩式”本科，职业性无法突出①。

二、发展期（1985—1997年）

（一）四类中等职业学校人才培养目标分层定位清晰

中等专业学校主要培养中级技术人员或管理人员。随着我国社会主义市场经济体制的确立，职业教育在发展过程中开始有市场力量介入，中专的人才培养方式也随之发生改变。1987年，国家教育委员会职业教育与成人教育司举行全国中专教育改革座谈会，明确提出要加强教学实践、实习和技能训练，改变重理论轻实践的做法，更重要的是要引导高年级学生广泛接触社会进行技术推广、服务和社会实践等工作，将教学、服务、生产、实践相互结合变成办学的基本路子。虽然人才培养方式发生变化，但是人才培养目标依然定位于培养中级技术人员或管理人员。

技工学校主要培养中级技术工人，有条件的也可以培养高级技术工人。1985—1997年，伴随着中等职业教育办学引入市场机制，技工学校的办学也进入调整期。在办学主体上，紧紧依靠地方政府、企业和经济主管部门。在教学过程中，提高生产实习课程的比例，实行一年的岗位实习活动，鼓励校办工厂为学生职业技能的培养提供训练基地。1993年，《劳动部关于深化技工学校教育改革的决定》颁发，对技工学校人才培养目标进行明确定位，即在以培养中级技术工人为主要目标的基础上，有条件的也可以培养高级技术工人、企业管理人员或社会急需的其他各类人员②。

职业高中的人才培养目标比较灵活，既培养初级技术和管理人员，也培养技术工人和从业者。为适应我国生产发展和人才结构调整的需要，1984年底，根据中等教育结构改革的方针和要求，各地从本地区的实际情况出发，对普通中学的发展进行全面规划，调整并合并一部分普通高中，有计划地将一部分普通高中改为职业中学或农业中学③。1986年，《国家教育委员会关于制订职业高级中学（三年制）教学计划的意见》颁发，明确指出职业高中的培养目标是：有理想、

---

① 邓耀彩. 我国高等职业教育发展历史述评. 高等教育研究，1999（4）：79.

② 劳动部关于深化技工学校教育改革的决定.（1993-09-29）[2018-04-18]. http://www.chinalawedu.com/falvfagui/fg22598/19285.shtml.

③ 朱永新，王继平. 中国教育改革大系. 武汉：湖北教育出版社，2016：108.

有道德、有文化、有纪律，热爱社会主义祖国和社会主义事业，具有为国家富强和人民富裕而艰苦奋斗的献身精神，具有实事求是、独立思考、勇于创造的科学精神；具有能直接从事某一职业（工种）的技术理论、专业知识和操作技能，与本专业有关的主要文化课，要具有相当于普通高中的水平；有健康的体格的中级技术人员和管理人员、中级技术工人和从业者。[①]

民办中等职业教育，培养地方经济和产业所需要的各类人才。在 1985 年鼓励个人和社会团体办学政策的动员下，以及 1987 年《关于社会力量办学的若干暂行规定》出台之后，中等职业教育民办机构开始重新兴起，民办中等职业教育到 1992 年才开始真正发展起来。在办学目标上，民办中等职业教育主要培养地方经济和产业所需要的各类人才，它的兴起大大促进了地方经济的发展。

（二）高等职业教育人才培养目标在不断发展

1. 20 世纪 80 年代中期，五年制技术专科培养一线高技术应用人才

1983 年，国家教育委员会高教二司在杭州召开高等工程教育会议。之后，为更好地培养生产一线的技术、管理和业务人员，为避免中专升格专科又向本科倾斜，同时也为了把专科和中专联合提高发展，职教司提出了试办“初中后五年制的技术专科学校”实施方案。

1985 年，国家教育委员会决定在上海电机制造学校、西安航空工业学校和国家地震局天水地震学校等 3 所中专学校试办五年制技术专科教育。实践证明，五年制技术专科教育更有利于统筹安排教学计划，促进中高职教育的有机衔接。由于学生年龄小，可塑性强，较长连贯的教学安排更利于提升学生的职业素养和职业技能。总体来看，五年制技术专科教育适应了当时国家经济发展和对一线岗位所需的高技术应用人才的需求，促进了职业教育的多样化发展，受到了社会的认可与欢迎[②]。

2. 20 世纪 80 年代后期，高职培养生产、经营管理方面的专业技术人才

进入 20 世纪 80 年代后期，为适应发展需求，高职对象外延，着力培养专业技术人才。1987 年，国务院批转的《国家教育委员会关于改革和发展成人教育的决定》指出：职工大学、职工业余大学、管理干部学院应当利用自己同企业、行业关系紧密的有利条件，结合需要，举办高等职业技术教育，为企业、事业单位

---

① 国家教育委员会关于制订职业高级中学（三年制）教学计划的意见 .（1986-06-05）[2018-04-18]. http://www.chinalawedu.com/falvfagui/fg22598/36031.shtml.

② 郭俊朝. 改革开放 30 年来中国高等职业教育的发展. 岳阳职业技术学院学报，2009（24）：6-8.

培养生产、经营管理方面的专业技术人才。[①]由此可见，在80年代中晚期，我国高等职业教育的培养目标是“培养生产、经营管理方面的专业技术人才”。

3. 20世纪90年代初，职业大学改革，培养高级技艺性人才和高等应用性专门人才

1990年10月，“全国普通高等专科教育工作座谈会”形成职业大学分流办学的意见。1991年，国家教育委员会出台《关于加强普通高等专科教育工作的意见》，指出现有大多数短期职业大学在服务对象、专业设置、培养目标、培养模式、毕业生去向等方面与普通高等专科学校区别甚微，实际上是由地方举办的综合性高等专科学校。办学部门应根据本地区经济建设和社会发展的实际需要，认真研究这些学校的办学方向。一部分应办成以培养高级技艺性人才为目标的高等职业教育；一部分应根据需要，经过上级主管部门审定并报国家教育委员会批准，可以明确为普通高等专科学校，同时明确指出普通高等专科教育是在普通高中教育基础上进行的专业教育，培养能够坚持社会主义道路、适应基层部门和企事业单位生产工作第一线需要的、德智体诸方面都得到发展的高等应用性专门人才。[②]1991年，《国务院关于大力发展职业技术教育的决定》发布，提出积极推进现有职业大学的改革，努力办好一批培养技艺性强的高级操作人员的高等职业学校[③]。由此可见，20世纪90年代初，我国高等职业教育的培养目标为“培养高级技艺性人才”和“高等应用性专门人才”。

三、转折期（1998—2002年）

（一）中等职业教育式微，人才培养定位模糊

1. 中职式微，三类中等职业学校培养目标趋同

1998—2002年，全国范围内出现“普高热”，中职式微，招生数大幅度下滑。导致这一现象的原因主要有如下三点：第一，社会主义市场经济体制改革深化。与此同时，职业学校的人才培养模式却没有及时转变，培养的学生无法适应市场

---

① 国务院批转《国家教育委员会关于改革和发展成人教育的决定》的通知.（1987-06-23）[2018-04-18]. http://www.moe.gov.cn/s78/A07/zcs_left/zcywlm_crjypx/201001/t20100129_8930.html.

② 国家教委关于印发《关于加强普通高等专科教育工作的意见》的通知.（1991-01-06）[2018-04-18]. http://www.chinalawedu.com/falvfagui/fg22598/35056.shtml.

③ 国务院关于大力发展职业技术教育的决定.（1991-10-17）[2018-04-18]. http://www.moe.gov.cn/s78/A07/s8347/moe_732/tnull_816.html.

的需要。第二，中专教育体制改革。从1998年开始，中专毕业不包分配，实行收费上学。第三，高等教育的大规模扩招，导致很大一部分初中毕业生毕业后放弃去职业学校。

在此背景下，中等职业学校办学进行改革。1999年，教育部下发《关于调整中等职业学校布局结构的意见》，意在经过2～3年的努力，初步建立起面向21世纪，布局结构合理，专业门类齐全，办学质量和整体效益好，适应社会主义市场经济体制和现代化建设需要的中等职业学校布局结构①。调整的形式主要有合并、共建、联办和划转。中等职业教育的培养目标的界限也越来越模糊，"三位一体"已成趋势。2000年，教育部发布的《关于制定中等职业学校教学计划的原则意见》已经统一了各类中等职业学校的培养目标，即：中等职业教育要全面贯彻党的教育方针，转变教育思想，树立以全面素质为基础、以能力为本位的新观念，培养与社会主义现代化建设要求相适应，德智体美等全面发展，具有综合职业能力，在生产、服务、技术和管理第一线工作的高素质劳动者和中初级专门人才②。

2. 综合高中兴起，培养综合型人才

职业高中在20世纪90年代开始出现下滑，在此背景下，国家顺势引导普通教育和职业教育的渗透，综合高中作为一种新型的办学模式得以出现。当时综合中学的主要培养目标：培养既有普通高中文化素质，又有中等职业技能和知识的人才，使学生具备继续学习和就业的双重能力。综合中学的理念虽然先进，但在实际办学过程中，受到各种因素的制约，存在"综而不合"的情况。将普通高中教育和中等职业教育进行简单叠加，办学成效并不显著。

（二）高等职业教育持续发展，人才培养目标日趋明确

1. 20世纪90年代后半期，高职规模化发展，但目标不明确

进入20世纪90年代后半期，高等职业教育规模化发展，主要得益于如下原因：①人才结构变化促进高职发展。随着区域产业结构的调整和产品结构的高移，高素质技术人才和生产管理人才大量缺乏的矛盾日益突出，而当时的中

---

① 教育部关于印发《关于调整中等职业学校布局结构的意见》的通知．（1999-09-09）[2018-03-09]. http://www.moe.gov.cn/s78/A07/zcs_left/moe_950/201001/t20100129_2534.html.

② 教育部关于印发《关于制定中等职业学校教学计划的原则意见》的通知．（2000-03-21）[2018-03-09]. http://www.moe.gov.cn/s78/A07/zcs_left/moe_953/201001/t20100129_832.html.

等职业教育和普通高等教育无法提供这些人才，发展高职成为企业界的呼声。②《面向21世纪教育振兴行动计划》提出“三改一补”方针，高职地位得以确立。③“三多一改”方针促进了高职的多元化发展和内涵的丰富。所谓“三多一改”，即多渠道、多规格、多模式发展高职，重视教学改革，真正办出高职特点。

这一时期的高职虽然在规模和数量上得到空前发展，但是由于对一些基本问题，如究竟什么是高职、高职的培养目标是什么、高职如何定位、中高职如何衔接等尚认识不足，出现了盲目发展的现象[①]。

2. 1999—2002年，高职深入改革，主要培养实用人才和高等技术应用性专门人才

1999年，教育部决定把高等职业教育、高等专科教育和成人高等教育“三教统筹”，简称为高职高专教育，以形成合力，共同培养人才。2000年，《教育部关于加强高职高专教育人才培养工作的意见》强调高职高专教育是我国高等教育的重要组成部分，培养拥护党的基本路线，适应生产、建设、管理、服务第一线需要的，德、智、体、美等方面全面发展的高等技术应用性专门人才[②]。2002年，《教育部 国家经贸委 劳动和社会保障部关于进一步发挥行业、企业在职业教育和培训中作用的意见》提出：地方支柱行业和有条件的大型企业，可在整合现有教育资源的基础上，单独或与高等学校联合举办职业技术学院，培养行业和企业需要的实用人才[③]。

上述文件综合反映了我国高等职业教育的发展和人才培养目标。由此可见，1999—2002年，我国高等职业教育的人才培养目标是实用人才和高等技术应用性专门人才。然而，技术人才和技能人才都属于技术应用性专门人才，将高等职业教育人才培养目标定位在“技术应用性专门人才”很容易造成定位上的模糊。尤其在重技术轻技能的传统观念下，很容易将人们的视野引向技术而不是技能[④]。

① 朱兴德. 重点职业高中与我国职业教育的发展. 上海：上海外语教育出版社，2001：134-135.

② 关于印发《教育部关于加强高职高专教育人才培养工作的意见》的通知.（2000-01-17）[2018-03-09]. http://old.moe.gov.cn/publicfiles/business/htmlfiles/moe/A08_sjhj/201109/124842.html.

③ 教育部 国家经贸委 劳动和社会保障部关于进一步发挥行业、企业在职业教育和培训中作用的意见.（2002-12-02）[2018-03-09]. http://old.moe.gov.cn//publicfiles/business/htmlfiles/moe/moe_728/200506/8616.html.

④ 黄嘉. 近三十年我国高等职业教育人才培养目标的变迁及原因探析. 中南大学，2008：16-18.

四、重振期（2003—2011 年）

（一）中职培养技能型人才，高职培养高技能型人才

2003 年底，党中央召开全国人才工作会议，提出“高技能”人才的概念，把培养技能人才特别是高技能人才纳入全党人才工作的范畴。会后发布的《中共中央国务院关于进一步加强人才工作的决定》要求“树立科学的人才观”，指出“人才存在于人民群众之中。只要具有一定的知识或技能，能够进行创造性劳动，为推进社会主义物质文明、政治文明、精神文明建设，在建设中国特色社会主义伟大事业中作出积极贡献，都是党和国家需要的人才。要坚持德才兼备原则，把品德、知识、能力和业绩作为衡量人才的主要标准，不唯学历、不唯职称、不唯资历、不唯身份，不拘一格选人才。鼓励人人都作贡献，人人都能成才”，而且要求“进一步提高高技能人才的社会地位，优化高技能人才成长的社会环境”。① 该文件重新界定了人才标准，提出的人才任用“四不唯”原则是对人才观念的历史性突破。自此“高技能人才”开始进入人们的视野。2004 年 2 月，教育部在《2003—2007 年教育振兴行动计划》中提出大力发展职业教育，大量培养高素质的技能型人才特别是高技能人才，要加强高等职业技术学院的建设，广泛开展岗位技能培训。②

在人才培养目标上，中等职业教育主要负责“技能型人才”的培养（表 2-1），高等职业教育主要负责“高技能人才的培养”（表 2-2）。

表 2-1　2003—2011 年部分政策文本提及的中等职业教育人才培养目标

年份	发布机构	文件名	主要内容
2005	教育部	教育部关于加快发展中等职业教育的意见	各地教育行政部门要依靠各级行业主管部门、行业组织，充分发挥该行业资源、技术、信息优势，积极举办中等职业教育，特别是要承担该行业专门的技能型人才培养的责任
2008	教育部	教育部关于进一步深化中等职业教育教学改革的若干意见	深化中等职业教育教学改革，提高教育质量和技能型人才培养水平，是当前和今后一个时期职业教育工作面临的一项重要而紧迫的任务
2009	教育部	教育部关于制定中等职业学校教学计划的原则意见	中等职业学校培养与我国社会主义现代化建设要求相适应，德、智、体、美全面发展，具有综合职业能力，在生产、服务一线工作的高素质劳动者和技能型人才

① 中共中央国务院关于进一步加强人才工作的决定 .（2003-12-26）[2018-05-11]. http://www.gov.cn/test/2005-07/01/content_11547.htm.

② 2003—2007 年教育振兴行动计划 .（2004-02-10）[2018-05-11]. http://old.moe.gov.cn//publicfiles/business/htmlfiles/moe/moe_177/200407/2488.html.

续表

年份	发布机构	文件名	主要内容
2010	教育部	中等职业教育改革创新行动计划（2010—2012年）	不断增强中等职业教育服务经济社会发展的针对性和实效性，加快培养数以亿计的具有良好职业道德、必要文化知识、熟练职业技能等综合职业能力的高素质劳动者和技能型人才，为我国社会主义现代化建设提供更大的智力支持、技能支撑和人才贡献
2011	教育部	教育部关于推进中等和高等职业教育协调发展的指导意见	中等职业教育是高中阶段教育的重要组成部分，重点培养技能型人才，发挥基础性作用

表2-2　2003—2011年部分政策文本提及的高等职业教育人才培养目标

年份	发文机构	文件名	主要内容
2004	教育部	教育部关于以就业为导向深化高等职业教育改革的若干意见	高等职业院校要主动适应经济和社会发展需要，以就业为导向确定办学目标，找准学校在区域经济和行业发展中的位置，加大人才培养模式的改革力度，坚持培养面向生产、建设、管理、服务第一线需要的“下得去、留得住、用得上”，实践能力强、具有良好职业道德的高技能人才
2006	教育部、财政部	教育部财政部关于实施国家示范性高等职业院校建设计划加快高等职业教育改革与发展的意见	高等职业教育必须主动适应社会需求，以加强基础能力建设为切入点，切实把改革与发展的重点放到加强内涵建设和提高教育质量上来，增强培养面向先进制造业、现代农业和现代服务业高技能人才的能力
2006	教育部	教育部关于全面提高高等职业教育教学质量的若干意见	要高度重视学生的职业道德教育和法制教育，重视培养学生的诚信品质、敬业精神和责任意识、遵纪守法意识，培养出一批高素质的技能性人才
2007	劳动和社会保障部	高技能人才培养体系建设“十一五”规划纲要（2006年—2010年）	充分发挥行业、企业、职业院校和各类社会团体在高技能人才培养中的作用，针对经济社会发展实际需要，构建和完善以行业企业为主体，职业院校为基础，校企合作为纽带，政府推动与社会支持相互结合的社会化、开放式的高技能人才培养体系
2010	教育部、财政部	教育部 财政部关于进一步推进“国家示范性高等职业院校建设计划”实施工作的通知	加快高等职业教育改革与发展，全面提高人才培养质量和办学水平，更好地发挥高职院校在培养高素质高级技能型专门人才，促进就业、改善民生，构建终身教育体系和建设学习型社会等方面的重要作用
2011	教育部	教育部关于推进中等和高等职业教育协调发展的指导意见	高等职业教育是高等教育的重要组成部分，重点培养高端技能型人才，发挥引领作用

（二）对于高技能人才的争议

虽然众多政策文本中统一了高等职业教育是培养高技能人才，但对于什么是高技能人才以及高等职业教育能否培养高技能人才，学界进行了激烈的争议。

1. 什么是高技能人才

什么是高技能人才？大致可归纳为如下几种取向：①“操作性”取向，即强调高技能人才最重要的是执行能力和精湛的操作技能[①]；②“技术性”取向，即高技能人才掌握了一般技能人才所不具备的精湛技艺以及解决复杂性、关键性和超常规实际操作难题的能力，其工作是工程技术人才工作的后续[②]；③“岗位领域性”取向，即强调劳动者具有特定工作岗位领域的技能。这种观点特指在制造、加工、建筑、能源、环保等传统产业和电子信息、航空航天等高新技术产业以及现代服务业领域工作的一线人员[③]。

高技能人才是属于技能型人才还是技术型人才，人们对概念的理解不同，在实践中很容易产生误区：①将“高技能人才”归属于技能型人才类型，易导致“重技能，轻技术”。②对“高技能人才”的“技术性”理解不够全面。在实践层面，仅停留在对简单技术的思考和验证，未突出高智能型和研发型的特点。③不加区分地将技能型人才和技术型人才中特定工作领域的高级人才统称为“高技能人才”，易导致人们在选择教育培养模式时产生困惑。[④]

2. 高职能否培养高技能人才

关于高职能否培养出高技能人才，有学者提出质疑：“指望高职院校花三到四年时间培养出高技能人才是不现实的。高技能人才培养需要中等职业学校和中小学校等基础教育，普通高等教育院校联合发力。”[⑤]还有学者提出要“急需拓宽‘高技能人才’的培养体系与工作体系。一是高技能人才不仅指高职层次，还应该包括本科、研究生和博士的高学历层次；二是高技能人才培养不能仅依靠学校，要将工作体系与教育体系相衔接来考核和培养”[⑥]。

五、完善期（2012 年至今）

（一）中、高等职业教育均培养技术技能人才

一方面，学界对“高技能”人才的概念界定存在广泛的争议；另一方面，社会主义现代化的建设离不开技术型人才和技能型人才。因此，2012 年至今，

---

① 陈宇. 中国高技能人才开发. 中国培训，2005（3）：4-6.

② 郎群秀. 高技能人才内涵解析. 职业技术教育，2006（22）：18-20.

③ 劳动和社会保障部. 技能职业资格证书（制度与体系）. 北京：海洋出版社，2006：76.

④ 严雪怡. 技术分类、人才分类和教育分类. 职教通讯，2005（8）：5-7.

⑤ 许竞. 对我国“高技能人才”概念及养成问题的反思——基于国内文献的批判性分析. 河北师范大学学报（教育科学版），2011（3）：63-67.

⑥ 汤霓，石伟平. 为高技能人才“正名”：国际视野下高技能人才内涵辨析. 职教论坛，2011（22）：49-53.

官方文件中对中、高等职业教育人才培养目标的表述统一为：培养技术技能人才。中等职业教育方面，教育部在2012年颁发《国家教育事业发展第十二个五年规划》，提出中等职业教育重点培养现代农业、工业、服务业和民族传统工艺振兴需要的一线技术技能人才[①]。2017年，国务院颁布《国家教育事业发展“十三五”规划》，提出：强化地市级人民政府对中等职业教育的统筹规划，根据城镇化和产业布局调整完善职业学校布局，根据产业发展对技术技能人才的需求优化职业教育体系结构。[②]

高等职业教育方面，《国家教育事业发展第十二个五年规划》中提出高等职业教育重点培养产业转型升级和企业技术创新需要的发展型、复合型和创新型的技术技能人才[①]。2014年，《国务院关于加快发展现代职业教育的决定》发布，指出专科高等职业院校要密切产学研合作，培养服务区域发展的技术技能人才[③]。2015年，教育部出台《高等职业教育创新发展行动计划（2015—2018年）》，提出：加强以职业道德培养和职业素质养成为特点的高等职业教育学生思想政治教育工作，着力培养既掌握熟练技术，又坚守职业精神的技术技能人才。[④]

（二）中、高等职业教育人才培养定位新争论

第一，中、高等职业教育培养技术技能人才的途径。虽然中、高等职业教育都培养技术技能人才，但在培养途径方面仍然存在分歧。例如，是通过学校职业教育直接培养出技术技能人才，还是通过学校职业教育培养出预备技术技能人才，然后再通过后期在工作岗位的锻炼过程中成为一名真正的技术技能人才。

第二，高等职业教育分层培养技术技能人才。例如，有学者指出，高等职业教育培养技术技能人才是可以分层的：①专科层次的高职教育主要培养发展型、复合型和创新型的技术技能人才（这三个概念之间是逐级递进的关系），偏重技术的应用和革新能力；②本科层次的高职教育主要培养高级技术技能人才，偏重技术革新能力；③研究生层次的高职教育，主要培养专家级技术技能人才，

---

① 教育部关于印发《国家教育事业发展第十二个五年规划》的通知 .（2012-06-14）[2018-04-30]. http://www.moe.gov.cn/srcsite/A03/moe_1892/moe_630/201206/t20120614_139702.html.

② 国务院关于印发国家教育事业发展“十三五”规划的通知 .（2017-01-19）[2018-04-30]. http://www.gov.cn/zhengce/content/2017-01/19/content_5161341.htm.

③ 国务院关于加快发展现代职业教育的决定 .（2014-05-02）[2018-04-30]. http://www.moe.gov.cn/jyb_xxgk/moe_1777/moe_1778/201406/t20140622_170691.html.

④ 教育部关于印发《高等职业教育创新发展行动计划（2015—2018年）》的通知 .（2015-10-19）[2018-05-30]. http://www.moe.gov.cn/srcsite/A07/moe_737/s3876_cxfz/201511/t20151102_216985.html.

偏重技术的研发和革新能力。①

第三，中、高等职业教育人才培养衔接和定位的问题。2014年教育部、国家发展和改革委员会、财政部、人力资源和社会保障部、农业部、国务院扶贫开发领导小组办公室联合发布《现代职业教育体系建设规划（2014—2020年）》，提出构建现代职业教育体系。在此背景下，对于中、高等职业教育的人才培养定位又引发了新一轮讨论：中职生毕业后是应当升学还是就业？中职是不是高职的预备教育？该类问题尚等待进一步研究。

六、结语

纵观改革开放40年，伴随着职业教育的不同发展阶段以及受到当时政治、经济、历史等环境因素的影响，职业教育人才观的流变可谓是历经曲折。其中，中等职业教育的人才培养目标经历了清晰—模糊—清晰的过程，由开始的分类培养技术工人、技术员到统一混淆培养高素质劳动者和中初级专门人才，再到培养技能型人才、培养技术技能型人才。相对而言，高等职业教育在发展的过程中，其人才培养目标处于一个逐步清晰的过程，从最初短期职业大学培养地方经济建设急需的高等应用人才到培养实用人才、高等技术应用性专门人才，再到培养高技能人才、技术技能型人才。整体而言，职业教育人才观的流变打破了狭隘的“只有从事复杂智力劳动的人才能被称作人才”的人才观，客观地见证了“技能型人才”也是人才且“技能型人才”在当下更是不可或缺的人才，有力地呼应了在当今时代“人人皆可成才”“人人皆能尽展其才”的时代人才观。

第二节 职业教育导向的流变

职业教育的导向，主要指的是职业教育的办学目标或职业院校的专业面向，它影响着人才培养模式、课程模式等方面的规划安排。职业教育的目的是什么？不同教育制度下、不同历史发展阶段对这一问题的答案都存在着差异，我国改革开放以来，职业教育的导向发生了重要的流变，主要可以划分为以下三个阶段。改革开放伊始，由于受到高等教育的影响，职业教育的导向是以提升学历为中心

① 付云. 高职技术技能人才的培养目标之辩. 职业技术教育，2013（28）：16-19.

的"学历导向"为主。后来为了解决我国经济快速发展、工业化进程中技术技能人才的短缺以及提升职业教育毕业生的就业质量，职业教育的导向逐渐从传统的追求学历证书和文凭导向转变为以提升学生的就业能力为中心的"就业导向"，并且这一导向也是我国职业教育当前的发展阶段。进入21世纪，世界范围内经济的快速发展和社会的复杂多变使终身学习、终身教育成为一种发展趋势，新时期的职业教育也在发展中不断更新观念与认识，更加注重职业教育对个体终身发展的重要作用，关注职业教育学生的生涯发展日益成为趋势。因此，关注个体生涯发展为中心的"生涯导向"的职业教育成为未来的选择。

我国职业教育导向的转变是基于一定时期内经济、政治、社会需求等因素的影响而逐步做出的一些方向性或局部性的修改。因此，这里的三个阶段并不是严格区分、割裂开的，可能出现阶段之间的重叠、过渡期，也会因为地区间的差异，在全国范围内出现三种导向的职业教育同时存在的现象。这体现了职业教育导向流变的连续性，从而使职业教育的目标与方式更趋于一致、符合社会需求。

一、伊始方向："学历导向"的职业教育

（一）发展背景

所谓"学历导向"，就是将"学历提升""获取文凭"作为满足学生需求和推进学校发展的重要指向。在我国，"学历导向"职业教育的形成和发展有其独特的历史渊源和社会基础。与普通教育相比，职业教育一直被认为是层次较低的教育类型。一方面，中等职业教育在进行人才培养时，对毕业文凭过于强调，但不重视职业资格证书或技能等级证书的获取；另一方面，专科层次的高等职业教育与本科层次的普通高等教育相比，仍被误解为在学历层次上存在差距，而非在教育类型上存在差别。因此，在20世纪80年代发展初期高等职业教育就有"学历导向"的倾向，即以提升学历作为院校发展的基本方向，满足当时人们获取学历证书和文凭的需要。由于经济的快速发展，社会对技术技能型人才的需求日益增加，"学历导向"的高等专科教育开始不能完全满足这种需要。一方面，高等专科教育培养出的人才数量低于实际的需求数量；另一方面，其培养模式向本科靠拢，存在"重理论轻实践"的问题，培养的学生质量不能很好地匹配社会的需求。

到20世纪90年代，随着"三教统筹"和"三改一补"政策的实施与推行，高等职业教育的办学主体进一步扩充，高等专科学校、短期职业大学和独立设置成人高等学校的统筹，拓宽了高职教育的发展途径，高职教育开始成为实现高等

教育大众化的主力军。但高职院校在快速发展的背景下，并没有形成独具特色的培养目标和培养模式，仍在强化学历导向的趋势。

（二）基本特征

1. 在办学目的上追求升格但忘记“职”责

在当时的社会背景之下，“学历导向”的思想对职业教育产生了巨大作用。一方面，由于受到整个社会风气的影响，中职教育更加强调毕业文凭、忽视技能证书。另一方面，一些高职院校乐此不疲地致力于从“职业型”转向“学科型”，在个别职业院校成功升格为本科院校后，许多高职争相效仿，千方百计地将自己跻身于普通本科院校的行列中，其办学目的不在于如何办好职业技术教育、增强学生的职业本领，而在于如何实现学校的转型升格、向更高层次发展，以致忘却办好职业教育的初衷。

2. 在招生特点上以学历提升吸引生源

由于受到重学历轻技能观念的影响，家长不愿意让自己的孩子进入到中职院校学习，中职院校普遍陷入了招生的困境，中职院校只是考不上高中的初中毕业生的无奈之选，所以，中职院校只能以提升学历进行招生宣传。另外，由于高职教育是以专科为主的高等教育类型，因此，在每年进行招生录取时，普通高等教育的批次在前，高职教育的批次在后，这就导致社会各界认为高等职业教育不如前者，属于低层次的高等教育。随着经济的转型与发展以及高等教育大众化、高校日益扩招，社会并没有对接受高等教育毕业生的就业高峰做出应有的应对，这就导致了各类企业在招收人员时唯文凭录用，文凭高的人才相应地得到了更多的录用机会，这也进而助长了社会各界追求高学历的心理。以高学历为目标是职业教育的弱势，为了避免优质生源的流失，一些高职院校把学生入校后能够升入本科院校继续学习的比例高低作为宣传内容。当时更有一些省份因本科招生计划的限制，对高职院校还出台了“双专科”学生可以享受本科待遇的地方政策。

3. 在培养过程上重视“学历”而忽视“能力”

这一阶段，职业教育在对人才的培养过程中重视“学历”忽视“能力”，主要表现在以下几方面：在专业设置中，当时的职业院校或是不关注当地社会经济结构转型对人才需求结构的变化，将精力放在对口本科学校的相关专业上，或是对科技发展水平和职业更替状况缺乏敏锐的判断，仅仅依靠自身的已有条件进行封闭式办学；在培养目标上，职业院校不致力于增强学生的相关职业能力和岗位技能，帮助他们更好地适应社会经济发展的需要、满足企业的用人需求，而是沿用普通教育的惯性思维，一门心思地使学生成为“专升本”的后备军；在课程设置中，实践课程和理论课程此消彼长，职业院校开始照搬本科院校的课程设置，盲目增加文化基础课的比例、减少职业技能训练的相关实践课程，片面追求对口升学的比例；在教学层面上，重理论轻技术，重认知轻实践，培养出来的学生不具备实际操作的职业技能，无法与相关企业的职业岗位进行匹配与对接。

（三）影响

“学历导向”的职业教育在一定时期内使得职业教育与普通教育的比例大体相当，职业学校及学生数量增长较快，有利于服务区域和地方的经济社会发展，培养出紧缺的高级实用型、应用型人才。相关数据表明，从我国中等教育学校结构来看，我国中等职业教育学校数量在1985年为7105所，远低于普通高中17 318所的学校数量；到1987年中等职业教育学校数量首次超过普通高中学校数量，占我国中等教育阶段的50%以上；十年后，到1997年，中等职业教育学校数量为17 693所，依然超过普通高中学校数（13 380所）。从全国中等职业学校在校生情况来看，在校生数由1985年的400余万人到1998年发展至1000余万人，中等职业学校在校生数占高中阶段比例由1985年的20%到1998年增至50%以上。①

然而，当时的职业院校过于追求学历的提升，也带来了不良的后果。一方面是劳动力市场在机械制造、数控技术、高级护理、计算机应用等专业领域出现了高技能人才的严重短缺；另一方面是高职院校的毕业生就业率大大低于其他类别的院校，学生就业难问题突出。严峻的就业形势和高职教育发展方向上的偏差警示：必须重新审视高职教育的办学定位和培养目标。

二、当前阶段：“就业导向”的职业教育

（一）发展背景

随着市场经济的逐步发展与成熟，计划经济体制下闭门办学的职业教育已经无法完全适应市场的需求和行业企业对技术人才的需求，因此，“就业导向”

① 数据由编者根据《中国教育年鉴（1985—1986）》及1987—1997年《中国教育统计年鉴》整理所得。

开始成为我国职业教育人才培养实践的主流价值取向。"就业导向"职业教育的发展有其独特背景，其中职业教育发展方向的偏离和劳动力市场技术人才的短缺是"就业导向"职业教育应运而生的主要原因。

1. 职业教育发展方向的偏离

20 世纪末至 21 世纪初，我国实施扩大内需、高等教育大众化等政策，高等职业教育借助高校扩招的契机实现了规模发展，在一定程度上满足了经济社会发展对技术应用型人才的需求，但也开始显露出弊端。压缩本科式的职业院校培养出来的毕业生数量达到顶峰，就业难问题开始突显，"学历导向"的职业教育受到质疑。高职院校办学条件与质量并没有跟上规模急剧扩张的需要，生均校舍建筑面积下降、生均硬件设备减少、办学定位模糊、人才培养目标不清晰、毕业生就业情况堪忧等弊端逐渐暴露，而这些问题也成为一段时间内高等职业教育发展的主要矛盾。其中，规模与质量之间的博弈成为高等职业教育领域更为关注的议题。高等职业教育规模扩大激化的一系列问题，引起了政府的关注，政府也逐渐意识到提高高等职业教育的质量迫在眉睫。为了纠正职业教育向普通教育趋同的问题，21 世纪初，我国职业教育发展提出"就业导向"，以彰显职业教育的特殊性。因此，"就业导向"职业教育的提出是由于职业教育的发展方向发生偏离，职业教育的发展需要由规模发展向内涵发展转变，以实现办学质量的提高。

2. 劳动力市场技术人才的短缺

由于职业教育发展方向的偏离，趋同于普通教育的职业教育未能凸显其服务于经济社会发展的"工具价值"，强调学科性的职业教育培养出来的学生就业能力不足，导致高职毕业生出现就业难问题。与此同时，在劳动力市场上合格的技术人才开始变得短缺。教育部统计资料显示，2004 年，全国普通高校毕业生平均就业率为 73%，其中高职毕业生就业率仅为 61%，就业难已经成为重要的社会问题。然而，劳动力市场在机械制造、数控技术、汽车运用与维修等领域缺乏合格技术技能人才，出现人才短缺的现象。这种矛盾的产生主要源于当时一些高等职业院校盲目攀高升格，追求学历导向以增强其吸引力，从而导致毕业生的能力无法满足劳动力市场的需求。为了缓解职业教育毕业生就业难和劳动力市场人才短缺的矛盾，"就业导向"成为职业教育的办学宗旨，职业院校开始致力于提升学生的就业能力，解决学生的就业问题，为社会提供符合要求的各类高质量人才，以避免职业院校培养的毕业生脱离社会的实际需求。

因此，2004 年 2 月 10 日，教育部颁布《2003—2007 年教育振兴行动计划》，提出：大力发展职业教育，大量培养高素质的技能型人才特别是高技能人才；以就业为导向，大力推动职业教育转变办学模式；大力发展多样化的成人教育和继续教育[①]。同年4月，教育部（职业教育与成人教育司）颁发《教育部关于以就业为导向 深化高等职业教育改革的若干意见》，针对社会中存在的高职院校办学浮躁，一味效仿本科等现象，第一次对高等职业教育进行了定位：以就业为导向，以服务为宗旨，走产学研结合发展的道路[②]。在此背景下，"就业导向"的职业教育正式确立，以弥补和解决"学历导向"职业教育的不足与缺陷。

（二）基本特征

1. 在培养目标上追求并提升人才培养的质量

随着"就业导向"职业教育成为主流，职业院校开始调整"学历导向"的办学理念和模式，不再盲目追求"学科化"的发展和向本科院系的升格，而是建立起"不同类型、不同层次的学校都能办出一流教育"的理念，致力于提升人才培养的质量，开始为社会培养合格的技术应用型人才。"就业导向"的职业教育主要体现在职业学校进行专业设置时开始主动将经济发展与社会需求状况纳入考量，改变过去仅仅以自身条件展开封闭式办学的状态，转而以市场需求为基本导向进行人才培养。职业院校在进行专业结构调整时主动迎合市场，积极适应社会发展的需要，紧贴行业、企业的劳动力市场需求，强化就业指导和创业教育，坚持以是否满足行业和企业的岗位需求作为价值取向和人才质量高低的主要标志，提升对学生就业问题的关注度，也就是说"就业导向"的职业教育服务于经济和社会发展的功能明显增强。

2. 在培养过程上围绕就业能力展开

职业院校在人才培养的过程中，不再一味地加强文化基础课的比重，而是依据各自专业对应的典型职业活动的工作能力来构建教学内容，增加相关的实践活动课程，增强学生胜任工作岗位的能力。在课程开发过程中，职业院校立足岗位群的基本要求，对工作任务和职业能力进行分析，合并工作过程中相近的工作领域进行课程设置，按照岗位要求的知识、技能和情感态度结构设计课程内容。

---

① 2003—2007年教育振兴行动计划.（2004-02-10）[2018-04-29]. http://old.moe.gov.cn/publicfiles/business/htmlfiles/moe/moe_177/200407/2488.html.

② 教育部关于以就业为导向 深化高等职业教育改革的若干意见.（2004-04-02）[2018-05-03]. http://old.moe.gov.cn//publicfiles/business/htmlfiles/moe/moe_737/200507/9969.html.

课程开发的技术路径可以概括为：调研市场需求并定位岗位群→分析工作任务和职业能力→对接职业标准→分析课程设置→编写专业教学标准→开发课程标准→分析和设计教学→开发教学资源。在此基础上，形成了以促进就业为导向、对接职业标准、突出职业能力培养的项目课程体系。

另外，在这个阶段，学历证书与职业资格证书的“双证书制”开始实施，有力地提升了职业院校毕业生的就业竞争能力。尽管当时“双证书制”的畅通程度有待提升，仍然缺乏相关的国家职业资格标准，并且在职业资格证书的管理机制方面仍需进一步加强，但职业院校在教学层面已经积极地从“以教为主”向“以学为主”转变，从教会学生“知道什么”到教会学生“会做什么”，从过去的“知识本位”逐步转变到现在的“能力本位”上来，培养过程以就业能力的提升为主线和基本逻辑。

3. 在培养方式上积极探索各类人才培养模式

“就业导向”的职业教育与“学历导向”的职业教育最大的区别在于，后者可以脱离社会和企业的实际需求，以提升学生的知识水平为主要目的，而前者则必须适应社会生产和经济发展的需要，以提升学生的职业能力为主要目的。也就是说，“就业导向”的职业教育必须主动与相关企业进行合作，通过借助其设备、技术、实习实训资源开展合作办学。因此，在这个过程中，不同类型的人才培养模式开始涌现，比如“订单式”的人才培养模式，实行的是“产销衔接”，这使得学生可以贴近企业的生产实际，一毕业就可以很快地融入生产活动中去；再如“工学结合”的人才培养模式，学生在学校学习文化基础知识和专业知识，在企业进行必要的生产实践活动，避免了“学历导向”职业教育培养出来的学生脱离企业实际需求的弊端。另外，在“就业导向”职业教育进行人才培养模式的探索过程中，其聘请行业企业一线专家参与到学校办学的意识开始增强，这就使得行业企业对职业教育的支持和理解相应提升。

4. 在培养条件上重视师资和实训条件的建设

“就业导向”的职业教育必须以合格的师资队伍和先进的实训条件作为支撑，才能实现提升学生就业能力的目标。因此，重视师资和实训条件的建设开始成为主流意识。职业院校现任教师主要是20世纪八九十年代我国精英教育的产物，而“就业导向”的职业教育必须以培养学生就业能力为中心开展教育教学活动，某些通过传统教育观念培养出来的所谓“精英”虽然具有一定的理论知识水平，但是缺乏解决生产技术问题的能力。因此，显然不能满足相应要求。“就业导向”

的职业教育需要“双师型”教师作为支撑。所谓“双师型”教师，是指既具备理论教学的素质，也具备实践教学的素质的教师类型，只有强化“双师型”教师队伍的建设，才能满足“就业导向”职业教育需要达到的目标。另外，为了让毕业生更好地融入现实的工作岗位中，必须营造与就业相适应的职业氛围，让学生在职业的环境里接受职业技能训练，也就是说，符合时代经济发展和企业生产条件的实训室和实训设备必须配套，这是确保人才培养过程顺利完成的重要保障。

（三）影响

当前，“就业导向”仍然是我国职业教育发展的主流导向，并且为职业教育带来了积极的作用。

第一，21世纪初提出“就业导向”的原因主要是为了解决高素质劳动者和技能型人才的匮乏问题，满足劳动力市场的需求。这一阶段的职业教育确实提升了毕业生的就业质量，毕业生的职业资格证书获取率和就业率得到稳步提高，在一定程度上缓解了学生“就业难”问题。据统计，2007—2011年，中职毕业生就业率均保持在95%以上，远高于普通高校毕业生平均就业水平，并且中职学生不仅仅能掌握一手职业技能，更具有良好的职业素养与行为规范，其工作能力也得到社会及用人单位的普遍认可。与此同时，高等职业院校毕业生的就业率也呈现逐年上升的趋势。另外，企业“用人难”问题也得到了改善，由于职业教育毕业生的就业能力和质量提升，社会和企业获取了相应的技术技能人才，行业、企业也开始主动参与到办学中来。

第二，在“就业导向”的发展背景下，职业学校开始打破封闭式的办学格局，纷纷采取新型人才培养模式，坚持工学结合、校企联合、顶岗实习的教学之路，实现生产劳作与职业教育协调合作。推广订单式培养模式，以学分制代替传统考试制度，不断摸索建立和完善弹性学制，便于学生自由进行学业阶段划分，使其多样化学习需求得到充分满足。教育部同其他相关机构也在全国范围内举办职业院校学生技能竞赛，通过比赛展示职业院校大学生积极乐观、勇于奋进的精神面貌，淋漓尽致地表现出其娴熟的专业技能，并得到普遍赞赏。

第三，随着“就业导向”的职业教育在改善就业问题方面的效果越来越显著，国家逐步意识到经济发展与社会进步都离不开职业教育。因此，职业教育改革发展的政策环境、舆论环境和社会环境都得到明显改善，各级政府也把发展职业教育放到十分重要的战略地位。职业教育发展战略地位的确立为职业教育在资源和经费的获取上提供了保障，2003—2008 年，中央财政已累计投入 68 亿元，共着重扶持了 1396 个职业教育培训基地、1592 所县级职业教育中心和示范性中等职业学校、100 所示范性高等职业学校，并组织推行了“中等职业学校教师素质提高计划”。[①] 2013 年，中等职业学校学生平均公共财政预算经费为 9320 元，比 2005 年生均 2410 元增加 6910 元，增长了近 3 倍；高等职业学校学生平均公共财政预算经费为 9959 元，比 2005 年的 2959 元增加 7000 元，增长了 2 倍多。[②]

虽然“就业导向”的职业教育取得了诸多成就，但在其发展过程中也产生了许多不利的影响。首先，就业导向过度重视职业教育的经济功能，而忽视了职业教育的育人功能，受教育者职业生涯的终身发展道路受限；其次，许多职业院校把培养目标的关注点放在学生的初次就业上，在培养职业能力时简单地将职业能力理解为专业能力，而对直接影响学生未来职业生涯发展的个人科学文化素质教育、个性品质与创新精神的培养以及作为职业能力重要组成部分的职业道德、合作精神等缺乏足够的关注；最后，“就业导向”职业教育在解决“就业难”等社会问题上的作用有限，因为这些社会问题的背后隐含着一个复杂系统，比如实行就业准入制度、制定学历最低工资标准等，这些并非职业教育能够涉及和解决的，也就是说“就业导向”的职业教育存在着一定的局限性，即只能在一定程度上解决由于劳动力素质差而造成的劳动力结构性失业问题。

因此，“就业导向”只能是针对当前我国就业形势严峻、职业教育办学方向出现偏差而采取的阶段性政策导向[③]，我国职业教育须超越“就业导向”，兼顾职业教育的“经济功能”和“育人功能”，针对“职业教育培养什么人”“如何培养人”提出新的答案。

三、未来选择：“生涯导向”的职业教育

（一）发展背景

各国职业教育的改革与发展，主要受两个经典理论的影响，即职业主义（vocationalism）的“为了职业的教育”和杜威的“通过职业的教育”。职业主义认为“职业教育应为现实社会培养需要的合格工人，为适应现实职业做准备”，

---

① 黄尧. 改革开放三十年职业教育发展回顾及对未来的展望 . 中国职业技术教育，2008（32）：5-8.

② 杨靖. 十年 1.2 万亿：助推职业教育健康发展. 科技日报，2014-07-03（007）.

③ 徐涵. 就业导向的职业教育反思. 教育与职业，2006（15）：5-8.

强调职业教育的“工具价值”，能力本位教育初期基于行为主义心理学强调单项能力训练是典型代表；杜威则认为“职业教育将训练未来的工人适应不断变化的情况的能力”，强调职业教育的“发展价值”。前者可以对应于“就业导向”的职业教育，后者则可以理解为“生涯导向”的职业教育。

随着终身教育的思想深入人心，世界上许多发达国家和地区开始倡导“大职教观”，即认为职业教育应当贯穿于一个人的生涯发展全过程，职业教育的培养目标已不再仅仅针对现实的职业岗位，而是更加强调培养学生的岗位适应能力和迁移能力。例如，澳大利亚职业技术教育学院是世界上较为成功的职教模式之一，20世纪70—80年代，该学院始终以职业能力为本位，为澳洲的经济发展培养出一批就业大军。但进入90年代后，职业教育开始从适应经济社会发展、单纯培养职业技能，逐渐转向培养“高素质的劳动者”，转向关心人的全面发展。职业教育已从单纯满足社会或企业对劳动者数量、质量、素质和结构的需求，转向“两个满足并重”，即满足社会需求与满足劳动者个人教育需求或个体生涯发展的需求，甚至有时要优先考虑学习者的身心发展因素和遵循人类认知发展的规律，满足个体教育的多元需求，包括闲暇教育、社会游戏规则、育儿与家政等，职业教育遵从“为生活和工作而学习”的理念。因此，“就业导向”职业教育片面强调“工具价值”的发展定位开始受到来自理论界和实践界的质疑：教育学者认为局限于具体岗位操作技能的目标定位会限制学生的发展，并可能造成人的异化；快速变化的劳动力市场使得职业转换成为常态，针对具体岗位进行的一劳永逸的培养已无法满足要求，而相较于具体的岗位技能，雇主更注重具有迁移性的通用能力或软能力。在此背景下，“生涯导向”的职业教育开始成为未来职业教育发展的基本方向与选择。

我国的国情决定了现阶段的职业教育必须坚持“就业导向”的办学方针。我国的高等教育刚刚步入大众化阶段，人才短缺尤其是高技能型人才的短缺现象还相当严重。职业教育尤其是高等职业教育的资源总体仍处于相对短缺状态，办学条件相对于普通大学差距还较大，经济建设和走新型工业化道路，需要数以千万计的高技能专门人才。同时，从我国现阶段职业教育的对象来看，主要是促进年轻学生的社会化，为职业劳动做好准备，也是未来职业生涯的实际演练阶段。然而，随着我国高等教育事业的不断发展、社会职业的进一步更新，职业院校培养的学生将不再以具有一技之长为目标，而具有适应职业变更的复合能力、可持续发展能力和终身学习能力将成为新的职教培养理念和课程目标，尤其在事业心、创造力、解决问题能力和应变能力等“关键能力”上要求更高。因而，以受教育者的生涯发展为导向的职业教育就成为未来的选择。

（二）可预期的基本特征

1. 在培养理念上注重“以人为本”的原则

“就业导向”的职业教育功利目的较为明显，注重人才培养的实用性，因而过度强调“以社会为中心”，忽视了学生全面发展的需要。为了避免学生拘囿于具体工作岗位、职业发展道路受制，“生涯导向”的职业教育主要秉持“以人为本”的培养理念，重视培养学生的综合素质和可持续发展的职业能力，特别是在当今智能化发展趋势下，生产技术的快速迭代以及组织方式的迅速发展加快了社会职业的交替和岗位任务的变化，只有当职业教育面向“人”而非面向“职业”，并且不再以职业为本而是以人的工作或生活中各种角色的要求为本，才能满足人的发展需求，达到人与职业的和谐，有效地解决“就业导向”中就业竞争力与发展后劲的关系问题。在生涯发展导向下，职业教育会成为一种终身教育体系，这有助于促进全社会的和谐发展。

2. 在培养目标上努力实现多元化的发展

“生涯导向”的职业教育不是完全摒弃“就业导向”，而是应当实现目标的多元化发展。因为只有这样，才能让不同类型的学生实现符合自身基础和兴趣的发展道路，这也有利于“生涯导向”的职业教育在实际的发展过程中得以实现。职业院校多元化的培养目标可以分为：①以就业为导向的培养目标，包括这一价值取向下的全日制学历教育培养目标、成人学历教育培养目标和职业培训培养目标；②以升学为导向的培养目标，主要指以此为价值取向的全日制学历教育培养目标；③以兴趣为导向的培养目标，主要指不同专业类型培养目标之间的跨越以及社会生活教育培养目标。

3. 在价值功能上有利于发挥职业教育的整体功能

职业教育的功能主要体现在两个方面：一方面是为企业提供符合要求的市场劳动力，培养具有一定适岗能力的技术应用型人才，从而促进社会和经济的发展，实现适应社会和经济需求的功能；另一方面是实现技术应用型人才自身的职业生涯全面发展，使其在就业之外能够具备长远发展的基本素质。“生涯导向”

的职业教育不同于“学历导向”和“就业导向”的职业教育，而是将两者有机地整合在一起，不仅满足职业岗位对人的基本要求，而且重视人自身的职业生涯发展需要，因为只有这样才能最大限度地实现其社会经济目标，充分发挥职业教育的整体功能。

我国职业教育历经近40年的改革与发展，通过“沟通”和“衔接”实现了从“断头路”迈向“立交桥”的跨越。当前，我国职业教育也开始“以人为本”、关注学生的长期发展，从单纯关注职业教育的经济功能转向兼顾经济功能、社会功能，也逐渐关注到学生的职业生涯和个人价值的发展。职业教育的发展过程是一个突破以前狭隘的职业教育观念，树立符合当今时代的大职业教育观理念的过程，职业教育一直被视为终身学习体系中一个重要组成部分。因此，在建立现代职业教育的过程中必须坚持以终身学习理念为指导，以推进职业教育更好地满足经济社会发展和人的全面发展①。随着职校办学理念和办学形式的创新，职业教育与市场贴得更近，人才培养质量得到进一步提升，社会认可和接受程度大幅提高，这也使家长和学生对职业教育的认识发生改变，职业教育也正朝着多元化方向发展，以满足社会转型背景下人们对职业教育发展改革的要求。

第三节　现代职业教育理念的形成与内涵

一、中国现代职业教育理念的形成

（一）现代职业教育理念提出的背景

2012年，党的十八大报告首次明确提出“加快发展现代职业教育”。“现代职业教育理念”的提出表明传统职业教育观已经不符合人才培养和社会发展的需求。首先，就传统教育观本身而言，将“教育与培训相对立”，或者说是只见“培训”而不见“教育”。它过度强调职业教育的人才培养目标在于培养市场所需要的人才，重在开发个体的短期技能水平，忽略了个体长期的生涯发展。用一套标准化的技能培训模式去培养学生，输送“流水线产品”，忽略了学生的创造力和

① 杨进. 以终身学习理念为指导 加快发展现代职业教育. 中国职业技术教育，2014（21）：8-12.

综合职业素养的提升。事实上，职业教育归根结底也是教育，既然是教育就存在两大基础功能，一是促进人本身的发展；二是开发人力资本，继而促进社会的进步。显然，传统的职业教育观只关注到了职业教育的社会价值，而忽略了培养人的功能。

其次，在工业4.0与智能制造的背景下，传统的职业教育观无法培养与之相匹配的技术技能人才。在智能化时代的背景下，技术技能人才的工作模式发生了根本转变。一是工作过程去分工化，工人的职责不仅仅局限在某个固定的岗位，而是整条生产线的监控。二是人才结构去分层化，智能化生产需要更高端的复合型人才，能够融技术理论与技能操作为一体。三是技能操作高端化，智能制造不是不要人工技能操作，恰恰相反，它更需要高端技能操作。四是工作方式研究化，创新应是工作的内容之一。五是服务生产一体化，需要及时与顾客进行沟通，进行私人订制生产①。人才的工作模式发生了根本转变，意味着职业教育的人才培养目标也需要发生变化。传统的人职匹配，一人一岗的人才培养模式显然无法满足时代需求。

此外，中国职业教育服务“一带一路”是新时期的重要使命担当。然而，在具体实施过程中却遇到重重挑战。就外部而言，沿线国家的政治、经济、文化相当复杂，造成职业教育需求预测困难、职业教育本土化融合不畅、劳动者对职业教育普遍不积极等；就内部而言，国际合作交流平台尚未搭建完善、境外办学规划不足、无法开发出高水平的国际职业课程、师资队伍建设水平亟待提升等诸多因素都制约了职业教育的国际化发展②。相比之下，传统的职业教育观将职业教育的发展局限在国内，长此以往，不利于中国的职业教育与国际接轨。

（二）现代职业教育理念的提出

2014年，习近平总书记就加快职业教育发展做出重要指示，国务院印发了《国务院关于加快发展现代职业教育的决定》，教育部等六部门印发了《现代职业教育体系建设规划（2014—2020年）》，标志着我国职业教育的发展进入到了一个新的阶段。两份文件也明确了加快发展现代职业教育的指导思想。

《国务院关于加快发展现代职业教育的决定》提出，到2020年，我国将建成适应发展需求、产教深度融合、中职高职衔接、职业教育与普通教育相互沟

① 徐国庆. 智能化时代职业教育人才培养模式的根本转型. 教育研究，2016（3）：72-78.

② 郝天聪. 服务“一带一路”建设的中国职业教育：经验与挑战. 教育发展研究，2017（17）：62-68.

通，体现终身教育理念，具有中国特色、世界水平的现代职业教育体系。具体推动现代职业教育发展的过程中，需要遵循如下几条原则："政府推动、市场引导；加强统筹、分类指导；服务需求、就业导向；产教融合、特色办学；系统培养、多样成才。"①

仔细分析《国务院关于加快发展现代职业教育的决定》，"中国特色、世界水平"的现代职业教育体系，既突出了现代职业教育必然依据中国现有国情，彰显了中国特色职教风貌，同时也与国际发展接轨，相得益彰。此外，该决定还明确指出，现代职业教育必须体现现代化的特点，彰显"终身教育"理念，普职沟通，培养高质量的多样化人才。

（三）何为现代职业教育

虽然政策文本中明确指出要加快现代职业教育的发展，但是关于什么是现代职业教育，其"现代性"具体彰显在何处，其与传统职业教育理念的区别有哪些……关于这些疑问，学界内外尚未得到一致的答案。表2-3就国家领导人的重要讲话及代表学者的观点进行梳理，试图归纳目前现代职业教育理念就哪些方面已达成共识。

如表2-3所示，虽然对"现代职业教育理念"的理解尚存在分歧，但也不乏共识。共识着重体现在：于个体的发展而言，现代职业教育必须关注人人，关注每个人的生存发展，以人为本，注重个体的终身教育和生涯发展；于社会发展而言，现代职业教育必须适应市场需求，坚持就业导向，对接现代产业，促进社会的进步和发展。

二、国外对于现代职业教育理念的阐释及启示

"他山之石，可以攻玉。"事实上，除了我国在推行现代职业教育的建设，部分发达国家也在提倡"职业教育的现代性"，促进职业教育的发展与转型。充分了解他国的现代职业教育理念，对于丰富我国职业教育理念具有重要的借鉴意义和启示价值。

---

① 国务院关于加快发展现代职业教育的决定 .（2014-05-02）[2018-05-11]. http://www.gov.cn/zhengce/content/2014-06/22/content_8901.htm.

表 2-3 国家领导人及代表学者的“现代职业教育理念”

时间	人物	重要讲话 / 代表学术观点
2016 年 12 月	李克强	对“推进职业教育现代化座谈会”作出批示：“十三五”时期，希望围绕贯彻党中央、国务院重大战略部署，落实新发展理念，切实把职业教育摆在更加突出的位置，加快构建现代职业教育体系。坚持面向市场、服务发展、促进就业的办学方向，进一步深化改革创新，强化产教融合、校企合作，积极鼓励和支持社会力量参与，努力建成一批高水平的职业学校和骨干专业，加快培育大批具有专业技能与工匠精神的高素质劳动者和人才，深度融入大众创业、万众创新和“中国制造2025”的实践之中，促进新动能发展和产业升级，带动扩大就业和脱贫攻坚，为推动经济保持中高速增长、迈向中高端水平作出新贡献①
2016 年 12 月	刘延东	在“加快推进职业教育现代化 开创我国现代职业教育新局面”的发言中指出：“职业教育是面向人人、面向全社会的教育。”目前职业教育取得的经验：一是坚持服务大局；二是坚持育人为本；三是坚持就业导向；四是坚持多元办学；五是坚持分类指导；六是坚持示范引领②
2012 年 11 月	鲁昕	在教育部党组学习贯彻党的十八大精神扩大会议上的发言提出，现代职业教育的发展必须在八个方面取得进展：一是更新理念，让每个孩子都能成为有用之才；二是适应需求，对接现代产业发展新体系；三是科学规范，建立系统完备的制度体系；四是运行有效，健全统筹协调的体制机制；五是符合规律，构建有机衔接、多元立交的人才成长“立交桥”；六是突出特色，开发适应技术技能型人才特点的教学内容与方式方法；七是保障有力，形成良好的办学条件和普惠的政策体系；八是人民满意，建设尊重技术技能人才的文化价值观③
2013 年 6 月	王继平	在谈“学习贯彻十八大精神加快发展现代职业教育”时指出，现代职业教育的总体要求：一是人民满意、二是中国特色、三是世界水准。“现代职业教育”的总体特征：一是适应经济社会发展要求、二是体现终身教育理念、三是符合职业教育规律④
2006 年 3 月	杨金土	现代职业教育的基本理念是以人为本：关注人人、关注人的生存和发展、关注人的心灵净化与觉醒⑤

① 李克强对推进职业教育现代化座谈会作出重要批示 .（2016-12-02）[2018-05-11]. http://www.81.cn/gnxw/2016-12/02/content_7389903.htm.

② 教育部关于印发刘延东副总理在推进职业教育现代化座谈会上讲话的通知 .（2017-01-06）[2018-05-11]. http://www.moe.edu.cn/srcsite/A07/s7055/201701/t20170122_295559.html.

③ 鲁昕. 推动教育结构科学调整让每个孩子都成为有用之才——在教育部党组学习贯彻党的十八大精神扩大会议上的发言 .（2012-11-17）[2018-05-11]. http://www.moe.edu.cn/jyb_xwfb/moe_176/201211/t20121127_144865.html.

④ 王继平 . 学习贯彻十八大精神 加快发展现代职业教育. 中国职业技术教育，2013（7）：22-24.

⑤ 杨金土 . 职业教育的“现代”理念 . 中国职业技术教育，2006（7）：5-7.

（一）UNESCO强调职业教育模式向现代转型

为应对全球化带来的系列挑战，联合国教育、科学及文化组织（United Nations Educational, Scientific and Cultural Organization，UNESCO）近来倡导职业教育模式由传统向现代全面转型，如表2-4所示。

表2-4 职业教育传统模式与现代模式的对比①

传统模式	现代模式
供给驱动方法	追求需求驱动方法
就业培训	就业能力学习
在职培训	继续终身学习的概念
培训过程重视教师和培训者	培训过程关注自我学习及学习者
一次性培训	持续周期性的终身学习
教育与培训是分离的	教育与培训相结合（完善的普通教育和基于广泛基础的初始培训是终身持续学习的基础）
一种技能的专业化	追求多元技能化
基于培训阶段和考试的技能认可僵化、固定的进入和退出制度	基于能力和先前学习的认可 灵活多元的进入和退出制度
重视正规部门	同时关注非正规和不正式部门的认可
有偿就业培训	有偿就业及自我创业培训
中央集权系统	分权化系统，同时要求强有力的国家领导和分权化的机构
国家主导的政策和实施	政策和实施是分离的、市场驱动的
国家主导的管理	多元参与性的管理，强调多元主体参与及社会对话

对比可知，相对于传统模式，UNESCO强调现代职业教育模式应当更关注个体的终身学习、多元能力的提升与可持续发展、教育与培训应以市场需求驱动且模式更灵活多样。

（二）欧盟对职业教育现代化的要求

欧盟早在2006年就提出了“实现职业教育现代化”。2009年，题为《实施职业教育与培训现代化》的研究报告中明确指出：职业教育与培训现代化的理想状态是更积极主动应对劳动力市场需求且具有足够的灵活性，能够解决技能失衡和短缺问题。它是青年人和成年人获得职业资格、实现知识更新的重要选择。个

① 斯蒂芬·默里，李玉静，程宇. 企业、政府和非政府组织在TVET中的作用研究（一）. 职业技术教育，2009（33）：76-79.

人通过职业教育与培训获得的职业能力和资格能够被充分认可。2010年，欧盟发布的《2011—2020年促进欧洲职业教育与培训合作的布鲁日公报》强调：到2020年，欧洲的职业教育与培训体系应该比2010年吸引力更强、更加适切、凸显生涯导向、具有创新性、更容易获得、质量更高、更灵活，并有利于实现终身学习。

由此可见，欧盟职业教育现代化中的“现代性”更突出及时满足劳动力市场需求、有效培训个体的职业能力以解决技能短缺问题的特点。而整个教育与培训过程也要更灵活创新、满足个体的生涯发展和终身学习的需求。

（三）澳大利亚的现代职业教育发展原则和定位

澳大利亚对职业教育现代化的发展提出了自己战略定位和发展原则，如表2-5所示。

表2-5 澳大利亚职业教育与培训现代化的发展原则和战略定位[①]

发展原则	战略定位
发挥独特的作用	职业教育与培训部门在应对全球和地区经济及社会挑战中应发挥独特的作用
把学习者和企业作为服务的中心	实现较高劳动力参与率和生产力的目标是职业教育与培训发展的根本推动力，为此，职业教育与培训应把满足个人和企业的学习需求作为根本出发点
关注质量	国家培训体系应努力追求卓越，所有的利益相关者都应积极、有活力地实现高质量的培训
透明的结果和信息	针对企业和个人的培训目标应该非常清晰，为培训机构建立问责机制和奖励机制
快速的流动性和适应性	学习产品和服务应是适应性和创造性的，并被学习者和企业高度认可
持续和平衡的投资	对职业教育与培训的公共和私人投资应以努力实现社会和经济繁荣为目标，并确保每个公民都能获得国际经济发展所需要的有效技能
密切的联系和转换	职业教育与培训部门对于其顾客应是容易理解和获得的，其管理和运行应是透明的

由此可见，澳大利亚认为职业教育现代化的“现代性”意味着更关注个人与企业的需求、更高的教育培训质量、更灵活高效的运行机制，对经济发展和社会进步起到重大作用。

（四）美国社区学院的改革

社区学院作为美国职业教育的重要载体，其改革方向和内容也直接体现了

① Skills Australia. Skills for Prosperity：A Roadmap for Vocational Education and Training. Commonwealth of Australia，2011：30.

其现代职业教育理念。美国社区学院改革的具体内容如表2-6所示。

表2-6 美国社区学院改革方向①

现状	改革方向
关注学生的学习机会	关注学生的学习和成功机会
分散的课程学习	清晰、连贯的教育路径
学生的成功率较低	较高的学生成功率
容忍学生的成就差距	努力消除学生的学习差距
一种无依据的文化	一种基于证据的文化
个别员工享有特权	所有员工共同承担学生成功的责任
一种孤独的文化	一种合作的文化
重视精品教育项目	所有教育项目都是有效的
关注教学	关注学习
信息设施作为管理工具	信息设施作为学习的工具
基于招生进行拨款	基于招生、办学成就和学生成功进行拨款

由表2-6可知，美国社区学院职业教育改革的出发点是更关注学生的学习成就，并且以结果为导向，所有的师资和设备都以服务学生的成功学习为主。

（五）国内外职业教育"现代性"的比较及启示

综上，结合欧盟、澳大利亚、美国、UNESCO等国家和机构对职业教育现代性的探讨，可以发现其共性在于都强调关注个体的发展需求，多元能力的提升，终身学习与生涯发展；教育与培训以市场需求作为驱动且具体的运行模式更灵活多样。结合我国现代职业教育理念当下达成的共识来看，目前国内外对现代职业教育的理解都强调要同时服务人的发展和社会经济的发展。其中对于人的关注更是提升到了一个新的高度，更关注个体的多样化、差异性需求，教育与培训不再互相对立与隔离，而是相辅相成。对于人才的培养不再局限于单项操作技能的提升，而是注重综合素质的培养，为个体的生涯发展奠定基础。

① American Association of Community Colleges. Reclaiming the American Dream：Community Colleges and the Nation's Future. 2012：ix-x.

第三章 职业教育体系的改革与发展

职业教育体系建设是职业教育改革与发展工作的核心诉求。我国职业教育体系是在职业教育事业改革与发展过程中逐步形成与发展的。依据社会客观要求、经济发展需要和职业发展变化，历经中等职业教育和高等职业教育结构改革与学制变化，我国职业教育体系日趋完善，已然成为一个规模庞大、结构复杂的系统，初步建成了一个具有中国特色、世界水平的，适应发展需求、产教深度融合、中职高职衔接、职业教育与普通教育相互沟通、体现终身教育理念的现代职业教育体系框架，成为促进我国职业教育事业健康、繁荣发展的核心导向。

第一节　我国职业教育体系的构建

职业教育体系是一个国家或地区各个层次、各种类型的职业教育与职业培训所构成的有机整体，是教育系统的一个子系统。它建立在普通教育基础之上，受时代影响和社会经济制约，随着教育发展、技术水平进步而不断完善。职业教育体系建设对职业教育事业健康发展具有深刻意义，它是职业教育各项事业顺利进行的制度保障。改革开放以来，职业教育体系建设一直是党中央、国务院对于发展我国职业教育事业的一项重大决策，经过几十年的改革与发展，已经成为一个规模庞大、结构复杂的系统，初步建成了现代职业教育体系框架。本节主要梳理改革开放 40 年来我国职业教育体系的构建历程。

一、改革开放 40 年来我国职业教育体系构建历程

改革开放 40 年来，根据政府在不同历史时期依据社会发展需要对我国职业教育体系建设做出的安排，我国职业教育体系建设历程可划分为五个时期：职业教育体系的初次提出与轮廓勾勒时期、职业教育体系的法律地位首次确立时期、现代职业教育体系的提出与发展时期、加快推进中国特色现代职业教育体系建设时期、新时代完善职业教育和培训体系时期（图 3-1）我国职业教育体系建设一直在不断发展与完善之中。

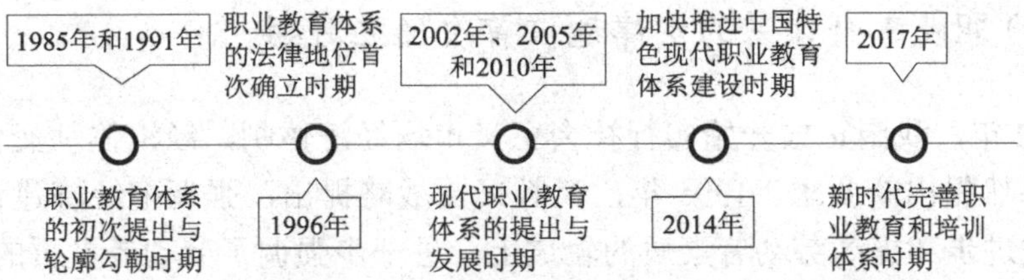

图 3-1 改革开放 40 年来我国职业教育体系建设历程

（一）职业教育体系的初次提出与轮廓勾勒时期

1978 年党的十一届三中全会后，党的工作重心转移到经济建设上，地方经济建设需要大批训练有素的技术工人。然而，在计划经济体制下，国家统一分配高等专业人才，数量上不能满足地方经济发展需要，培养的人才结构也与地方经济建设中所需要的生产、服务、管理一线人才脱节。职业教育与经济建设关系最为密切，在此背景下，我国开始了职业教育体系的构建。1985 年，《中共中央关于教育体制改革的决定》发布，提出要逐步建立起一个从初级到高级、行业配套、结构合理又能与普通教育相互沟通的职业技术教育体系[①]。这是我国第一次在中央文件中明确提出要逐步建立“职业技术教育体系”，这个体系由初、中、高等三个层次职业教育构成，与普通教育相贯通，统筹规划普通中学、职业初中、中等专业学校、技工学校、职业高中、职业大学、五年制高职等，调整各类教育结构，为我国今后职业教育体系勾勒出一个初步轮廓。

从 20 世纪 90 年代开始，我国计划经济体制逐步向有计划的商品经济体制发展。与过去计划经济体制不同，人们在社会中的职业选择自由度加大，职业岗位对人才要求也更高，这时对职业教育促进人们就业提出了诉求。1991 年，国务院批准召开了第二次全国职业教育工作会议，发布《国务院关于大力发展职业技术教育的决定》，对我国改革开放以来的职业教育发展进行了总结，提出在 20 世纪 90 年代要初步建立起中国特色的，从初级到高级、行业配套、结构合理、形式多样，又能与其他教育相互沟通、协调发展的职业技术教育体系的基本框架[②]。其中，新增加的“中国特色的”“形式多样”“与其他教育相互沟通、协调发展”都是对 20 世纪 90 年代职业教育体系建设的新要求。

---

① 中共中央关于教育体制改革的决定 .（1985-05-27）[2018-05-01]. http://old.moe.gov.cn/publicfiles/business/htmlfiles/moe/moe_177/200407/2482.html.

② 国务院关于大力发展职业技术教育的决定 .（1991-10-17）[2018-05-01]. http://old.moe.gov.cn//publicfiles/business/htmlfiles/moe/moe_732/200407/816.html.

（二）职业教育体系的法律地位首次确立时期

1992年，我国正式开始实行社会主义市场经济体制，经济体制变化对劳动者素质必然提出新要求。1995年，科教兴国战略提出，强调把经济建设转移到依靠科技进步和提高劳动者素质的轨道上，进一步强调了劳动者素质的重要性。为贯彻科教兴国战略，急需发展职业教育，进一步提高劳动者素质。

在此基础上，1996年，我国颁布了专门针对职业教育的第一个法律文件《中华人民共和国职业教育法》。该法将“职业教育体系”作为单独一章（第二章），提出国家根据不同地区的经济发展水平和教育普及程度，实施以初中后为重点的不同阶段的教育分流，建立、健全职业学校教育与职业培训并举，并与其他教育相互沟通、协调发展的职业教育体系[①]。该法首次提出要以“初中后为重点”，“职业学校教育与职业培训并举”，明确了我国职业教育发展的思路和范围。该法为我国职业教育体系建设提供法律保障的同时，也标志着我国职业教育体系将进入法制化发展阶段。

（三）现代职业教育体系的提出与发展时期

在我国加入世界贸易组织和经济全球化快速发展的新形势下，我国需要调整经济结构、加快人力资源开发、提升国际竞争力，要求职业教育要与社会经济发展相适应。为此，2002年，《国务院关于大力推进职业教育改革与发展的决定》发布，提出要初步建立起适应社会主义市场经济体制，与市场需求和劳动就业紧密结合，结构合理、灵活开放、特色鲜明、自主发展的现代职业教育体系[②]。可以看出这一时期职业教育体系的建构有了较大变化，提出要“与市场需求和劳动就业紧密结合”，“结构合理、灵活开放、特色鲜明、自主发展”，说明要求职业教育要为经济服务，以就业为导向，通过多种途径实现职业教育资源合理配置，学校发挥自主性，办出特色。这是我国首次提出要建设“现代职业教育体系”。此后，以“就业为导向”发展职业教育逐步成为全社会的共识。

其后，2005年，《国务院关于大力发展职业教育的决定》颁布，提出进一步建立和完善适应社会主义市场经济体制，满足人民群众终身学习需要，与市场

---

① 中华人民共和国职业教育法 .（1996-05-15）[2018-05-01]. http://www.npc.gov.cn/npc/zfjc/zfjcelys/2015-06/28/content_1939676.htm.

② 国务院关于大力推进职业教育改革与发展的决定 .（2002-08-24）[2018-05-01]. http://www.gov.cn/gongbao/content/2002/content_61755.htm.

需求和劳动就业紧密结合，校企合作、工学结合，结构合理、形式多样，灵活开放、自主发展，有中国特色的现代职业教育体系[①]。相较于2002年对职业教育体系的规划，该决定新增了“满足人民群众终身学习需要”“校企合作、工学结合”“有中国特色”的要求，说明职业教育的发展要与人的可持续发展相联系，职业教育办学主体要更加多元化，并且在全球化背景下要保持自身特色。

随着我国经济发展与进步，更加强调保持经济平稳较快发展和加快经济发展方式转变相统一，社会发展变化对职业教育体系建设也提出了新需求。2010年，《国家中长期教育改革和发展规划纲要（2010—2020年）》发布，明确提出要把职业教育摆在更加突出的位置，争取到2020年，形成适应经济发展方式转变和产业结构调整要求、体现终身教育理念、中等和高等职业教育协调发展的现代职业教育体系[②]。这是当时我国确定的未来10年改革发展的核心目标和根本任务，强调“适应经济发展方式转变和产业结构调整”“体现终身教育理念”“中等和高等职业教育协调发展”三个方面，说明现代职业教育体系建设内涵应包括体系与外部环境的关系、体系与人的可持续发展的关系以及体系内部的关系。

（四）加快推进中国特色现代职业教育体系建设时期

随着新型工业化推进和科学技术发展，现代职业教育体系为实体经济持续发展提供着优秀的技术人才，成为新一轮国际竞争中重要的支持力量。2014年，《现代职业教育体系建设规划（2014—2020年）》发布，提出形成适应发展需求、产教深度融合、中职高职衔接、职业教育与普通教育相互沟通，体现终身教育理念，具有中国特色、世界水平的现代职业教育体系，建立人才培养立交桥，形成合理教育结构，推动现代教育体系基本建立、教育现代化基本实现[③]。可见，该体系规划是目前我国对职业教育体系建构最为完善的表述，是国家站在经济、社会和教育发展全局的高度，以战略眼光、现代理念和国际视野建设的现代职业教育体系。

围绕现代职业教育体系的构建，按照“适应需求、面向人人、有机衔接、多元立交”的思路，目前我国已建成世界上规模最大的职业教育体系，实现各级

---

① 国务院关于大力发展职业教育的决定.（2005-10-28）[2018-05-30]. http://www.gov.cn/zwgk/2005-11/09/content_94296.htm.

② 国家中长期教育改革和发展规划纲要（2010—2020年）.（2010-07-29）[2018-05-30]. http://old.moe.gov.cn/publicfiles/business/htmlfiles/moe/info_list/201407/xxgk_171904.html.

③ 教育部等六部门关于印发《现代职业教育体系建设规划（2014—2020年）》的通知.（2014-06-16）[2018-03-05]. http://old.moe.gov.cn/publicfiles/business/htmlfiles/moe/moe_630/201406/170737.html.

各类职业教育的统筹发展，职业教育、普通教育、继续教育的沟通衔接，初步构建了人才成长的“立交桥”。

基于现代职业教育体系建设规划，各地也在探索适合当地的职业教育体系，上海市对当地现代职业教育体系建设的举措便是一个典型案例。

案例：上海市现代职业教育体系建设①

目前，上海市对现代职业教育体系的构建是走在全国前列的。通过多年积极探索，提出了“构建与市场需求和劳动就业紧密结合、学校教育与职业培训并举、产教深度融合、纵向衔接、横向贯通，体现终身教育理念，结构合理、功能多样、覆盖城乡学龄青年和全体劳动者、贯穿从学习到工作各阶段、满足多样化和差异化需求的现代职业教育体系”的目标，并对这一体系框架进行了设计，分为框架图谱和学制框架。

如图3-2所示，框架图谱旨在统筹协调职业教育内部各学段的关系、职业教育与行业企业的关系、职业教育与普通教育和终身教育的关系、职业教育与外部制度环境的关系，以设计多样化学制途径，实现职业教育各学段“纵向贯通”；加强行业企业对职业教育的指导和参与，实现职业教育与行业企业的“横向融合”；扩展职业教育的服务面，建立与普通教育、职业培训与终身教育的有机融通机制；完善现代职业教育体系的外部制度环境，包括职业资格制度、促进就业制度和社会分配制度。

学制框架设计总体目标是采取多种形式拓宽中职到专科、专科到本科衔接渠道，构建通畅的生涯发展通道，主要包括10条学制路径（对应图3-3中标有数字的箭头）：一是通过中考进入中等职业教育；二是通过中考进入5年制专科教育；三是中高职贯通培养；四是中职或普通高中毕业生通过自主招生进入高职专科教育；五是中职毕业生通过对口高考进入高职专科教育或应用技术本科教育；六是中职或普通高中毕业生通过普通高考进入高等教育；七是中职–应用技术本科贯通培养（3+4）；八是专科–应用技术本科衔接培养（专科起点3+2）；九是五年制专科–应用技术本科衔接培养（5年制专科起点5+2）；十是专科–专业学位衔接培养（专科起点3+4），该路径是从专科教育到专业学位教育贯通培养的新设路径。

① 上海现代职业教育体系建设规划（2015—2030年）.（2015-12-28）[2018-03-05]. http://planning.sumhs.edu.cn/5d/7a/c3662a155002/page.htm.

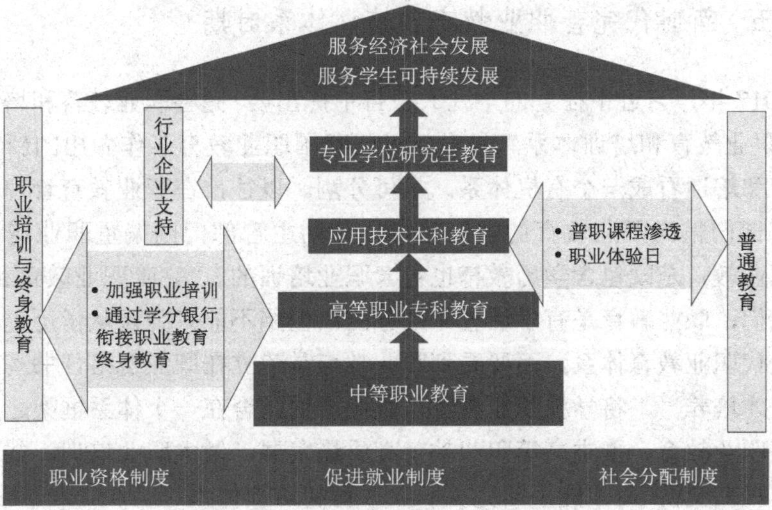

图 3-2　上海现代职业教育体系框架图谱

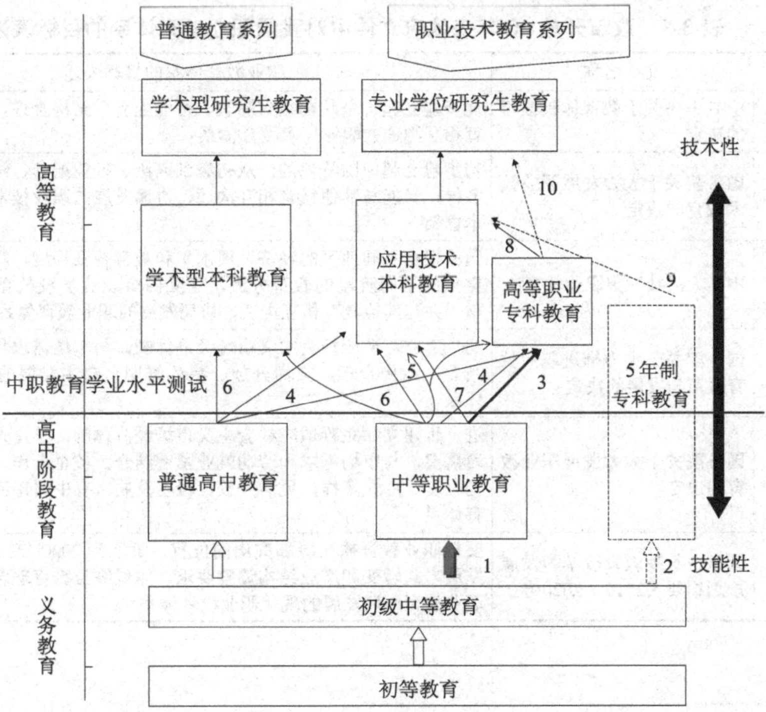

图 3-3　上海职业教育各学段衔接贯通体系

（五）新时代完善职业教育和培训体系时期

2017年，习近平在党的十九大报告中提出要"完善职业教育和培训体系"[①]。"完善职业教育和培训体系"是对新时代我国职业教育工作做出的新部署，将职业教育和培训看成一个有机体系，不可分割。以往，在职业教育管理体制上，教育主管部门偏向职业教育的学历教育，劳动主管部门则偏重职业培训。但实际上，职业教育是既包含学历教育也包含职业培训的。"完善职业教育和培训体系"提醒我们，职业教育是有学历教育部分的，但绝不能只强调从学历提升的角度来构建现代职业教育体系，而要看到职业教育是建立在职业资格证书基础上的技术技能人才培养[②]，将学校职业教育与职业培训结合在一个体系框架之中，坚定办好中等职业教育、推进高等职业教育高质量发展、做大职业培训，共同搭建人才成长的"立交桥"，才能不断完善职业教育和培训体系。

改革开放40年来，国家非常重视职业教育体系建设，并根据时代发展需求，通过国家文件不断对我国职业教育体系建设做出规划（表3-1）。

表3-1　改革开放40年来政府文件中对我国职业教育体系的目标表述

年份	文件名称	职业教育体系的目标表述
1985	中共中央关于教育体制改革的决定	逐步建立起一个从初级到高级、行业配套、结构合理，又能与普通教育相互沟通的职业技术教育体系
1991	国务院关于大力发展职业技术教育的决定	初步建立起中国特色的，从初级到高级、行业配套、结构合理、形式多样，又能与其他教育相互沟通、协调发展的职业技术教育体系的基本框架
1996	中华人民共和国职业教育法	国家根据不同地区的经济发展水平和教育普及程度，实施以初中后为重点的不同阶段的教育分流，建立健全职业学校教育与职业培训并举，并与其他教育相互沟通、协调发展的职业教育体系
2002	国务院关于大力推进职业教育改革与发展的决定	初步建立起适应社会主义市场经济体制，与市场需求和劳动就业紧密结合，结构合理、灵活开放、特色鲜明、自主发展的现代职业教育体系
2005	国务院关于大力发展职业教育的决定	进一步建立和完善适应社会主义市场经济体制，满足人民群众终身学习需要，与市场需求和劳动就业紧密结合，校企合作、工学结合，结构合理、形式多样，灵活开放、自主发展，有中国特色的现代职业教育体系
2010	国家中长期教育改革和发展规划纲要（2010—2020年）	要把职业教育摆在更加突出的位置，争取到2020年，形成适应经济发展方式转变和产业结构调整要求、体现终身教育理念、中等和高等职业教育协调发展的现代职业教育体系

① 习近平：决胜全面建成小康社会 夺取新时代中国特色社会主义伟大胜利——在中国共产党第十九次全国代表大会上的报告.（2017-10-18）[2018-05-01]. http://www.gov.cn/zhuanti/2017-10/27/content_5234876.htm.

② 黄达人，王旭初. 关于现代职业教育体系的一些思考. 中国职业技术教育，2016（10）：13-19.

续表

年份	文件名称	职业教育体系的目标表述
2014	现代职业教育体系建设规划（2014—2020年）	形成适应发展需求、产教深度融合、中职高职衔接、职业教育与普通教育相互沟通，体现终身教育理念，具有中国特色、世界水平的现代职业教育体系，建立人才培养立交桥，形成合理教育结构，推动现代教育体系基本建立、教育现代化基本实现
2017	习近平：决胜全面建成小康社会 夺取新时代中国特色社会主义伟大胜利——在中国共产党第十九次全国代表大会上的报告	完善职业教育和培训体系

二、改革开放以来我国职业教育体系建设取得的成就

改革开放以来，我国职业教育体系建设获得了巨大发展，取得了可喜成就，初步形成了中高等职业教育全面衔接、职业教育与普通教育相互沟通、学历教育与职业培训并举的现代职业教育体系框架。

（一）建成了世界上规模最大的职业教育与人才培养体系

据统计数据显示，2016年，我国职业院校共有约1.23万所，年招生数为930.78万，在校生数为2680.21万[①]。其中，中等职业学校有10 893所，年招生593.34万人，在校生1599.01万人，毕业生533.62万人；高等职业学校有1395所，年招生343.21万人，在校生1082.89万人，毕业生329.81万人。[②]截至2016年，全国职业院校共设置近千个专业、约10万个专业点，基本覆盖国民经济各个领域，每年培训近上亿人次[①]。除此之外，中职院校毕业生就业率基本稳定在95%以上，高职院校毕业生就业率也超过90%，就业情况良好，他们将成为我国现代化产业、行业发展的重要力量。目前，中、高职已分别占据我国高中阶段教育和普通高等教育的“半壁江山”，基本具备大规模培养高素质劳动者和技术技能型人才的能力，为我国社会发展提供了强大的人才支持力量。

① 我国建成世界上规模最大职业教育体系．(2017-05-08) [2018-05-10]. http://www.moe.edu.cn/jyb_xwfb/xw_fbh/moe_2069/xwfbh_2017n/xwfb_07050402/170504_mtbd02/201705/t20170508_303984.html.

② 2016年全国教育事业发展统计公报．(2017-07-10) [2018-05-10]. http://www.moe.edu.cn/jyb_sjzl/sjzl_fztjgb/201707/t20170710_309042.html.

（二）初步搭建了职业教育“直通车”和“立交桥”

经过多年对职业教育体系的建设与发展，我国已初步搭建了职业教育内部各个层次有机衔接的“直通车”以及职业教育与普通教育相互贯通的“立交桥”。从纵向层面看，我国职业教育办学已实现对口升学、五年制高职、中高职贯通、中本贯通、高本贯通、技术应用型本科、专业学位研究生教育等形式；从横向层面看，我国职业教育体系实现了职业教育与普通教育的有效沟通，职业教育的学生有机会转到普通院校学习，普通教育的学生也有机会转到职业院校学习。这种体系的搭建为学生发展提供了多样选择，满足学生不同发展需要，为学生成才提供了多种路径。

（三）形成了保障职业教育的一套法律体系和标准体系

我国职业教育的法律体系，形成了以《中华人民共和国职业教育法》为纲领，以《中华人民共和国教育法》《中华人民共和国民办教育促进法》《中华人民共和国劳动法》《中华人民共和国社会保障法》等法律法规为补充，以地方性、行业性法规为配套的制度框架，职业教育体系建设成果更加法制化。以职业教育标准体系为例，我国出台了职业学校设置标准、专业标准、教学标准、课程标准、教师专业标准、校长专业标准等，涉及职业教育教学、办学、学生、师资等各个微观层面，为职业教育发展提供了思想指导，促进了职业教育规范开展。2012年以来，我国制定并公布了410个高职专业和230个中职专业教学标准，推动了我国职业教育专业建设和教学改革；2015年，我国印发了修订后涉及747个高职（专科）专业的《普通高等学校高等职业教育（专科）专业目录（2015年）》，促进了高等职业学校的专业设置和人才培养与社会经济需求的吻合；2016年，教育部制定了首批涉及30个专业（类）的70个《职业学校专业（类）顶岗实习标准》，进一步规范和加强了职业学校顶岗实习的教学、管理和服务。可见，我国职业教育事业正是在这些措施的规范和保障下不断发展与完善的。

三、中国特色现代职业教育体系建设的展望

尽管我国已初步形成现代职业教育体系框架，但距2020年“基本建成中国特色现代职业教育体系”的目标还有一段距离，在我国现代职业教育体系建设中仍有一些问题需要注意和完善。

（一）搭建职前职后一体化的终身发展平台

随着现代社会和经济的高速发展，岗位对人才的要求越来越高，不仅强调个体专业发展，更强调个体全面发展，个体仅拥有一技之长是远远不够的，这就要求个体保持不断学习来提升自身岗位适应性，以免被社会淘汰。现代职业教育体系构建的基本理念便是终身教育，为人们搭建职前职后一体化的终身发展平台。但在现实社会中，职业教育以学校教育为主，非学历教育相对处于弱势地位，职业教育和培训对社会的开放度尚不足。因此，现代职业教育体系还要不断加强职业辅导教育，完善职业继续教育，促进劳动者终身学习，使职业教育成为推动全体劳动者可持续发展的教育。

（二）优化职业教育的区域发展布局

我国是以“城市为中心”进行发展的，形成了城乡发展的二元结构，所以在职业教育发展初期，教育政策制定以及教育资源分配都会偏向城镇，大量资金和优秀师资也同时流向城镇，造成了城乡职业教育之间的差距。目前，农村职业教育发展依然存在教育资源匮乏、办学条件差、师资力量薄弱、实训基地设备陈旧等问题。因而，在今后职业教育体系建构中要更加重视职业教育资源的城乡分配。同样，我国不同地域职业教育发展程度也参差不齐，经济发达地区职业教育资源丰富，经济欠发达地区职业教育资源不足，这就需要国家统一调整和优化资源配置，在更需要职业教育的地域投入更多资源，或是转移部分资源，优化地域之间职业教育资源配置。优化职业教育资源的城乡分配、校际分配等，有利于教育资源利用效果的最大化，有利于保障职业教育体系的公平性。

（三）完善职业教育法律体系和标准体系

1996年，专门针对职业教育的立法——《中华人民共和国职业教育法》出台，从法律层面奠定了职业教育体系基本框架，为职业教育事业发展提供了指导和保障，使我国职业教育全面进入法制化道路。然而，伴随着社会急剧变革与发展，我国已进入全面深化改革新阶段，产业转型升级、高技能人才需求激增，原有的职业教育法已无法满足时代新要求，例如其内容的缺失、立法技术的不规范等影响了我国职业教育事业的健康发展。因此，在新形势下加快修订完善职业教育法和建立健全职业教育标准体系是当务之急，应明确各级政府的管理职责、规范职业教育利益相关者的权利和义务、促进职业教育和职业培训的一体化，为我国职业教育持续健康发展提供优质的法律环境。

（四）建立更加开放的职业教育办学模式

我国职业教育一直是由政府和学校主导的，因而在前期发展中存在着专业结构设置不合理、不适应社会经济发展需求的问题，后期虽然强调校企合作，但依然是表面化的、浅层次的合作，尚未深入。因而，我国职业教育办学模式可更加开放，积极吸收优秀社会力量进行办学，为民办学校提供优惠政策和法律保障。民办学校可以借助体制机制灵活的优势，组建柔性组织机构，实行扁平化管理方式，根据环境变化适时调整；民办学校还具有社会资源丰富的优势，它拥有的社会资源总量和特质在学校发展过程中具有重要作用。因此，要建立更加开放的职业教育办学模式，维护和保障社会力量办学积极性和权益，有利于整个职业教育体系协调发展。

（五）建立与完善国家资格框架

目前我国现代职业教育体系建设中存在育人的教育制度与用人的劳动制度相分离、学历资格证书与职业资格证书相分离的问题，这容易造成劳动力资源供给与市场需求不匹配，使得人力资源浪费或不足，影响社会的稳定和发展。因此，实现职业教育与普通教育的等值很有必要，建立国家资格框架便是一个最佳选择。在国家资格框架下，职业教育既与普通教育有机整合，又相对独立，这说明一方面职业教育体系能够与普通教育体系有机整合，通过国家资格框架来实现与普通教育的等值以及教育体系间的流动；另一方面，职业教育也自成体系，有层次、分类别、系统内部相互衔接。所以，未来我国可尝试建立具有中国特色的，涵盖普通教育体系、职业教育体系、职业资格证书和岗位薪酬体系有机结合的国家资格框架，建立国家学分银行，实行学分互认、转换和累积的制度，实现各级各类学习成果的相互认证，有效搭建职业教育“直通车”和“立交桥”，从而促进人的终身全面发展。

第二节 中等职业教育结构改革与发展

一、中等职业教育结构改革历程

1978 年改革开放后，职业教育体系建设始于对中等职业教育的结构改革和优化，中等职业教育在这一过程中蓬勃兴起，并成为职业教育的中坚力量。前期我国职业教育体系改革的重点就是中等职业教育阶段，按照关键性事件和里程碑文件可划分为三个阶段。

（一）恢复阶段

1978 年，党的十一届三中全会召开，提出将党的工作重点转移到经济建设上来，这标志着我国进入了改革开放的历史阶段，这也成为包括职业教育在内的我国教育改革与发展史上的重大转折点。在此背景下，邓小平于 1978 年召开的全国教育工作会议上高瞻远瞩地提出：“更重要的是整个教育事业必须同国民经济发展的要求相适应……要共同努力，使教育事业的计划成为国民经济计划的一个重要组成部分。这个计划，应该考虑各级各类学校发展的比例，特别是扩大农业中学、各种中等专业学校、技工学校的比例。”[①] 邓小平的这些重要论述为教育改革指明了方向，中等教育结构改革成为教育整体政策调整的重点。会后，我国开始了中等教育结构调整的试点工作。

1980 年上半年，教育部先后召开了两次有部分省、市和中央业务部门有关负责人参加的座谈会，分别研究城乡改革中等教育结构和发展职业教育的问题，并会同国家劳动总局共同拟定了《关于中等教育结构改革的报告》，国务院批转了这份报告，并把改革中等教育结构、发展职业教育作为教育改革的重要内容之一。该报告指出，改革中等教育的结构，发展职业技术教育，适应四化建设的需要，是当前亟待解决的问题。应当实行普通教育与职业、技术教育并举，全日制学校与半工半读学校、业余学校并举，国家办学与业务部门、厂矿企业、人民公社办学并举的方针。通过以下五种途径来进行。一是在普通高中增设职业教育课。二是将部分普通高中改办为职业（技术）学校、职业中学、农业中学。其中，

① 邓小平. 在全国教育工作会议上的讲话.（1978-04-22）[2018-05-01]. http://cpc.people.com.cn/GB/64184/64185/66611/4488667.html.

职业（技术）学校招收初中毕业生，学制两年至三年，主要进行职业教育，同时开设有关普通文化课，这类学校由教育部门和业务部门联办。农业中学、职业中学是普通教育与职业教育相结合的中等学校。三是各行各业举办职业（技术）学校，主要招收初中毕业生，办学形式灵活多样，集体和个人也可以办。四是积极发展和办好技工学校，技工学校是培养中级技术工人的学校。五是努力办好中等专业学校，中等专业学校是培养中级技术管理人才的学校。①

根据党和政府对中等职业教育结构改革的指导政策意见，为进一步加快中等职业教育结构优化的步伐，多渠道、多层次地为四化建设培养急需的初、中级技术人才和管理人才，我国开始尝试对中等职业教育进行改革。这一时期，中等专业学校、技工学校、职业中学、农业中学、职业中专、工读学校等纷纷兴起。

1984年年底，根据中等教育结构改革的方针和要求，各地从本地区实际情况出发，对普通中学的发展进行全面规划，调整合并一部分普通高中，有计划地将一部分普通高中改为职业中学或农业中学。这一时期新出现的职业高中以不包分配、联合办学、服务地方、灵活多样的办学思路受到欢迎，发展速度超过中专和技校，几乎一夜之间，许多地方的一批薄弱的高中学校，通过简单换牌就变成了职业学校。同年，全国中等专业学校达到3301所，招生54.61万人，在校学生132.5万人，比1978年增长49%；技工学校3465所，招生30.9万人，在校学生63.92万人，比1978年增长67.3%；农业中学、职业中学7002所，招生93.9万人，在校学生174.48万人。接受中等职业教育的学生占高中阶段的比重已从1978年的7.6%提高到32.3%。②1982—1985年，全国部分省、市教育局和计委分别联合试点办起了职业中专学校，这是一种介于职业中学和中专之间的一种新型学校。这一时期，我国中等职业教育进入了前所未有的迅速发展阶段，中等教育结构单一的状况明显改善，普通高中盲目发展状况得到有效控制。

1985年5月27日，《中共中央关于教育体制改革的决定》发布，该决定对各级各类教育做出了重大决策，为我国改革开放初期教育发展指明了方向。该决定提出“调整中等教育结构，大力发展职业技术教育”的方针，认为发展职业技术教育要以中等职业教育为重点，发挥中等专业学校的骨干作用，同时积极发展高等职业技术教育，逐步建立起一个从初级到高级、行业配套、结构合理又能与

---

① 国务院批转教育部、国家劳动总局关于中等教育结构改革的报告的通知 .（1980-10-07）[2018-05-07]. http://www.chinalawedu.com/falvfagui/fg22598/413.shtml.

② 《中国教育年鉴》编辑部. 中国教育年鉴（1982—1984）. 长沙：湖南教育出版社，1986：59.

普通教育相互沟通的职业技术教育体系[①]。这是我国首次对构建职业教育体系作出明确要求，为20世纪80年代中后期至90年代末职业教育发展提供了指导方针。1986年7月2—6日，国家教育委员会、国家计划委员会、国家经济委员会、劳动人事部召开了第一次全国职业教育工作会议，会议主要任务是贯彻落实《中共中央关于教育体制改革的决定》精神，总结、交流经验，研究、确定今后一个时期改革和发展职业教育的任务、工作方针和政策措施，提出要积极调整中等教育结构，大力发展中等职业教育。之后，中等专业学校、技工学校、职业中学等获得迅猛发展。

20世纪80年代中后期，我国职业教育尤其是中等职业教育获得了良好发展，规模得到显著扩大。到1990年年底，各类职业技术学校已发展到1.6万多所，在校生超过600万人，同时全国建有就业训练中心2100余所，每年培训待业人员90多万人；高中阶段各类职业技术学校和普通高中的招生数之比已接近1∶1，中等教育结构单一的状况有了较大改变[②]。在《国务院关于大力发展职业技术教育的决定》《中华人民共和国职业教育法》等的推动下，中等职业教育在20世纪90年代前期延续着快速发展的势头。据统计，1996年，我国中等职业学校招生数占整个高中阶段教育招生的比例达到了57.8%，这种良好局面一直延续到1998年。中等职业教育发展规模在这一阶段快速回升，各种类型的中职学校纷纷兴起，尤其是中等专业学校、技工学校、职业中学得到大力发展，中等职业学校招生数几乎占据高中阶段教育的半壁江山。

（二）低谷阶段

20世纪90年代后期，随着我国社会主义市场经济体制目标的确立和经济体制改革的深入，原有计划经济体制下形成的中等职业学校布局结构已经不能继续适应经济社会发展的需求，教育资源分散、学校规模小、专业设置重复、办学质量和办学效益不高等问题凸显，严重制约了我国中等职业教育发展。2000年，中等职业教育招生规模急剧滑坡，全国中等职业学校招生数占高中阶段教育招生数的比例降至44.8%，部分中等职业学校甚至出现了生存难以为继的现象。1998—2001年，我国中等职业教育招生数、在校生数出现了连续4年持续下降

① 中共中央关于教育体制改革的决定.（1985-05-27）[2018-05-01]. http://old.moe.gov.cn/publicfiles/business/htmlfiles/moe/moe_177/200407/2482.html.

② 国务院关于大力发展职业技术教育的决定.（1991-10-17）[2018-05-01]. http://old.moe.gov.cn//publicfiles/business/htmlfiles/moe/moe_732/200407/816.html.

的现象，招生数从1998年的564.52万人下降到2001年的399.94万人，降幅达29.15%；在校生数从1998年的1554.57万人下降到2001年的1164.94万人，降幅达25.06%[①]。

为改善这种情况，教育部出台《关于调整中等职业学校布局结构的意见》，提出调整中等职业学校布局结构主要有四种实现形式：合并、共建、联办、划转（表3-2）。经过一段时间的调整，我国中等职业学校的总体数量虽有所减少，但学校在校生规模得到提升，学校布局更加合理，中等职业教育办学质量和整体效益有所改善。

表3-2 调整中等职业学校布局结构的形式和内涵[②]

形式	内涵
合并	将两所或更多的学校合并为一所学校，统一领导、规划和管理
共建	在投资渠道基本不变的前提下，实行中央部门与省（自治区、直辖市）人民政府、地方业务部门与教育部门、地方业务部门之间双重领导，共建共管
联办	在隶属关系和投资渠道不变的前提下，学校基于自愿互利原则开展多种形式合作
划转	部委直属学校划转地方管理；省（自治区、直辖市）业务部门所属学校划转教育行政部门管理或下一级政府管理

总体上看，2000年的中等职业教育发展是处于低谷时期的，一方面是由于高等教育扩招的同时带动了普通高中的招生规模，挤压了中等职业学校的招生人数，使得中职学校生源紧张；另一方面，在社会主义市场经济快速发展背景下，股份制企业和私人企业快速发展，对人才的需求层次高移，中等职业教育不适应现实经济社会发展，也使得中等职业学校毕业生就业困难。在这样的现实境况下，中等职业教育面临着下行的挑战。

（三）相对稳定阶段

通过1999年开始进行的中等职业学校布局结构调整，以中等专业学校、技工学校、职业高中、成人中专四类学校为主要构成的中等职业教育结构基本形成，前三类学校属于职前教育，成人中专属于职后教育。经历了2000年的低谷时期，我国中等职业教育的发展在2002年到达了谷底，不过在达到低谷的同时，中等职业教育的发展又逐渐回升，慢慢进入稳定发展阶段，如图3-4所示。

① 李红卫. 教育分流与职普比政策变迁研究. 职教论坛，2012（27）：14-19.

② 黄尧. 深化体制改革 调整布局结构促进中等职业教育健康发展. 职业技术教育，1999（19）：5-7.

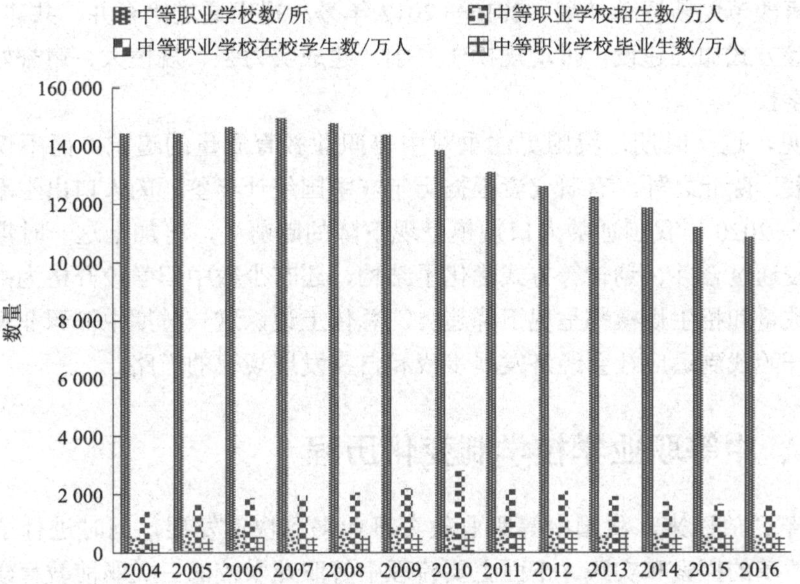

图 3-4 2004—2016 年中等职业学校发展情况

资料来源：根据国家统计局数据整理（2004 年之前数据暂缺）

从图 3-4 可见，2004—2016 年，中等职业学校数量、招生数、毕业生数、在校人数出现了先增后减、保持相对稳定的态势，2007 年的学校数量达最高，2008 年的学校数量开始减少，2010 年的招生人数达到最高，从 2011 年起招生人数开始呈现出相对稳定的缩减趋势。在 2007 年的职成教工作会议暨中职招生工作会议上，教育部提出 2007 年中等职业教育招生规模要在 2006 年的基础上再扩大招生 50 万人，达到 800 万人；据初步统计，2007 年全国中等职业学校招生达 810 万人，提前两年实现了《国务院关于大力发展职业教育的决定》提出的到 2010 年中等职业学校招生规模达到 800 万人的目标任务。[①]所以，这一时期中等职业教育不论是学校数量还是招生规模都有较大的回升，呈现增长的趋势。2010 年，《教育部 人力资源和社会保障部 财政部关于实施国家中等职业教育改革发展示范学校建设计划的意见》发布，意见明确提出在全国范围内重点支持建设一批中等职业教育改革发展示范学校，这是实现中等职业教育发展从注重扩大规模到全面提高质量这一阶段性转折的关键环节[②]。同年，教育部印发《中等

① 职业教育与成人教育 .（2007-12-01）[2018-05-07]. http://www.moe.edu.cn/jyb_sjzl/moe_364/moe_2732/moe_2743/tnull_47568.html.

② 教育部 人力资源和社会保障部 财政部关于实施国家中等职业教育改革发展示范学校建设计划的意见 .（2010-06-17）[2018-05-07]. http://school.ggedu.gov.cn/show.aspx?id=77613&cid=8852.

职业教育改革创新行动计划（2010—2012年）》，提出通过“合并、共建、联办、划转”等方式加强建设，推动规模化办学，建成实力强、规模大、声誉好的示范性职业学校[①]。

可见，这一时期，我国更注重对中等职业教育质量的追求，而不仅仅是规模的拓展。除此之外，有研究者根据历年《中国统计年鉴》的人口出生率，估算出2008—2020年我国适龄人口规模呈现下降的趋势[②]，再加上这一时期有不少中职学校通过合并、划转等方式优化了结构，还有少数中职学校升格为高职，所以学校数量和招生规模都呈现下降趋势。总体上说，这一时期中等职业教育结构合理，开始找到适应社会经济发展步伐和自身发展规律的道路。

二、中等职业学校学制变化历程

改革开放以来，我国中等职业教育事业得到快速发展，同时进行了一场关于学制改革的探索和实践，下面主要梳理中等职业学校的三类职前教育学校——中等专业学校、技工学校、职业高中的学制变化历程。

（一）中等职业学校学制差异化阶段

中等职业学校主要包括中等专业学校、技工学校、职业高中三大类职前教育，但在发展初期，三类学校培养目标不同、功能定位不清，出现了多种学制规定并存的现象。中等专业学校以培养技术员为主要任务，对学习年限要求较高，既招收初中毕业生，又招收高中毕业生。招收初中毕业生，基本学制为3～4年，以4年为主；招收高中毕业生，学制一般为1～2年，以2年为主。技工学校以培养中级技术工人为主要任务，招收初中毕业生，学制为3年。职业高中以培养生产管理一线的从业人员为主要任务，主要招收初中毕业生，学制为2～3年。

可见，不同类型学校之间存在着多种学制规定，这使得国家统一的专业目录和课程标准难以执行。尤其在中等专业学校中，以初中为起点的4年制中专和以高中为起点的1年制、2年制中专，其学习年限明显比其他高中阶段教育更长，可见是介于高中和大学间的教育，但学历层次的定位却是高中阶段教育，产生学习年限和学历层次之间错位的现象。

---

① 教育部关于印发《中等职业教育改革创新行动计划（2010—2012年）》的通知.（2010-11-27）[2018-05-07]. http://www.gov.cn/gongbao/content/2011/content_1836364.htm.

② 程瑶，章冬斌. 2020年前适龄人口变化与高等教育规模发展研究. 开放教育研究，2008（4）：28-32.

（二）中等职业学校学制去差异化阶段

1996年颁布的《中华人民共和国职业教育法》，对我国职业教育体系结构进行了规定，由初、中、高等职业学校教育构成，招收初中毕业生为主，学制以3年为主。自此，我国职业教育学制体系开始明确和规范。1997年开始，中等专业学校开始只招收初中毕业生。2000年，教育部下发《关于全面推进素质教育、深化中等职业教育教学改革的意见》《关于制定中等职业学校教学计划的原则意见》，对中等职业学校学制进行了规范：全日制中等职业学校学历教育，一般招收初中毕业生或具有同等学力者，基本学制为3～4年，以3年为主。此后，各地根据学制规范对各类中等职业学校学制进行了明确和规范。中等专业学校学制以3年为主，少数专业为4年；技工学校学制一般为3年，个别工种和专业确有需要的，经批准可招收高中毕业生，学制1～2年；职业高中学制多为3年。

根据2010年3月教育部印发的《中等职业学校专业目录》（2010年修订），在19个专业大类、321个专业中，学习年限为3年的约占总专业数的2/3，其余专业基本以3～4年为主，而3～4年是一种灵活的学制设置，具体到各学校的学习年限可以根据各学校的专业培养目标而定。可见，中等职业学校目前的学制是以3年为主的，这也符合完成高中阶段教育教学的必要学习年限。从19个专业大类的学制设置来看，完全采用3年制的有农林牧渔类、资源环境类、能源与新能源类、轻纺食品类、休闲保健类、体育与健身类、司法服务类、公共管理与服务类这8个大类，其余11个专业大类都是3年和3～4年制并存的，其中较多设置3～4年灵活学制的多为加工制造类、土木水利类、石油化工类、交通运输类。值得一提的是，极少数专业因为专业培养过程的特殊性，可以有6～7年学制，如在文化艺术类中，音乐、戏曲表演、杂技与魔术表演、木偶与皮影表演及制作专业可以招收小学毕业生，学制为6年，舞蹈表演、民族音乐与舞蹈专业可招收小学在校及毕业生，学制为6～7年。

可见，当前我国对中等职业教育学制的规定“全日制中等职业学校学历教育一般招收初中毕业生或具有同等学力者，基本学制为3～4年，以3年为主”是比较合理和可行的，明确基本学制为3～4年（3年为主），便于国家专业规划和课程标准的执行，并且在此基础上保持了学制弹性，学校可根据具体情况对3～4年学制的专业进行实际情况的查考，再决定是采用3年还是4年的学制，这符合部分专业人才培养的实际情况，也符合中等职业教育发展的规律。

三、中等职业教育结构改革与发展的总体评价

改革开放40年来，中等职业教育的整体发展可以说是有起有落，最终形成现今稳定而有序发展的局面。在中等职业教育结构改革中，前期由于我国经济建设需要，强调重点发展中等职业教育，从而兴起了多种形式、各种办学水平的中等职业学校，符合当时社会经济发展对人才的需求，也符合中等教育结构多样化的发展规律。但是，在2000年，由于社会主义市场经济大发展、高等教育扩招政策以及中等职业教育发展止步不前的现状，中等职业教育无法适应社会、经济、教育等方面的变化，中等职业教育发展连续几年陷入低迷状态，面临着前所未有的挑战。此时，国家和政府积极应对，发布政策文件对中等职业教育的结构、学制等方面进行调整，明确中等职业教育发展方向和改革路径，使得中等职业教育慢慢走出低谷，逐渐开始回升。进入新时代，我国对中等职业教育结构和学制的改革基本完成，对中等职业教育的关注点越来越转移到教育内涵上，越来越关注教育教学质量、人的可持续发展、适应经济变革等方面，可以说目前中等职业教育的结构和学制是符合社会经济需求、人才培养规律的，也是合理和可行的。

未来我国可考虑中等职业教育与普通高中教育相互沟通，增加个体发展道路选择灵活性，完善社会职业技术培训的学分积累和互认机制，使职业教育真正服务于社会、服务于个人的可持续发展。

第三节　高等职业教育的改革与发展

一、高等职业教育层次发展历程

相较中等职业教育，我国高等职业教育的发展历史并不长。1978年，党的十一届三中全会召开，标志着我国进入现代化建设新时期，随着经济建设对高层次现代化人才需求的日益扩大，原有的中等职业学校毕业的学生已无法满足社会发展需要，高等职业教育应运而生。

（一）高等职业教育的起步——建立职业大学

20世纪80年代，以职业大学成立为标志，我国高等职业教育发展开始起

步。党的十一届三中全会强调把全党工作重点转移到经济建设上来，为适应社会和经济发展对技术应用型人才的迫切需求，我国一些经济发达地区提出创办职业大学的设想。1980年，江苏省人民政府发布《关于同意创办金陵职业大学的批复》，我国第一所职业大学诞生。同年，教育部又陆续批转成立了无锡职业大学、江汉大学等12所职业大学。1982年，第五届全国人民代表大会第五次会议批准了《中华人民共和国国民经济和社会发展第六个五年计划（1981—1985）》，在其第二十八章“高等和中等专业教育”中提出提高大学专科比重，试办一些花钱少、见效快、酌收学费、学生尽可能走读、毕业生择优录用的专科学校和短期职业大学。[①] 为落实党将教育作为实现我国现代化战略重点之一的决策，尽快扭转教育同国民经济和社会发展不相适应的局面，1983年，《国务院批转教育部、国家计委关于加速发展高等教育的报告的通知》发布，旨在采取多层次、多规格和多形式加快高等教育的发展，并在发展中逐步调整好高等教育内部的比例关系，多办一些专科，注重发展一些为建设所急需的短线专业，提出积极提倡大城市、经济发展较快的中等城市和大企业举办高等专科学校和短期职业大学，为本地区、本单位培养人才，办学方式上既可以单独办，也可以与有基础的院校合办。此外，还要鼓励民主党派、群众团体和爱国人士举办这类学校[②]。1984年，教育部在《关于高等工程教育层次、规格和学习年限调整改革问题的几点意见》中提出办学方式灵活多样，可以办高等工程专科学校、短期职业大学，或由普通高等工科学校办专科，还可以试办从初中毕业生中招生，学习年限五年，进一步鼓励了短期职业大学的建立。[③]

1980—1985年，经国家鼓励和国家教育委员会批准，各地共兴办了120多所职业大学，它们服务社会、面向地方、投入量小、节约资源，它们的大量建立为学生提供了更多上学机会。同时，职业大学以职业性、实用性、短期性为特点，快速培养了一批技术应用型劳动者，缓解了当时社会人才匮乏的局面。

（二）专科层次高等职业教育的规模发展——基于“三教统筹”和“三改一补”政策

20世纪90年代是我国高等职业教育结构调整与快速发展的关键时期。社会

---

① 中华人民共和国国民经济和社会发展第六个五年计划（1981—1985）.（1982-12-10）[2018-05-07]. http://www.npc.gov.cn/wxzl/gongbao/1982-11/30/content_1478459.htm.

② 国务院批转教育部、国家计委关于加速发展高等教育的报告的通知.（1983-04-28）[2018-05-07]. http://www.chinalawedu.com/falvfagui/fg22598/643.shtml.

③ 关于高等工程教育层次、规格和学习年限调整改革问题的几点意见. 高教战线，1984（6）: 43-44.

各界对高等职业教育的认识不断深入，国家也出台了相关政策对其进行改革与调整，重点放在明确高等职业教育办学主体、发展方向和办学特色上。

1994年，《国务院关于〈中国教育改革和发展纲要〉的实施意见》发布，明确提出积极发展多样化的高中后职业教育和培训，通过改革现有高等专科学校、职业大学和成人高校以及举办灵活多样的高等职业班等途径，积极发展高等职业教育[①]。这是第一次指出要通过“三教统筹”，即通过高等专科学校、职业大学和成人高校来发展高等职业教育、拓宽高等职业教育发展途径。同年，改革开放以来第二次全国教育工作会议召开，明确提出“三教统筹”“三改一补”为高等职业教育基本方针，开始对我国高等职业教育结构进行初步调整和发展。1998年，《面向21世纪教育振兴行动计划》发布，又一次提出积极发展高等职业教育的任务，再一次明确“三改一补”是发展高职的基本方针，此外，还首次提出部分本科院校可以设立高等职业技术学院，基本不搞新建[②]。

从高等职业教育“三教统筹”和“三改一补”的政策来说，其总体思路是可取的，因为这些举措明确了高等职业教育办学主体，优化了高职教育办学结构，扭转了短期职业大学专科化、高等专科教育本科化的混乱办学局面[③]，而且依靠属于同一层次的高等专科学校、职业大学、成人高校改革办学模式、调整培养目标来发展高等职业院校，为20世纪末我国高等职业教育大规模扩充提供了路径和保障。但是，对“三改一补”政策进行深入分析就能发现其存在一些不足，因而只能作为大规模发展高等职业教育的权宜之计，理由如下：一是“三改”中所指的三种学校其实是中国高等教育系统中最薄弱的环节，其办学定位模糊，发展目标不明确，职业性不明显，师资力量贫乏，学校基础薄弱，这使得由这三类学校改制形成的高等职业院校“先天不足”且“营养不良”，严重缺少发展后劲；二是有些学校自身并未满足高等教育的标准，仅仅为了扩大高等教育规模而改办高等职业教育，这使得其高等职业教育质量严重下降，培养的人才质量也大大降低；三是“一补”中所指的重点中等专业院校虽然在师资力量、教学质量、办学条件、实践基地等方面比“三改”的学校更适合办高等职业教育，但它仅仅只是补充，对高等职业教育的发展作用非常有限。

---

① 国务院关于《中国教育改革和发展纲要》的实施意见.（1994-07-03）[2018-04-30]. http://old.moe.gov.cn/publicfiles/business/htmlfiles/moe/moe_177/200407/2483.html.

② 面向21世纪教育振兴行动计划.（1998-12-24）[2018-04-30]. http://old.moe.gov.cn/publicfiles/business/htmlfiles/moe/s6986/200407/2487.html.

③ 蓝洁.高等职业教育结构调整政策：变迁、反思与展望.职教论坛，2017（13）：11-16.

（三）本科层次高等职业教育的起步与发展

应用型本科教育是一种本科层次高等职业教育形式。随着社会主义市场经济体制建立，大规模国企改制推行，许多经营不善的国企倒闭，再加上 1996 年我国开始实行双向选择、自主择业试点，1998 年取消为大学生分配工作的制度，学生开始自由择业，一时间社会上出现了较大规模的失业人群。为缓解就业压力、适应新时代变化、促进经济增长，我国开始实施高校扩招，推进高等教育大众化，采取多样化教育形式培养不同类型人才，应用型本科教育应运而生。回顾其发展路径，主要有三条：一是原有高职高专院校升格为应用型本科；二是满足条件的民办高等职业学校升格为应用型本科；三是一些普通本科高等院校转型为应用技术型本科。

1. 原有专科层次高等职业教育升格

受我国高等教育体制改革和国家大力发展高等教育影响，许多办学历史较长、条件达到要求并有意提高学校层次的专科学校纷纷向教育部申请升格为本科学校。1998—2005 年，我国共增设本科学校近 191 所，这些新建本科学校均为高职高专院校升格或由多所高职高专学校合并而成[①]。如 2002 年，《教育部关于同意黄山高等专科学校升格为黄山学院的通知》发布，同意黄山高等专科学校升格为本科高校，升格后校名定为黄山学院。同时，撤销黄山高等专科学校的建制[②]。2003 年，《教育部关于同意辽宁财政高等专科学校、丹东职业技术学院合并组建辽东学院的通知》发布，同意在辽宁财政高等专科学校、丹东职业技术学院合并基础上建立辽东学院，同时撤销原两所学校的建制[③]。

虽然，高职高专院校升格为应用型本科院校提高了其学历层次，有利于培养高层次技术技能型人才，对我国高等职业教育事业发展具有重要意义，但有一部分高职高专院校升格为本科院校后，其职业教育特色逐渐消退，向普通本科教育靠拢，并未转型成为真正意义上的应用型本科。而且，从职业教育层次结构的内生性看，专科层次的高等教育因其原来的办学定位、培养目标等较本科层次教育还有些差异，教育积淀也较为缺乏，所以后来开始对专科院校申请升格为本科院校的局面进行控制。2004 年，《教育部等七部门关于进一步加强职业教育工作的

---

① 夏建国. 技术本科教育概论. 上海：东方出版中心，2007：6.

② 教育部关于同意黄山高等专科学校升格为黄山学院的通知 .（2002-02-22）[2018-04-30]. http://www.moe.gov.cn/srcsite/A03/s7050/200202/t20020222_163513.html.

③ 教育部关于同意辽宁财政高等专科学校、丹东职业技术学院合并组建辽东学院的通知 .（2003-04-16）[2018-04-30]. http://www.moe.gov.cn/srcsite/A03/s181/200304/t20030416_170584.html.

若干意见》中规定“专科层次的职业院校不再升格为本科院校”[①]。2005年，《国务院关于大力发展职业教育的决定》再次强调“专科层次的职业院校不升格为本科院校”[②]。至此，我国高职高专院校升格为应用型本科院校的局面告一段落。

2. 民办高等职业教育升格

在本科层次高等职业教育发展过程中，值得一提的是，我国民办高等职业学校对应用型本科规模的扩大起到了至关重要的作用。民办高等职业学校最初办学定位多是高职高专教育，重点培养技术技能型人才，经过多年专业建设和发展，已累积了雄厚的办学实力和专业影响力，在师资队伍、实训基地建设、工学结合教学模式、项目化课程等方面都已具备了办好应用型本科的条件。2006年，《教育部关于“十一五”期间普通高等学校设置工作的意见》提出：民办高等专科层次的学校，在办学条件较好、教育质量较高、毕业生届数超过三届以上，符合地方经济社会发展和高等教育事业发展的实际需要，并列入地方省级人民政府“十一五”期间高等学校设置规划的，可以在原有资源基础上申请组建本科学校[③]。在以上政策的推动下，一部分民办高等专科学校升格为本科学校，促进了应用型本科规模的扩大。

3. 普通本科高等学校转型

为促进应用型本科教育的健康成长，完善具有中国特色的现代职业教育体系，我国开始推进地方普通本科高校向应用技术型本科转型。

2014年，国务院总理李克强主持召开国务院常务会议，部署加快发展现代职业教育，确定了加快发展现代职业教育的任务之一——“引导一批普通本科高校向应用技术型高校转型”[④]。这是21世纪以来，我国第一次以纲领性政策的方式明确提出引导普通本科高校向应用技术型高校转型，为未来我国应用型本科教育的发展指明了方向。同年，《国务院关于加快发展现代职业教育的决定》中明确提出要探索发展本科层次职业教育，引导一批普通本科高等学校向应用技术类

---

① 教育部关于学习贯彻全国职业教育工作会议精神和《教育部等七部门关于进一步加强职业教育工作的若干意见》的通知 .（2004-9-14）[2018-05-30]. http://old.moe.gov.cn//publicfiles/business/htmlfiles/moe/moe_201/201412/181884.html.

② 国务院关于大力发展职业教育的决定 .（2005-10-28）[2018-05-30]. http://www.moe.edu.cn/jyb_xxgk/moe_1777/moe_1778/tnull_27730.html.

③ 教育部关于“十一五”期间普通高等学校设置工作的意见 .（2006-09-26）[2018-05-30]. http://old.moe.gov.cn//publicfiles/business/htmlfiles/moe/moe_2530/200811/40929.html.

④ 李克强主持召开国务院常务会议——部署加快发展现代职业教育 审议通过《事业单位人事管理条例（草案）》.（2014-02-26）[2018-05-11]. http://www.gov.cn/ldhd/2014-02/26/content_2622673.htm.

型高等学校转型，重点举办本科职业教育，支持一批本科高等学校转型发展为应用技术类型高等学校[①]。2015年，教育部、国家发展和改革委员会、财政部发布《关于引导部分地方普通本科高校向应用型转变的指导意见》，从顶层设计高度为我国普通本科高校转型提供了专门的规划与指导意见，转型方向更加明确。

如2015年，浙江省教育厅发文，同意浙江师范大学、浙江中医药大学、浙江科技学院等41所普通本科院校（含独立学院），试点加强应用型建设[②]。2017年，甘肃省积极推动天水师范学院、兰州城市学院、兰州理工大学技术工程学院等8所高校向应用技术型转型，同时，支持其他省属本科院校根据各自实际和发展需要，在二级学院或专业（群）开展转型试点工作[③]。

二、高等职业教育学制改革历程

当前，我国高等职业院校学制主要有五种类型，一是三年制高等职业教育，这是我国高职教育最常见的学制，常见于招收普通高中毕业生的普通高职和招收职高毕业生的对口高职；二是五年制高等职业教育；三是两年制高等职业教育；四是中高职教育贯通培养模式；五是中本贯通培养模式。下面着重介绍一下后四种学制类型。

（一）五年制高等职业教育

我国五年制高等职业教育起步于20世纪80年代以后，改革开放推动我国经济建设快速发展，高新技术产业迅猛崛起，生产领域中对知识和科技含量的要求越来越高，相应地对高层次、高技能人才的需求也逐渐加大，原有中职毕业生已无法满足劳动力市场需求，而且优秀的中职毕业生渴望有机会接受更高层次的教育。为满足社会对高等职业教育的需求，加快培养应用型技术人才，我国探索了一条发展高职的新道路——五年制高职。

1983年，为适应我国经济和社会发展对应用型人才的需要，教育部高教二司选择确定在福建省集美航海专科学校等少数工科学校试办五年制专科教育[④]。

---

① 国务院关于加快发展现代职业教育的决定.（2014-05-02）[2018-05-11]. http://www.gov.cn/zhengce/content/2014-06/22/content_8901.htm.

② 浙江41所高校进行转型试点 加强应用型建设服务地方经济社会发展.（2015-08-05）[2018-05-11]. http://www.moe.gov.cn/jyb_xwfb/s5147/201508/t20150805_197900.html.

③ 甘肃：推动本科院校向应用技术型转型.（2017-06-10）[2018-05-11]. http://www.moe.gov.cn/jyb_xwfb/s5147/201706/t20170612_306710.html.

④ 黄尧. 推动五年制高职稳步发展. 职业技术教育，2002，23（36）：30-33.

1984年，教育部发布《印发试行〈关于高等工程教育层次、规格和学习年限调整改革问题的几点意见〉的通知》，指出：办学方式灵活多样，可以办高等工业专科学校、短期职业大学，或由普通高等工业学校办专科，还可以试办从初中毕业生中招生，学习年限五年。[①] 这一意见确立了初中毕业生经过五年学习达到大学专科教育的学制形式，奠定了发展初中后五年制高等职业教育的基础。

1985年，《中共中央关于教育体制改革的决定》发布，明确“大力发展职业技术教育”的方针，提出“积极发展高等职业技术院校”[②]。为贯彻落实该项决定的精神，同年《关于同意试办三所五年制技术专科学校的通知》发布，同意在西安航空工业学校、国家地震局地震学校、上海电机制造学校三所中等专业学校基础上试办五年制技术专科学校，这三所学校均为专科与中专并存，实施初中后“四、五套办”，即“五专”[③]；1991年，经国家教育委员会和中国人民解放军总后勤部联合批准，以军需工业学校为依托，邢台高等职业技术学校建立，即现在的邢台职业技术学院，实行初中毕业后“五年一贯制”的办学模式。五年一贯制，又称“初中起点大专教育”，是由高等职业技术院校举办的对学生进行一贯制培养的办学模式，招收参加中招考试并达到录取线的初中毕业生，学制为5年，毕业后可获得大专文凭。1994年10月和1996年6月，国家教育委员会又批准成都航空工业学校、大连海运学校等18所中等专业学校试办五年制高职班。截至1998年，全国试办五年制高职的学校达22所。

2000年，《国务院办公厅关于国务院授权省、自治区、直辖市人民政府审批设立高等职业学校有关问题的通知》发布，提出“促进各类高等教育更快发展”[④]。根据这一通知的精神，各地区快速建立了一批高等职业学校，其中一部分学校就是采用了五年制高职办学模式，这在一定程度上促进了五年制高职的规模发展。同年，《关于加强五年制高等职业教育管理工作的通知》发布，其中对五年制高职进行了界定，提出五年制高等职业教育是我国高等职业教育的组成部分，招收初中毕业生，学制五年[⑤]，并指出了五年制高职的人才培养目标是：培养拥护党的基本路线，适应生产、建设、管理、服务第一线需要的，德、智、体、美等方

① 佚名. 关于高等工程教育层次、规格和学习年限调整改革问题的几点意见. 高教战线，1984（6）：43-44.

② 中共中央关于教育体制改革的决定 .（1985-05-27）[2018-05-01]. http://old.moe.gov.cn//publicfiles/business/htmlfiles/moe/moe_177/200407/2482.html.

③ 王寿斌，闫志刚. 中高职衔接：亟待突破改革“玻璃门”. 教育与职业，2014（4）：22-28.

④ 国务院办公厅关于国务院授权省、自治区、直辖市人民政府审批设立高等职业学校有关问题的通知 .（2000-01-14）[2018-05-01]. http://www.gov.cn/gongbao/content/2000/content_60637.htm.

⑤ 关于加强五年制高等职业教育管理工作的通知 .（2000-07-02）[2018-05-01]. http://xuewen.cnki.net/CJFD-JXZA200009001.html.

面全面发展的高等技术应用性专门人才。学生应在具有必备的基础理论和专门知识的基础上，重点掌握从事本专业领域实际工作的基本能力和职业技能，具有良好的职业道德和敬业精神。[①]

为统筹协调中等职业教育和五年制高职的发展，2001 年 8 月，教育部将五年制高职的综合管理职能调整到职业教育与成人教育司。为进一步规范五年制高职，切实加强管理，提高教育教学质量，2002 年 3 月，《教育部关于进一步办好五年制高等职业技术教育的几点意见》发布，指出独立设置的职业技术学院及有关高等学校也可以根据社会对五年制高职人才的需求，在自身条件满足不了办学需求的情况下，可利用优质的中等职业教育资源进行五年制高职前三年的教育教学工作，但后两年高职教育阶段必须在高等学校举办[②]。这是五年制高职的“3+2”模式，学生前三年在被录取的中等职业学校学习，完成课程并通过综合考评后，择优选拔较为优秀的学生直接升入联合办学的高等职业学校相同专业进行学习，顺利毕业后获得大专文凭，不能直接升学的学生可获得中专文凭。

五年制高等职业教育是我国创新培养人才的一种重要形式，与传统形式的教育相比，具有以下优势：一是专业优势，当前我国采取五年制高等职业教育模式的专业都是就业前景非常好的专业，如薪资水平较高的民航服务管理专业、人员需求量较大的管理科学与工程专业等；二是时间和经济优势，五年制高职学制只有 5 年，比传统学制节省了 1 ～ 2 年时间，使学生在更短时间内完成学业，同时节省了学生 1 ～ 2 年的学习、生活费用等；三是学制优势，五年制高职主要采取五年一贯制形式培养学生，学生在同一所学校、同一个专业学习 5 年，其课程设置、教学安排、实践训练等层层递进、环环相扣、系统完整，避免了中途转到其他学校可能造成的培养方向、学习环境、教学内容的不衔接性，对学生的培养更有益处。总体来说，五年制高职适应了我国经济建设和生产第一线岗位（岗位群）对高等技术应用性人才的需求，适应了职业教育多样化发展需要，符合现代职业教育体系建设目标，受到用人单位和社会的认可和欢迎[②]。经过近 40 年的探索与实践，五年制高等职业教育已成为我国高等职业教育的重要组成部分。

案例：江苏省五年制高职教育的实践

从全国范围来看，经济发达的江苏省在职业教育建设方面做得尤为出

---

① 佚名. 关于加强五年制高等职业教育管理工作的通知. 中等医学教育，2001（1）：4-5.

② 关于进一步办好五年制高等职业技术教育的几点意见 .（2002-03-27）[2018-05-27]. http://old.moe.gov.cn//publicfiles/business/htmlfiles/moe/moe_952/200408/2847.html.

色，自1984年率先探索五年制高等职业教育以来，经过试点、发展、改革、创新，将五年制高职办得颇具特色、发展迅速、最具成效，成为江苏省高等职业教育发展的重要力量。这里以江苏联合职业技术学院为例，介绍江苏省五年制高职教育的成功办学模式。

江苏联合职业技术学院是于2003年正式成立的独立设置的专科层次普通高等学校，实行"小学院、大学校"的办学模式，下设南京工程分院等54所分院和江苏省戏剧学校等38个办学点及5所高等师范学校，设置16个大类、130多个五年制高职专业，在校五年制高职学生近20万人[①]。该学院积极创新办学体制，实行五年一贯制人才培养模式，努力使学生在毕业时既能取得学历证书，也能取得职业资格证书，增强了毕业生的就业竞争力。近几年，该学院毕业生就业率一直保持在95%以上，许多专业出现毕业生供不应求的现象。

（二）两年制高等职业教育

自高等教育扩招以来，我国高等职业教育得到快速发展，并取得了很大成就，为社会输送了大量高技能人才。但是，因为关注经济高速发展，相对忽略了人力资源市场的实际人才需求，劳动力市场出现了一些结构性矛盾，制造业和现代服务业等部分行业出现了高技能人才十分短缺的情况。鉴于这种情况，2003年10月，教育部部长周济在湖北省视察工作时提出，高等职业教育学制可以缩短，实行两年制，其中一年半时间在校学习，半年时间到工厂实习[②]，这是对两年制高等职业教育的最初设想。同年12月，《教育部等六部门关于实施职业院校制造业和现代服务业技能型紧缺人才培养培训工程的通知》发布，提出加大对技能型紧缺人才培养培训工作的经费投入，启动职业院校制造业和现代服务业技能型紧缺人才培养培训工程，力争在2003—2007年相关专业领域共输送毕业生100万人，在相关专业领域共提供短期技能提高培训300万人次，缓解劳动力市场上技能型人才的紧缺状况。[③]

2004年，《2003—2007年教育振兴行动计划》发布，提出大力发展职业教育，大量培养高素质的技能型人才特别是高技能人才；以就业为导向，大力推动职业

---

① 江苏联合职业技术学院简介．(2017-02-01)[2018-05-01]. http://www.juti.cn/104/list.htm.

② 梁熠葆. 两年制高职学制改革的现状分析. 教育与职业，2007(30)：29-31.

③ 教育部等六部门关于实施职业院校制造业和现代服务业技能型紧缺人才培养培训工程的通知．(2003-12-03)[2018-05-11]. http://www.china.com.cn/guoqing/zwxx/2011-10/03/content_23543427.htm.

教育转变办学模式；大力发展多样化的成人教育和继续教育[①]。同年,《教育部关于以就业为导向 深化高等职业教育改革的若干意见》发布，提出积极进行高等职业教育两年制学制改革，加快高技能紧缺人才培养。为推动高等职业院校正确定位，加快高技能紧缺人才培养，要把高等职业教育的学制由三年逐步过渡为两年。[②]这是教育部首次明确提出高等职业教育学制“三改二”的意见，此后，两年制高职不断出现。

随着“制造业和现代服务业高技能紧缺人才培养计划”启动实施，目前，我国已有35所两年制的示范性软件职业技术学院和216所两年制试点学校，涉及数控、汽车维修、计算机等专业[③]。两年制高等职业教育的出现作为教育改革中的创新举措，满足了社会发展对人才的需求，缓解了高技能人才短缺的矛盾，降低了教育成本，提高了高等职业院校办学效益，为高等职业教育发展提供了广阔空间。

（三）中高职教育贯通培养模式

《国家中长期教育改革和发展规划纲要（2010—2020年）》中提出，“统筹中等职业教育与高等职业教育发展”[④]，在促进中高职协调发展的政策背景下，中高职教育贯通培养模式应运而生，成为当前构建有机衔接的中高职教育体系的关键举措。

中高职教育贯通培养模式是指，对具有相同或相关专业方向的中等职业教育和高等职业教育进行人才培养计划的一体化设计，其中涉及教学计划制定、教学方案实施、职校师资管理等，从而提高高层次技能型人才培养效率。参与中高职教育贯通培养模式的中等职业院校和高等职业院校共同合作办学，招收初中毕业生，学制为5年或6年，学生前3年在中等职业学校学习，后2年或3年在与之合作的高等职业学校学习。学生在中职院校完成第一年的学业后，学校会对其进行甄选，不愿意或不适合继续在同一专业学习的学生可转到中职相似的专业进行学习。中职课程完成后，实行中高职转段，2年或3年后，对完成所有课程的

① 2003—2007年教育振兴行动计划.（2004-02-10）[2018-05-11]. http://old.moe.gov.cn//publicfiles/business/htmlfiles/moe/moe_177/200407/2488.html.

② 教育部关于以就业为导向 深化高等职业教育改革的若干意见.（2004-04-02）[2018-03-20]. http://old.moe.gov.cn//publicfiles/business/htmlfiles/moe/moe_737/200507/9969.html.

③ 梁熠葆. 两年制高职学制改革的现状分析. 教育与职业，2007（30）：29-31.

④ 国家中长期教育改革和发展规划纲要（2010—2020年）.（2010-07-29）[2018-05-30].http://old.moe.gov.cn/publicfiles/business/htmlfiles/moe/info_list/201407/xxgk_171904.html.

学生进行考核，考试合格且符合毕业条件者可获得高等职业院校毕业证书。

中高职教育贯通的培养模式有效促进了中等职业教育和高等职业教育的衔接，使学生在更短时间内完成学业，学习效率大大提升，而且这种教育模式的实施有效扩大了中等职业学校的招生，提高了中等职业教育在人们心目中的地位。

案例一：上海市中高职教育贯通培养模式的实践

2010年2月，上海市教委发布《关于2010年开展中高职教育贯通培养模式试点工作的通知》，开始在上海市进行中高职教育贯通培养模式的试点，这是全国范围内率先进行“中高职贯通”这种新型教育培养模式试点工作的地方。此后，上海市教委每年都会下发关于开展中高职教育贯通培养模式试点工作的通知，持续关注并推进这项工作的进行。据统计，已有35所中职学校和21所高职院校（含本科）开展合作，在37个专业进行中高职贯通培养模式试点，试点专业点达43个[①]，其中多是为起点高、行业背景强的重点专业和核心专业，这些专业包括农校园艺、城建园林、工业数控、交通物流、国际金融、健康护理、行政物联等，涉及三大产业，为经济发展提供相应人才。

近几年，由于政府重视、政策支持、管理规范、规模扩大以及成效良好，中高职教育贯通培养模式日益受到学生和家长的推崇，成为上海市发展职业教育的重要力量。

案例二：广东省中高职教育贯通培养模式的实践

为响应国家构建现代职业教育体系的号召，满足社会发展对人才的需求，广东省积极探索中高职教育衔接培养人才的新途径，努力构建具有广东特色的现代职业教育体系。自2009年起，广东省就开始了“中高职三二分段”的试点准备工作，2010年，广东省教育厅下发《关于2010年高等职业院校面向中等职业技术学校开展对口自主招生试点工作的通知》，有关“中高职三二分段”衔接的政策出台，有效促进了省“中高职三二分段”工作的进行和职业教育事业的发展。此后，广东省每年都会发布关于开展职业院校中高职衔接三二分段试点工作的通知，至2017年，广东省共有49所高职院校与197所中等职业学校（含技工学校）在747个高职专业点

---

① 陈韬，陈之滕. 让改革更接地气 上海积极做好“中高职贯通”这篇文章. 上海教育，2013（20）：7-9.

开展对接。

（四）中本贯通培养模式

中等职业教育与应用本科教育贯通培养模式，简称“中本贯通”。学生进入中本贯通培养模式后，完成中等职业教育的学生只需要参加第三年的测试，通过测试后不需参加高考即可直升对应本科院校就读，学制为3+4年，毕业后获得技术本科文凭和技师从业资格证。参与中本贯通培养模式的中等职业学校为中专，高等院校为本科层次的学校，学校等级比参与中高职贯通的学校更高。

中本贯通是构建现代职业教育体系创新举措之一，它适应了当前我国社会经济转型对技术、知识型人才的需求，不仅引导了一批普通本科高校向应用技术型高校转型，提升了我国高等职业教育层次，还为中职毕业生提供了直接接受本科层次教育的机会，增强了中等职业教育吸引力，受到学生和家长欢迎，缓解了中职招生的困难局面。

案例一：上海市中本贯通培养模式的实践

2014年，为贯彻《国务院关于加快发展现代职业教育的决定》以及《国家中长期教育改革和发展规划纲要（2010—2020年）》和《上海市中长期教育改革和发展规划纲要》，构建中等职业教育与高等职业教育课程、培养模式和学制贯通的“立交桥”，上海市教育委员会在中高职贯通培养试点工作的基础上，发布《关于开展中等职业教育——应用本科教育贯通培养模式试点工作的通知》，“中本贯通”试点正式启动。此后，上海市教委一直持续关注中本贯通培养模式试点工作的进行，中本贯通的招生规模和招生专业也在逐年扩大和增加。据统计，2014年招收124人，共3个专业；2015年招收630人，共16个专业；2016年招收956人，共26个专业；2017年招收1301人，共36个专业，专业涵盖制药、会计学、园林设计、电子商务、机械工程、物流管理、食品科学、学前教育、能源动力、产品设计、酒店管理等多个领域。

案例二：山东省中本贯通培养模式的实践

为贯彻落实《山东省人民政府办公厅关于贯彻落实鲁政发〔2012〕49

号文件推进现代职业教育体系建设的实施意见》，满足经济社会对高素质技能型人才的需要，2013年，山东省开展了3年中职教育与4年本科教育对口贯通分段培养招生的试点工作。此后，山东省每年都会发布关于做好职业院校与本科高校对口贯通分段培养转段工作的通知和相关管理方案，从而督促和指导该项工作的进行。截至2016年年底，山东省实行中本贯通分段培养试点的中职学校有40所，如山东省潍坊商业学校3+4中职本科招生专业物流服务与管理、会计，分别衔接聊城大学物流管理专业、潍坊学院会计专业，当年的招生计划为3305人。

三、高等职业教育改革与发展的整体评价

我国高等职业教育发展较中等职业教育发展来说虽晚了一些，但也在起起伏伏的历程中成为我国高等教育的半壁江山，成为我国现代职业教育体系一个重要且稳定的组成部分。我国高等职业教育改革主要从层次和学制两方面入手。随着工业化和知识经济时代的到来，对技术技能型人才需求日益增多，呼唤着职业教育培养大量高层次人才为社会所用。鉴于此，改革开放40年来，我国逐步实现了专科层次和本科层次高等职业教育的起步与发展，高等职业教育层次逐渐高移，满足了社会转型对高水平人才的需求以及受教育者学历提升、向上流动的需要。我国高等职业教育的学制改革，总体来说是将学制年限缩短，这是适应市场需求的明智之举，因为高等职业教育不同于普通教育，其以就业为导向，而且我国目前高级蓝领人员紧缺的现状也要求高等职业教育更加实用、快捷、灵活、适应性强，缩短学制便能实现这个目的，而且学制缩短可为高职生降低学习成本，有利于提高社会大众对高等职业教育的满意程度。

未来，我国还要根据社会经济发展需要以及教育发展规律，不断对高等职业教育进行调整，可考虑发展研究生层次的高等职业教育，推行高本贯通培养模式，丰富我国高等职业教育培养模式，完善现代职业教育体系。

第四章

职业教育办学模式的改革与发展

在不同历史时期，受一定办学思想的指引，职业教育办学实践呈现出不同的结构形态和运行机制，在办学体制、管理体制、办学形式和保障机制方面会表现出阶段性特征。改革开放以来，我国经济体制改革对职业教育办学模式的变革影响巨大，经历了恢复、调整、转折、重振等阶段，总体上呈现出开放办学、多元办学的整体趋势。根植于丰富的职业教育办学实践，我国目前已形成具有中国特色的职业教育主流办学模式，如职业教育集团化办学、现代学徒制、职业教育园区化办学、产学研一体化办学和东西部合作办学等。为适应新一轮科技革命和产业变革趋势，国家已明确提出职业教育要深化产教融合、校企合作，这是职业教育办学模式改革的未来方向。应通过政府统筹规划，发挥企业重要主体作用，聚焦校企协同人才培养改革，共同推动职业教育与产业协同的发展。

第一节　职业教育办学模式改革的历史轨迹

一、办学恢复阶段

"文化大革命"期间，我国整个职业教育体系被破坏。其中，中等教育结构单一化倾向尤为明显。到1977年，各类中等职业学校（含中师）共计3818所，在校生93.2万人，普通教育与职业教育学生比为19.3 ∶ 1[①]。进行现代化建设，不仅需要高级专门人才，还需要大批初、中级技术、管理人才和大批有文化、有技术知识的劳动后备力量。该阶段职业教育政策重点是改革中等教育结构、发展职业教育、建立职业教育体系，由此推动职业教育办学的恢复与发展。

（一）确立调整中等教育结构的目标并初见成效

1978年，邓小平在全国教育工作会议上指出，"应该考虑各级各类学校发展的比例，特别是扩大农业中学、各种中等专业学校、技工学校的比例"[②]。由此，调整中等教育结构、发展职业教育被提到政策制订的日程上来。

1980年10月7日，国务院批转教育部、国家劳动总局《关于中等教育结构改革的报告》，提出：要使高中阶段的教育适应社会主义现代化建设的需要，应当实行普通教育与职业、技术教育并举，全日制学校与半工半读学校、业余学校

---

① 李蔺田. 中国职业技术教育史. 北京：高等教育出版社. 1994：413.

② 邓小平. 在全国教育工作会议上的讲话 .（1978-04-22）[2018-04-30]. http://cpc.people.com.cn/GB/64184/64185/66611/4488667.html.

并举，国家办学与业务部门、厂矿企业、人民公社办学并举的方针。经过调整改革，要使各类职业（技术）学校的在校学生数在整个高级中等教育中的比重大大增长。①

1983年5月9日，教育部、劳动人事部、财政部、国家计划委员会联合发布《关于改革城市中等教育结构、发展职业技术教育的意见》，提出：城市中等教育结构改革，主要是改革高中阶段的教育，使之适应社会主义现代化建设多方面的需要，适应经济体制、产业结构、劳动就业等变化的需要。实行普通教育与职业技术教育并举，全日制学校与半工半读学校、业余学校并举，国家办学与业务部门、厂矿企事业单位、集体经济单位办学并举的方针。民主党派、群众团体以及个人办学，应给予鼓励。城市高中阶段教育的学制、结构和办学形式都要实行多样化。②

到1984年，中等职业教育在校生达到了370.6万人，比1977年增长了297.64%，普通教育与职业教育学生比从19.3 ∶ 1回落到1.86 ∶ 1③。高中阶段教育的结构趋于合理。

（二）形成多部门、多行业共办职业教育的格局

1983年颁布的《关于改革城市中等教育结构、发展职业技术教育的意见》进一步明确了中等教育结构的改革途径，并提出中央财政对教育部门主办的职业技术教育追加一次性补助5000万元②。至此，我国形成了行业企业、相关部委、教育部门共同举办中等职业学校的格局。

1. 举办职业高级中学

《关于中等教育结构改革的报告》在推动中专、技校数量增长的同时，提出要将一部分普通高中改办为职业（技术）学校、职业中学、农业中学，从而催生了一种新的中等职业教育机构。职业学校作为一种新型的职业学校，体现了“联合办学、服务当地、灵活多样、不包分配”的办学新思路。①

（1）办学体制

将部分普通高中改办为职业（技术）学校、职业中学、农业中学。职业（技

① 国务院批转教育部、国家劳动总局关于中等教育结构改革的报告的通知.（1980-10-07）[2018-05-07]. http://www.chinalawedu.com/falvfagui/fg22598/413.shtml.

② 关于改革城市中等教育结构、发展职业技术教育的意见.（1983-05-09）[2018-06-01]. http://www.law-lib.com/law/law_view.asp?id=45502.

③《中国教育年鉴》编辑部. 中国教育年鉴（1982—1984）. 长沙：湖南教育出版社. 1986：362-363.

术）学校招收初中毕业生，学制2～3年，主要进行职业（技术）教育，同时开设有关普通文化课。这类学校由教育部门和业务部门联办，隶属关系不变。农业中学、职业中学是普通教育与职业技术教育相结合的中等学校。

根据发展生产和服务性行业的需要，广开学路，举办各种职业（技术）学校。主要招收初中毕业生，办学形式灵活多样。这类学校除由各行各业举办外，集体和个人也可以办。各地还可以利用一些适合办学的关停的工厂厂房及设备举办职业（技术）学校或作为学校的实习场所，也可留用一部分技术人员和老工人作教师或实习指导。有条件的大中城市还可试办职业技术教育中心，开设若干职业技术教育科目，提供专业教师、设备和实习场所。

（2）管理体制

教育部门设立职业技术教育机构，与计委、劳动人事部门一起，制订职业技术教育的发展规划；会同有关部门制定专业目录；负责制定职业技术教育的具体政策、规章制度和教学计划。计划部门把职业技术教育列入国民经济和社会发展计划。

对职业中学、职业（技术）学校的学生，国家不统包统配，毕业时按“三结合”的就业方针，或由劳动部门介绍就业，用人单位择优录用，或由劳动服务公司帮助他们就业，或鼓励学生自谋职业。鼓励学生到农村为农民服务。

（3）办学经费

为支持城乡职业技术教育的发展，1983年，中央财政对教育部门办的职业技术教育追加一次性补助费5000万元，分配原则由教育部、财政部商定。各级人民政府在安排地方财政支出指标时，也应积极支持发展此项教育事业。

原有普通中学改办的，其经费开支渠道不变，即教育部门所属普通中学改办的，由教育事业费开支；原属其他部门或厂矿企业所办的普通中学改办的，由其他部门有关经费或企业营业外项目列支；几个部门联合改办的，其经费由合办单位协商解决；社会办的，其经费由办学单位自行解决。

2. 恢复举办中等专业教育

1980年4月10—25日，全国中等专业教育工作会议在北京举行，会议总结了新中国成立以来中等专业教育工作的基本经验，研究中专教育在新时期的任务。

（1）办学体制

1980年11月5日，教育部发布《关于全日制中等专业学校领导管理体制的暂行规定》，提出“对中等专业学校实行分工分级，按系统归口的管理制度”。

中等专业学校按照领导关系，分为国务院部属学校和地方学校。国务院部委所属中等专业学校，由有关部委直接领导；或由有关部委和省、直辖市、自治区双重领导，以部委为主；或由部委与直属一级企业、事业单位分工管理。省、直辖市、自治区所属中等专业学校，由省、直辖市、自治区领导，有关业务部门主管；面向地（市）的中等专业学校，实行省和地（市）两级业务主管部门分工管理。

（2）管理体制

国务院各部委负责管理所属中等专业学校的各项工作。负责学校的规划、专业设置、招生计划、毕业生分配、人事工作、人员编制、劳动工资计划、经费、基本建设、教材、物资和仪器设备等。制定并颁发本系统各专业的教学计划，组织编写并审定有关的普通课、技术基础课、专业课的教学大纲和教材，组织培训教师。批准所属学校和专业的开设、调整、撤销，并报国家计划委员会和教育部备案。开设学校应征得所在省、直辖市、自治区的同意。

教育部根据党的教育方针和党中央、国务院的指示，对中等专业教育事业负责业务指导。国务院各部委对本系统地方所属中等专业学校负责业务指导。省、直辖市、自治区人民政府检查督促本地区内所有中等专业学校贯彻执行党的方针、政策和规章制度；审批地方中等专业教育事业发展规划和学校布局；批准地方所属学校和专业的开设、调整、撤销，并报国家计划委员会、教育部和有关部委备案。

（3）办学形式

中等专业学校是在相当于高中文化程度的基础上进行专业技术教育，中专的高年级与大学低年级交叉，是介乎高中与大学之间的一种学校。根据我国经济文化发展不平衡和中专专业门类多、要求不一的情况，中专学制可以多样化：招收初中毕业生，一般为 4 年，个别 5 年，有的专业仍保持 3 年；招收高中毕业生，一般为 2 年，医科和工科等有些专业可为 2.5 年或 3 年。少数民族地区可以从实际出发，提出不同的招生对象和学制。中等专业教育除全日制中专外，还可举办半工（农）半读、业余和函授教育等。有条件的学校还应承担干部轮训工作。

（4）办学经费

1984 年 11 月 24 日，教育部印发《关于在全日制普通中等专业学校建立学校基金制度几项原则意见的通知》，该通知指出，凡是有条件建立学校基金的全日制普通中等专业学校，在不增加国家财政开支和人员编制的前提下，可以建立学校基金制度。建立学校基金制度的目的是要积极改革学校管理制度，扩大学校自主权。学校基金的来源主要是以下四个方面：一是在完成国家下达的指令性招生计划之外，接受委托培养人才任务所得的净收入；二是校办工厂（车间）、农（林、牧）场实现的纯利润；三是学校在上级下达任务并核拨经费之外承担的科研、设计、实验、技术推广、服务、咨询等任务所得的净收入；四是其他预算外净收入和经上级批准从预算节余经费中转结的经费。该通知要求，学校基金原则上60%用于事业发展，40%用于开支奖金和集体福利。①

3. 恢复举办技工教育

办好技工学校是培养工人掌握现代化设备，提高工人技术水平，补充熟练技术工人的重要方式，对加速发展国民经济、实现四个现代化，具有重要意义。

（1）办学体制

地方办的技工学校由地方有关业务部门管理；国务院各部门办的技工学校，由国务院有关部门管理。国家劳动总局和地方劳动部门负责技工学校的综合管理工作，包括编制发展规划、招生计划，拟定有关方针政策、规章制度，组织有关部门编写和审订教学计划、教学大纲和教材，以及培训提高师资水平、组织交流工作经验等。教育部门在师资配备和编写教材等方面，要给予支持、协助。②

（2）管理体制

技工学校的开办、调整、撤销和专业设置，属于地方办的报省、直辖市、自治区革命委员会批准，属于国务院各部门办的，在商得地方劳动部门同意后，报中央主管部门审批，但均需报送国家计划委员会和国家劳动总局审查备案。技工学校的培训计划（包括长期计划和年度计划），按隶属关系分别由省、直辖市、自治区劳动部门和国务院各部门负责编制，送国家劳动总局（国务院各部门直属单位培训计划同时抄送所在省、直辖市、自治区和当地劳动部门）。

（3）办学形式

1979年2月20日，国家劳动总局发布《关于颁发技工学校工作条例（试行）的通知》，明确技工学校是培养技术工人的学校，培养掌握现代生产技能的四级技术工人（实行八级技术等级标准的工种）。学校的规模、工种、专业设置和学制应相对稳定，招收初中毕业文化程度的学制一般为3年，招收高中毕业文化程度的学制一般为2年。学校教学应理论联系实际，以实习教学为主。

---

① 杨金土. 30年重大变革——中国1979—2008年职业教育要事概录（下卷）. 北京：教育科学出版社. 2011：684.

② 教育部、国家劳动总局关于全国技工学校综合管理工作由教育部划归国家劳动总局的通知.（1978-02-11）[2018-06-15]. http://www.law-lib.com/law/law_view.asp?id=43792.

4. 试办职业大学

1980年年底，“五五”计划完成。地方社会主义四化建设迫切需要人才，但国家统一分配的高等专门人才，数量上既难于满足地方需要，培养目标上又不甚对口。1982年，第五届全国人民代表大会第五次会议提出要试办一批花钱少、见效快、酌收学费，学生尽可能走读，毕业生择优录取的专科学校和短期职业大学。1983年，《国务院批转教育部、国家计委关于加速发展高等教育的报告的通知》中提到积极提倡大城市、经济发展较快的中等城市和大企业举办高等专科学校和短期职业大学。由此，高等职业教育开始诞生。

有些大中城市开始试办高职，主动为当地培养第一线实用型人才，职业大学应运而生。学制主要为两年，少数为一年和四年。学校实行崭新的办学机制，采取走读、收费、毕业生不包分配、企校联合办学等重大改革措施，在高等学校中别树一帜。1980年全国共出现7所职业大学，南京金陵职业大学、合肥联合大学、武汉江汉大学就是其中最早创办的一批。

职业大学发展很快，至1985年已达到118所。因为高等职业学校实行新办学机制，是一种大胆创新的行动，在兴办初期，社会上对此缺乏足够了解，教育界内部也有不少人对它缺乏足够认识，抱有很多疑虑，反映到办学方针上，一度出现过犹豫不定的情况，对这类学校的教育管理归属也长期得不到明确和落实，很多政策制度一时又难以配套，以致学校运转困难重重。

这一阶段职业教育的恢复发展奠定了新时期职业教育的基础，这个基础也成为我们今天职业教育取得成就的基础。但也存在不足，主要表现在：把发展职业教育的任务主要赋予正规学校；对发展职业教育必需的外部制度的建构考虑不足；行业参与机制缺失；办学多头并缺乏统一协调；国家能力标准、统一职业资格制度与学历职业教育之间的匹配不完善；在薄弱高中基础上改建的职业高中低标准办学，等等。

二、办学调整阶段

从1985年《中共中央关于教育体制改革的决定》颁布至1996年《中华人民共和国职业教育法》实施为办学调整阶段，期间，职业教育发展呈现出政府推动、外部驱动、规模发展迅速等特点。

（一）确立新时期我国职业教育发展的基本思路

大力发展职业教育。1985年，《中共中央关于教育体制改革的决定》发布，标志着包含职业教育在内的新时期教育发展的思路已经初步形成。该决定提出“调整中等教育结构，大力发展职业技术教育”的方针；肯定“社会力量办学”，为各种形式的职业教育办学提供政策基础。1991年，《国务院关于大力发展职业技术教育的决定》出台，明确提出职业教育要继续扩大招生规模，在扩大招生的同时，主要走内涵发展的路子。

确立职业教育法律地位。1996年，《中华人民共和国职业教育法》开始实施，这是职业教育政策发展中的重大事件，它确定了职业教育的法律地位，规定了政府、社会、企业、学校以及个人在职业教育中的义务和权利，明确了职业教育的根本任务、办学体制和管理体制，提出了发展职业教育的方法途径，规定了职业学校的设置标准和进入条件等。虽然该法基本属于“宣言性”立法，但它基于新时期职业教育的经验，特别规定了政府在发展职业教育中的责任。职业教育得到国家法律的保护，标志着职业教育开始走上依法建设的轨道。

这一阶段职业教育获得了前所未有的发展。到1996年，中等职业学校招生数和在校生数占高中阶段招生数和在校生数的比例分别为57.68%和56.77%[①]，达到了新时期的最高点。

（二）中等职业教育办学引入市场机制

邓小平南方谈话之后，社会主义市场经济体制的建设目标确定。1993年，《中国教育改革和发展纲要》出台，该纲要继续强调职业教育的重要性，首次提出今后职业学校要走依靠行业、企业、事业单位办学和社会各方面联合办学、产教结合的路子。职业教育举办者主体由原来的政府办学为主、社会力量办学为辅的政策取向转变为主要依靠社会力量办学来支持职业教育发展的政策，在职业教育的招生和就业、教学设施、专业设置和课程等方面逐渐减少政府的计划控制和支持。

1. 中等专业学校办学调整

1987年，国家教育委员会职业教育与成人教育司举行全国中专教育改革座谈会，明确提出要加强教学实践、实习和技能训练，改变重理论轻实践的做法，

① 国家教育委员会计划建设司. 中国教育统计年鉴（1997）. 北京：人民教育出版社. 1997：165.

更重要的是要引导高年级学生广泛接触社会进行技术推广、服务和社会实践等工作，将教学、服务、生产实践相互结合变成办学的基本路子。具体在招生上，以招收初中毕业生为主，不再招收高中毕业生。以往学生包分配的局面也逐步打破，国家公开声明不再包分配，允许学生进入劳动力市场进行自由择业。在师资问题上也由办学部门自行解决，可以通过毕业生选留、选调、外聘兼职等多途径，并加强对师资的培训。经费原则上由办学部门负责，允许多渠道方式解决。

2. 技工学校办学调整

1985 年，劳动人事部下发《关于技工学校改革的几点意见》，指出这类学校的主要任务是为企业、事业单位培养输送合格的中级技术工人。1993 年 9 月 29 日，劳动部发布《关于深化技工学校教育改革的决定》，提出改革技工学校要以培养中级技术工人为主要目标，有条件的也可培养高级技术工人或社会急需的其他各类人员。

在办学主体上，主要做法是紧紧依靠地方政府、企业和经济主管部门，1986—1990 年，58% 的经费支出由企业和营业外项目给付，51% 的基建投资是企业、部门和地方自筹[①]。在具体办学形式上主要的改革举措有：改变招生制度，以招初中毕业生为主；提高生产实习课程的比例，实行一年的岗位实习活动，鼓励校办厂为学生职业技能提供训练基地；在专业设置上推行部门之间横向联合，提倡委托培训。

3. 职业高中办学调整

职业高中在这一时期取得了较为快速的发展。1992 年，全国职业高中为 8267 所，职业中学教师数量从 1985 年的 14.1 万人增长到 1992 年的 24.8 万人[②]。此外，国家还开始对职业高中实施财政补助，为其发展提供了一定的经费保障。

在办学上，允许重点职业高中大胆探索，积极发展公办民助、民办公助、一校两制、中外合作办学等多种办学模式的改革试点，使之与调整学校布局和专业，提高办学效益结合起来。在农村，充分利用乡镇企业的优势，积极发展乡镇企业自办和同教育部门联合办学，逐步扭转农村地区单一的办学模式。

---

① 徐世民. 中国技工学校发展与改革的历史回顾. 职业教育研究，1993（4）：4-7.

② 曹茂甲，王辉，梁贵青. 我国职业中学发展历程的回顾与反思. 河北科技师范学院学报（社会科学版），2010，9（4）：71-75.

4. 民办中等职业教育的兴起

在1985年鼓励个人和社会团体办学的政策动员下，以及1987年《关于社会力量办学的若干暂行规定》出台之后，中等职业教育民办机构开始重新兴起，民办中等职业教育到1992年以后开始真正发展起来。

据统计，1994年我国民办中等职业学校为394所，招生人数接近4万；到了1997年底，民办职业中学为689所，占职业中学总校数的6.8%，在校人数为18万，民办中等专业学校1036所，为中专学校总数的11.2%，学生26万①。

在办学目标上，培养地方经济和产业所需要的各类人才。在办学主体上，除了创办者个人出资并主要管理，还通过游说等方式从村委会、村民个人、镇政府、企业等筹集资金和学校用地，实现社会资源的整合。除了通常的3年制的学历职业教育，还举办许多短期职业培训。②

这一时期比较有特色的是乡镇企业联合办学的兴起。乡镇企业在这一时期异军突起，为中国农村经济改革带来了崭新的局面。人才“留不住、上不来、下不去”成为制约乡镇企业进一步发展的障碍，为此在一些乡镇企业比较集中的地区，在乡镇企业管理局的领导下，一些企业根据自身需求，开始了联合办学之路。据统计，各级乡镇企业培训基地在20世纪80年代后期已达到了4000多个。有的乡镇企业把学校办到企业所在的村镇，采取小段时间、地点集中，大部分时间、分片分散学习，在课程、教学、考核、师资、复习题等方面统一的方式，有效地缓解了这一工学矛盾。③

（三）高等职业教育办学调整

1. 职业大学的转型发展

在高等职业教育这10多年的挫折和起伏发展过程中，在办学模式上最大的变化是明显的升格之风。近2/3的高职院校通过合并、重组等方式升格为本科院校，不到1/3的高职学校仍旧保持了原来的高职特色，还有少部分在合并等工作中被撤销。经过调整，1996年职业大学总计有73所，在校学生10万余人。

1995年10月6日，国家教育委员会在《关于推动职业大学改革与建设的几点意见》中提出：将高等职业教育的发展、职业大学的改革看作是我国高等教育

---

① 宋小杰，曹晔. 新中国民办中等职业教育发展历程评述. 职业技术教育，2011（28）：70-75.

② 王平. 曙光溶溶光泽艳艳——记王璋与曙光高级职业中学. 职教论坛，2001（3）：24-25.

③ 程一. 乡镇企业办学巡礼. 中国成人教育，1992（1）：33-35.

规模发展和结构调整，以及适应地方经济和社会发展建设需要的有力举措，明确今后职业大学不再改名为高等专科学校；在培养目标上要突出应用型特点，深化教学的能力改革，开始实行毕业证书和资格证书并重的制度；在办学上明确加强与产业部分联合，实行学校和企业的结合，并提高学校办学活力；在招生上试行招收中等职业学校毕业生，并在部分专业试办初中起点的专科层次的五年学制学生。①

2. 试办五年制高职

就在职业大学曲折发展的同时，另外一种更具中国特色、符合国情的高职办学模式在小范围开始实验，那就是五年制高职。1985 年，为了更好地培养生产第一线的技术、管理和业务人员，避免中专升格专科又向本科倾斜，同时也为了把专科和中专联合起来共同提高发展，职业技术教育司提出了试办“初中后五年制的技术专科学校”实施方案。

1985 年 7 月，国家教育委员会决定在上海电机制造学校、西安航空工业学校、国家地震局天水地震学校这三所中专学校的基础上试办五年制技术专科。这一模式以初中为起点，由于学生的年龄还比较小、可塑性较强，加上中职和高职的连贯培养，学习时间比较长，内容安排更系统，为学生职业意识的培养和技能的发展提供了条件。这三所学校的开办，国家有具体的规定，称为“四五套办”，意思是这三所学校都是中专和高等专科并存的。至 1997 年，我国共有这类型的五年制高职学校 22 所，招生人数为 5630 人，在校人数 13 978 人②。

1985—1996 年，我国职业教育经历了一个上升发展期。普通教育与职业教育招生比例首次超过了 1 ∶ 1。三个因素促成了这一局面的形成：①计划经济的惯性。由于实行统包统配，职教的出口稳定，良好的就业前景吸引了一大批优秀的初中毕业生进入中专学校、技工学校。②迅速发展的城市服务业客观上推动了按照市场需求、实行自主择业的职业高中的发展。③一系列的鼓励政策，如扩大职业教育规模、建设国家级和省级的中等职业学校、鼓励普通教育与职业教育沟通、优先对口就业、加强职教立法等，促成职业教育规模快速扩大。这一时期，以外部驱动为主带来的外延发展的繁荣暂时推迟了职业教育中潜在危机的显现。③

---

① 国家教育委员会关于推动职业大学改革与建设的几点意见 .（1995-10-06）[2018-06-15]. http://www.34law.com/lawfg/law/6/1187/law_251738250925.shtml.

② 杨仲雄. 关于初中后五年制高等职业教育的由来与特色. 机械职业教育，1998（7）：2-4.

③ 和震 . 我国职业教育政策三十年回顾 . 教育发展研究，2009（3）：32-37.

三、办学转折阶段

办学转折阶段是职业教育从计划经济体制转向引入市场驱动机制的转型期，职业教育矛盾重重，中等职业教育出现困顿与危机。自1997年起，中等职业教育占高中阶段招生的比例不断下降，招生数出现负增长。

（一）社会主义市场经济体制改革深化的影响

“九五”计划后，我国社会主义市场经济体制改革逐步深化，职业教育原有的计划培养模式的基础逐渐丧失。随着经济结构调整、企业转制及关停并转，中职毕业生就业岗位大幅减少。中职毕业生就业困难所释放出的信息，开始对初中毕业生对职校的选择产生抑制效应。

随着市场经济体制改革的深化和国家财政投入的减少，中专和技校在计划经济体制下享受的很多优惠政策被逐步取消，这些优惠政策包括学校招生靠国家计划、学生上学既转户口又拿人民助学金、学生毕业国家包分配工作等。1995年开始实施的中专学校毕业生逐步实行缴费上学、自主择业的政策效力显现，使占中等职业教育招生总数1/3以上的中专学校失去了对初中毕业生低收费、包分配的巨大吸引力。

随着我国高等教育扩大招生的开始，大学和高等职业教育受到更多重视。《国务院关于大力发展职业技术教育的决定》提出：高等职业教育是高等教育的重要组成部分，要大力发展高等职业教育。此外，一批中等职业学校在政策的支持下，纷纷升格为高等职业技术学院。普高在校生数1997年较1996年猛增14%，中职生源数则相应锐减。①

基于上述多种因素，中等职业学校招生数从1997年的520.77万人减至2001年的399.94万人，中职与普高的招生比从1997年的62：38降至2001年的41：59。②为给“普高热”降温，1999年8月，教育部下发《关于积极推进高中阶段教育事业发展的若干意见》，提出要处理好普通高中的发展与中等职业教育发展的关系，促进普通高中教育与中等职业教育的协调发展，但它所起的作用十分有限。

---

① 和震.我国职业教育政策三十年回顾.教育发展研究，2009（3）：32-37.

② 2001年全国教育事业发展统计公报.（2002-06-13）[2018-06-15].http://www.moe.gov.cn/s78/A03/ghs_left/S182/moe.633/tnull_844.html.

（二）中等职业教育办学改革

1. 中等职业学校办学形式改革

1999 年 9 月 9 日，教育部印发《关于调整中等职业学校布局结构的意见》，意在经过 2 ～ 3 年的努力，初步建立起面向 21 世纪，布局结构合理，专业门类齐全，办学质量和整体效益好，适应社会主义市场经济体制和现代化建设需要的中等职业学校布局结构。调整的形式主要有合并、共建、联办和划转。

2. 兴办综合高中

职业高中招生在 20 世纪 90 年代开始出现下滑，上海、江苏等地开始尝试引导普通教育和职业教育的渗透，综合高中作为一种新型的办学模式出现。因其中渗透着职业教育的内容，因此也成为中等职业教育办学模式的一种新探索。其典型特点就是“综合”，包括目标的综合、课程结构的综合、管理上的综合等。具体办学形式主要有三种，包括普通高级中学举办的综合高中（班）、中等职业学校举办综合高中（班）、普通高级中学和中等职业学校联合举办综合高中（班）。

综合高中在实际发展中出现了综而不合的普遍情况，成为普通高中教育和中等职业技术教育的简单相加，这一点尤其在课程设置上体现突出。

（三）高等职业教育的多元办学

高等职业教育在这一时期迎来了大发展，甚至是跨越式发展。一系列有关高等职业教育发展的政策相继出台，并开始实质推进。1996 年国务院组织召开第三次全国职业教育工作会议，提出积极发展高等职业教育，1997 年确立了上海、江苏、辽宁、广东、河北等十省、直辖市试点，开启实质性推进工作。1998 年教育部发布的《面向 21 世纪教育振兴行动计划》明确提到高等职业教育必须面向地区经济建设和社会发展，适应就业市场的实际需要，培养生产、服务、管理第一线需要的实用人才，真正办出特色。主动适应农村工作和农业发展的新形势，培养农村现代化需要的各类人才。同年，《中共中央国务院关于深化教育改革，全面推进素质教育的决定》再次提出高等职业教育是高等教育的重要组成部分，必须大力发展高等职业教育，培养具备必要理论知识和较强实践能力，能满足生产、建设、管理和服务第一线及农村急需的专门人才。

1. 办学体制

1993年提出高等职业教育“三改一补”的发展方针，1998年教育部又提出了“三多一改”的方针。“三多”指的是多渠道、多规格、多模式发展高职，重点是教学改革，真正办出高职特色。多渠道的含义除了“三改一补”中提到的职业大学、成人高校、高等专科外，另外增加普通高校也可举办二级学院（技术学院）发展高职。多规格的含义丰富，如专业可宽可窄、学制可长可短、可以是学历教育也可以是非学历教育，总之根据经济和社会发展的需要来定。多模式指的是既可以政府办，也可以民间办；既可以公办民助，也可以民办公助。“一改”主要指的是教学改革，以体现高职的特色。

1999年教育部和国家计划委员会印发的《试行按新的管理模式和运行机制举办高等职业技术教育的实施意见》中明确提出我国高等职业教育由以下机构承担：①短期职业大学、职业技术学院、具有高等学历教育资格的民办高校。上述学校，尤其是1998年新批准成立的，原则上须承担此项试办任务。②普通高等专科学校。③本科院校内设立的高等职业教育机构（二级学院）。④经教育部批准的极少数国家级重点中等专业学校，改办为既从事高等职业教育又从事中等职业教育双重任务的学校（限于骨干专业举办高等职业教育）。⑤办学条件达到国家规定合格标准的成人高校。但需视办学条件状况相应调整成人脱产学历教育的培养规模。①

2. 管理体制

在前述基本方针下，高职管理也逐步放权和市场化。按新的管理模式和运行机制举办的高等职业教育为专科层次学历教育，招生计划为指导性计划，以学生缴费为主，政府补贴为辅。毕业生不包分配，不再使用《普通高等学校毕业生就业派遣报到证》，由举办学校颁发毕业证书，与其他普通高校毕业生一样实行学校推荐、自主择业。

国家主要负责高职教育的统筹规划、综合协调和宏观管理，制定基本统一的质量标准、管理办法，编制年度指导性计划，审定举办学校的资格，以及对试办情况进行监督检查。

在国家宏观政策的指导下，省级政府根据本地区经济和社会发展的实际需要、产业结构特点、招生能力、就业状况和国家下达的指导性计划等综合情况，

---

① 教育部、国家计委关于印发《试行按新的管理模式和运行机制举办高等职业技术教育的实施意见》的通知．(1991-01-11) [2018-06-15]. http://www.law-lib.com/cpd/law_detail.asp?id=68729.

确定年度招生计划、招生办法、专业设置、收费标准和户籍管理，监督检查学业证书发放，指导毕业生就业，确定生均教育事业费的补贴标准等，并同时负有保证教学质量、规范办学秩序和改善办学条件的职责。举办学校应根据社会需求和自身办学条件的可能，编制年度招生计划，并按高等职业技术教育的特点，认真组织教学，保证教学质量。举办学校除按国家有关规定进行学籍管理外，还应就毕业证书的发放、办学秩序的稳定制定严格的管理措施，同时负责毕业生的就业指导和服务。①

四、办学重振阶段

办学重振阶段在于重新认识职业教育，确立大力发展职业教育的战略重点不动摇，走中国特色职业教育发展道路的指导思想。

（一）重新认识职业教育的战略地位

进入 21 世纪，国务院先后组织召开了三次全国职业教育工作会议，先后发布《国务院关于大力推进职业教育改革与发展的决定》（2002）、《教育部等七部门关于进一步加强职业教育工作的若干意见》（2004）、《国务院关于大力发展职业教育的决定》（2005）。三个会议文件的特点分别是：原则宣示，原则细化，确定发展目标、措施和投入。

2002 年以后，职业教育的主要发展思路包括三方面：增加职业教育的入学机会，扩大职业教育的发展规模；以就业为导向、以服务为宗旨，大力推行工学结合、校企合作、半工半读的人才培养模式；加大公共财政对职业教育的投入，加强职业教育的基础能力建设，建立中等职业教育贫困家庭学生资助体系，促进教育公平的实现。②

这样，经过 1997—2002 年的滑坡和此后的政策重构，职业教育走上了理念明确、支持系统逐渐成型的发展道路。

（二）校企合作办学模式的逐步推进

2006 年 3 月，《教育部关于职业院校试行工学结合、半工半读的意见》发

① 教育部、国家计委关于印发《试行按新的管理模式和运行机制举办高等职业技术教育的实施意见》的通知.（1991-01-11）[2018-06-15]. http://www.law-lib.com/cpd/law_detail.asp?id=68729.

② 和震.我国职业教育政策三十年回顾.教育发展研究，2009（3）：32-37.

布，提出：职业院校要紧紧依靠行业企业办学，进一步扩展和密切与行业企业的联系，加强教育与生产劳动和社会生产实践相结合，加快推进职业教育培养模式由传统的以学校和课程为中心向工学结合、校企合作转变。要进一步推进校企合作，找准企业与学校的利益共同点，注重探索校企合作的持续发展机制，建立学校和企业之间长期稳定的组织联系制度，实现互惠互利、合作共赢。鼓励校企合作方式的创新，进一步鼓励行业企业举办职业院校，同时鼓励职业院校依托专业发展产业，以产业发展促进专业建设。①2008年，《教育部关于进一步深化中等职业教育教学改革的若干意见》再次提出将工学结合、校企合作、顶岗实习确认为是具有中国特色的职业教育人才培养模式和中等职业学校基本的教学制度②。2010年，教育部出台的《中等职业教育改革创新行动计划（2010—2012年）》提出要加强校企合作，创新多样化的校企一体办学模式③。

在上述各种相关政策的大力倡导和积极支持下，探索和实行校企合作办学模式成为这一时期我国职业教育改革和发展的重点。

1. 分段模式

分段模式和合作方案中的学习时间和学习地点的分配相关。比如“2+1”模式，是指学生前两年在职业学校学习和进行职业技能训练，最后一年到合作企业进行顶岗实习或毕业实践，这是我国校企合作中最为普遍的办学模式。

2. 嵌入模式

按照职业学校学生学习阶段的特点，将校企合作和交流嵌入到三年全部教学活动中。例如江苏太仓院校与百家德资企业、湖北十堰汽车、湖北啤酒等合作，学生在三年中每年都会到企业进行实习，从第一年到第三年，企业学习比例分别为1/3、1/2和2/3。

3. 半工半读模式

这种模式通过学校与企业合作共同培养人才，在人才培养过程中由学校与企业共同制定人才培养方案，并采取灵活的教学形式和时间安排，让学生一部分

---

① 教育部关于职业院校试行工学结合、半工半读的意见.（2006-03-30）[2018-06-01]. http://www.gov.cn/ztzl/kjfzgh/content_883847.htm.

② 教育部关于进一步深化中等职业教育教学改革的若干意见.（2008-12-13）[2018-06-05]. http://old.moe.gov.cn/publicfiles/business/htmlfiles/moe/moe_955/201001/xxgk_79148.html.

③ 教育部关于印发《中等职业教育改革创新行动计划（2010—2012年）》的通知.（2010-11-27）[2018-05-07]. http://www.gov.cn/gongbao/content/2011/content_1836364.htm.

时间在学校学习基础知识和进行技能训练，另一部分时间由学校统一组织到企业参加岗位生产实习，形成了学习—实习—再学习—再实习的人才培养模式，学校和企业共同承担起对学生的培养任务。毕业时能够达到合作企业任职要求的学生，留在企业正式参加工作，企业接收不了的学生由学校统一安排，推荐到其他与所学专业相关的企业工作。[①]

4. 教学工厂模式

职业学校教育由于需要大量的技能实训，一般有条件的学校都会自设实训平台。在校企合作办学模式的背景下，可以改由合作企业将与学校合作的相关专业的对口车间直接办进学校，实现生产车间与实习车间、教师与师傅、学习与生产、作品与产品的合一。有条件的企业在正常的生产活动之外，也可以为学生的实训单独设立学习车间，在企业内部实现教学、培训、学习的融合，企业在这种模式中具有更强的主导作用，一般生产技术含量高、规模大的企业宜采取此种模式。

第二节　我国职业教育主要办学模式的改革与发展

一、集团化办学模式的改革与发展

20 世纪 90 年代中期以来，集团化办学成为许多地方共享职业教育资源、加快职业教育发展、做大做强职业教育的重要途径之一[②]。其基本内涵是以行业内职业学校名校为主导，在相同区域、相同行业的院校、企业之间进行联合，实现资源共享、优势互补、共同发展的办学模式。

（一）集团化办学的发展历程

2002 年 7 月，全国职业教育工作会议提出了“逐步建立和完善与社会主义市场经济体制相适应的职业教育管理体制、办学体制和运行机制”等要求，各地

① 黄爱兰. 中职半工半读办学模式新解. 中国职业技术教育，2007（36）：36-37.

② 方华. 职业教育集团化办学模式的实践与思考. 教育发展研究，2006（6）：50-53.

政府、教委及行业部门开始有组织地协调和鼓励职业教育集团化办学。

我国职业教育集团化办学经过20多年的探索与实践，取得了快速发展，到2013年底全国先后成立各种类型的职教集团927个。根据各时期发展的特点，可大致划分为三个发展阶段。

第一阶段：1992年首个职教集团成立至2002年。期间全国累计成立的职教集团仅为8个，平均每年新增数量不到1个，发展速度十分缓慢，集团化办学尚处于个别地区自发探索的萌芽期。

第二阶段：2002年至2009年。期间全国累计成立的职教集团为422个，平均每年新增数量达到60.29个。随着职业教育的工作重点从规模发展向内涵建设的转变，特别是后期国家及各地启动以“工学结合、校企合作”为核心的示范院校建设和相关文件对集团化办学的倡导，职教集团的发展速度明显加快，集团化办学进入初始增长期。

第三阶段：2009年至2013年。期间全国累计成立的职教集团为497个，平均每年新增数量124.25个，集团化办学在职业教育深化改革的背景下，经国家、地方政府及教育主管部门的政策引导和具体指导，发展速度一直保持在较高的水平，自身建设得以逐步推进，集团化办学逐步进入快速发展期。

（二）集团化办学的主要模式

1. 依据服务面向的模式分类

可分为行业型、区域型两种类型。随着地市级及以下职业院校对集团化办学认同度与积极性的不断提高，服务区域职业教育与经济社会发展的职教集团增长较快，区域型职教集团的比重逐步增加。

2. 依据牵头主体的模式分类

可分为中职牵头职教集团、高职（含本科）牵头职教集团、政府牵头职教集团、企业牵头职教集团、行业协会牵头职教集团和培训机构牵头职教集团等。中、高职院校牵头的职教集团占绝大部分，为当前职业教育集团化办学的主要类型。

3. 依据服务范围的模式分类

可分为全国型、省（自治区、直辖市）型、地市型和县区型。全国型职教集团主要由行业性高职院校牵头；省（自治区、直辖市）型职教集团主要由高职

（含本科）院校牵头；地市型职教集团主要由中职学校牵头；县区型职教集团基本由中职学校牵头。

4. 依据合作方式的模式分类

可以分为以资产为纽带的职教集团、以契约为纽带的职教集团、资产－契约联合纽带的职教集团。其中以契约为纽带的模式最为普遍。①

职教集团组建的源动力是适应市场经济体制及职业教育自身改革和区域经济发展的需要；组建方式多为政府调控引导，行业提供依托，院校形成主体。职教集团在规模、数量、运行机制等方面都有突破和创新；在政策配套的情况下，一切从实际出发扩大办学规模和提高办学质量。

二、现代学徒制的改革与发展

我国对现代学徒制的关注和发展是基于我国产业升级与技术技能人才短缺的外部改革需求以及进一步深化产教融合教育教学改革的内部发展需求。

（一）我国现代学徒制的开展背景

现代学徒制在当下的中国已经不仅是国家部委层面的改革举措，它更是国家层面战略改革的重要支持举措。例如，2014 年《国务院关于加快发展现代职业教育的决定》将现代学徒制试点列为推进人才培养模式创新的重要举措。2015 年，国务院印发《中国制造 2025》，该文件是我国实施制造强国战略第一个十年行动的纲领，现代学徒制被列为具体的支撑与保障措施之一。2017 年，中共中央、国务院联合下发《关于开展质量提升行动的指导意见》，提高供给质量被作为供给侧结构性改革的主攻方向，其中明确提及要推广现代学徒制和企业新型学徒制。

1. 教育部“现代学徒制”改革试点

自 2012 年起，“现代学徒制”每年都进入了教育部年度工作要点。2014 年 8 月，《教育部关于开展现代学徒制试点工作的意见》中首次明确提出了要逐步建立起政府引导、行业参与、社会支持，企业和职业院校双主体育人的“中国特色现代学徒制”。

2015 年和 2017 年，教育部分别就教育部现代学徒制试点进行了两批次的申

① 高卫东. 职业教育集团的内涵、类型与功能. 职业技术教育，2004（34）：8-11.

报和审核工作，共批准308个试点。根据文件，试点共分成四类：①地级市牵头开展试点，以地级市作为试点单位；②行业牵头开展试点，以行业作为试点单位；③职业院校牵头开展试点，以职业院校作为试点单位；④企业牵头开展试点，以具有校企一体化育人经验的规模企业作为试点单位。①

2. 人力资源与社会保障部“新学徒制”试点

人力资源和社会保障部联合财政部分别于2015年和2016年下发《关于开展企业新型学徒制试点工作的通知》和《关于开展第二批企业新型学徒制试点工作的通知》，分两批次确定了总共22个省（自治区、直辖市）为试点地区，每个省（自治区、直辖市）选择3～5家大中型企业作为试点单位，每家企业选拔100人左右参加学徒制培训。截至2017年10月，全国参加试点的企业共有158家，培养新型学徒制企业职工18 074人②。

3. 国家发展和改革委员会等四部委“双元培育”改革试点

国家发展和改革委员会联合教育部、人力资源和社会保障部、国家开发银行于2015年下发《老工业基地产业转型技术技能人才双元培育改革试点方案》，经遴选确定了辽宁省沈阳市等15个城市为首批老工业基地产业转型技术技能人才双元培育改革试点城市③。

（二）我国现代学徒制的主要办学实践

中国特色现代学徒制在我国目前还处于起步阶段，但已经呈现出了多样化的做法。

1. 基于校企合作关系类型的实践模式类型

我国的现代学徒制是建立在我国已有职业教育校企合作办学实践基础上的。校企合作关系的达成存在四种主要模式：①职教集团或行业模式，职教集团或行业协会发挥平台作用；②校企共建模式，学校与企业共同组建具有实体性质的“企业学院”；③校企合作模式，这种模式最为普遍，校企合作以“点对点”的形

① 教育部办公厅关于公布首批现代学徒制试点单位的通知.（2015-08-06）[2018-06-15]. http://www.moe.edu.cn/srcsite/A07/s3069/201508/t20150817_200588.html.

② 赵泽众. 企业新型学徒制：培养技能人才的有效途径. 中国劳动保障报，2017-10-11（3）.

③ 关于印发《老工业基地产业转型技术技能人才双元培育改革试点方案》的通知.（2015-09-18）[2018-06-16]. http://www.ndrc.gov.cn/zcfb/zcfbtz/201511/t20151118_758880.html.

式开展；④“厂中校”或“校中厂”模式，这种模式与我国以往的技工教育模式较为类似，是我国当前校企合作动力不足背景下的一种补充性实践方式。

2. 基于人才培养分工的实践模式类型

仔细区分学校与企业在人才培养上的主导性，我国现代学徒制办学又可以分为三种主要模式：①企业主导型，这类模式较多出现在来自德国、奥地利等双元制发展成熟国家的外企，它们将本国的学徒培训体系引入在华企业，表现出强烈的企业主导性；②校企平等型，较多出现在合作企业没有成熟学徒培训体系但有强烈合作愿望的项目中；③学校主导型，较多出现在企业合作热情较低或企业培训研发力量较弱的项目中，企业愿意委派企业导师指导学徒的在岗学习，由学校推动企业完成。

我国的现代学徒制当前处于试点阶段，外部制度保障较为薄弱。我国尚未形成跨部门的合作机制，经费保障有限，组织架构及管理制度也尚处于摸索阶段。

三、职业教育园区化办学模式的改革与发展

从2003年开始，在大力发展职业教育的宏观背景下，借鉴高等教育“大学城”建设的发展思路，通过对职业院校进行地域结构调整，以职业教育优质资源区域性集聚的方式来提升职业教育层次与质量，成为诸多地区发展职业教育的策略，职业教育园区、高职园区、“职教城”应运而生。

（一）发展历程

2002年，《国务院关于大力推进职业教育改革与发展的决定》中提出：要深化职业教育办学体制改革，形成政府主导、依靠企业、充分发挥行业作用、社会力量积极参与的多元办学格局。由于该决定明确职业教育发展的主要责任在地方，一些地方政府从地区职业教育结构调整与发展需求出发，受21世纪前后国内高等教育大学城建设的启发，开始在职业教育领域实施做园区化办学的探索性试点，基本限于配合高等职业院校调整和发展建设的高职园区。

第一阶段：规模扩张期。2007年，国家发展改革委、教育部、劳动和社会保障部会同各地方政府适时推出了《中等职业教育基础能力建设规划（2005—2010年）》。一系列的利好政策和制度措施推动了职教园区快速发展。这一时期

新成立的职教园区数量多、地域分布广。

第二阶段：内涵发展期。职教园区逐步形成了规模扩张与内涵发展有机结合、模式多样化与特色化有机结合的理性发展局面。我国绝大部分省级行政区都有建设职业教育园区的项目，部分省级行政区（如甘肃等省）也在规划、筹建中。截至2013年年底，在建或已经投入使用的职教园区有70余个，另有近20个职教园区已列入建设计划。

（二）主要模式

1. 依据院校层次的模式划分

按园区内入驻的职业院校的中、高层次不同，可将职教园区分为三类：①由单一中等职业学校组成的职教园区，如云南楚雄职教园区等；②由高职学院（为主）及本科学院（个别）组成的职教园区（或称高职园区），如常州高职教育园区；③由中职、高职院校混合组成的职教园区（或称“职教城”），如广西柳州工业职教园区、辽宁鞍山职教城等。

2. 依据园区院校关系的模式划分

按园区内入驻的职业院校间关系的疏密，可将职教园区分为四种类型：①独立型职教园区，职业院校仅地域集中在一起，办学基本独立，或只进行有限的合作。如天津的海河教育园区内的北洋园职教园区。②实体型（资产型整合）职教园区，由政府规划组建，采取政府投资、资产置换等方式，将几所职业院校全部搬迁至职教园区内实行管理一元化运作，即统一法人、统一管理、统一办学的实质性整合。如北京亦庄职教园区。③混合型（契约型整合）职教园区，院校保持人、财、物、法人资格的独立性，职业院校间不存在从属关系，公共资源利用社会化运作实现共享，职业院校内的资源通过契约运作实现共享。

3. 依据成员单位性质的模式划分

按照职教园区成员单位的性质，可将职教园区分为三种类型：①校际结合型，指分布在园区内的成员以从事职业教育与培训的学校或机构为主。②校企结合型，包括企业入驻到相应的职教园区，或职业院校入驻到相应的工业园区。③城校融合型，指城市与学校融为一体，校区为城市的重要组成部分，“城”中有“校”，“校”间是“城”，如重庆永川职教城。

4. 依据建设主体构成的模式划分

根据职教园区的建设主体的组成，可分为三种类型：①政府主导型，政府对职教园区建设和发展起主导作用，将职教园区的建设作为城市发展经营的重要项目之一，这是目前我国职教园区建设最为普遍的模式。②职业院校主导型，以一所办学实力强、有影响力的职业院校为主体，迁入多所职业院校或企业进行整合，合作对象包括不同类型、不同层次的职校及企业和行业。③企业集团主导型，通过校企合作进行建设，即职业院校入驻工业园区的模式，依托工业园区的模式建设职教园区，如苏州国际教育园区。

四、产学研一体化办学模式

进入21世纪，面临经济结构调整、产业转型升级对瞬息万变的技术更新和自主创新能力的渴求，我国职业教育产学研一体化办学模式挑战与机遇并存。

（一）发展历程

2000年1月，《教育部关于加强高职高专教育人才培养工作的意见》中提出教学与生产、科技工作以及社会实践相结合是培养高等技术应用性专门人才的基本途径，要积极开展科技工作，以科技成果推广、生产技术服务、科技咨询和科技开发等为主要内容[①]。2006年，教育部将“以服务为宗旨，以就业为导向，走产学研结合发展道路，不断增强主动服务经济社会发展的能力”纳入《教育部2006年职业教育工作要点》和《教育部关于全面提高高等职业教育教学质量的若干意见》。2010年，中共中央、国务院印发了《国家中长期教育改革和发展规划纲要（2010—2020年）》，提出要推进产学研用结合，加快科技成果转化，规范校办产业发展，支持建设一批高等学校产学研基地。2014年，《国务院关于加快发展现代职业教育的决定》提出专科高等职业院校要密切产学研合作，培养服务区域发展的技术技能人才，重点服务企业特别是中小微企业的技术研发和产品升级[②]。2015年，教育部《关于深入推进职业教育集团化办学的意见》明确了建设产学研一体化研发中心和共享型教学团队，提高集团

① 关于印发《教育部关于加强高职高专教育人才培养工作的意见》的通知 .（2000-01-17）[2018-06-16]. http://old.moe.gov.cn/publicfiles/business/htmlfiles/moe/A08_sjhj/201109/124842.html.

② 国务院关于加快发展现代职业教育的决定 .（2014-06-22）[2018-06-16]. http://www.jyvtc.com/xcb/650476/650667/index.html.

内涵发展和社会服务能力[①]。

（二）主要模式

从产学研合作的组织特征看，可以将职业教育产学研一体化办学模式划分为三种类型，这也是目前最为普遍的划分方式。

1. 学校主导型

学校主导型的一体化办学模式是指职业院校主要依赖自身所具备的物质与人才等优势资源，组建自主运营的实训中心与企业等实体，使学校的教育教学能够充分与生产实践、技术转化相结合，从而更好地提升人才培养的水平以及服务区域经济发展的能力。

2. 校企共建型

校企共建型的一体化办学模式是指职业院校和企业基于“共同规划、共构组织、共同建设、共同管理、共享成果、共担风险”的原则和理念，将职业院校、企业、科研院所等多种社会组织力量和优质职业教育资源有效整合，以协议形式缔约建设的相互开放、相互联系、相互依赖、相互促进的利益实体。

3. 中介平台型

中介平台型一体化办学模式是指以职教集团、园区等公共服务平台为组织基础，以提升职业教育高素质劳动者和技术技能人才系统培养和服务能力为目的，以合作开放、共建共享、互利共赢为途径的多元主体合作办学模式。

五、东西部合作办学模式

我国职业教育在规模和质量上都得到了快速发展，但东西部地区职业教育发展存在着严重的不均衡现象。为促进职业教育均衡发展，实现职业教育整体质量的提升，我国从国家政策层面，利用“行政主导、政策驱动”来推进东西部地区职业教育合作办学。

---

① 教育部关于深入推进职业教育集团化办学的意见 .（2015-07-02）[2018-06-16]. http://www.moe.gov.cn/srcsite/A07/s3059/201507/t20150714_193833.html.

（一）发展历程

自 1991 年起，国家相关政策和文件就提出鼓励和倡导职业教育的东西部合作，并逐步将办学实践引向普遍和深入。其发展历程大致可分为如下四个阶段。

1. 萌芽阶段

政策驱动下，依靠学校自身优势和校长人脉的个体间合作办学。1991 年颁发的《国务院关于大力发展职业技术教育的决定》中就提出要重视并积极帮助老、少、边、山、穷地区发展职业技术教育，提倡部门和地方根据需要联合办学。在西部大开发的背景下，1998 年 2 月，国家教育委员会颁布了《关于加快中西部地区职业教育改革与发展的意见》，鼓励东部地区与中西部地区之间积极开展多层次多形式的职业教育交流与合作，支持中西部地区的职业教育改革和发展。

2. 探索阶段

“行政主导 + 政策驱动 + 联席会议推动”下，形成主要基于联合招生的合作办学。2002 年初，成立了我国职业教育中的第一个会议团体——全国高职高专校长联席会议，把对口支援作为自己的一项重要工作。在校长联席会议的推动下，北京、上海、浙江、江苏、广东等经济发达地区的高职院校都积极开展了对口支援活动。2003 年，教育部、财政部、劳动和社会保障部联合颁布了《关于开展东部对西部、城市对农村中等职业学校联合招生合作办学工作的意见》，对职业教育跨区域合作办学提出了具有现实意义、可操作的建议。

3. 发展阶段

“行政主导 + 政策驱动 + 协会指导 + 学校主动参与”下，形成了地方政府、第三方组织、学校主动参与下的合作办学。在中等职业学校东西部合作办学大规模发展基础上，国家层面基础出台相关政策，提出强化职业教育东西部合作办学的思想。2009 年，中国职业技术教育学会全国中等职业学校联合招生合作办学协作会成立，这是全国各省、自治区、直辖市从事职成教育工作的相关部门共同倡议、自愿组成的非营利性团体。

4. 全面推进阶段

在“国家推动 + 专项政策 + 地方政府主导 + 学校参与”下，形成了国家、地方政府、学校协作推进，共同发展的合作办学。2016 年 10 月，教育部、国务院扶贫开发领导小组办公室联合印发了《职业教育东西协作行动计划（2016—2020

年)》，实施三大行动，即东西部职业院校协作全覆盖行动、东西协作中职招生兜底行动、职业院校参与东西劳务协作行动。

（二）主要模式

1. 按合作主体分类

从合作主体分类来看，职业教育东西部合作办学的主体是多元的。从东、西部职业教育合作办学主体的数量来看，可以分为“一对一”“一对多”“多对一”“多对多”东西部职业学校合作模式。从合作办学主体的属性来看，主要包括“校－校合作”“校－企合作”“校－政合作”“校－企－政－中介合作”。

2. 按合作形式分类

东西部职业学校合作办学形式主要有对口支援民族班、分段式人才培养模式、职教集团或职院校联盟式、专业性联盟式以及异地订单培养式、订单培养式和主校－分校式、项目合作模式、内涵建设模式等。

3. 按合作深度分类

从职业教育东西部合作办学深度来看，可以分为招生层面的松散合作型、人员互通层面的基础合作型、人才培养层面的深度合作型、资源共享层面的内涵发展型。

第三节　职业教育产教融合的改革与趋势

习近平总书记在十九大报告中对中国特色职业教育的未来发展提出了基本思路与要求，强调要“完善职业教育和培训体系，深化产教融合、校企合作”[①]。紧随其后，2017年12月国务院办公厅印发《关于深化产教融合的若干意见》，提出深化产教融合的主要目标：逐步提高行业企业参与办学程度，健全多元化办学体制，全面推行校企协同育人，用10年左右时间，教育和产业统筹融合、良性互动的发展格局总体形成，需求导向的人才培养模式健全完善，人才教育供给

① 习近平：决胜全面建成小康社会 夺取新时代中国特色社会主义伟大胜利——在中国共产党第十九次全国代表大会上的报告.（2017-10-18）[2018-06-16]. http://www.gov.cn/zhuanti/2017-10/27/content_5234876.htm.

与产业需求重大结构性矛盾基本解决，职业教育、高等教育对经济发展和产业升级的贡献显著增强。[①]该意见首次明确深化产教融合的政策内涵，强调发挥政府统筹规划、企业重要主体、人才培养改革主线、社会组织等供需对接作用，搭建"四位一体"的制度框架。2018 年 11 月 14 日，中央全面深化改革委员会第五次会议审议通过《国家职业教育改革实施方案》，强调对接科技发展趋势和市场需求，完善职业教育和培训体系，优化学校、专业布局，深化办学体制改革和育人机制改革，鼓励和支持社会各界特别是企业积极支持职业教育，着力培养高素质劳动者和技术技能人才，为促进经济社会发展和提高国家竞争力提供优质人才资源支撑。[②]

深化职业教育产教融合是全面建成小康社会的决胜阶段、中国特色社会主义进入新时代关键时期的重要改革举措，是统筹推进教育综合改革的一项重要制度安排，引领职业教育办学模式改革的未来方向。

一、构建需求导向的产教融合发展格局

"需求导向"应该是职业教育办学的基本方向。目前我国职业教育办学中存在人才培养和产业需求"两张皮"的问题。深化产教融合的关键在于供需对接、资源转化、价值交换和利益共享，在于资源、平台与机制等要素的系统化，这样才能形成教育链、人才链、创新链和产业链的贯通融合，共同推动教育与产业协同发展[③]。

（一）同步规划

职业教育办学对接产业需求，是适应新一轮科技革命和产业变革趋势的必然要求。我国经济发展进入新常态，信息技术、人工智能对产业的深度融合，形成新业态、发展新技术、创造新模式。新经济对技术技能人才的能力结构与内涵的要求均发生了变化，迫切要求职业院校开门办学，创新职业教育培养模式、组织形态和服务供给，实现校企协同育人。所谓的同步规划，即政府在制定经济社

---

① 国务院办公厅关于深化产教融合的若干意见.（2017-12-05）[2018-06-16]. http://www.gov.cn/zhengce/content/2017-12/19/content_5248564.htm

② 深刻总结改革开放伟大成就宝贵经验 不断把新时代改革开放继续推向前进.（2018-11-14）[2018-12-09]. http://www.moe.gov.cn/jyb_xwfb/s6052/moe_838/201811/t20181115_354857.html.

③ 马树超，郭文富. 高职教育深化产教融合的经验、问题与对策. 中国高教研究，2018（4）：58-61.

会发展规划，进行产业发展布局、城市建设规划时，需要同步考虑人才需求，对职业教育发展进行同步规划，为促进产教融合发展提供路径保障和政策支持。

（二）区域统筹

我国疆域辽阔、区域发展水平差异大，区域统筹有利于因地制宜、重点突破，结合区域的功能定位、产业特点探索差异化职业教育发展路径和办学模式。加强区域统筹，由区域政府统筹引领产业、企业和职业院校、培训机构的供需对接和融合，建立区域层面的产学研互动合作体系，才是实现产教深度融合最为适切可行的方案。区域层面可以依托云计算、大数据等信息技术手段，开展区域产业技术技能人才需求预测与信息发布，建立产业人才需求清单和职业院校供给清单，促进供需双方的信息匹配和对接。

（三）专业对接

专业建设是职业教育办学的抓手，也是推进产教融合的重要载体。结合国家重要发展战略，建立紧密对接产业链、创新链的职业教育专业体系，包括：大力发展现代农业、智能制造、高端装备、新一代信息技术、生物医药、节能环保、新能源、新材料以及研发设计、数字创意、现代交通运输、高效物流、融资租赁、电子商务、服务外包等产业急需紧缺专业；积极支持家政、健康、养老、文化、旅游等社会领域专业发展，推进标准化、规范化、品牌化建设；加强智慧城市、智能建筑等城市可持续发展能力相关专业建设；大力支持集成电路、航空发动机及燃气轮机、网络安全、人工智能等事关国家战略、国家安全等专业建设。适应新一轮科技革命和产业变革及新经济发展，促进学科专业交叉融合，加快推进新工科建设。[①] 同时，还应建立专业动态调整机制，依据人才需求预测、毕业生就业质量评价、用人单位评价等依据，进行专业申报、调整、预警和退出，形成与产业需求良好互动的专业布局结构。

二、健全企业参与的多元化办学体制

人才培养是推进产教融合的落脚点。健全企业参与的多元办学体制，是发

---

① 国务院办公厅关于深化产教融合的若干意见.（2017-12-05）[2018-06-16]. http://www.gov.cn/gongbao/content/2018/content_5254308.htm.

挥企业在育人中的重要主体作用，建立“供给—需求—供给”闭环系统，促进企业需求侧和教育供给侧要素全方位融合的重要保障。

（一）拓宽企业参与办学途径

发挥企业重要主体作用，通过政策鼓励、引导、简政放权等方式拓宽企业参与办学的途径，包括参与举办职业教育、参与公办职业院校办学等。明确准入条件、优化审批环节，通过细化标准、简化流程、优化服务，为企业参与办学提供便捷、高效的服务。职业教育企业作为沟通产业与职业院校的重要第三方中介机构，为公办职业院校提供贴合企业需求的教育产品或服务，需要进一步支持和规范职业教育企业参与公办职业院校办学的方式和内容。部分职业院校股份制、混合所有制改革给学校办学带来了活力，需要进一步规范企业以资本、技术、管理等要素依法参与办学的行为并保障企业相应权利。以引企驻校、引校进企、校企一体等方式，吸引优势企业与学校共建共享生产性实训基地。深入推进产教融合集团化办学，鼓励区域、行业骨干企业联合职业学校、高等学校共同组建产教融合集团（联盟），带动中小企业参与，实现优质职业教育资源的整合，推进实体化运作。

（二）创新多元化办学形式

职业教育办学要跳出举办学校职业教育，应该坚持开放、合作的办学理念，丰富校企合作办学、与行业联合办学、职业教育园区办学，创新多元化办学形式。在技术性、实践性较强的专业，全面推行现代学徒制和企业新型学徒制。2018 年 10 月，《人力资源社会保障部 财政部关于全面推行企业新型学徒制的意见》发布，提出：按照政府引导、企业为主、院校参与的原则，在企业（含拥有技能人才的其他用人单位）全面推行以“招工即招生、入企即入校、企校双师联合培养”为主要内容的企业新型学徒制。[①]区别于教育部推行的现代学徒制，该意见中提出的企业新型学徒制进一步凸显企业主体作用，由企业结合生产实际确定培养对象，进行“企校双制、工学一体”培养。

---

① 人力资源社会保障部 财政部关于全面推行企业新型学徒制的意见.（2018-10-12）[2018-12-09].http://www.mohrss.gov.cn/gkml/zcfg/gfxwj/201810/t20181024_303482.html.

（三）推进校企协同育人

校企协同育人是产教融合的核心，也是办学模式改革的中心。校企协同育人要求引导企业深度参与职业学校人才培养各个环节，包括专业规划、课程设置、课程资源开发、教学实施、实习实训和学习评价等。

在培养内容层面，须优先考虑工匠精神的培育，还需要考虑先进技术技能的积累。可以将企业真实案例或资料引入课程或资源库，也可以联合教育培训机构、行业企业联合开发优质职业教育资源，如立体化、可选择的产业技术课程和职业培训包。在培养过程中，引入企业真实生产任务，以“做中学”“做中教”的方式进行学习。

三、完善产教融合的制度环境

产教融合是一项国家层面的整体制度安排，对于推动产教融合从理念走向制度供给落地至关重要。

首先，建立国家层面的跨系统不同部门的协同机制。单纯教育主管部门的政策与规定难以解决产教融合的问题，必须依靠不同系统部门系统和制度匹配。[①] 2018年11月，国务院批复了教育部《关于提请调整完善职业教育工作部际联席会议制度的请示》，同意建立由国务院领导同志牵头负责的国务院职业教育工作部际联席会议制度。联席会议由教育部、发展改革委、工业和信息化部、财政部、人力资源和社会保障部、农业农村部、国资委、税务总局、扶贫办9个部门和单位组成，教育部为牵头单位。联席会议负责统筹协调全国职业教育工作，研究解决职业教育重大问题，审议和部署实施职业教育法律法规和重大政策。[②]

其次，落实配套资源保障。根据职业教育办学特点和成本要求，优化政府对职业教育的投入机制，并加强经费科学使用的过程管理；落实结构性减税政策，积极支持企业参与职业教育办学。

总之，职业教育办学模式改革须坚持产教融合，通过政府统筹协调、同步规划，促进教育和产业联动发展；企业需求与学校人才培养供给应对接、融合，协同开展人才培养；应完善跨部门协调机制和政策体系，形成激励保障协同支持，共同推动教育与产业协同发展。

---

① 陈解放. 深化产教融合需要跨系统制度协同引领. 中国高教研究，2018（4）：63-64.

② 高靓. 国务院职业教育工作部际联席会议制度建立. 中国教育报，2018-11-28（01）.

第五章
职业教育课程的改革与发展

职业教育课程是人才培养的核心。改革开放以来，在学习借鉴西方一些课程模式的基础上，对源自苏联的“三段式”课程模式进行改革优化，逐渐建立起具有中国特色的职业教育课程理论体系与实践模式，引领职业教育人才培养改革。在改革实践中，课程改革的价值取向、逻辑起点、动力源泉、权责分配等问题始终贯穿其中，在不同历史时期针对各个问题的回答反映了不同的选择倾向。在矛盾与冲突平衡过程中，在国家、地方及院校的协同努力之下，我国专业与课程改革取得了突出的成就，但同时也存在一些亟待解决的问题。未来我国专业与课程改革的趋势可概括为以下三方面：在改革路径上，应从“各自为战”到“集群发展”；在改革重心上，应从“能力本位”到“职业素养”；在改革组织上，应从“行政推动”到“上下联动”。

第一节 职业教育课程改革的历史脉络

一、“三段式”课程的延续与规范

20世纪80年代，中等专业学校和技工学校继续延续新中国成立后借鉴苏联模式的“三段式”课程；由普通中学改办的职业高中，其课程模式受普通教育影响很大，以学科课程为主。

（一）课程政策

1. 专业目录调整

专业是课程改革的载体。为适应改革开放后我国经济社会发展对职业教育的新要求，并进一步规范职业学校专业设置，1980年12月2日，教育部印发《关于修订中等专业学校专业目录的通知》，决定对1963年教育部会同各部委编制的《中等专业学校专业目录》进行修订，对新专业、体现中等职业教育特点和专业划分标准提出了新要求[①]。

1988年8月15日，国家教育委员会发布了《全国职业中学专业（工种）目录》，包括9大类专业、910个专业和工种。其中：工业类471个，农林类88个，财经管理类80个，医药卫生类49个，师范类8个，文化体育类78个，服务业

① 杨金土. 30年重大变革——中国1979—2008年职业教育要事概录（下卷）. 北京：教育科学出版社，2011：691.

类 36 个，技术工种类 94 个，其他 6 个。

2. 教学计划制订

改革开放初期，课程改革政策主要体现在职能部门出台对教学计划安排的指导意见。

这一时期，中等专业学校的课程设置基本遵循 1986 年 4 月 12 日，国家教育委员会印发的《关于制定和修订全日制普通中等专业学校（四年制）教学计划的意见（试行）》。该文件明确中专开设普通课、基础课和专业课三类课程，工科专业三类课程的比重一般可参照 45 ∶ 35 ∶ 20 的比例来安排，其他专业可以作适当调整。[①]

技工学校是按照工种（专业）设置组织教学的，生产实习教学比重较大。1982 年 3 月 1 日，国家经济委员会、国家劳动总局联合印发《关于加强技工学校生产实习教学工作的几点意见》，强调生产实习的教学时间应占一半为宜，最低不得少于 40%。1986 年 11 月 11 日，劳动人事部、国家教育委员会联合颁发《技工学校工作条例》，明确其课程设置分为文化课、技术理论课和生产实习三类，生产实习教学包括基本功训练和综合课题训练两部分内容[②]。

职业高中的课程设置则遵循 1986 年 6 月 5 日国家教育委员会颁发的《关于制订职业高级中学（三年制）教学计划的意见》。文件明确职业高级中学的课程设置分为政治课、文化课、专业课和实习四类，政治课、文化课与专业课、实习的课时比例，工科类一般为 4 ∶ 6，文科类一般为 5 ∶ 5，具体比例结合专业可以适当灵活，但专业课（含实习）的课时不得低于 30%[③]。

（二）“三段式”课程的典型特征

“三段式”课程通常是把职业教育课程划分为三类，主要有两种分类方法：①文化课、专业基础课和专业课，文化课指语文、数学、外语等普通课程，专业基础课主要是由抽象程度较高的技术原理组成的课程，专业课则是由较为具体、实用的单项技术知识构成的课程；②文化课、专业理论课和实践课。

“三段式”课程的分类和排序，体现其对理论与实践关系的理解上。在分类

① 杨金土. 30 年重大变革——中国 1979—2008 年职业教育要事概录（下卷）. 北京：教育科学出版社，2011：696.

② 李蔺田. 中国职业技术教育史. 北京：高等教育出版社，1994：497.

③ 杨金土. 30 年重大变革——中国 1979—2008 年职业教育要事概录（下卷）. 北京：教育科学出版社，2011：753.

上，文化课、专业基础课（或专业理论课）通常处于基础地位，而专业课或实践课则处于应用地位。基于“理论应用于实践”的基本思路，在排序上通常会将理论性强的基础课程放在前面，而将实践性强的应用类课程后置。

二、基于“能力本位”理念的课程改革

20世纪90年代，是我国职业教育课程改革启动的重要阶段。在介绍和引进国际职业教育课程模式的基础上，我国本土化的职业教育课程理论研究开始发展起来。在国家教育委员会的主持下，1989年开始，加拿大国际开发署资助设立了“中加高中后职业技术教育项目”，1991年10月，该项目在成都举办了中国第一次教学计划开发（developing a curriculum，DACUM）讲习班，将能力本位教育教育思想、课程模式正式介绍到了中国，引发了90年代全国范围内的能力本位教育课程研究与实践热潮。

（一）能力本位教育课程改革实践

能力本位教育（competency based education，CBE）产生于20世纪60年代的美国，源于对当时师范教育的批评。1967年，CBE课程被作为取代学科模式培养教师的新方案正式提出。这种方案主张将对教师工作分析的结果具体化为教师必须具备的能力标准，然后按照能力标准设计课程。20世纪60年代，加拿大借鉴CBE的理念，形成了以DACUM为核心的CBE课程开发技术：以委员会的形式进行职业任务分析，并获得某项任务所应具备的知识、技能与态度。

CBE课程在职业教育中的全面兴盛则是20世纪80年代中后期的事情，这与产业界强烈要求提高劳动者的职业能力密切相关。CBE课程理论的核心要素包括：以职业能力为依据开发课程、基于DACUM法的课程开发体系、将能力标准转化为课程、课程实施以学习者为中心。

1993年，在《中国教育改革和发展纲要》的大力支持下，CBE课程模式的理念及课程开发方法迅速引起我国职业教育界的注意，并在全国多个省级行政区的职业院校进行了实验。CBE课程模式的引进，让当时的职业教育办学者耳目一新，并积极地进行了试点。当时CBE课程模式宣传的范围比较广泛，第一次培训活动放在了成都，但试点进行较为深入的是上海和江苏。

（二）模块式就业技能课程改革实践

模块式就业技能（modules of employable skill，MES）是另一种被引入我国的课程模式。20 世纪 70 年代初，国际劳工组织先后召开两次世界性会议，研究讨论世界职业教育和培训现状同经济发展对人力资源需求之间不相适应的问题及对策。国际劳工组织决定开发一种既能适应当今社会经济发展需求、又能适用于不同经济环境的职业技能培训课程模式。国际劳工组织的 70 多名职业技术培训专家经过 14 年的努力，在借鉴德国、瑞典等国的“阶段式培训课程模式”以及英国、美国、加拿大等国“模块培训”等经验的基础上，开发了 MES 课程模式，并于 1983 年开始逐步推广。MES 课程的基本特征包括：以技能训练为核心，实现课程综合化；课程目标行为化，利于实施控制；课程模块化，便于灵活组合。20 世纪 90 年代，在我国职业教育“借鉴国外先进经验”的政策要求和劳动部极力推动下，在我国沪、津等地组织了试点并明确要求在企业的岗位培训中逐步全面推进。

（三）“宽基础、活模块”课程改革实践

“宽基础、活模块”课程是我国职业教育研究者在借鉴国外模块课程的基础上，结合我国职业教育实际进行的一种创新性探索，由“宽基础”与“活模块”组成两段式课程结构。“宽基础”阶段的内容并不针对某一特定职业，而是集合了一群相关职业所必备的知识和技能；“活模块”阶段的内容不但针对某一特定职业所必备的知识和技能，而且以技能为主。两个阶段又都以综合实践能力的形成为目标，并分别侧重于关键能力、从业能力的培养和强化。“宽基础、活模块”课程的特征主要包括基于集群理念设计课程、课程结构的灵活设计、宽窄结合的课程内容[①]。

北京市朝阳区职教中心是以这一模式为主要改革内容的代表，其他学校也随之参与其中，开发出城市公交运营与管理、涉外经济、电气工程等专业和汽车修理与驾驶的集群式模块课程，毕业生对劳动力市场有很强的适应性。

三、本土化课程模式的创立与发展

21 世纪初至今，是我国职业教育课程改革非常重要的时期。如果说 20 世纪

① 蒋乃平等.“宽基础、活模块”课程结构研究. 中国职业技术教育，2002（3）：50-53.

90年代我国职业教育课程建设的主要特征是课程设置的规范与西方课程模式引进的小范围试点，那么这个时期的主要特征是课程改革的全面展开与课程模式的深度转型。

（一）课程政策

1. 中等职业教育课程政策

2000年3月21日，教育部印发《关于全面推进素质教育、深化中等职业教育教学改革的意见》，明确根据中等职业教育培养目标和进一步理顺我国学制的要求，全日制中等职业学校学历教育一般招收初中毕业生或具有同等学力者，基本学制为3至4年，以3年为主；积极开展现代课程模式，特别是适应于学分制的模块式课程和综合化课程的探索和实验，把知识传授和能力培养紧密结合起来；建立健全课程开发和教材编写机制，实行国家和省（部）两级规划两级审定制度，国家组织开发和编写具有中等职业教育特点和要求的文化基础课程标准和教材；地方教育行政部门要根据当地实际，采取有效措施，加强对中等职业学校文化基础课程教学指导和教学质量的监督检查。①

2008年12月13日，《教育部关于进一步深化中等职业教育教学改革的若干意见》提出推动中等职业学校教学从学科本位向能力本位转变，以培养学生的职业能力为导向，调整课程结构，合理确定各类课程的学时比例，规范教学，加大专业技能课程的比重，专业技能课程（含顶岗实习）的学时一般占总学时的三分之二。②

2009年1月6日，《教育部关于制定中等职业学校教学计划的原则意见》规定，课程设置分为公共基础课程和专业技能课程两类，公共基础课程包括德育课、文化课、体育与健康课、艺术课及其他选修公共课程，专业技能课程采用基础平台加专门化方向的课程结构，公共基础课程学时一般占总学时的三分之一，累计总学时约为一学年，专业技能课程学时一般占总学时的三分之二，其中顶岗实习累计总学时约为一学年，教学计划的课程设置中应设立选修课程，其教学时数占总学时的比例应不少于10%。③

---

① 教育部关于印发《关于全面推进素质教育、深化中等职业教育教学改革的意见》的通知.（2000-03-21）[2018-03-09]. http://old.moe.gov.cn/publicfiles/business/htmlfiles/moe/moe_958/200506/8932.html.

② 教育部关于进一步深化中等职业教育教学改革的若干意见.（2008-12-13）[2018-06-05]. http://old.moe.gov.cn/publicfiles/business/htmlfiles/moe/moe_955/201001/xxgk_79148.html.

③ 教育部关于制定中等职业学校教学计划的原则意见.（2009-01-06）[2018-06-05]. http://old.moe.gov.cn//publicfiles/business/htmlfiles/moe/moe_2643/200902/44508.html.

2012 年 12 月 27 日，《教育部办公厅关于制订中等职业学校专业教学标准的意见》颁布，启动了国家层面中职专业教学标准开发工作，后来专业教学标准制订没有仅仅限于中等职业教育，而是延伸到了高等职业教育，还开发了中高职衔接的专业教学标准。教育部于 2012 年和 2014 年共公布了 410 个高职专业、230 个中职专业的教学标准。

2. 高等职业教育课程政策

2000 年 1 月 17 日，《教育部关于加强高职高专教育人才培养工作的意见》颁布，其附件《关于制订高职高专教育专业教学计划的原则意见》规定高职高专教育专业的基本修业年限为二至三年，非全日制的修业年限应适当延长，三年制专业的课内总学时一般以 1600 ～ 1800 学时为宜；二年制专业的课内总学时一般以 1100 ～ 1200 学时为宜，三年制专业的实践教学一般不低于教学活动总学时的 40%，两年制专业的实践教学一般不低于教学活动总学时的 30%。①

2006 年 11 月 16 日，《教育部关于全面提高高等职业教育教学质量的若干意见》颁布，提出高等职业院校要积极与行业企业合作开发课程，根据技术领域和职业岗位（群）的任职要求，参照相关的职业资格标准，改革课程体系和教学内容，建立突出职业能力培养的课程标准，规范课程教学的基本要求，提高课程教学质量，“十一五”期间，国家将启动 1000 门工学结合的精品课程建设，带动地方和学校加强课程建设，加强教材建设，重点建设好 3000 种左右国家规划教材。②

（二）三大课程模式

1. 项目课程

职业教育项目课程定义为“以工作任务为课程设置与内容选择的参照点，以项目为单位组织内容并以项目活动为主要学习方式的课程模式”。其核心特征包括：以工作任务为课程设置与内容选择的参照点；以项目为单位组织内容并以项目活动为主要学习方式。职业教育项目课程改革不只是要获得几门单独的项目课程，更重要的是要建立以项目课程为主体的课程体系，这是由职校生学习特点

---

① 关于印发《教育部关于加强高职高专教育人才培养工作的意见》的通知 .（2000-01-17）[2018-06-16]. http://old.moe.gov.cn/publicfiles/business/htmlfiles/moe/A08_sjhj/201109/124842.html.

② 教育部关于全面提高高等职业教育教学质量的若干意见 .（2006-11-16）[2018-06-16]. http://old.moe.gov.cn/publicfiles/business/htmlfiles/moe/moe_1464/200704/21822.html.

与职业教育规律所决定的。

2. 基于工作过程系统化的职业教育课程

工作过程系统化课程设计的目的就在于寻求工作过程与教学过程之间的系统化的纽带。其基本特征包括：以工作过程作为课程设计的参照系；课程体系强调系统化设计；学习情境的设计必须具备典型的工作过程特征，必须实现完整的思维过程训练；课程载体源于职业工作任务且具有典型的职业工作过程特征，并经过高于职业工作过程的转换所构建的符合教育教学原理，能传递、输送或承载有效信息的物质或非物质的形体。

3. 职业教育工学结合课程

首先，工学结合课程的载体是综合性的“典型工作任务”，不是具体的工作环节（如水准仪使用），而是在一个复杂的职业活动情境中具有结构完整的工作过程，包括计划、实施以及工作成果检查评价等步骤；其次，课程应反映该职业的主要工作内容和典型工作形式；再次，课程在从业人员的职业生涯发展中具有重要的意义，在整个企业的工作（或经营）流程里具有重要的功能；最后，完成该任务的方式和结果有较大的开放性。

工学结合课程的实施过程，要让学生亲自经历结构完整的工作过程。在课程实施中，让学生经历结构完整的工作过程包含两方面的含义：一是完成典型工作任务的工作过程结构要完整；二是工作要涉及工作过程的所有要素。

第二节　职业教育课程改革的核心问题

无论何种课程模式，都不可避免地需要回答一些关键性的问题，如职业教育课程改革的价值取向问题，即职业教育课程改革如何平衡就业导向与生涯导向之间的关系；职业教育课程改革的逻辑起点问题，即职业教育课程改革应基于能力本位还是应基于学科本位；职业教育课程改革的动力源泉问题，即职业教育课程改革如何平衡基层教师创新与政府行政推动的关系；职业教育课程改革的权责分配问题，即职业教育课程改革的权限如何在不同的相关主体之间进行分配才能保证课程改革的深入推动与实施。

一、职业教育课程改革的价值取向

职业教育课程改革的价值取向想要回答的关键问题是：职业教育课程改革的最终目的指向哪里，是满足经济社会发展对技术技能人才的需求，还是为了满足学生自身的生涯发展需要，这两者之间是否存在冲突矛盾，这种冲突矛盾是否是不可调和的，如果不可调和应选择何种价值取向，如果可以调和，调和的策略与方法是什么……这些都是职业教育课程改革必须要首先回答的关键问题。

2005 年，《国务院关于大力发展职业教育的决定》明确提出："坚持'以服务为宗旨、以就业为导向'的职业教育办学方针。"[①] 在这一方针的指导下，职业院校课程改革将"就业导向"作为课程改革的主要指导理念，在课程改革的具体路径上强调要根据企业的人才需求和工作岗位的要求来确定人才培养目标，并据此选择课程内容。在这一理念指引下的职业教育课程改革有效解决了职业教育课程脱离生活实际的问题，但同时也带来了一定的负面影响。当职业学校课程改革的价值取向过于聚焦于"就业导向"时，职业院校仅仅将满足企业的人才需求作为课程改革的唯一目标，甚至以实现"无缝对接"企业岗位需求作为唯一目标，而忽视了对学生关键能力、学习能力以及可持续发展能力的培养，将职业教育等价于职业培训。为了能够扭转职业教育课程改革的实践路径，2009 年发布的《教育部关于制定中等职业学校教学计划的原则意见》指出：中等职业教育的课程目标以培养学生的创新精神和实践能力为重点，使学生掌握必需的文化基础知识、专业知识和熟练的职业技能，具有适应职业变化的能力。[②] 从政策文本中可以看出，尽管仍然强调了职业院校课程要培养学生胜任岗位需求的能力，但同时指出了职业院校课程要培养学生的创新能力，尤其是要培养职业院校学生胜任职业世界变化的能力，从中表明职业教育课程改革既要以"社会本位"为主要的价值取向，同时也体现出对学生可持续发展能力的关注。

2008 年，《教育部关于进一步深化中等职业教育教学改革的若干意见》强调：中等职业教育的课程要以全面培养学生的综合素质和职业能力，提高其就业创业能力为目标。[③] 从政策文本中表明国家开始日益重视学生综合素质的培养在

---

① 国务院关于大力发展职业教育的决定 .（2005-10-28）[2018-05-30]. http://www.gov.cn/zwgk/2005-11/09/content_94296.htm.

② 教育部关于制定中等职业学校教学计划的原则意见 .（2009-01-06）[2018-06-05]. http://old.moe.gov.cn/publicfiles/ business /htmlfiles/moe/moe_2643/200902/44508.html.

③ 教育部关于进一步深化中等职业教育教学改革的若干意见 .（2008-12-13）[2018-06-05]. http://old.moe.gov.cn/publicfiles/business /htmlfiles/moe/moe_955/201001/xxgk_79148.html.

职业教育课程改革中的地位，重视学生的个性发展。职业教育课程改革的价值取向开始兼顾到“学生本位”和“社会本位”，而且学生个体的价值愈加受到关注。尽管政策文本层面一直试图强调两种价值取向的结合，但在实践层面，职业院校课程改革的价值取向更多地聚焦于学生职业岗位能力的培养，学生的综合素质和可持续发展能力被放在了较为次要的位置。2014年，《国务院关于加快发展现代职业教育的决定》再次重申：职业教育要全面实施素质教育，将职业道德和人文素养教育贯穿培养全过程。[①]由此可知，尽管职业教育作为一种专业教育，要以企业岗位需求作为人才培养的根本依据，但学生同样是社会公民，其有权接受综合素质教育。无论多么专门化的教育，如果忽视了个体综合素质的培养，也将不利于个体人格的完善，更不利于其可持续发展能力的提升。尤其是随着当前新技术在工作世界的广泛应用，个体日益需要形成能够灵活胜任工作世界快速变化的需求的能力，通过不断地更新自我的知识与技能来应对外部环境的变化与挑战。

二、职业教育课程改革的逻辑起点

职业教育课程改革的逻辑起点究竟是基于能力本位还是基于学科本位一直是职业教育课程改革要回答的一个重要问题，对这一问题的不同回答将直接导致课程改革路径的截然不同，而职业教育课程改革的实践历程也一直在这两种取向之间摇摆不定，当一种话语占据上风时，另外一种话语也会通过其他方式途径挑战前者的合法地位。总而言之，职业教育课程改革的历史就是学科本位课程逐步解构、实践本位课程逐步确立的历程，但这一过程并不是一帆风顺的，路途艰辛，而且时有反复。

在职业学校课程开展能力本位课程改革之前，科学知识占据主体地位，大多数的课程都是分科目进行组织，学习材料能够清晰地被展开。实质上，学科课程是人类历史发展的产物，具有鲜明的继承性。每一门历史发展阶段的学科课程都是在已有学科课程基础上的继承和发展。正如同学科课程本身一样，这些经过筛选并重新组织的科学知识也是在人类已有知识基础上的继承、积累与发展，是人类文化遗产的结晶，促进了科学知识的传递与继承。

20世纪80年代中期至90年代中期，我国职业教育课程借鉴以德国的核心阶梯课程和加拿大的CBE课程为代表的能力本位课程模式，对传统的学科课程

① 国务院关于加快发展现代职业教育的决定.（2014-05-02）[2018-06-17]. http://www.gov.cn/zhengce/content/2014-06/22/content_8901.htm.

进行了改革。这一时期无论在国家政策层面还是在职业院校的实施层面，课程实施的重心逐步由理论教学向实践教学转移，职业教育课程的核心价值也随之向训练职业技能的方向发展，具体体现在两个方面：一是围绕职业岗位需求设计课程。这一时期，以核心阶梯课程和CBE课程为基础进行改革的职业教育课程精简了课程门类，主要围绕职业实践活动设置课程，课程内容的选取以职业岗位对技能的需求为基点。显然，这种以职业世界中岗位人才培养规格的要求为依据所设计的课程能够符合职业岗位对技能的要求，有利于学生职业技能的形成。二是以实践教学为主的课程实施。这一时期，在国家政策和职业院校的课程实施中都重新调整了教学计划，加大了实践教学的比重。这反映出：在国家层面已经意识到实践性教学对提高学生职业技能的重要性，并逐渐强化职业技能训练的价值。在职业院校的课程实施上，自20世纪90年代初期开始，各职业院校在借鉴和学习核心阶梯课程与CBE课程的基础上，都加大了实践教学的比例。20世纪90年代中期以来的职业教育课程定位于职业世界，强调将职业标准融入教学内容，使学生获得从事某一职业的能力和资格，具有一定的职业定向性。

其实，对于职业教育而言，“会做”比“会说”更为重要，这一时期的职业教育课程既拓宽了课程内容的广度和深度，体现出了职业世界中所需要的知识和技能，又加强了实践教学，重视发展学生的能力。这一方面有助于培养学生的专业能力，促进人力资源的开发，从而满足精益生产方式对高素质技能型人才的需求；另一方面能够使学生意识到学习专业知识和技能的重要性，提高就业竞争力，满足就业需要。

基于对以上职业教育课程改革的简要梳理分析，可以明确看到职业教育课程改革的历程就是学科本位课程不断解构、能力本位课程逐步确立的过程。学科话语与实践话语的争斗一直都贯穿于职业教育课程改革的历程之中，而且前期主要是“数量”之争，即职业教育课程中理论与实践的占比，而后期则发展至“逻辑”之争，争论的核心已经逐步演变为职业教育课程开发的逻辑依据为何。由此可知，实践话语与学科话语之争是职业教育课程改革的核心问题。随着工业革命的持续深入的推动，工作世界正发生着迅猛的变化，尤其是技能操作类岗位大量消失，在新的时代背景下探讨这两种课程开发模式是否决然对立冲突就十分有必要。

三、职业教育课程改革的动力源泉

职业教育课程改革的动力源泉是来自于政府、学校的推动，还是来自于基层教师的实践探索创新，这是确定职业教育改革实施路径的一个至关重要的问题。在过去的很长一段时期，无论是教育部还是地方政府的教育部门，都是推动职业教育课程改革的主要推动力量。对国外职业教育课程模式的学习与引入，以及基于本土国情的课程改革与实践，各级政府都居于重要的核心地位，通过政策颁布以及项目建设等多种途径引领和推动职业教育课程改革。例如，“从层面上看，在国家、地方和院校三个层面各有展开的项目；从内容上看，可以把它们划分为课程基本规范、专项建设项目、综合建设项目三个类别；专项建设项目又可划分为专业课程建设、文化基础课程建设、实施条件建设三个类别”①。尽管政府通过行政推动是当前我国职业教育课程改革深入发展的主流模式，但职业教育课程改革的真正主体是基层职业院校和教师，因为政府的任何改革举措都需要落实到这一层面去实现。“课程改革是学校内生的、自觉的行为，靠行政命令或利益驱动等外在的推力是不能持久的。在课程改革实践中，要谨防有行动无发展、有口号无成效、有热情无干劲等问题的发生，杜绝‘叶公好龙’、破而不立等不作为或乱作为行为。”② 正是由于我国在职业教育课程改革中过于重视政府行政力量的推动，才造成在实际的办学过程中，职业院校教师的“声音”被改革浪潮所淹没，忽视了职业院校教师才是课程改革的实施者和推动者。没有职业院校教师对课改理念的深入理解与掌握，再先进的课改蓝图也可能只是“空中楼阁”。因此，推动职业教育课程改革的首要任务不仅是通过政策文本和项目建设来硬性推动课程改革，而是要首先保证职业院校教师对课改理念的深入理解和认同。职业教育课程改革实施的关键是教师，唯有教师积极参与到课程改革实践，才能最终指向积极的变革。如果缺乏教师的积极参与，课程改革仅仅成为政府官员、课程专家以及职校校长的“自话自说”，教师就可能因为话语权力的缺失而对课改抱有消极应付态度，甚至是暗中抵制。因此，职业教育课程改革的深入推动与实施需要充分考虑到教师的话语权力，并且需要处理好政府行政推动与基层教师创新探索之间的相互关系，这是保证课改顺利实施的关键问题。

四、职业教育课程改革的权责分配

职业教育课程改革的深入推动与实施应考虑到职业教育课程改革的权力与责任如何在不同改革主体之间进行分配，这是推动职业教育课程改革深入实施首

---

① 徐国庆. 改革开放40年以来我国职业教育课程建设的过程与逻辑. 机械职业教育，2017（10）：1-8.

② 马成荣. 职业教育课程改革的若干问题分析. 中国职业技术教育，2009（3）：70-74.

先要解决的一个重要问题。因为课程管理主体在我国一般而言包括了国家、地方、学校三个层面，不同层面主体在职业教育课程改革中的权力和责任如何有效界定，三者之间能否实现各司其职、互相协调是保证职业教育课程改革实施效果的重要前提。

课程管理是一个关系到课程改革全局的重要问题，建立科学合理、权责清晰明确的职业教育课程管理体制既是职业教育课程改革不可或缺的重要内容，也是职业教育课程改革深入推动、持续发展的重要保障。从当前我国职业教育三级课程管理体系的实际操作和实际现状来看，国家、地方与学校之间的权责分配并没有进行明确的界定和规范，地方教育行政部门也缺乏对职业院校课程设置、课程开发的明确的规范与指导，可以说权责并不明晰，这也导致了基层职业院校在课程建设出现了无序、盲目和混乱的情况出现。然而，尽管职业教育课程改革需要行政管理部门给予指导和规范，但由于我国地域辽阔，不同区域之间经济社会发展差异极大，而职业教育是一种同经济发展存在着紧密联系的教育类型，职业教育的“职业”属性要求职业教育课程内容能够充分反映区域经济发展的特色。相较于普通教育而言，职业教育的本质属性决定了职业教育课程管理不能照搬普通教育的课程管理模式，应充分考虑到职业教育的区域性特征。除了如何处理好集权与分权的关系外，不同课程管理主体之间的协作方式同样是一个亟待深入探讨的问题。当前，国家、地方、学校三层之间的关系主要以一种垂直化的行政管理模式为主，比如文件传达、情况汇报、总结经验、修正改进，等等。这种管理模式较为单一，而且适应性差，对于基层职业院校，尤其是基层职业院校的教师参与课程改革的积极性和主动性的发挥是相当不利的。在这样一种垂直化的管理模式下，职业院校和教师仅仅被视为课程改革的最终执行者，其参与课程改革的热情未能被充分激发。

因此，职业教育课程改革的权责分配是制约职业教育课程建设质量的一个重要因素，国家层面的课程管理应以宏观协调、统筹、指导、政策制定为主，以宏观管理为主，制定国家层面的课程标准是其参与职业教育课程改革的重要职责；地方层面职业教育课程管理应以国家层面的课程规划与实施方案为指针，协调督促和指导本区域职业院校课程改革，开发具有本区域特色的课程标准；学校层面职业教育课程改革则较为具体和微观，在上级政府所制定颁布的课程标准下，制定本校课程实施方案，开发校本教材，构建完善的教学资源体系，保证国家课程标准的顺利落实。

第三节　专业与课程改革的主要成就、问题与趋势

一、专业与课程改革的主要成就

近年来，在国家高度重视的背景之下，课程改革成为职业院校实现人才培养质量提升的核心和关键，无论是从国家出台的政策还是各职业院校的改革举措来看，专业与课程改革都是绝对的核心和关键。纵观我国职业教育课程改革的推动路径，主要有以下三种路径：一是以地方教育行政部门为主，通过项目实施的方式推动本区域职业院校课程改革；二是职业院校基于自身办学实践中所遇到的问题而主动推进的课程改革；三是以国际组织如世界银行、亚洲开发银行在中国的银行贷款项目为依托所进行的课程改革。尽管我国职业教育课程改革呈现了路径、目标和推动主体上的差异，但在课程改革的指导理念上，都将能力本位、理实一体、实践导向作为课程改革的核心思想。我国职业教育课程改革按照不同的改革实施主体可以分为国家、地方和院校三个层次；按照内容则可以分为课程基本规范建设、专项建设项目、综合建设项目三个方面，其中专项建设项目又可划分为专业课程建设、文化基础课程建设和实施条件建设三个方面（表5-1）。

经过不同层面多年的改革与探索，基于职业能力为本位的课程体系已经在我国职业院校实现了“生根发芽”，有效提升了职业院校人才培养质量，取得了系列成就。

表5-1　各级各类职业教育课程建设项目

<table>
<tr><th rowspan="3">实施主体</th><th colspan="5">内容</th></tr>
<tr><th rowspan="2">课程基本规范建设</th><th colspan="3">专项建设项目</th><th rowspan="2">综合建设项目</th></tr>
<tr><th>专业课程建设</th><th>文化基础课程建设</th><th>实施条件建设</th></tr>
<tr><td>国家</td><td>课程设置规范</td><td>专业教学标准与课程标准开发；教材开发；课程资源开发</td><td>课程标准开发；教材开发</td><td>实训基地建设</td><td>精品课程；示范校建设</td></tr>
<tr><td>地方</td><td></td><td>专业教学标准与课程标准开发；教材开发</td><td>课程标准开发；教材开发</td><td>实训基地建设</td><td>示范校建设；品牌专业建设</td></tr>
<tr><td>院校</td><td></td><td>专业教学标准与课程标准开发；教材开发</td><td></td><td>实训基地建设</td><td>精品课程建设</td></tr>
</table>

资料来源：徐国庆. 改革开放40年以来我国职业教育课程建设的过程与逻辑. 机械职业教育，2017（10）：1-7.

（一）初步建立了国家职业教育专业教学标准体系

专业教学标准的建设起始于上海市的职业教育课程改革，这一概念也最早起源于上海。2004 年上海市颁布《上海市中等职业教育深化课程教材改革行动计划（2004—2007）》，提出优化专业教学，开发汽车运营与维修等 50 个专业教学标准，实现学历证书与职业资格证书的“双证融通”。截至 2013 年，上海市共计完成了 66 个专业教学标准的制定工作（含 996 门课程标准），共涵盖了 192 种职业资格证书，直接参与改革的企业专家达到了 792 名，参与的教师亦达到了 873 名，基本上覆盖了上海市绝大多数的职业院校。上海市通过职业教育专业教学标准体系的构建实现了学校人才培养质量的整体提升，产生了开创性的影响，许多省、市在上海市的影响之下，组织实施了本地职业教育专业教学标准的开发工作。

在各地的积极探索之下，国家层面的职业教育专业教学标准制定也开始启动，教育部于 2010 年和 2012 年先后启动了高职专业教学标准和中职专业教学标准的建设工作，委托行业职业教育教学指导委员会（简称行指委）组织开发国家专业教学标准，并于 2012 年 12 月发布了首批涉及 18 个专业大类、410 个高等职业学校专业的教学标准，2014 年 5 月颁布了涉及 14 个专业大类、95 个中等职业学校专业的教学标准。专业教学标准的制定将会极大地促进我国职业院校课程改革的深度发展，因为专业教学标准作为职业院校开展人才培养的基础，是规范职业院校专业教学、全面提高人才培养质量的重要依据。首先，专业教学标准是规范职业院校专业教学行为的重要规范，过去很长一段时间，由于标准的缺失，各个职业院校专业教学行为存在着较大的差异，很难依据权威的标准对其教育教学质量进行评定，而有了国家专业教学标准，职业院校各个专业的人才培养定位、课程设置、教学资源配置才会有基本规范。其次，专业教学标准是全面提升职业院校人才培养质量的根本前提，标准是质量提升的前提，国家专业教学标准的开发将会极大地提升职业院校专业建设与课程建设的水平，有效解决课程重复建设的问题，促进多方面的系统衔接。最后，国家专业教学标准的制定与实施也是深化职业教育人才培养模式改革的重要基础，能够真正实现基于企业的人才需求展开人才培养活动，而且依据专业教学标准，无论是教育经费还是教学资源的投入都将会是一种高效的投入，从而有效避免低水平的重复建设。

（二）初步形成了以能力本位为导向的课程教学体系

20 世纪 80 年代以来，为了改变职业教育课程的学科化现状，各级政府、职业院校、职业教育科研人员都投入到了这一改革行动之中，其最终目标就是要建立以能力本位为导向的职业教育课程体系。从20世纪80年代至今，这一历程可以概括为三个阶段：其一为“拿来主义”阶段（20世纪80年代初期至90年代初期），该阶段我国职业教育课程改革的核心主题就是要吸收、借鉴世界发达国家职业教育课程模式的先进经验。在这一阶段，我国先后学习借鉴了加拿大的CBE课程、国际劳工组织的MES课程等。其二为“本土化探索”阶段（20世纪80年代末至90年代末），该阶段已经摆脱了前期的表层经验的学习，改革不断深入，这表现为无论是职业院校的课程改革实践还是研究人员的学术研究都在积极探索职业教育课程改革的本土化模式。如上海市教委于1996年启动了“10181”工程，该工程要通过5年实践完成10门公共课的课程改革及示范教材的编写工作，以及18个典型专业、工种的教材编写工作，经过不断实验、总结和研究，在10年左右的时间内基本形成一个反映中国特色、上海特点、时代特征的中职课程、教材体系。在其他地区CBE课程模式等都获得了广泛而深入的推广，在实践探索过程中，不是简单的移植模仿，而是充分结合了中国的特殊国情进行了创新发展。其三为“中国特色创新”阶段，这一阶段开启的标志性事件是蒋乃平提出的“宽基础、活模块”课程模式，该模式特别强调课程内容不能够仅仅针对某一特定工种，而是要将相关职业群所具有的知识和技能统整到一起，注重学生转岗能力和适应能力的培养，“宽基础”课程模式由四大板块构成，如德育文化板块、工具类板块、社会能力板块和职业群板块组成，“活模块”课程则主要面向工作岗位所需要的知识与技能。

尽管该课程模式并没有从根本上改变传统的学科课程模式，但标志着我国职业教育课程改革进入到了“本土创新”的新时期。2004年，教育部颁布了《职业院校技能型紧缺人才培养培训指导方案》，该方案的出台标志着在国家层面明确了以能力本位为导向的课程改革思路，该方案强调以职业能力培养为目标，注重学生工作经验的积累，要建立具有鲜明职教特色的综合化和案例性课程，关注职业院校教学过程与生产过程的紧密联系，并且要大力推广行动导向教学方法，强调学生在教学活动中的中心地位。自此之后，浙江、上海、四川、重庆等省、直辖市先后推动了本地的职业教育课程改革，如浙江提出了优化选择性课程体系，四川省提出了要构建以就业为导向、以能力为本，突出综合职业能力培养的课程体系。许多职业院校也基于能力本位导向的原则展开了丰富多彩的课程改革实践，都呈现出了以突出能力为本位、以工作过程为导向、以模块化为表现形式、与职业资格证书相融通的特征。

（三）构建了覆盖广泛、功能完善的专业教学资源体系

专业教学资源建设对于优化课堂教学环境、提升教学效率、激发学生学习动机具有十分重要的作用，教学源建设必然是在相应的课程观指导之下，以专业建设、课程改革和教材开发等方面为成果的体现形式，主要包括了课件、电子教案、教学案例、教学视频、动画展示、考试题、学习软件等方面构成的课程资源。我国职业教育课程资源的建设主要通过两种途径，一是精品课程的建设，二是专业教学资源库的建设。早在 2003 年，我国就启动了国家精品课程建设项目，到 2010 年我国共立项建立了 1022 门国家精品课程。2010 年，教育部又开启了高等职业教育专业教学资源库建设，《关于开展高等职业教育专业教学资源库 2010 年度项目申报工作的通知》中提出要按照共建共享、边建边用的原则开展专业教学资源库的建设。在建设目标上，选择数控技术、汽车检测与维修、道路与桥梁工程技术等与国家产业规划及社会经济发展联系紧密、布点量大的专业，建设代表国家水平、具有高等职业教育特色的标志性、共享型专业教学资源库并推广使用，带动全国高职院校专业教学模式和教学方法改革，整体提升高等职业教育人才培养质量和社会服务能力；而在建设方式上，则提出了要由国家示范高职建设院校牵头组建开发团队，吸引行业企业参与，整合社会资源，在集成该专业全国优质课程建设成果的基础上，采用整体顶层设计、先进技术支撑、开放式管理、网络运行的方式进行建设。[①] 该通知发布后，专业教学资源库建设便如火如荼地在全国展开，但由于建设范围有限，其受益面和影响范围仍较小。2014 年发布的《教育部关于确定职业教育专业教学资源库 2014 年度立项建设项目的通知》中确定立项建设园艺技术、现代宠物技术、制冷与冷藏技术、建筑装饰工程技术、电气自动化技术、工业机器人技术等 14 个职业教育专业教学资源库[②]。2015 年发布的《教育部关于确定职业教育专业教学资源库 2015 年度立项建设项目及奖励项目的通知》中确立立项建设能源类、通信技术专业、半导体照明技术与应用、刑事执行、林业技术、老年服务与管理、航海技术专业等 22 个职业教育专业教学资源库[③]。2015 年，为了顺应产业发展的新趋势，教育部《高等职业教育创新发展行动计划（2015—2018 年）》

① 关于开展高等职业教育专业教学资源库 2010 年度项目申报工作的通知 .（2010-05-30）[2018-05-30]. http://www.moe.gov.cn/s78/A08/s4532/201005/t20100530_113163.html.

② 教育部关于确定职业教育专业教学资源库 2014 年度立项建设项目的通知 .（2014-07-11）[2018-05-30]. http://www.ict.edu.cn/news/n2/n20140711_15223.shtml.

③ 教育部关于确定职业教育专业教学资源库 2015 年度立项建设项目及奖励项目的通知 .（2015-07-07）[2018-05-30]. http://www.moe.gov.cn/srcsite/A07/moe_7 37/s3876_zyjx/ 201507/t 20150727 _1957 05.html.

提出了要构建国家、省、学校三级数字教育资源共建共享体系，立项建设省级高等职业教育专业教学资源库（200个左右）和精品在线开放课程（1000门左右）。[①] 2016年，在《关于做好职业教育专业教学资源库2016年度相关工作的通知》中指出，职业教育专业教学资源库项目按照“自主建设、省级统筹、择优入库、有序支持、验收监测、持续更新”的方式进行组织[②]。国家教学资源体系的建设为教师教学提供了较好的支持，教师可以通过教学资源库掌握最为先进的教育教学手段，及时获取最新的教学资源和行业信息，为教师教学提供了十分丰富的教学素材；同时也为学生学习提供了较好的支持，尤其是在教育信息化快速发展的背景之下，教学资源库的建设为学生自主学习、探究学习提供了技术上的可能，不仅大大拓展了学生的学习空间，同时也为学生的个性化学习提供了可能。

（四）行业、企业已开始积极参与到专业与课程改革

2005年，《国务院关于大力发展职业教育的决定》中，明确指出要与企业紧密联系，加强学生的生产实习和社会实践，改革以学校和课堂为中心的传统人才培养模式。逐步建立和完善半工半读制度。在部分职业院校中开展学生通过半工半读实现免费接受职业教育的试点，取得经验后逐步推广。[③] 2014年，《国务院关于加快发展现代职业教育的决定》中再次强调了行业、企业在职业院校专业与课程改革中的重要地位，并提出要健全企业参与制度，研究制定促进校企合作办学的有关法规和激励政策，深化产教融合，鼓励行业和企业举办或参与举办职业教育，发挥企业重要办学主体作用，并且专门指出了行业组织要履行好发布行业人才需求、推进校企合作、参与指导教育教学、展开质量评价等职责，建立行业人力资源需求预测和就业状况定期发布制度。[④] 在政府的鼓励支持下，行业、企业开始通过多种途径和通道积极参与到职业教育专业与课程改革之中。

---

① 教育部关于印发《高等职业教育创新发展行动计划（2015—2018年）》的通知 .（2015-10-19）[2018-05-30]. http://www.moe.edu.cn/srcsite/A07/moe_737/s3876_cxfz/201511/t20151102_216985.html.

② 关于做好职业教育专业教学资源库2016年度相关工作的通知 .（2016-05-05）[2018-05-30]. http://www.moe. gov.cn/s78/A07/A07_gggs/A07_sjhj/201605/t20160506_242282.html.

③ 国务院关于大力发展职业教育的决定 .（2005-10-28）[2018-05-30]. http://old.moe.gov.cn/publicfiles/business/htmlfiles/moe/moe_1778/200710/27730.html.

④ 国务院关于加快发展现代职业教育的决定 .（2014-05-02）[2018-05-11]. http://www.gov.cn/zhengce/content/2014-06/22/content_8901.htm.

从国家层面来讲，国家专业教学标准的制定与完善、职业教育专业教学资源库建设以及精品课程建设都有行业、企业参与的身影，而且其参与的深度和广度都在不断提升。例如，国家专业教学标准的制定就是在行业企业深度参与之下顺利制定实施的，“56个行业职业教育教学指导委员会，深度参与教学标准体系建设。高职专业目录修订工作共有59个行业专家组参与，直接参与的行业、企业、院校等方面专家达2800多人。中职专业教学标准调研覆盖12 600多家企业，1700位来自行业企业的专家参与。顶岗实习标准有3000余家学生实习企业参与”①。除了在专业教学标准的制定上，行业企业积极参与之外，在职业教育专业教学资源库建设上，行业、企业同样扮演了十分关键的角色，各个职业院校无论是申报还是进行专业教学资源库的建设，都有行业、企业的积极参与。除了在国家层面上，具体在职业院校层面，行业、企业也通过多种途径和方式参与职业教育专业与课程改革，这种参与主要有以下几种方式：一是参与到职业院校专业教学标准的论证工作，这是当前行业企业参与职业院校专业与课程改革最为主要的一种模式。为了保证学校人才培养方案能够有效对接行业企业的人才需求，通常都会邀请部分行业、企业人员根据行业发展现状对人才培养方案提出论证和修改。二是参与到职业院校课程体系的开发之中，这种参与主要是通过参与工作任务分析会的形式，行业、企业人员发挥自身的工作经验优势，帮助职业院校进行相关专业对应职业岗位群工作任务、职业能力的开发，为课程开发提供基本依据。三是参与到课程资源的开发与建设，合作紧密的企业不仅会具体参与到工作任务分析等活动中，还会积极进行职业院校相关课程资源的开发，如教材、教学资源库。例如，杭州职业技术学院和友嘉集团在“校企共同体”背景之下，共同开发实施三明治课程（sandwich course），将理论教学与实践教学紧密融合在一起，课程安排常采用“理论—实践—理论”或“实践—理论—实践”之方式进行，形式上很像三明治。

二、专业与课程改革的主要问题

在国家政策的引导与大力支持下，以及科研人员先进职业教育课程思想的引领下，各职业院校在积极推动本校职业教育课程改革的步伐中取得了一系列成就，一批具有中国特色的职业教育本土化改革方案纷纷涌现，如项目课程、工作过程系统化课程等。通过一系列的课程改革实践，传统的三段式课程结构被彻底

---

① 王继平. 职业教育国家教学标准体系建设有关情况. 中国职业技术教育，2017（25）：5-9.

颠覆，行动导向、能力本位、职业知识等相关理念已经深入人心，极大地改变了我国职业教育课程的样貌形态，有效推动了人才培养目标和市场需求的紧密对接，极大地促进了学生的就业竞争力。然而，这并不意味着过往的职业教育课程改革是完美无瑕、毫无缺陷的，在许多方面我国职业教育课程发展的现状同发达国家职业教育课程之间尚存在着较大的差距，仍待通过来自政府、科研人员、行业和企业等主体的共同合作实现职业教育课程改革的进一步深化。

（一）国家专业教学标准体系建设仍待进一步完善优化

职业教育国家专业教学标准极大地明晰了职业学校专业的内涵和建设方向，厘清了专业核心课程内容，为各地政府和职业院校推动课程改革，提升人才培养质量提供了基本依据。然而，由于组织实施过程的不严谨和制定任务的艰巨，专业教学标准的制定上还存在着许多的不足之处，“一是国家专业教学标准尚不能覆盖所有的专业。二是目前中国尚未有统一完备的国家职业标准，国家专业教学标准的制定缺乏依据。三是尽管国家颁布的《高等职业学校专业教学标准》和《中等职业学校专业教学标准》确立了培养学生职业能力的目标，体现了突破学科体系、强化其职业性的特点，为职业院校的专业教学提供了基本指导，但在文本中却缺少核心专业课程的具体课程标准，未能为课程的实施提供具体的指导。四是还没有形成国家专业教学标准制定与修订的有效机制”①。而且，在国家职业教育专业教学标准的开发组织实施上，主要是由行业指导委员会承担，但其多数设置在一所职业学校，那么实际承担职业教育专业教学标准开发工作的就是该职业院校的教师，这就导致在具体的标准开发上缺乏具有真正行业经验的企业专家参与，教学标准开发的科学性、权威性和代表性受到一定质疑。

（二）职业教育教师难以满足课程改革对其能力的期待

21世纪以来，我国职业院校教师接受了大量的关于专业与课程改革的培训，如专业与课程开发的理论与技术方面的培训，主要学习专业课程开发的理论与开发技术、课程资源的开发与建设路径、发达国家职业教育基本经验等。但总体而言，当前职业院校教师无论是在角色认知还是在能力素质上仍然不能较好地适应专业与课程改革的需要。

其一，职业院校教师大部分来自于普通高校，在其求学历程中，对教师的

① 徐涵. 新世纪以来中国职业教育课程改革：成就、问题及建议. 现代教育管理，2017（4）：69-74.

角色认知与评价一直都是以“经师”为标准，在这样一种文化观念的浸染之下，职业院校教师的角色认知很难符合课程改革的角色期待。职业教育课程改革对教师的角色期待要求“教师在整个教学行动过程中，扮演着一个组织者、协调人的角色，勤于提供咨询、帮助。一个好的教师，还应该是一个学习情境的设计者、塑造者，一个学习舞台的导演”[①]。然而，当前职业院校教师对自身的角色认知仍然以知识权威自居，其主要是课堂的管理者和掌控者，负责向学生传递知识。

其二，职业院校教师仍然难以彻底摆脱“学科”思维的羁绊，在课程实践之中，学科思维时刻萦绕在教师的头脑之中，在教学方法、组织、实施、评价等一系列的关键教学要素上，其仍然可能延续传统的学科教学模式，尽管在显性层面职业教育课程改革可能彻底完成了向能力本位课程的变革，但在具体的课程实践中，许多教师仍然延续过往的传统教学方法与手段来组织知识、传递知识，没有意识到自身缺乏足够的能力真正实现以工作知识为纽带来组织实施教学。

其三，由于我国当前尚未建立较为严格的职业教育教师能力标准和严格的教师准入制度，绝大多数来自普通高校的教师缺乏相应的师范教育学习经历，缺乏必要的教育学、心理学知识，尤其对于职业教育课程开发与专业教学法的掌握上存在着较大的不足，这在很大程度上制约了职业教育课程改革的深度。

（三）行业、企业参与专业与课程改革的动力仍稍显不足

职业教育课程开发的质量是影响课程实施的关键，而行业企业积极参与是保障职业教育课程开发质量的重要前提。改革开放初期直至90年代中期，我国职业教育课程开发的理论依据与方法路径主要沿袭普通教育学科课程的开发模式，所开发出的课程主要以“三段式”课程为主，学生学习内容与工作实践脱节，不仅难以培养出符合企业需求的人才，也没有考虑到职业院校学生自身的学习特点与规律，难以有效激发学生的学习动机。而造成上述结果的成因既有职业院校课程开发理念陈旧，课程开发模式方法不科学，也有行业企业在职业教育课程开发过程中的集体缺位和失语。

21世纪以来，在国家校企合作政策的大力号召之下，几乎所有的职业院校都表示行业、企业都积极参与到了本校的专业建设与课程改革的实践活动之中，但不同类型的院校参与程度却呈现了较大的差异。除了少部分国家重点建设的职业院校外，当前绝大多数的职业院校无论是在专业建设还是在课程开发上，建设

---

① 姜大源. 职业教育学研究新论. 北京：教育科学出版社，2006：205.

主体仍然是以学校教师为主，而行业、企业参与的途径与模式仍然以人才培养方案的指导和论证为主，并没有深度介入到人才培养的各个环节之中，仍然处于一种浅层次的合作状态。当前行业协会的发展尚未形成一定的规模，绝大多数行业协会人员经费不足，“存在政企不分、依附性强、自主性弱和职能定位不准、覆盖面小、代表性差、行业分类粗泛、与企业联系不够紧密的问题，因此，不能真正代表行业在职业教育中发挥作用”[①]。具体而言，当前行业协会并没有充分参与到职业院校专业和课程改革之中，绝大部分行业协会与企业都缺乏积极主动的参与意识，即使有行业企业参与其中，角色功能的发挥也较为单一，企业与学校之间尚未形成良好的互动格局。

（四）文化基础课改革相较于专业课程改革存在滞后性

我国文化基础课程改革的滞后性主要体现在以下几个方面。

其一，国家层面的课程改革一直聚焦于课时比例的调整与课程结构的调整两个方面。例如，教育部于2000年提出了中职学校“文化基础课程与专业课程的课时比例一般为4 ∶ 6”[②]；2009年又提出了“公共基础课程学时一般占总学时的三分之一”，同时，允许不同地区、不同学校、不同专业根据人才培养的实际需要在规定的范围内适当调整，上下浮动，但必须保证学生修完公共基础课程的必修内容和学时[③]。除了课时的调整外，在课程结构上，教育部提出了“平台+选择”的课程模式，“平台”课程面向所有学生的需求，为学生必选课程，而“选择”即是根据学生个性发展的需要而自行选择的课程，这样就能够较好地保证课程教学的稳定性，又能够根据不同专业大类学生的发展需求进行有针对性的课程设置，也为学生的个性发展预留了空间。尽管国家层面上对于文化基础课程改革采取了许多有针对性的措施，但是在文化基础课程改革的价值取向、标准建设以及教材、资源建设上还尚未取得实质性的突破。

其二，从职业院校内部的文化基础课程改革来看，在缺乏国家政策引导的环境下，许多职业院校对文化基础课程改革的关注力度不够。许多职业院校将主要精力聚焦于专业课程改革，而忽视了对文化基础课程的改革力度，文化基础课

---

① 耿洁. 职业教育校企合作体制机制研究. 天津大学，2011：56.

② 教育部关于印发《关于制定中等职业学校教学计划的原则意见》的通知．(2000-03-21) [2018-06-03]. http://old.moe.gov.cn/publicfiles/business/htmlfiles/moe/moe_958/200407/832.html.

③ 教育部关于制定中等职业学校教学计划的原则意见．(2009-01-06) [2018-06-05]. http://old.moe.gov.cn/publicfiles/ business /htmlfiles/moe/moe_2643/200902/44508.html.

教师也同样处于一种较为边缘的地位。除此之外，职业院校在改革文化基础课程的过程中，没能认识到文化基础课在助推学生生涯发展上的功效，片面强调文化基础课服务于专业学习，对文化基础课进行所谓的“专业化”改造，如有的职业院校将烹饪专业的语文课改头换面为烹饪语文，美其名曰提升学生的学习兴趣，却丢失了语文学习的本真价值。最后，职业院校片面理解“就业为导向”，大幅度缩减文化基础课程的学时比例，片面增强学生技能学习的时间，致使教师和学生都视文化基础课为“鸡肋”，削弱了其在人才培养中应有的地位和作用。

（五）专业教学资源库在功能实现与应用水平上仍待提升

当前职业院校专业教学资源库的建设与应用已经受到了广泛的关注和推广，在短期内达到了显著的建设成效，但如果客观分析当前专业教学资源库的真实现状，仍然存在着一些亟待进一步完善的问题。

其一，专业教学资源库在顶层架构设计上没有经过充分的科学论证与设计。具体而言，专业教学资源库的顶层设计存在着系统性不够、逻辑性不强的问题，这首先表现为整个教学资源库的建设缺乏整体的建设方案和规划设计，资源库的内容选择上处于碎片化的采集与开发，缺乏一体化的规划，因此，整个教学资源库呈现出功能上的阻隔，各个功能模块设计上缺乏逻辑的完整性和一惯性。许多专业教学资源库在平台架构上对资源库所要发挥的功能的认知模糊不清，在许多功能设置与素材选择上与教学无关的内容占据了很大的比例，削弱了教学资源库为教师教学和学生学习提供服务的功能定位。

其二，专业教学资源库建设质量不高，资源素材的品质较差。专业教学资源库最为主要的功能就是要满足教师的教学需求，为教师教学和学生学习提供方便，但当前许多专业教学资源在内容选取上缺乏统一的科学规划，所采集的学习素材很难满足本专业所面向的真实岗位群所应掌握的知识点和技能点。而且，一些专业教学资源库的资源素材可读性较差、错误率较高、知识扩展性不足、交互性不强，使用不便且效率较低，在教学资源的表现形式上同样不够丰富，其艺术性、趣味性都亟待提高。

其三，专业教学资源库应用性较差，个性化学习没有真正实现。“个性化学习基于三个重要因素。一是基本素材的颗粒化程度，二是资源的冗余，三是平台的自主学习功能。资源的数量不足和基本素材的颗粒化程度不高都将影响课程重构，影响个性化自主学习的实现，当然平台自主学习功能的不健全也是实现个性化自主学习的重要障碍。”[①]当前专业教学资源库平台的学习管理功能不能够支持教师课堂教学以及学生自主学习过程中的实时记录和数据储存与处理，而且教学资源无论是在数量上还是在质量上都有待提升，这都造成学生很难基于专业教学资源进行个性化学习。

其四，专业教学资源库更新较慢，后期管理与维护的便捷性较差。尽管国家明确规定了专业教学资源库要进行及时更新和完善，并要求更新的比例不低于10%，但因没能形成专业教学资源库资源更新与完善的制度保障设计，更没有有效建立起资源库的供给与需求之间的沟通机制，使得专业教学资源库难以实现可持续发展。

三、专业与课程改革的未来趋势

改革开放以来，我国职业教育专业与课程改革已经走过了40个年头，所取得的成就举世瞩目，不仅初步构建了以能力本位为导向的职业教育课程教学体系，更是从根本上改变了传统的“三段式”课程结构模式，而且在课程资源建设上更是投入了巨大的资源，实现了职业教育学习环境的根本改变。然而，在新的历史时期，无论是外部工作环境还是职业院校学生的学习规律与特点都发生了极大的改变，这些改变意味着职业教育专业与课程改革仍然需要进一步深化，既是对过往不足的弥补，更是对时代新要求的积极回应。

（一）专业与课程改革路径：从“各自为战”到“集群发展”

职业教育具有职业性、实践性、区域性和开放性的特征，同所在区域的产业经济结构即人才需求之间形成紧密的协同发展关系是职业教育质量提升的有效前提。因此，区域产业结构的发展变化会直接影响到职业教育人才培养结构与模式的变化，而当前区域产业发生的最大变化就是产业聚集的效应愈发明显。产业集群是产业结构调整优化后的结果，是产业发展到一定阶段后的产物，同时也是区域经济发展成熟度的一个重要标志。随着区域产业发展呈现出高度集群化的特征，一系列具有紧密关联的技术技能型工作岗位开始逐步出现，即逐步出现岗位聚集的现象。虽然岗位集群内部不同的岗位之间对人才的需求存在着一定的差异，但共同的产业与行业背景决定了这类人才之间具有相同的知识、技能和素质基础，

① 成军. 职业教育专业教学资源库的功能定位及其实现路径. 中国高教研究，2016（10）：101-110.

产业集群的不断变化发展导致了职业教育专业建设的集群化发展。因此，专业建设的集群化发展是区域产业结构转型升级趋势背景下所带来的必然要求。

除此以外，产业发展对复合型人才的需求同样急迫，带来了专业建设的集群化。随着新的生产技术在工作场所中的广泛应用，工作世界中的工作岗位之间的界限逐渐模糊，而且通常需要员工胜任多个工作岗位，这就需要其具备多种岗位所需要的相关知识与技能要求。因此，培养复合型人才已经成为职业教育专业与课程改革的重要目标，而通过专业群建设来培养复合型人才无疑是重要途径。而且，就职业院校本身而言，专业群建设也有助于其节约办学成本，高效利用教育资源。随着整个外部产业结构变化速度的日渐加快，新的行业、新的岗位群不断涌现，专业设置需要不断地更新才能够有效应对产业的发展变化。如果不采取集群化的专业建设路径，而是各个专业“各自为战”，必然造成教学资源的浪费，而专业群建设则可实现师资、实训资源等多方面资源的有效聚集，以及稳定性与灵活性的有效平衡。

（二）专业与课程改革重心：从“能力本位”到“职业素养”

回望过去 40 年来职业教育专业与课程改革所走过的历程，其核心主旨就是要彻底解构学科本位的课程模式，实现以职业能力培养为旨归的能力本位课程体系的构建。随着以智能制造为代表的新技术在工作世界的广泛应用，对于身处未来工作世界的个体而言，工作手段与工作内容的快速变化将日益成为一种常态，工作世界变化速度的不断加快也要求个体的创新能力和跨岗位复合能力日益提高，这表明过往那种聚焦于“岗位胜任能力”的人才培养模式可能将难以适应未来新工业时代的人才需求。在传统的工业化时代，人类的生产组织方式主要以大规模标准化生产模式为主，在生产、服务、管理一线工作的员工所要完成的工作是相对单一和固定的，因而工人仅仅需要掌握胜任某一特定工作岗位所需要的特定操作技能就能够胜任岗位需求。然而，随着智能化时代的到来，那种完全基于常规的、程序性的、重复和简单的工作将逐渐被机器所取代，这意味着仅仅依靠简单重复技能操作的工作将会逐渐减少直至消失，而与此同时需要个体充分调动各种心智社会资源，发挥自身创造力的工作比例将会大大提升。“智能化时代，工人工作模式的主要变化体现在工作过程去分工化，工人的工作范围大大扩宽；人才结构去分层化，人才需求层次整体上移；技能操作高端化，能动性岗位增多；工作方式研究化；生产服务一体化。”[①] 因此，职业教育课程开发的逻辑起点应该转向关注学生职业核心素养的养成，这是适应未来工作环境迅速变化的必然要求。

所谓职业核心素养是指学习者借助各种形式的职业教育所形成的，能够在真实的工作世界中解决所遇到问题的素养和能力，并能够通过自我学习胜任工作世界的发展变化，包含了职业范围内非专业能力的所有素质，是从事各种职业均需要的素养。因此，当职业教育课程开发的逻辑起点从岗位能力向职业核心素养转变时，就需要重新审视过往的一整套职业教育课程开发模式，重新构建以职业核心素养培养为核心的职业教育课程开发模式。这一模式包含了职业核心素养的开发、课程标准的编制及教师的教学实施与评价等一系列内容要素的变革。

（三）专业与课程改革组织：从“行政推动”到“上下互动”

很长一段时期以来，政府都是专业与课程改革的组织和实施主要的推动力量。这是由于我国职业教育专业与课程改革的领导管理体制一直是一种“自上而下”的管理模式，政府在专业与课程改革过程中居于核心地位，集专业与课程改革的设计者、指导者、管理者、监督者、评价者等多种角色为一体，职业院校和广大的一线基层教师是专业与课程改革的被动实施者。因此，政府在专业与课程改革过程中居于不容置疑的主导地位，政府与学校之间实质上是一种指令与执行的关系，而基层学校在专业与课程改革中缺乏必要的自主权和改革空间。在这样一种课程管理体制下，“教育锦标主义”“政绩观”往往会成为专业与课程改革的主导观念，从而可能导致基层职业学校的专业与课程改革难以根据其自身规律稳步推进，职业院校极有可能产生“应付了事”的心态，按照政绩产出最大化的方式不断“生产”专业与课程改革的成果。在较为刚性的行政力量推动下，职业院校和教师将极有可能忽视专业与课程改革的本真价值，即培养学生职业能力、提升就业竞争力，而十分关注显性的专业与课程改革成果，尤其是可以用数字指标来衡量、判断的专业与课改成果。在这样一种较为功利化的心态影响之下，教师群体将会急于在既定时间内完成政府、学校布置的专业与课程改革任务，然而专业与课程改革又是一项需要长期投入的巨大工程，这将极有可能导致教师通过“包装粉饰”甚至是“弄虚作假”来应对上层行政力量的检查与评估。

因此，推动我国专业与课程改革组织管理体系的完善优化是今后我国专业

① 徐国庆．智能化时代职业教育人才培养模式的根本转型．教育研究，2016（3）：72-78.

与课程改革的重要领域，这是因为在过去一段时期我国专业与课程改革最为紧迫的任务是要打破传统的学科课程体系，实现能力本位导向课程体系在职业院校的确立，外部高强度的竞争态势以及职业院校内部资源整合的低效率决定了行政管理体制的推动是当时情势下最为高效的一种途径，但随着能力本位导向理念成为主导职业院校专业与课程改革的主导思想，新的时代背景下专业与课程改革组织急需从“课程管理”走向“课程领导”。政府要逐步改变过去“一刀切”的管理模式，尊重职业院校和基层教师在专业与课程改革中的自主权，实现从行政管理者向标准制定者、服务提供者角色的转变，真正实现政府顶层规划与院校基层创新的紧密互动。

（四）专业与课程改革基础：从“硬件投入”到“教师优先”

改革开放以来，我国专业与课程改革在理念引领上以“能力本位”为指导思想，而能力本位导向的课程实施需要充分的硬件资源建设为保障，以及国家和各级地方政府不断加大对职业教育专业与课程改革的经费投入。2017 年，我国中等职业教育生均图书册数达到了 145.67 册，生均计算机台数达到了 0.21 台，生均教学仪器设备值达到了 4896 元，都超过了教育部《中等职业学校设置标准》所规定的标准。①《2016 年全国高等职业院校适应社会需求能力评估报告》显示：“生均教学仪器设备值明显增加，近 400 所院校超过 1 万元。教育信息化建设成效突出，带宽在 100Mbps 及以上的院校比例为 93.5%。”② 无论是中等还是高等职业教育，通过教学资源的大力投入，有力保障了职业教育能力本位课程的实施。但职业教育能力本位课程实施最关键是教师，只有教师真正接受了能力本位课程改革的理念并具备了课程开发的能力，才能够真正保证职业教育课程改革的顺利推动与实施。

目前，教师的能力素质已经很难满足课程改革进一步深入发展的需要，尤其是“双师型”教师的缺失，在很大程度上削弱了职业教育课程改革实施的效果。《2018 中国高等职业教育质量年度报告》所公布的数据显示：1336 所高职院校中，至少有 250 所职校的双师比低于高职院校 39.1% 的平均值，其中，又至少有 67

---

① 2017 年教育统计数据 .（2018-08-06）[2018-12-06].http://www.moe.gov.cn/s78/A03/moe_560/jytjsj_2017/.

② 2016 年全国高等职业院校适应社会需求能力评估报告 .（2017-12-07）[2018-12-06].http://www.moe.edu.cn/jyb_xwfb/gzdt_gzdt/s5987/201712/t20171207_320819.html.

所职校双师比低于20%。[①]与此同时，中等职业学校同样面临着师资瓶颈，《2016年全国中等职业学校办学能力评估报告》显示：部分学校师资问题是发展瓶颈。专任教师短缺，数量不足60人的学校占有一定的比例；部分专业点没有专任教师；师资队伍结构不合理，专任教师中专业教师比例偏低，"双师型"教师比例不足30%的学校占比54%；企业兼职教师数量不足，34.2%的中等职业学校兼职教师数很少。[②]职业院校师资素养不高除了表现在"双师"教师占比较低外，更为重要的是当前职业院校师资培养体系制度的不健全，这表现为：双师型教师标准缺失，培训体系难以满足师资队伍能力素质提升的需求，现有职称评定制度的制约，等等。实现职业教育专业与课程改革突破的关键是要充分激发教师参与专业与课程改革的积极性和主动性，并通过多种途径提升职业院校教师的课程开发能力，打造属于职业院校自身的课程改革师资队伍。而上述目标的实现不仅需要健全职业师资队伍的成长体系，根据职业教师的生涯发展规律构建培训体系，还应该注重在专业与课程改革的一线实践中培养教师，打造由企业专家、课程开发专家、一线教师等多元主体构成的课程开发团队，实现专业建设与课程开发资源的共创共享。

---

① 全国高职院校双师比100强出炉！你的学校上榜了吗？（2018-06-19）[2018-12-06].http://www.sohu.com/a/236477132_214420.

② 2016年全国高等职业院校适应社会需求能力评估报告.（2017-12-07）[2018-12-06].http://www.moe.edu.cn/jyb_xwfb/gzdt_gzdt/s5987/201712/t20171207_320819.html.

第六章 职业教育教师队伍建设的改革与发展

“双师型”教师是“中国特色”在职教教师队伍建设中的集中体现，也是改革开放以后职教教师培养与管理的灵魂所系。“双师型”既是对一类职教教师个体素质的要求，也是对整个职教教师队伍整体素质的要求。改革开放以来，我国职教教师培养经历了“应急式发展”、“基础建设”和“体系建设”三个阶段，目前已初步建立了涵盖职前培养、职后素质提高的培养培训制度框架，职业教育教师资格制度初步建立。作为职教教师队伍重要补充的兼职教师，其聘任制度、管理制度不断完善，以切实发挥其改善职校师资结构、加强实践教学环节的作用。着眼未来，我们需要建立起职教教师职前职后一体化培养体系，包括基于能力标准的培养课程体系、改革研究生层次的职教教师培养制度、完善三级培养机构网络、建立职业资格证书更新制度，为教师专业成长提供完整路径，为职业教育改革提供优质的师资保障。

第一节　职业教育教师队伍建设的改革历程

一、以“应急式发展”为特征的队伍建设阶段

改革开放后，中等职业学校逐步得到了恢复，但更难恢复的是教师队伍，教师队伍建设面临极为困难的局面。1985 年《中共中央关于教育体制改革的决定》就尖锐地指出，师资严重不足是当前发展中等职业技术教育的突出矛盾。1986 年，在由国家教育委员会、国家计划委员会、国家经济贸易委员会、劳动人事部共同召开的改革开放后第一次全国职业技术教育工作会议上通过的《关于加强职业技术学校师资队伍建设的几点意见》中，对当时的职教师资状况做了如下描述：近几年来，随着职业技术学校的大量发展，师资严重不足和质量不高的问题十分突出。职业中学的专业课教师奇缺，且无稳定来源；中专学校今后改招初中毕业生，需要补充大量文化课教师，专业教师知识老化，也亟须更新；技工学校的各类师资普遍不足。①

（一）通过挖潜改造解决教师急缺的问题

1985 年，《中共中央关于教育体制改革的决定》指出获得职业教育教师的途径：各单位和部门办的学校，要首先依靠自身力量解决专业技术师资问题，同时

---

① 国家教育委员会颁发《关于加强职业技术学校师资队伍建设的几点意见》的通知 .（1986-06-26）[2018-06-01]. http://www.law-lib.com/law/law_view1.asp?id=47487.

可以聘请外单位的教师、科学技术人员兼任教师，还可以请专业技师、能工巧匠来传授技艺。①

理论课教师主要依靠现有各类普通高等院校解决。有关大专院校要有计划地设置职业技术师范班、专业或系，纳入高校招生计划，为职业技术学校培养师资。高等师范院校应根据学校师资、设备等条件增设相关或相近专业的职业技术师范系、科、班，担负起培养部分专业课、专业基础课师资的任务。各类职业技术师范院校或师资培养中心担负培养空白、短线专业及需求量大的通用专业师资，同时成为职业技术教育科学研究、教学研究、信息交流的中心。

各种职业技术学校（包括中专、技工学校、职业中学等）的文化课教师应由学校所在省、自治区、直辖市负责解决。由教育部门作出规划，根据各类职业技术学校占高中阶段学生的比重和所设课程的需要，按比例从高等师范院校和综合大学的应届毕业生中安排分配，由主管毕业生分配的部门负责落实。

专业课、专业基础课及实习指导教师由办学部门负责配备。各有关部委、省、自治区、直辖市的教育、计划、人事部门在所属有关高等院校招生和毕业生分配计划中统筹安排。为了尽快解决职业中学的专业课师资问题，当前高等专科学校（含现有职业大学）要用主要力量来担负专业课师资的培养、培训任务。直属中央部委管理的地方高等院校也要担负为地方职业技术学校培养师资的任务。对跨部门、跨地区的师资需求，由国家教育委员会负责协调，通过委托代培等多种形式解决。

国家教育委员会要在研究生的培养和分配方面对职业技术师范院校、师资培训中心的教师队伍建设给予支持。对于技艺性强、国内基础薄弱的专业师资的培养和培训，要纳入留学生派遣计划和国际交流计划解决。实习指导教师可以从职业技术学校优秀毕业生中选留，经过教育学、教学法的培训后任教。

（二）设置专门的师资培养机构解决教师稳定来源的问题

当时政府调动了各方面的力量，采取切实措施，保证职业技术教育师资有稳定的来源。1985 年《中共中央关于教育体制改革的决定》指出：要建立若干职业技术师范院校，有关大专院校、研究机构都要担负培训职业技术教育师资的任务，使专业师资有一个稳定的来源。中等职业技术教育主要由地方负责。中央各部门办的这类学校，地方也要予以协调和配合。①

① 中共中央关于教育体制改革的决定 .（1985-05-27）[2018-05-01]. http://old.moe.gov.cn//publicfiles/business/htmlfiles/moe/moe_177/200407/2482.html.

1. 独立设置职业技术师范学院

最早独立设置的职业技术师范学院成立于1979年。“文化大革命”结束后，当时为了解决技工学校教师需求问题，国家计划委员会和教育部于1979年1月10日联合向国务院提交《关于增设四所技工教育师范学院的请示报告》。经国务院总理华国锋和邓小平、李先念、徐向前等13位国务院领导圈阅批准，同意增设四所技工教育师范学院，即天津技工师范学院、吉林技工师范学院、山东技工师范学院和河南技工师范学院。后来实际招生的只有两所，即天津技工师范学院（即现在的天津职业技术师范大学）和吉林技工师范学院（即今天的吉林工程师范学院），前者1980年开始招生，后者1979年开始招生。职业技术师范院校及有关高等院校开设的职业技术师范系、科、班，可以招收一定数量的中等职业技术学校优秀应届毕业生。

独立设置的职业技术师范学院非常注重对职教师资人才培养特色的探索，特别是对学生实践技能的培养。为了突出这一特色，学校除了建立技能训练中心外，还面向中职学校招收学生。

2. 大学内设职业技术师范学院

在大学内部设立职业技术师范学院也是一种途径。20世纪80年代末90年代初，国家教育委员会先后批准天津大学、浙江大学、同济大学、东南大学、西安交通大学、湖南农业大学、四川大学等高校设立职业技术学院或农村职教师资培训中心，借助已有成熟大学的雄厚实力培养职教师资。发展到今天，有些大学的职业技术师范学院仍然呈现着良好的办学状态，有的则已取消，而在这几所高校以外，另有些地方高校也设立了职业技术师范学院，如广西师范大学职业技术师范学院、云南师范大学职业技术教育学院等。

二、以“基础建设”为特征的队伍建设阶段

扩充职业教育教师数量，提升职业教育教师的学历水平和技能水平，是20世纪90年代职业教育文件关注的重点，比如《国务院关于大力发展职业技术教育的决定》要求：本着培养和培训、专职和兼职相结合的原则，多渠道地解决职业技术教育的师资特别是技能教师来源问题。

（一）建立职教师资培养培训基地

1997年，《国家教委关于加强中等职业学校教师队伍建设的意见》提出：依托现有普通高等学校建立职业教育师资培养和培训基地，加速培养中等职业学校师资。[①] 1998年，教育部发布《面向21世纪教育振兴行动计划》，提出依托普通高等学校和高等职业技术学院，重点建设50个职业教育专业教师和实习指导教师培养培训基地，地方也要加强职业教育师资培训基地建设。[②] 1999年7月，教育部办公厅颁布《关于组织推荐全国重点建设职业教育师资培训基地的通知》，职教师资培养培训基地的建设工作正式启动。

选择并确定若干所能够满足职教师资培养要求的理、工、农、医、师等类高等学校作为职教师资的培养和培训基地，在这些基地建立职业技术师范学院（二级学院），设立职业教育师范系或举办职业教育师范班。各地方选做基地的高等学校可以是省属院校，也可以是部委直属院校。

教育部于1999年、2000年、2001年分三批分别遴选确定了20个、24个、8个全国重点建设职教师资培训基地，共52个，分别设在52所大学、专科院校和中专学校；2003年教育部批准华中科技大学、集美大学为全国重点建设职教师资培养培训基地；2007年，教育部批准清华大学、北京理工大学作为全国重点建设职教师资培养培训基地；2012年，教育部批准天津职业大学等33个单位为全国重点建设职教师资培养培训基地。共建成了101家全国重点建设职教师资培养基地。

全国重点建设职教师资基地对地方起了积极示范作用。在建设全国重点建设职教师资培养基地的同时，至2012年，共建成了300个省级职业教育师资培养基地，基本形成了以国家基地为龙头、省级基地为主体，灵活开放的职教师资培养培训体系（表6-1）。

与此同时，2009年人力资源和社会保障部办公厅下发《关于公布首批全国技工院校师资培训基地的通知》，确定西安技师学院等21所技工院校为首批全国技工院校师资培训基地。

---

① 国家教委关于加强中等职业学校教师队伍建设的意见.（1997-09-24）[2018-05-29]. http://old.moe.gov.cn//publicfiles/business/htmlfiles/moe/moe_724/200506/8946.html.

② 面向21世纪教育振兴行动计划.（1998-12-24）[2018-04-30]. http://old.moe.gov.cn/publicfiles/business/htmlfiles/moe/s6986/200407/2487.html.

表 6-1 各级职教师资培养培训基地建设情况 （单位：个）

基地名称	“十一五”数据	“十二五”数据
全国重点建设职教师资培养培训基地	56	101
全国职教师资专业技能培训示范单位	8	
全国职教教师企业实践单位	10	100
省级职教师资培训基地	300	

资料来源：杨金土. 30 年重大变革——中国 1979—2008 年职业教育要事概录（上卷）. 北京：教育科学出版社. 2011：306-308.

采取共建形式建设基地。各有关部委应积极支持所属院校承担职教师资培养和培训任务。尚没有条件建立和健全职教师资培养和培训基地的，可以利用其他省（自治区、直辖市）的职教师资培养基地为其培养，其跨省招生计划报国家教育委员会核准下达。对于各地都普遍需要且需求数量又不多的专业课教师的培养及部分学科带头人等骨干教师的培训，由国家教育委员会根据各地需要统一布点，以充分发挥基地的办学效益。

职业教育师资培养和培训基地的确定要统筹规划、合理布局、相对稳定。既要考虑当前的需求，又要兼顾长远的需要。基地确定后，要加强基地建设和对基地的业务指导工作。要通过不断深化基地的教育教学改革，逐步探索职教师资的培养模式和规律。

（二）建立在职攻读学位制度

通过扩大培养规模、完善激励机制等措施，加快推进了研究生层次职业教育教师的培养。

职业学校教师培养体系构建，不仅要通过发展职业技术师范教育保证本科学历教师的供给，通过发展教师在职培训体系提高教师的教育教学能力以及专业实践能力，同时还面临培养更高学历教师的问题。职业学校要构建高素质教师队伍，也需要一大批拥有硕士学位、博士学位的教师。为此教育部做了许多努力，为教师学位水平提升提供途径。

教育部、国务院学位委员会于 2000 年 5 月联合发出了《关于开展中等职业学校教师在职攻读硕士学位工作的通知》。文件指出：改革开放以来中职教师的学历水平有了大幅度提升，具有本科及本科以上学历的达 67.62%，比 1984 年提高了 21.22 个百分点；职业高中为 37.42%，比 1985 年提高了 18.12 个百分点，具有硕士学位的教师数量明显低于普通高中，与当时所确定的 2010 年从事高中阶段教育的专任教师和校长中获硕士学位者应达到10%的要求有很大差距。在此基础上，文件提出：2000年至2005年，平均每年招收约1000名中等职业学校在职教师在职攻读硕士学位。[①]学习者最终获得的是学术性硕士学位，但没有硕士研究生学历，文件限制的报考条件为40岁以下，这使得40岁以上的教师没有机会通过这条途径获得硕士学位。

中职教师在职攻读硕士学位的招生计划不断扩大，从2000年的1170人扩大到2012年的2400人，培养单位从最初的13家增加到32家，招生专业从19个增加到41个[②]，在一定程度上提升了在职教师的学历层次。

但是，国家学位制度未对中职教师在职攻读硕士学位的性质作出明确规定，实践中存在不知应授予学术学位还是专业学位的混乱现象，导致培养机构对这一培养制度的培养目标和质量存在困惑。

2011年12月24日，《教育部关于进一步完善职业教育教师培养培训制度的意见》颁发，继续强调各级教育行政部门要支持具有硕士、博士学位授予权的职业教育师资培养培训基地院校扩大研究生层次职业教育教师培养规模，提升培养质量。2012年9月6日，教育部、国家发展和改革委员会、财政部颁发《关于深化教师教育改革的意见》，提出扩大教育硕士、教育博士招生规模，培养高层次中小学和中等职业学校教师。职业院校对研究生层次的教师需求的确很迫切，尤其是高职学院急需大量拥有博士学位的人才来充实教师队伍，使高职教育更好地体现出办学层次的高等性，然而文件的这一目标落实起来面临很大困难。

为职业院校领导、教师提供的获得博士学位的专门途径是教育博士专业学位。2008年12月，国务院学位委员会第二十六次会议审议通过了《教育博士专业学位设置方案》，决定设立教育博士专业学位。方案规定：教育博士专业学位教育的培养目标是造就教育、教学和教育管理领域的复合型、职业型的高级专门人才。教育博士专业学位招收对象是具有硕士学位、有5年以上教育及相关领域全职工作经历、具有相当成就的中小学教师和各级各类学校管理人员。[③]但教育博士招生中，也不可能把职教学科招生名额单列出来，因而通过这条途径提高职教教师博士学位的比例缺乏一定的操作性。

总之，自2000年起，教育部职业教育与成人教育司和国务院学位办在部分高校开展“中等职业学校教师在职攻读硕士学位”工作，有组织、有计划地培

---

① 关于开展中等职业学校教师在职攻读硕士学位工作的通知.（2000-05-30）[2018-05-27]. http://www.jyb.cn/info/jyzck/200603/t20060308_12323.html.

② 郁天宇，曹晔. 中职教师在职攻读硕士学位现状、问题与对策研究. 中国职业技术教育，2013（24）：31-38.

③ 教育博士专业学位设置方案.（2008-12-16）[2018-05-27]. http://www.cdgdc.edu.cn/xwyyjsjyxx/gjjl/bsszfa/jybs/.

养骨干教师和专业带头人。10余年来，从首批招收982人逐渐增长至每年招收2000人左右，招生专业也从最初的39个增加到100多个，在一定程度上起到了提高中职教师素质和学历层次的积极作用。

（三）多形式多渠道培训在职教师

教育部致力于构建内容完备、特色鲜明、管理规范、相互衔接的职业教育教师培养培训制度体系框架。2011年《教育部关于进一步完善职业教育教师培养培训制度的意见》出台，建立职业教育师范生招生与实践实习制度、高层次教师系统培养制度、教师继续教育制度、教师定期到企业实践制度。后三个制度与职校教师的专业发展更相关。全面推行新任教师上岗培训，重点提升职业教育认知水平、师德素养、教学能力，培训时间不少于120学时。定期组织教师岗位培训，帮助教师更新教育理念，学习掌握新知识、新技能、新工艺、新方法，提高教育教学能力，培训时间每五年累计不少于360学时。加强骨干教师和专业带头人培训，重点提升专业建设和课程开发能力、教学科研能力。①

采取多种形式，多种渠道培训在职教师。各类职业技术学校文化课教师的培训，由高等师范院校、教育学院和综合大学以及有条件的其他高等学校承担；专业课、专业基础课和实习指导教师的业务进修、技能培训，由职业技术师范院校、师范学院、教育学院、师资培训中心及有关高等院校、科研、企事业单位负责；教育学、教学法和文化基础知识的培训，由高等师范院校、教育学院和有条件的综合大学承担。各校承担的培训任务，由学校的主管部门下达。

为了提高教师的业务水平，对达不到规定学历的现任教师，经过推荐、考核后进行脱产或不脱产的培训，进入有关高等院校举办的各种师资培训班，分别按本、专科教学计划和大纲进行教学，学完规定课程，考试合格，给予本、专科学历。培训前已在高等学校各种培训、进修班学过有关本专业的某些课程，取得单科结业证书的，可予免修。

利用广播、函授、电视等方式提高职业技术学校教师的业务水平。重视兼职教师的作用，聘请有丰富实践经验又有教学能力的专业技术人员到校兼课，以加强教学与实践的联系。兼职教师要占一定比例，做到专兼结合，以专为主。提倡校际之间的教师互相兼课。注意聘请有实践经验的四级以上技工、能工巧匠担任实习指导教师。此外，为解决某些国内目前难于培养的空白、短线专业的师资

---

① 教育部关于进一步完善职业教育教师培养培训制度的意见.(2011-12-24) [2018-05-27]. http://old.moe.gov.cn//publicfiles/business/htmlfiles/moe/s7034/201201/129037.html.

来源和吸收国外职业技术教育的经验，提高师资水平，还应有计划地派遣一些教师出国留学、进修。

三、以“体系建设”为特征的队伍建设阶段

2011 年,《教育部关于进一步完善职业教育教师培养培训制度的意见》发布，提出完善职业教育教师培养培训制度的主要任务是完善制度框架。应加强统筹规划和整体设计，科学构建覆盖教师职前培养、职后培训全过程的各项制度，使职业教育教师培养培训工作各环节有章可循。

（一）完善专业学位制度

在我国学位制度改革的要求下，从 2014 年开始，中职教师在职攻读硕士学位停止招生，改为通过教育硕士这条路径培养硕士层次的教师和管理人员。从 2016 年开始，教育硕士的入学考试与学术性学位的入学考试并轨，入学考试难度大大增加。

职业技术教育领域教育硕士专业学位，主要培养掌握现代教育理论、具有较强的职业教育教学实践和研究能力的高素质的中等职业学校专业课程专任教师和教育教学管理人员。学习年限一般为两年。对于在职攻读学位的研究生，将其培养成具有现代职业教育观念、扎实专业基础和职业素养、较强职业教育教学能力和教研能力的“双师型”中职学校教师。学习年限为 2 ～ 4 年。

全日制研究生招生对象为具有国民教育序列大学本科学历（或本科同等学力）人员。在职攻读研究生招生对象为具有国民教育序列大学本科毕业，获得学士学位，并有 3 年以上中等职业教育工作实践经验的专任教师或管理人员；大学本科毕业但未获得学士学位者，需具有中级专业技术职务。

按照国家教育统计对中等职业教育专业群的分类，职业技术教育领域教育硕士的招生包括 13 个方向，即信息技术、加工制造、文化艺术与体育、财经、学前教育、医药卫生、商贸与旅游、农林、交通运输、土木水利工程、社会公共事务、能源、资源与环境。

全日制研究生的课程分为学位基础课程、专业必修课程、专业选修课程、实践教学四个模块。总学分不少于 36 学分，其中实践教学时间原则上不少于 1 年。实践教学包括教育实习、教育见习、企业实践、微格教学、教育调查、行业企业调查、课例分析、班级与课堂管理实务等实践形式，其中到中等职业学校和

企业进行实践活动的时间不少于半年。

在职攻读研究生的课程除上述4个模块外，增设公共学位必修课程模块。总学分不少于34学分，其中课程学习不少于30学分。课程体系突出“双师型”的职教师资培养目标。学生结合工作实际，开展教学设计研究、实训实习研究、教育调查、企业实践、校企合作工学结合研究、教育案例分析、班级与课堂管理研究等，并以“职业教育课程开发、专业建设、教学法的实践与应用”和“企业实践专题研究”为主题，提交两份研究报告。

对于全日制研究生，采用课堂参与、小组研讨、案例教学、合作学习、模拟教学等方式。在中职学校和企业建立稳定的教育实践基地，实行导师组指导制，在中职学校聘任有经验的高级教师担任指导教师，同时还须聘任一定数量的具有高级专业技术职务的行业、企业技术人员和管理人员担任兼职教师和指导教师。

对于在职攻读研究生，采取脱产、半脱产和在职兼读等多种方式。脱产学习年限一般为两年，其中在校学习时间不少于1年；半脱产和在职兼读学习年限一般为3年，其中累计在校学习时间不少于6个月，结合课题研究到企业实践的时间不少于两个月。培养院校应建立校内导师、中等职业学校实践导师、企业实践导师三位一体的导师团队，运用课堂讲授与案例教学、项目教学、行动学习、实践考察、模拟教学、线上学习等相结合的多元化学习方式，以职业教育教学能力和教研能力提高为重点，突出将新技术、新设备等生产资源和企业文化转化为课程与教学资源的能力培养。应推进学位证书和职业资格证书“双证书”制度，鼓励毕业生获得与其所从事专业教学相关的职业资格证书。

（二）实施职业院校教师素质提高计划

自2006年开始，每隔5年，教育部会定期发布“职校教师素质提高计划”，对推动职业教育“双师型”教师队伍建设进行顶层设计，目标任务的变化详情见表6-2。

表6-2 职校教师素质提高计划目标任务

	目标任务
教育部 财政部关于实施中等职业学校教师素质提高计划的意见	● 到2010年，培训15万名中等职业学校（含办学特色鲜明、成绩突出的技工类学校）专业骨干教师，其中中央财政重点支持培训3万名，省级培训12万名，优化教师队伍的素质结构，提高职业教育教学水平； ● 支持全国重点建设职教师资培养培训基地和全国职教师资专业技能培训示范单位开发80个专业的师资培养培训方案、课程和教材，适应职教教师培养培训的需要； ● 支持中等职业学校面向社会聘请专业技术人员、高技能人才兼职任教，促进教师队伍结构的优化，推动教师队伍建设的制度创新

续表

	目标任务
教育部 财政部关于实施职业院校教师素质提高计划的意见	• 2011—2015 年，组织 45 万名职业院校专业骨干教师参加培训，其中中央财政重点支持培训 10 万名，省级培训 35 万名，提高教师的教育教学水平特别是实践教学和课程设计开发能力； • 支持 2 万名中等职业学校青年教师到企业实践，提高教师的产业文化素养和专业技能水平； • 支持职业院校设立兼职教师岗位，优化职业院校教师队伍的人员结构； • 支持国家职业教育师资基地重点建设 300 个职教师资专业点，开发 100 个职教师资本科专业的培养标准、培养方案、核心课程和特色教材，加强基地的实训条件和内涵建设，完善适应教师专业化要求的培养培训体系
教育部 财政部关于实施职业院校教师素质提高计划（2017—2020 年）的意见	• 2017—2020 年，组织职业院校教师校长分层分类参加国家级培训，带动地方有计划、分步骤实施五年一周期的教师全员培训，提高教师“双师”素质和校长办学治校能力； • 支持开展中职、高职、应用型高校教师团队研修和协同创新，创建一批中高职教师专业技能创新示范团队； • 推进教师和企业人员双向交流合作，建立教师到企业实践和企业人才到学校兼职任教常态化机制； • 通过示范引领、创新机制、重点推进、以点带面，切实提升职业院校教师队伍整体素质和建设水平，加快建成一支师德高尚、素质优良、技艺精湛、结构合理、专兼结合的高素质专业化的“双师型”教师队伍

2006 年 12 月 26 日，《教育部 财政部关于实施中等职业学校教师素质提高计划的意见》发布，依托基地开展大规模教师培训（表 6-2）。其中，中央财政支持的培训称为“专业骨干教师国家级培训”，省级财政支持的培训称为“专业骨干教师省级培训”。该意见还非常重视教师出国培训，提出：2007—2010 年，教育部、财政部每年从经过国家级培训的教师中选拔 250 名成绩优异者赴国（境）外深造 1～2 个月，重点学习国（境）外先进的职业教育教学理念和专业教学法，培养一批高水平的职业教育教学专家。①

2011 年 11 月 8 日，《教育部 财政部关于实施职业院校教师素质提高计划的意见》发布，提出了新一轮职教教师培训计划（表 6-2）。与 2006 年意见相比，新计划不仅把培训的教师数从 15 万扩充到了 45 万，把培训对象由中等职业学校教师延伸到了高职院校教师，突出了企业实践培训，更为重要的是它还提出了职教师资培养培训体系建设项目：2012—2014 年，支持国家级职业教育师资基地重点建设 300 个职教师资培养培训专业点，改善职教师资基地的实训条件。项目兼顾专业和区域布局，突出支持重点，向现代农业、先进制造业、现代服务业相关专业倾斜，向开展职教师资培养培训工作成效显著的基地倾斜，向培养培训条

① 教育部 财政部关于实施中等职业学校教师素质提高计划的意见.（2006-12-26）[2018-06-01].http://old.moe.gov.cn/publicfiles/business/htmlfiles/moe/s7034/201001/79091.html.

件相对薄弱的西部和民族地区基地倾斜。[①]

2016年10月,《教育部 财政部关于实施职业院校教师素质提高计划（2017—2020年）的意见》发布，继续提出了新一轮职教教师培训计划（表6-2）。从计划的对象、内容和形式等方面来看，2016年出台的《教育部 财政部关于实施职业院校教师素质提高计划（2017—2020年）的意见》都有非常明显的提升（表6-3）。强调分类培训，大大提高了培训的针对性。[②]

从三份计划目标任务的内容来看，主要涉及以下几个方面：

1）专业骨干教师培训：不断扩大专业骨干教师培养规模，实现分层分类培训、五年一周期的教师全员培训。

2）基地内涵建设：以培养方案、课程和教材建设为抓手，推动职教师资重点培养培训基地内涵发展。

3）"双师队伍"建设：从分别强调引入企业优秀兼职教师、教师企业实践，到提出通过制度创新，建立"双向交流合作"，优化教师队伍结构。

4）教师团队建设：这是2016年文件中的新增内容，支持开展中职、高职、应用型高校教师团队研修和协同创新，创建一批中高职教师专业技能创新示范团队。

表6-3 2016年职业院校教师素质提高计划的内容

计划分解	对象	具体内容	形式
职业院校教师示范培训	专业带头人	提升教师的团队合作能力、应用技术研发与推广能力、课程开发技术、教研科研能力	集中面授、返岗实践、再集中面授交替进行。不少于4周
	"双师型"教师	专业教学法、课程开发与应用、技术技能实训、教学实践与演练等	集中面授与网络研修相结合的方式。不少于4周
	优秀青年教师	更新教育理念，提升教学能力、研究能力和管理能力，解决教育教学中的实际问题	听课观摩、集体备课与案例研讨、参与教科研项目，以"师带徒"模式跟岗访学。不少于8周
	校长	集团化办学、校企合作、现代学徒制、学校治理、中高职衔接、专业设置与建设、教师队伍建设等	集中面授、名校观摩、跟岗培训、专题研究等相结合。针对新任校长、骨干校长、知名校长分层分类开展不少于2周的专题研修

① 教育部 财政部关于实施职业院校教师素质提高计划的意见.（2011-11-08）[2018-06-08]. http://old.moe.gov.cn//publicfiles/business/htmlfiles/moe/moe_960/201112/xxgk_128045.html.

② 教育部 财政部关于实施职业院校教师素质提高计划（2017—2020年）的意见.（2016-11-03）[2018-06-08]. http://www.moe.edu.cn/srcsite/A10/s7011/201611/t20161115_288823.html.

续表

计划分解	对象	具体内容	形式
中高职教师素质协同提升	中高职衔接专业教师	实践教学能力、科研教研能力、研究协作能力等，共同研究开发中等和高等职业教育人才接续培养课程、教材及数字化资源	建立“双师型”名师工作室集中面授和网络研修相结合。不少于 4 周
	紧缺领域教师	新技术技能的开发与应用、传统（民族）技艺传承、实习实训资源开发、创新创业教育经验交流	集中面授、项目合作研发相结合。不少于 4 周
	骨干培训专家	培训需求诊断能力、教学设计实施能力、课程与数字化资源开发能力、核心技能创新与推广能力、工作室（平台）主持能力和绩效考核评估能力	集中面授、网络研修、课题研究相结合。不少于 2 周
校企人员双向交流合作	教师到企业实践	产业结构转型升级及发展趋势、前沿技术研发、关键技能应用等领域，以及企业的生产组织方式、工艺流程、岗位（工种）职责操作规范、技能要求、用人标准、管理制度、企业文化、应用技术需求等内容。推进企业实践成果向教学资源转化，结合实践改进教学方法和途径，发掘学校技术服务企业发展的方式和途径	考察观摩、技能培训、跟岗实习、顶岗实践、在企业兼职或任职、参与产品技术研发等。不少于 4 周
	兼职教师	参与“双师型”名师工作室建设、校本研修、产学研合作研究	聘请企业高技能人才、工程管理人员、能工巧匠等到学校任教。兼职教师每人每学期任教时间不少于 80 学时

（三）实施教师企业实践制度

实践能力是“双师型”教师业知识和能力的重要组成部分。1998 年 2 月 16 日，国家教育委员会印发《面向二十一世纪深化职业教育教学改革的原则意见》提出了“双师型”教师的培养要求，即要培养既能讲授理论，又能指导学生进行实践操作的教师。该意见提出要采取教师到企事业单位进行见习和锻炼等措施，使文化课教师了解专业知识，使专业课教师掌握专业技能，提高广大教师特别是中青年教师的实践能力。首次提出组织教师到企业进行见习的构想。2001 年 3 月 5 日，教育部公布上海宝钢集团公司、海尔集团、苏州工业职业技术学院等 6 家单位为首批全国职业教育师资专业技能培训示范单位，为职校教师企业实践制度的建立奠定了基础。

2006 年 9 月 28 日，教育部印发《关于建立中等职业学校教师到企业实践制度的意见》，明确提出建立中等职业学校到企业实践制度，并提出：中等职业学校专业课教师、实习指导教师每两年必须有两个月以上时间到企业或生产服务一线实践；各地教育行政部门要结合本地区职业学校专业设置的情况，协调相关行业部门，选择一批在行业中代表性较强、技术水平较高、职工培训基础较好、重视和支持职业教育发展的骨干企业，作为重点联系的职教教师企业实践基地。[①]在这一文件指导下，教师企业实践基地建设成了职业教育师资培养体系建设的重要内容。至2011年，教师企业实践单位达到100个，省级基地和企业实践单位进一步优化布局、突出特色。至2012年共建成400家职业教育教师企业实践单位。

2016年5月，教育部等七部门印发《职业学校教师企业实践规定》，规定职业学校专业课教师（含实习指导教师）要根据专业特点每5年必须累计不少于6个月到企业或生产服务一线实践，没有企业工作经历的新任教师应先实践再上岗，公共基础课教师也应定期到企业进行考察、调研和学习。该规定还提出国家和省级教育行政部门应会同行业主管部门依托现有资源，遴选一批共享开放的示范性教师企业实践基地，引导职业学校整合校内外企业资源建设具备生产能力的校级教师企业实践基地，逐步建立和完善教师企业实践体系。[②]

第二节　职业教育教师队伍管理的改革历程

教师是职业教育事业发展的核心力量。改革开放初期，随着中等教育结构调整、职业教育的恢复和发展，师资的数量和质量问题越来越突出，主要表现在：教师数量的补充跟不上职业教育规模的扩张；专业课教师和实习指导教师严重短缺，且没有稳定的来源；专任教师普遍缺少行业一线工作经验，实践操作技能缺乏，实践教学能力薄弱[③]。针对上述问题，1986年国家教育委员会印发《关于加强职业技术学校教师队伍建设的几点意见》，围绕"提质增量"的核心思路，从教师来源、培养培训、编制、待遇等方面提出职业教育教师队伍建设与管理改革的基本框架。

---

① 教育部关于建立中等职业学校教师到企业实践制度的意见．(2006-09-28) [2018-06-09]. http://www.moe.edu.cn/srcsite/A07/s7055/200609/t20060928_88962.html.

② 教育部等七部门关于印发《职业学校教师企业实践规定》的通知．(2016-05-13) [2018-06-09]. http://www.moe.gov.cn/srcsite/A10/s7011/201605/t20160530_246885.html.

③ 王继平."双师型"教师与职业教育教师专业化. 职业技术教育，2008 (9)：50-55.

一、"双师型"教师政策演进

"双师型"教师是中国特有的概念，其主要意图是凸显职业教育教师能力的特殊性，满足整合"理论与实践"、兼顾"教育教学能力与专业技术能力"等特殊要求。"双师型"教师的概念范围经历了从"定指一类教师个体的素质要求"到"对职业教育教师队伍的整体素质要求"的转变。

（一）"双师型"教师

"双师型"教师概念的形成源于办学实践。1978—1995 年，国家颁布的教育文件中一直没有出现过"双师型"一词，但十分强调职业教育教师的特殊性。1990 年 12 月，《中国教育报》刊载上海冶金专科学校仪电系主任王义登的文章《建设"双师型"专科教师队伍》，是我国最早明确提出"双师型"教师概念的第一份文献。

1995 年 12 月，国家教育委员会印发《关于开展建设示范性职业大学工作的通知》，其"申请试点建设示范性职业大学的基本条件"的第四条即为：有一支专兼职结合、结构合理、素质较高的教师队伍。专业课教师和实习指导教师具有一定的专业实践能力，其中有 1/3 以上的"双师型"教师。[①]这是"双师型"教师的提法第一次出现在官方教育文件中。

1997 年 11 月，国家教委在山东青岛召开首次全国职业教育师资队伍建设工作座谈会，明确"以提高队伍的综合素质为核心，以建立'双师型'师资队伍为重点"[②]，不断提高教师队伍中"双师型"教师比重。"双师型"教师队伍建设被定位为职业教育师资队伍建设的重点。

1998 年 2 月，国家教育委员会印发《面向二十一世纪深化职业教育教学改革的原则意见》，提出"要重视教学骨干、专业带头人和'双师型'教师的培养"，"采取教师到企事业单位进行见习和锻炼等措施，使文化课教师了解专业知识，使专业课教师掌握专业技能，提高广大教师特别是中青年教师的实践能力"[③]。该意见一方面提出培养"双师型"教师的重要渠道——教师到企业单位进行见习和

---

① 国家教委关于开展建设示范性职业大学工作的通知.（1995-12-19）[2018-06-13]. http://www.chinalawedu.com/falvfagui/fg22598/20106.shtml.

② 老董. 首届《全国职业教育师资队伍建设工作座谈会》在青岛市召开. 中国职业技术教育，1997（12）：9.

③ 关于印发《面向二十一世纪深化职业教育教学改革的原则意见》的通知.（1998-02-16）[2018-5-29]. http://old.moe.gov.cn//publicfiles/business/htmlfiles/moe/moe_958/200506/8944.html.

锻炼，另一方面将“双师型”要求从专业课和实习指导教师辐射到了文化课教师——“文化课教师了解专业知识”，“专业课教师掌握专业技能”。

1999年，《中共中央国务院关于深化教育改革，全面推进素质教育的决定》提出，“加快建设兼有教师资格和其他专业技术职务的‘双师型’教师队伍”[①]，将“教师资格”和“专业技术职务”作为“双师型”教师的两个要求。

当“双师型”教师用于表明对职教教师个体的要求时，主要强调的是教师素质和能力。2004年，《教育部办公厅关于全面开展高职高专院校人才培养工作水平评估的通知》发布，首次使用“双师素质”的概念，并明确了“双师素质”教师的基本要求。双师素质教师是指具有讲师（或以上）教师职称，又具备下列条件之一的专任教师：①有本专业实际工作的中级（或以上）技术职称（含行业特许的资格证书及有专业资格或专业技能考评员资格者）；②近五年中有两年以上（可累计计算）在企业第一线本专业实际工作经历，或参加教育部组织的教师专业技能培训获得合格证书，能全面指导学生专业实践实训活动；③近五年主持（或主要参与）两项应用技术研究，成果已被企业使用，效益良好；④近五年主持（或主要参与）两项校内实践教学设施建设或提升技术水平的设计安装工作，使用效果好，在省内同类院校中居先进水平。[②]该通知分别从专业技术职称、实际工作经历与技能证书、应用技术研究和实践教学设施建设与提升等四个方面对“双师型”教师的素质要求进行了诠释。

（二）“双师型”教师队伍

作为对教师个体要求的“双师型”教师在办学实践中容易被简化为“双证”，或其内涵被扭曲，而且从整体教师队伍建设的角度来说，全面提升教师“双师素质”并非一朝一夕能实现。建立“双师型”教师队伍显得更为可行。“双师型”教师队伍的概念，指对职业教育教师队伍的整体素质要求，除了教师个体素质要求外，还包括教师队伍构成方面的要求[③]。

1999年9月，《中共中央国务院关于深化教育改革，全面推进素质教育的决定》提出注意吸收企业优秀工程技术和管理人员到职业学校任教，加快建设兼有

---

① 中共中央国务院关于深化教育改革，全面推进素质教育的决定.（1999-06-13）[2018-05-29]. http://old.moe.gov.cn/publicfiles/business/htmlfiles/moe/moe_177/200407/2478.html.

② 教育部办公厅关于全面开展高职高专院校人才培养工作水平评估的通知.（2004-04-21）[2018-5-29]. http://old.moe.gov.cn/publicfiles/business/htmlfiles/moe/moe_42/200409/1182.html.

③ 王继平.“双师型”教师与职业教育教师专业化. 职业技术教育，2008（9）：50-55.

教师资格和其他专业技术职务的“双师型”教师队伍[①]，明确将企业优秀在职人员作为“双师型”教师队伍的重要来源。

2002 年，《教育部办公厅关于加强高等职业（高专）院校师资队伍建设的意见》指出：各类高职（高专）院校一方面要通过支持教师参与产学研结合、专业实践能力培训等措施，提高现有教师队伍的“双师素质”；另一方面要重视从企事业单位引进既有工作经验，又有扎实理论基础的高技术人员和管理人员充实教师队伍。[②]再次明确“双师型”教师队伍在个体素质和队伍构成方面的基本思路与要求。

在新的历史时期，“双师型”教师队伍建设仍是职业教育教师队伍建设的关键词。2010 年 7 月，《国家中长期教育改革和发展规划纲要（2010—2020 年）》发布，五次提及“双师型”教师队伍，主要涉及三个方面：①明确基础地位，加强“双师型”教师队伍和实训基地建设，提升职业教育基础能力，强调“双师型”教师队伍是职业教育基础能力的重要组成部分。②加强培养培训，依托相关高等学校和大中型企业，共建“双师型”教师培养培训基地。完善教师定期到企业实践制度。③优化引进制度，完善相关人事制度，聘任（聘用）具有实践经验的专业技术人员和高技能人才担任专兼职教师，提高持有专业技术资格证书和职业资格证书教师比例。[③]

2016 年 11 月，《教育部 财政部关于实施职业院校教师素质提高计划（2017—2020 年）的意见》明确提出要加快建成一支师德高尚、素质优良、技艺精湛、结构合理、专兼结合的高素质专业化的“双师型”教师队伍[④]。

对改革开放以来我国职教师资队伍建设政策的梳理表明，“双师型”教师队伍建设是职教师资队伍建设“中国特色”的集中体现。“双师型”既是对职教教师队伍中一类教师个体素质的要求，也是对整个职教教师队伍的整体素质要求。在通过培养培训优化在职教师的“双师”能力的同时，应完善相关人事制度，引进优秀的企业人才，从而建立一支高素质的教师队伍。

---

① 中共中央国务院关于深化教育改革，全面推进素质教育的决定.（1999-06-13）[2018-05-29]. http://old.moe.gov.cn/publicfiles/business/htmlfiles/moe/moe_177/200407/2478.html.

② 教育部办公厅关于加强高等职业（高专）院校师资队伍建设的意见.（2002-06-08）[2018-05-29]. http://www.moe.gov.cn/s78/A07/zcs_left/moe_737/gzjy_qt/201006/t20100608_88980.html.

③ 国家中长期教育改革和发展规划纲要（2010—2020 年）.（2010-07-29）[2018-05-29]. http://old.moe.gov.cn/publicfiles/business/htmlfiles/moe/info_list/201407/xxgk_171904.html.

④ 教育部 财政部关于实施职业院校教师素质提高计划（2017—2020 年）的意见.（2016-11-03）[2018-05-30]. http://www.moe.gov.cn/srcsite/A10/s7011/201611/t20161115_288823.html.

二、职业教育教师资格制度的演进

（一）职业教育教师职业资格要求的提出

改革开放初期，中等职业技术学校教师聘用与资格要求原则上参照原规定执行，且突出对师资的学历要求。1986年6月，国家教育委员会颁发《关于加强职业技术学校师资队伍建设的几点意见》，明确师资的编制、学历要求和待遇。其中，学历要求为：初等职业技术学校的文化、专业课教师，应具有专科学历或同等学力，实习指导教师可以是有实践经验的中级技术工人或能工巧匠。中等职业技术学校的文化、专业基础课、专业课教师，一般应具有本科学历或同等学力，其中某些技艺性较强的专业教师，亦可为专科学历；从事教学工作多年、经验丰富、教学效果较好的教师，其学历要求可以适当放宽；实习指导教师，一般应具有中等职业技术学校及以上的学历。高等职业技术师范院校、高等职业技术学校的教师，目前应具有本科以上学历，今后应逐步提高要求。① 由此，以学历要求为主，基本确定了不同学段职业教育学校师资的资格要求，在一定程度上还可以考虑经验因素降低学历要求。

劳动部门对教师资格的要求则兼顾学历与专业技能。1989年1月，《劳动部关于加强职业技术培训师资队伍建设的意见》明确提出：文化、技术理论基础课教师，具有大学本科以上学历的应达到45%以上，讲师应达到40%以上，高级讲师应达到10%左右，技术理论基础课教师应争取掌握某一工种的操作技能；生产实习指导教师实际操作技能必须具备中级工（五级工）以上水平，具有大专以上文化程度的应达到25%以上，一级以上实习指导教师应达到20%以上。②

（二）职业教育教师资格制度的建立

职业教育教师资格制度建立在1994年《中华人民共和国教师法》、1995年《教师资格条例》、2000年《〈教师资格条例〉实施办法》的基础上。

1994年1月1日起实行的《中华人民共和国教师法》中明确提出“国家实行教师资格制度”，规定：取得中等专业学校、技工学校、职业高中文化课、专

① 国家教育委员会颁发《关于加强职业技术学校师资队伍建设的几点意见》的通知 .（1986-06-26）[2018-06-01]. http://www.law-lib.com/law/law_view1.asp?id=47487.

② 劳动部关于加强职业技术培训师资队伍建设的意见 .（1989-01-05）[2018-06-13]. http://www.chinalawedu.com/falvfagui/fg22598/16759.shtml.

业课教师资格，应当具备高等师范院校本科或者其他大学本科毕业及其以上学历；取得中等专业学校、技工学校和职业高中学生实习指导教师资格应当具备的学历，由国务院教育行政部门规定。①

1995 年 12 月 12 日，国务院发布的《教师资格条例》将教师资格分为 7 类，从教师资格条件、考试、认定、罚则等方面进行了规定。职业教育教师资格分为两类：中等专业学校、技工学校、职业高级中学文化课、专业课教师资格（统称中等职业学校教师资格）；中等专业学校、技工学校、职业高级中学实习指导教师资格（统称中等职业学校实习指导教师资格）。该条例规定：取得中等职业学校实习指导教师资格，应当具备国务院教育行政部门规定的学历，并应当具有相当于助理工程师以上专业技术职务或者中级以上工人技术等级。②

2000 年 9 月，教育部颁布《〈教师资格条例〉实施办法》，对申请者的教育教学能力提出要求，并再次明确申请认定中等职业学校实习指导教师资格者应当具备中等职业学校毕业及以上学历，对于确有特殊技艺者，经省级以上人民政府教育行政部门批准，其学历要求可适当放宽。③

从上述法律法规文本中，我们可以发现，职业教育教师资格制度是纳入教师资格制度的统一框架中进行设计的，虽然考虑到了职业教育教师在专业技术技能要求方面的特殊性，但是特色并不明显，甚至规定“高级中学教师资格与中等职业学校教师资格相互通用”②。

基于此，2013 年 9 月，教育部印发《中等职业学校教师专业标准（试行）》，制订针对职业学校“双师型”教师专业标准。该标准明确：中等职业学校教师是履行中等职业学校教育教学工作职责的专业人员，要经过系统的培养与培训，具有良好的职业道德，掌握系统的专业知识和专业技能，专业课教师和实习指导教师要具有企事业单位工作经历或实践经验并达到一定的职业技能水平。④该标准从专业理念与师德、专业知识与专业能力三个方面明确了基本要求，为制订中等职业学校教师准入标准和管理制度提供了基本依据。

---

① 中华人民共和国教师法.（1993-10-31）[2018-05-30]. http://old.moe.gov.cn//publicfiles/business/htmlfiles/moe/moe_619/200407/1314.html.

② 教师资格条例.（1995-12-12）[2018-01-05]. http://www.moe.gov.cn/s78/A02/zfs__left/s5911/moe_620/tnull_3178.html.

③《教师资格条例》实施办法.（2000-09-23）[2018-05-30]. http://www.moe.gov.cn/srcsite/A02/s5911/moe_621/200009/t20000923_180473.html.

④ 教育部关于印发《中等职业学校教师专业标准（试行）》的通知.（2013-09-24）[2018-05-30]. http://www.moe.gov.cn/srcsite/A10/s6991/201309/t20130924_157939.html.

三、兼职教师管理制度的演进

改革开放初期，职业教育恢复发展面临的突出问题即是“师资严重不足”的问题。由此，1985年5月，《中共中央关于教育体制改革的决定》中特别提出：各单位和部门办的学校，要首先依靠自身力量解决专业技术师资问题，同时可以聘请外单位的教师、科学技术人员兼任教师，还可以请专业技师、能工巧匠来传授技艺。① 首次明确兼职教师在补充师资不足方面的重要作用及其来源，由此开启兼职教师管理制度从重新聘任到兼顾聘任与管理的演进。

（一）兼职教师的聘任制度

聘任兼职教师被认为是改善学校师资结构、加强实践教学环节的有效途径。2002年，《教育部办公厅关于加强高等职业（高专）院校师资队伍建设的意见》中首次明确定义兼职教师，认为兼职教师是指能够独立承担某一门专业课教学或实践教学任务、有较强实践能力或较高教学水平的校外专家。②

对于兼职教师的聘任要求，不同时期的文件规定体现了当时的理解与需求，大体上呈现出从偏重“专业技术能力”向综合“专业能力与教育教学能力”转变，要求也日趋详细与完善。

2012年，教育部、财政部、人力资源和社会保障部、国务院国有资产监督管理委员会联合颁布《职业学校兼职教师管理办法》，从思想道德、职业资格、专业技能水平和年龄四个方面确定兼职教师的基本条件：职业学校聘请的兼职教师应具备良好的思想政治素质和职业道德，具有中级以上专业技术职称（职务）或高级工以上等级职业资格，专业素养和技能水平较高，年龄一般不超过65岁。③

关于政府文件中对兼职教师聘用的详细要求，可参考表6-4。

---

① 中共中央关于教育体制改革的决定.（1985-05-27）[2018-06-02]. http://www.moe.gov.cn/jyb_sjzl/moe_177/tnull_2482.html.

② 教育部办公厅关于加强高等职业（高专）院校师资队伍建设的意见.（2002-06-08）[2018-05-29]. http://www.moe.gov.cn/s78/A07/zcs_left/moe_737/gzjy_qt/201006/t20100608_88980.html.

③ 关于印发《职业学校兼职教师管理办法》的通知.（2012-10-08）[2018-06-03]. http://www.law-lib.com/law/law_view1.asp?id=404856.

表 6-4 政府文件中对兼职教师的聘用要求

年份	文件名称	兼职教师聘用要求
1986	关于加强职业技术学校师资队伍建设的几点意见	有丰富实践经验又有教学能力的专业技术人员
1996	中华人民共和国职业教育法	专业技术人员、有特殊技能的人员和其他教育机构的教师
1996	劳动部关于加强技工学校及就业训练中心等职业培训机构教师队伍建设的通知	专业技术人员、高级技工、技师、高级技师
1997	国家教委关于加强中等职业学校教师队伍建设的意见	企业和事业单位有中级以上专业技术职务、符合中等职业学校教师资格条件的专业技术人员和有特殊技能的人员
1998	关于实施职业教育法加快发展职业教育的若干意见	专业技术人员和高级技术工人、技师、高级技师
1999	面向二十一世纪深化职业教育教学改革的原则意见	企事业单位有实践经验的人员
2002	关于加强高等职业（高专）院校师资队伍建设的意见	企业及社会上的专家、高级技术人员和能工巧匠
2006	教育部 财政部关于实施中等职业学校教师素质提高计划的意见	在职或退休的专业技术人员、高技能人才；具有中级以上专业技术职务或高级工以上技术等级资格，具备良好的职业道德、专业素养和较高的技能水平，胜任教育教学工作
2011	教育部 财政部关于实施职业院校教师素质提高计划的意见	具有中级以上专业技术职务或高级工以上职业资格，或者是在本行业享有较高声誉、具有丰富实践经验和特殊技能的“能工巧匠”；具有 5 年以上工作经历的企业在职人员优先聘用
2012	职业学校兼职教师管理办法	具备良好的思想政治素质和职业道德，遵纪守法，热爱教育事业，身心健康；具有较高的专业素养和技能水平，能够胜任教学工作；一般应具有中级以上专业技术职称（职务）或高级工以上等级职业资格（职务），特殊情况也可聘请具有特殊技能，在相关行业中具有一定声誉的能工巧匠、非物质文化遗产国家和省级传人；初次聘请的退休人员，离开原工作岗位的时间原则上不超过 2 年，年龄一般不超过 65 周岁，特殊情况可据学校需要而定

（二）兼职教师管理制度

改革开放以来，有关兼职教师的早期文件主要关注兼职教师的聘任问题。2006 年，《教育部 财政部关于实施中等职业学校教师素质提高计划的意见》首次明确规定了兼职教师的聘任、待遇，并设立中等职业学校紧缺专业特聘兼职教师资助计划。该意见提出：特聘兼职教师实行岗位聘任、合同管理，享受合同规定的相关待遇，聘任期间不占用学校现有编制，其在原单位的人事关系不变；兼职教师采取灵活的聘任和报酬支付方式，聘期根据教学需要由学校自行确定，授课报酬可按课时支付，也可按月支付。①

2011 年，《教育部 财政部关于实施职业院校教师素质提高计划（2017—2020 年）的意见》进一步提出建立科学合理的工作量考评和薪酬补助机制，逐

① 教育部 财政部关于实施中等职业学校教师素质提高计划的意见.（2006-12-26）[2018-06-02]. http://old.moe.gov.cn/publicfiles/business/htmlfiles/moe/s7034/201001/79091.html.

步优化教师队伍结构，提高职业学校教育教学水平，完善兼职教师聘用程序、聘用合同、登记注册、使用考核等管理环节，推进兼职教师管理的规范化。[①]

2012年，《职业学校兼职教师管理办法》主要从确定兼职教师的基本条件、规范管理、强化身份和明确经费来源四个方面，系统构架了兼职教师管理的制度框架。规范职业学校面向社会聘请兼职教师的工作程序，强调职业学校应建立合作企业人员到职业学校兼职任教的常态机制，同时将选派兼职教师的数量和水平纳入考核企业社会责任的重要内容；明确兼职教师可按照相应系列教师评价标准参与职务评价，给予兼职教师从事职业学校相应教学岗位工作的专业身份；明确建立政府、学校、企事业单位多渠道筹措兼职教师经费投入机制，明确职业学校可以在事业收入中安排一定经费支付兼职教师报酬，鼓励有条件的地方安排财政专项资金予以支持。[②]

第三节　职业教育教师职前职后一体化培养体系的构建

职业教育师资培养是一个系统工程，职前教育是解决"合格教师"培养的问题，职后培训是解决"优秀教师"发展的问题。这两个部分各有侧重，但是又是一个有机的整体，必须建立职前职后一体化培养体系，才能为职业教育教师专业成长提供完整的路径。

一、基于能力标准开发培养课程体系

教师能力标准是教师培养体系不可缺少的要素，它既可起到规范教师培养内容、统一教师培养质量的作用，也可以起到指导各培训机构开发培训课程、确立培训方法的作用。[③]2013年，教育部发布《中等职业学校教师专业标准（试

---

① 教育部 财政部关于实施职业院校教师素质提高计划(2017—2020年）的意见.(2011-11-08)[2018-06-03]. http://www.moe.gov.cn/srcsite/A10/s7011/201611/t20161115_288823.html.

② 关于印发《职业学校兼职教师管理办法》的通知.(2012-10-08）[2018-06-03]. http://www.law-lib.com/law/law_view1.asp?id=404856.

③ 徐国庆.从项目化到制度化：我国职业教育教师培养体系的设计.教育发展研究，2014（5）：19-25.

行)》，但是该标准的开发是在教师专业标准的统一框架下进行的，对职业教育教师能力的特殊性体现不够。另外，该标准并未区分不同发展阶段教师的能力差异，针对性不够。

从能力标准内容开发的角度，需要关注目前职业教育教师普遍存在的“教育教学能力专业化程度不高”的问题。要实现专业化，职业教育教师能力标准不仅要进一步拓深对教育学、心理学、社会学等学科的理论知识的要求，更要拓深对教育学实践知识的要求，关注教师对各个教育教学工作环节的实践知识的细化掌握。有学者已从岗位任务与能力分析的角度尝试构建职业教育教师能力的分析框架，确定教学设计、课堂教学、班级管理等九大工作领域[①]。研究开发适合我国国情的、针对不同类型教师的能力标准，还需要考虑处于不同专业发展水平教师的差异，如新任教师、骨干教师、专业负责人等。

基于教师能力标准，应根据不同受训教师来源（如本科应届生、有相关工作经历 / 相关职业资格证书者、师范专业 / 非师范专业毕业生）分类开发多元化的教师培养课程，给受训学员可选择的、多样化的课程菜单和体系。

二、完善三级培养机构网络

实施职教教师培养课程制度，区别于学校制度，建立严格的准入制度，只允许具备开设这类课程办学条件的机构承担。

建立国家—地市—学校三级培养机构网络，三个层面的功能定位应有所不同：①国家层面的培训功能应定位于国家重要职业教育改革思想宣传与专家型教师的培养；②地市层面的培训功能应定位于教师的基本教育教学能力培养，这是规模最大、覆盖全员的培训，也是最为重要的培训，它使每位教师必须达到教师能力标准要求；③学校层面的培训（校本培训）功能应定位于学校对教师的特色化培养，它是结合学校的特色化办学所进行的培训。[②]

地市层面培训应是建设我国职业教育教师培养体系的现实途径，也是目前需要全面进行建设的重点。应充分发挥地市层面教研机构的培训能力，规范、优化其发展，建立遍布于各地的职业教育师资培训网络。学校层面则应结合教师个体的专业成长，构建起促进教师专业成长的校本服务机制、以教学团队或教研组为基石的校本专业发展共同体、基于教师专业发展档案的校本管理机制。

---

① 徐国庆. 职业教育课程、教学与教师 . 上海：上海教育教育出版社，2016：240-249.

② 徐国庆. 从项目化到制度化：我国职业教育教师培养体系的设计. 教育发展研究，2014（5）：19-25.

三、重点实施研究生层次的职教教师培养制度

结合职业院校对教师的学历和“双师”能力要求，构思两种“双师型”教师培养新模式：2年制教育硕士培养，6年本硕连续贯通培养（4+0.5+1+0.5）。①

（一）2年制教育硕士培养

2年制教育硕士培养须招收本科毕业，且具有2年以上本专业相关工作经历或具有职业资格证书的人员。进入2年制教育硕士学习前已具备“双师型”教师所要求的：专业理论知识、专业实践能力、职业技能与企业实践经验。

设计培养方案应遵循：第一年在大学，学习职业教育相关理论、教育教学理论、专业教学理论/方法；第二年在职业学校，见习实习，培养教师教育能力、专业教学能力和综合实践能力。

（二）6年本硕连读贯通培养（4+0.5+1+0.5）

4年在大学，学习本专业的理论和实践课程；半年在企业，实习并取得专业相关的职业资格证书；1年在大学，学习职业教育理论、课程开发技术、专业教学法等；半年在职业学校，实习，在实践中掌握教学方法，提升教育教学能力。

针对职教教育硕士试点中的问题进行专题研讨，开发职教教育硕士培养包，重视课程、教材、师资队伍建设，完善政策保障与协调机制。

四、建立职业资格证书更新制度

基于职教教师能力标准完善现有的职业资格证书标准与内容，建立教师职业资格证书定期更新制度，能激发教师持续更新知识的动力。首先，应改变目前能力标准、培训内容、证书认证脱节的现象，建立基于能力标准的培养课程体系、证书认证体系，保证所有教师有持续的动力，为了定期获取证书而自觉地接受教师培训。其次，应改变目前教师培训中重复性培训的问题，建立基于教师资格证书的培训模块记录，避免重复学习。最后，应改变目前教师资格证书终身制的问题，体现职业教育教师知识与能力处于不断更新的基本特征，建立教师职业资格证书的更新制度，激发教师持续更新知识的动力。

---

① 石伟平，付雪凌. 职教师资培养体系须重新系统设计. 中国教育报，2018-04-24.

第七章 农村职业教育的改革与发展

改革开放40年是我国经济飞速发展、社会全面进步、人民逐步实现共同富裕的过程。回顾这一过程，我们不难发现，我国的改革开放大致经历了从农村到城市、从试点到推广、从经济体制改革到全面深化改革的过程。观察与反思我国职业教育改革与发展的40年，许多改革与创新都是从农村出发，从农村职业教育的探索开始，进而扩散并影响职业教育改革与发展的全局。

本章通过对农村职业教育改革与发展40年的全面回顾与反思，结合理论，从政策、制度、创新探索、案例呈现、未来展望等方面，呈现我国农村职业教育改革与发展的成就与特征，从理论视角进行反思，并结合新时代乡村振兴战略和教育现代化的宏观背景，分析未来一段时期农村职业教育发展前景。

第一节 农村职业教育发展阶段与改革重心：以政策变迁为中心的考察

农村职业教育主要是指县级中等职业教育，包括普通中专、职业高中和技工教育，也包括各种面向农村居民的乡镇农业学校教育、短期职业技能培训等，是面向我国农村的重要职业教育形式。发展农村职业教育也是新时代我国实现乡村振兴的重要内容之一，这是国家和政府对于农村职业教育的认识和规定。本书中所指的农村职业教育政策是指由中共中央、中央政府、全国人大及其相关部门颁发的，以正式书面文本为表现形式的正式文件或者法律法规。这些文件在一段时期内对我国农村职业教育的改革与发展具有较大影响。教育政策的变迁总是体现了政治、经济以及社会环境特征，随着时代的变化而不断变革。在不同发展阶段，我国的农村职业教育政策也呈现不同的特点，随着社会条件的不同而呈现出阶段性的变化。

从各类农村职业教育相关政策看，政策内容涵盖了农村职业教育的办学模式、经费来源，办学主体、责任主体，以及与其他各类教育的关系等。此外，各类政策都对农村职业教育的功能及地位有非常明确的强调。简单而言，可以将改革开放以来的农村职业教育政策变迁分为四个主要的阶段，包括全面恢复阶段（1978—1991 年）、探索发展阶段（1992—2002 年）、调整发展阶段（2003—2011 年）和创新发展阶段（2012 年至今）。

一、农村职业教育全面恢复阶段（1978—1991年）

1978年，党的十一届三中全会召开，迎来了我国历史发展的重要拐点，教育发展重心开始转移。1980年，国务院批转教育部、国家劳动总局《关于中等教育结构改革的报告的通知》中指出：要根据发展生产和服务性行业的需要，广开学路，举办各种职业（技术）学校，可适当将一部分普通高中改办为职业（技术）学校、职业中学、农业中学。[①]随后，《国家教委关于大力发展乡（镇）、村农民文化技术学校的意见》《中共中央、国务院关于加强和改革农村学校教育若干问题的通知》等文件要求通过丰富的办学形式推动农村职业教育发展。农村教育要从实际出发，因地制宜，适应农村居民劳动、生活，适应不同地区、不同民族的需要，适应当地的财力物力条件、经济发展特点和文化教育的要求。[②]自此，农村职业教育逐步确立改革与发展的基本思路。1985年颁布的《中共中央关于教育体制改革的决定》中专章谈"调整中等教育结构，大力发展职业技术教育"，强调农村职教"要适应调整产业结构和农民劳动致富的需要"，搞活农村经济发展。

1988年，我国正式实施"燎原计划"[③]，这是我国农村职业教育发展史上的标志性行动，目标是提高农村劳动者的文化、技术素质。虽然燎原计划是农村教育综合改革，但农村职业教育改革是重点，因此，燎原计划示范乡和县的建设内容包括：为所有学校配备劳动基地；建立劳动技术教育的制度和措施；所在县办好一所能起骨干和示范作用的职业技术学校；乡办农民文化技术学校；村发展农民夜校；普遍对在乡初高中毕业生乃至小学毕业生进行实用技术培训。《国家教委关于农村教育改革实验情况的报告》《全国农村教育综合改革实验区工作指导纲要（试行）（1990—2000年）》中提到，"燎原计划"大面积地提高了农村劳动者的素质，增强了农村运用和吸收科学技术的能力，提高了农村经营管理水平，促进农村生产、农村经济的发展和社会主义精神文明建设[④]。因此，1991年，《国务院关于大力发展职业技术教育的决定》再次强调："加强对职业技术教育的改

① 国务院批转教育部、国家劳动总局关于中等教育结构改革的报告的通知．(1980-10-07) [2018-05-07]. http://www.chinalawedu.com/falvfagui/fg22598/250.shtml.

② 中共中央、国务院关于加强和改革农村学校教育若干问题的通知．(1983-05-06). http://www.chinalawedu.com/falvfagui/fg22598/11815.shtml.

③ 杨金土. 30年重大变革——中国1979—2008年职业教育要事概录（上卷）. 北京：教育科学出版社，2011：155.

④ 何东昌. 中华人民共和国重要教育文献1949—1975. 海口：海南出版社，1998：2854.

革和基本建设：农村教育综合改革，实施‘燎原计划’，实行农科教结合。”[①]“燎原计划”的实施及其影响扩散，标志着我国农村职业教育逐步走向全面恢复。

二、农村职业教育探索发展阶段（1992—2002年）

1993年，《中国教育改革和发展纲要》颁布，指出：积极推进农村教育综合改革，促进教育同经济、科技的密切结合。县、乡两级政府要把教育纳入当地经济、社会发展的整体规划，分级统筹管理职业技术教育，统筹规划经济、科技、教育的发展，促进“燎原计划”与“星火计划”、“丰收计划”的有机结合，落实科教兴农战略。[②]1994年，农业部颁布《关于实施“绿色证书工程”的意见》，提出推行了“绿色证书”制度，成为农民从业和培训的规程，确保从业人员的素质[③]，同时，文件明确农民技术教育已从单一的实用技术培训发展到普及推广培训、技术资格培训、中专学历教育三个层次，并且打破了部门界限，形成了多部门配合、多渠道培训的新局面[④]，基本上满足了农村职业教育的发展要求。

在这一时期出台的《中华人民共和国职业教育法》中提出各级人民政府可以将农村科学技术开发、技术推广的费用适当用于农村职业培训[⑤]，明确了农村职教的地位。2002年，《国务院关于大力推进职业教育改革与发展的决定》强调：要根据现代农业发展和经济结构调整的需要，继续推进农科教结合和基础教育、职业教育、成人教育的“三教统筹”；农村职业学校要加强与企业、农业科研和科技推广单位的合作，发挥专业优势，实行学校、公司、农户相结合，推动农业产业化发展；建立县、乡、村三级实用型、开放型的农民文化科技教育培训体系，把职业学校和成人学校办成人力资源开发、技术培训与推广、劳动力转移培训和扶贫开发服务的基地。[⑥]到这一阶段，我国农村职业教育的发展延续前一阶段的发展思路，逐步探索新的路径与策略，形成了新的发展特征。

---

① 国务院关于大力发展职业技术教育的决定 .（1991-10-17）[2018-05-01]. http://old.moe.gov.cn//publicfiles/business/htmlfiles/moe/moe_732/200407/816.html.

② 中共中央、国务院关于印发《中国教育改革和发展纲要》的通知 .（1993-02-13）[2018-05-01]. http://www.people.com.cn/item/flfgk/gwyfg/1993/112701199312.html.

③ 何东昌. 中华人民共和国重要教育文献 1949—1975. 海口：海南出版社，1998：3623.

④ 国务院办公厅转发农业部关于实施“绿色证书工程”意见的通知 .（1994-03-14）[2018-05-01]. http://www.law-lib.com/law/law_view.asp?id=57746.

⑤ 中华人民共和国职业教育法 .（1996-05-15）[2018-06-03]. http://www.moe.edu.cn/publicfiles/business/htmlfiles/moe/moe_619/200407/1312.html.

⑥ 国务院关于大力推进职业教育改革与发展的决定 .（2002-08-24）[2018-06-17]. http://www.gov.cn/gongbao/content/2002/content_61755.htm.

值得关注的是，我国在1998年制定了高等教育扩招政策，并将原有的部分办学基础好、发展潜力足的中等职业学校升格为“新高职”。这一政策在全面提高了我国高等教育发展水平和普及程度同时，对职业教育发展，尤其是农村职业教育造成了极大冲击，使其发展陷入低谷。从1999年起，中等职业教育在学校数、招生数等方面持续下滑，这一状况到2005年才勉强改变。

三、农村职业教育调整发展阶段（2003—2011年）

2003年，党的十六届三中全会通过了《中共中央关于完善社会主义市场经济体制若干问题的决定》，对我国社会主义市场经济体制进行了全面的部署，并提出了“深化农村改革，完善农村经济体制”的要求①。同年，《国务院关于进一步加强农村教育工作的决定》中明确了坚持为“三农”服务的方向，大力发展职业教育和成人教育，深化农村教育改革，“就业导向”“办学模式改革”“农村劳动力转移培训”“进城务工人员培训”等主题词进入农村职业教育的相关政策文件。与此同时，各类文件开始强调“工学交替、半工半读、城乡分段和职前职后分段”等职业教育改革问题，具体体现在《农村劳动力转移培训计划》《国家发展改革委 教育部 劳动和社会保障部关于组织制订推进职业教育发展专项建设计划的指导意见》《教育部等七部门关于进一步加强职业教育工作的若干意见》等政策文件中。

2005年发布的《国务院关于大力发展职业教育的决定》中有两个部分的内容直接影响了我国农村职业教育的发展：一是提出建立和完善遍布城乡、灵活开放的职业教育和培训网络，要求每个县（市、区）都要重点办好一所起骨干示范作用的职教中心（中等职业学校），乡镇要依托中小学、农民文化技术学校及其他培训机构开展职业教育和培训；二是明确国家要重点扶持建设1000个县级职教中心。②这也是此后几年全国重建了一大批县级职教中心并产生了广泛影响的一个重要政策条件。

在此期间，《中共中央关于推进农村改革发展若干重大问题的决定》明确减免农村职业教育费用，增加公共财政投入，使更多的农村人口接受培训，达到农村职业教育发展目标。《国家中长期教育改革和发展规划纲要（2010－2020年）》

---

① 中共中央关于完善社会主义市场经济体制若干问题的决定 .（2003-10-14）[2018-06-17]. http://www.law-lib.com/law/law_view.asp?id=81335.

② 国务院关于大力发展职业教育的决定 .（2005-10-28）[2018-05-30]. http://www.gov.cn/zwgk/2005-11/09/content_94296.htm.

提出了“加快发展面向农村的职业教育”。“面向农村的职业教育”是服务农业、农村、农民的职业教育，包括办在农村的职业教育、农业职业教育和为农村建设培养人才的职业教育与技能培训，强调培养新型农民。上述文件中涉及一些新的表述，如“面向农村的职业教育”，进一步明确了我国农村职业教育的服务定位与发展方向。2011年，《教育部等九部门关于加快发展面向农村的职业教育的意见》发布，该意见提出以一系列项目和工程改革农村职业教育，以提升农村职业教育支撑现代农业发展、服务新农村建设等方面的能力。这一文件是农村职业教育专项文件，在一段时期内影响了我国农村职业教育的发展。值得注意的是，2010年底，《国务院办公厅关于开展国家教育体制改革试点的通知》印发，农村职业教育综合改革成为多个试点项目的重要内容，如开展民族地区中等职业教育“9+3”免费试点、黑龙江省与教育部共建国家现代农村职业教育改革试验区等，创新了办学模式。

四、农村职业教育创新发展阶段（2012年至今）

新时代的农村职业教育面临着全新的发展机遇与条件。2014年，《国务院关于加快发展现代职业教育的决定》发布，重新强调了加大农村和贫困地区职业教育支持力度。提出建立公益性农民培养培训制度，大力培养新型职业农民等内容[①]，呼应了在这一时期我国农村职业教育发展面临的两项重大任务，即服务精准扶贫战略与乡村振兴战略。

2016年，教育部等六部门印发《教育脱贫攻坚“十三五”规划》，提出“人人有技能”的目标，重点任务包括：加快发展中等职业教育。优化中等职业学校布局结构，在人口集中和产业发展需要的贫困地区建好一批中等职业学校；重点支持贫困地区每个地级市（州、盟）建设好至少一所符合当地经济社会发展需要的中等职业学校（含技工学校）；实施中等职业教育协作计划和技能脱贫千校行动，支持建档立卡等贫困家庭初中毕业生到省（自治区、直辖市）外经济较发达地区接受中等职业教育。[②]此后，《深度贫困地区教育脱贫攻坚实施方案（2018—2020年）》《贯彻落实〈职业教育东西协作行动计划（2016—2020年）〉实施方案的通知》配合了这一规划实施，提升了农村职业教育服务精准扶贫战略

---

① 国务院关于加快发展现代职业教育的决定.（2014-05-02）[2018-06-17]. http://www.gov.cn/zhengce/content/2014-06/22/content_8901.htm.

② 教育部等六部门关于印发《教育脱贫攻坚“十三五”规划》的通知.（2016-12-27）[2018-06-17]. http://www.moe.gov.cn/srcsite/A03/moe_1892/moe_630/201612/t20161229_293351.html.

的水平。

2018年2月，《中共中央 国务院关于实施乡村振兴战略的意见》重新定位了“农村职业教育”服务与发展，明确要健全覆盖城乡的公共就业服务体系，大规模开展职业技能培训，促进农民工多渠道转移就业，提高就业质量，推动农村职业教育服务新型职业农民培养，实施新型职业农民培育工程，支持新型职业农民通过弹性学制参加中高等农业职业教育。[①] 乡村振兴战略是今后一段时期内我国农村发展的重要指导，也是农村各项事业走向全面现代化的重大机遇。农村职业教育作为乡村振兴战略的重要力量，既要充分发挥服务功能，更要抓住发展机遇，提高发展水平，逐步实现自身现代化。

第二节 农村职业教育发展的实践样态

本节对改革开放以来我国农村职业教育办学过程中涌现的一系列办学探索与实践创新进行了回顾与分析，重点讨论了农村职业教育办学模式的探索与创新随着经济社会发展而变迁的基本特征，并对我国农村职业教育发展的实践样态的特征进行了初步总结与分析。

一、“三教统筹”与“农科教结合”办学模式的产生

（一）“三教统筹”与农科教结合办学模式的背景

改革开放以来，以师徒制和技工学校为主的厂内培训面临着来自市场力量的强大冲击，市场化对效率的追求和政府对人才市场控制的弱化，逐步瓦解了厂内培训的技能形成方式的存续基础。总体上看，农村职业教育办学模式的创新之举之所以得以实现和认可，主要依赖于以下重要前提条件。

首先，国家用工政策的转变冲击了以厂内培训为主的师徒制技能形成方式。1983年，用工政策改革逐步开始，转变固定工为主体的用工制度为多种形式并存的劳动合同制度，转变厂内培训的用工政策为“先招生、后招工”“先培训、

① 中共中央 国务院关于实施乡村振兴战略的意见.（2018-01-02）[2018-06-17]. http://www.gov.cn/zhengce/2018-02/04/content_5263807.htm.

后就业”的用工政策。自此，直接以学徒工身份进行招工的做法式微，职业院校成为国家技能形成体系的主要力量。

其次，市场化的转型改制打破了以单位制为主的企业治理机制。改革开放前的相当长时间内，国家与单位、单位与个人长期处于一种依附性的关系，单位控制和占有单位成员发展的各种资源和机会。改革开放以后，资源配置方式逐渐从政策行政计划配置转向市场配置，国有企业不再是各项优质资源的垄断者。因此，以厂内培训为主的技工学校和师徒制不再适应市场规则，亟待转型。

最后，农村经济社会的发展带来了农村职业教育的发展需求。以家庭联产承包责任制为核心内容的农村改革，使农民获得了生产和经营的自主权，使农民的生产热情空前高涨。乡镇企业获得了良好的发展机会。人才需求与人才培养不足形成了深刻的矛盾，农村职业教育亟待改革。

（二）“三教统筹”和农科教结合的发展阶段

1. 第一阶段：小范围试点

1985年前后，湖南怀化基于农业发展和农村经济进步的出发点，首次提出“农科教结合”，基本做法是，基于政府统筹，将历来属于政府部门主办的农业学校，逐步转为以农业部门办学为主，教育部门统管，科技部门和其他有关部门紧密配合参与的农村职业教育办学的新体制，这就是“农科教结合”的最初形态。1990年，鉴于怀化地区“农科教结合”模式的成功实施，湖南省政府下发了《关于实行农科教结合加速农业振兴的决定》。在领导机制上，强调建立健全农科教结合的新的领导机制，由政府相关负责人统筹任组长，农业、科技、教育、扶贫、财政、供销等多部门负责人作为小组成员，明确规定了各部门在农科教结合中的相关职责，强调相互合作、共同协调相关工作。在机构建设上，农科教中心的县乡两级实行“上挂横联下辐射”机制①。在具体实践上，要求各个县乡重点办好一所中等农业技术学校，建立农科教中心。

2. 第二阶段：全国推广

据统计，到1988年底，全国有28个省（自治区、直辖市）80多个县建立了农村教改实验区。农村教育综合改革实验区从促进经济开发、帮助脱贫入手，因地制宜地发展各类中、初级职业技术教育和短期实用技术培训，取得了适应不

---

① “上挂”指与大专院校、科研单位及上级科技部门挂钩；“横联”指与县外单位、兄弟院校联系、合作；“下辐射”则是指以农科教中心为基地，向区域内的各个乡镇、村组和农户辐射扩散。

同类型地区的经验，具体可归纳为“三位一体型”“衔接型”“联合型”“主体延伸型”“外分内统型”。1989年，中央提出了“科教兴农”的方针，颁发《国务院关于依靠科技进步振兴农业 加强科技成果推广工作的决定》，并于同年8月成立了由农业部、国家科委、国家教委、林业部、中国农业银行等五部门共同组成的全国农科教统筹与协调指导小组，联合下发了关于推进农科教结合、促进农村经济社会全面发展的意见。1990年5月，14省（直辖市）农科教结合工作经验座谈会召开，进一步扩大农科教结合的试点范围。

3. 第三阶段：逐步完善

根据1987年的《关于全国职业技术教育工作会议情况的报告》和1993年的《中国教育改革和发展纲要》，县乡两级政府把教育纳入当地经济社会发展的整体规划之中。自此，“三教统筹”在经济体制改革和教育体制改革的双重背景下应运而生，具体要求：县乡政府分级统筹负责农村地区基础教育、职业教育和成人教育，注重三者之间资源的共享与相互利用。“三教统筹”是一种符合现代化发展要求和我国国情的农村各类教育的分工与组合形式。1991年，农科教结合工作被列为国务院研究室的重点课题，进行专题调研。1992年，《国务院关于积极实行农科教结合推动农村经济发展的通知》颁布，对农科教结合工作的意义、目标、重点做了全面的阐述，将农科教结合工作作为实现农业现代化的一个重要途径，认为农科教结合要紧紧围绕振兴农业和农村经济，农科教三部门事业要紧密结合，相互促进，协调发展，逐步实现农业和农村经济现代化。1993年3月，《国务院关于在全国积极实行农科教结合推动农业和农村经济发展的通知》发布，指出要根据农业发展靠科技、科技进步靠人才、人才培养靠教育的客观规律，在政府统筹协调下，应使农科教形成强大合力，即以促进农业和农村经济发展为目标，以推广先进农业科学技术为动力，以加强农村教育特别是职业技术教育和适用技术培训为基础，实现农业和农村经济的全面振兴。随着农科教结合得到中央政府的进一步高度重视，相关的组织、领导工作也得到了进一步的加强。1994年，国务院决定成立由农业部牵头、九部委共同参与的“全国农科教结合协调领导小组”，全国的农科教结合工作在该小组的统一领导下开展实施，各省级行政区也相应地成立了有关工作部门，共同推进农科教结合工作。1994—1996年，国务院和全国农科教结合协调领导小组连续三年召开会议。此外，农科教结合已经成为党的十五届三中全会等重要会议突出强调的内容，强调了农科教结合在科教兴农等工作中的重要意义。

（三）“三教统筹”与农科教结合的意义

“三教统筹”提倡农村三教都要为农村服务，特别强调采取“普职结合”或“普职渗透”的方式，统筹使用各教资源，“一校多用、一校多能”。农业是国民经济的基础，农村教育直接关系着我国农业的发展和广大农民的命运。在党的“科技教育兴农”的思想指导下，全国500个县的1500个乡镇实施燎原计划。燎原计划是进行农村教育改革，促进农业发展的一项具有深远历史意义的工程。燎原计划中农科教结合的崭新教育模式，发挥了农村教育在“育人兴农”“治愚致富”的巨大功能，促进了“教促富，富促教”的良性循环。由此可见，“农科教结合”的教育模式不仅在当时，乃至在未来的农村发展道路上都充分显示了强大生命力。

二、县级职业教育中心办学模式

（一）县级职教中心办学模式的形成背景

从农村经济来看，农村经济结构单一，经济基础薄弱，长期深层次矛盾逐渐凸显出来。一是农村吸纳剩余劳动力的能力有限。长期以来，我国农村劳动力综合素质普遍偏低，缺乏必要的专业技能，此状况不仅与农村现代化要求不适应，还严重制约农村经济的发展。二是以培育特色经济、主攻民营经济、发展配套经济、壮大园区经济、提升劳务经济为新思路的县域经济发展，碍于人才短缺、技术缺少等现实问题，长期止步不前，发展效果不佳。

从教育本身来看，农村教育结构单一，职业教育吸引力不足，教学内容缺乏地方特色。原因之一是职业教育基础薄弱。随着“三教统筹”和农科教结合办学模式的成功推行，20世纪80年代，我国农村职业中学有了较大的进步和提高。但总体而言职业教育发展水平仍较低，在教育质量、办学条件、办学水平等方面都有待提高。原因之二是在管理体制上长期存在条块分割、各自为政的现象，导致农村职业学校整体效益较低，学校专业设置欠科学，区域内专业设置重复，资源浪费，普职比例严重失衡。

（二）县级职教中心办学模式的形成过程①

1. 县级职教中心办学模式的发端

县级职教中心的探索始于20世纪80年代末期。1989年，河北省获鹿县对县域内职业高中、农民中专、技工学校、电大、农业广播学校等进行整合，最终由获鹿县职业教育中心管辖。在这个“中心”内，一是中心功能得到集合。通过打破职前职后长期脱离的局面，实现职前职后一体化的目标；通过“政府统筹、部门联办、教委协调、多校联办”的机制，实现资源的重新整合与最大化利用。二是中心功能得到扩散。基于集“人才培养、生产示范、技术推广和社会服务”等多种功能于一体的优势，提高职业教育机构的各资源的利用效率。

1991年，鉴于获鹿县的优秀经验，河北省在关于县级职教中心发展的省长专题办公会议上，出台了《关于集中力量办好一批职业技术教育中心的通知》，提出每个县集中力量办好职业教育中心。首先，把全省149个县分成三个片，总体规划农村职教中心的建设；其次，决定每个县建立一所综合性的县级职教中心。这是一种由政府统筹，学校教育与经济相协调，县长兼任校长，最终以“一校多制”“一校多职”等具体形式确定下来的办学模式。如河北省迁安县和青县职业技术教育中心，走“以教促富，以富促教”之路，被誉为“人才培养的‘摇篮’”和“科教兴农的‘尖兵’”。

2. 县级职教中心办学模式的推广

1994年5月底，国家教育委员会在石家庄召开全国骨干性职业学校建设工作研讨会，与会代表对河北省用三年时间在88个县（市）建成县级职教中心并顺利运转、产生较好效益的情况表示了极高的兴趣，并认为县级职教中心的做法有较大意义，且已经在实践上取得一定的成绩，值得在全国进行推广。因此，与会代表通过联名致信的方式向副总理李岚清提出推广县级职教中心做法。1998年，国家教育委员会发布了《关于加快中西部地区职业教育改革和发展的意见》，确定利用国债在西部国家级贫困县新建186个职业教育中心。2005年，《国务院关于大力发展职业教育的决定》发布，明确规定“每个县（市、区）都要重点办好一所起骨干示范作用的职教中心（中等职业学校）”。自此，县级职教中心办学模式逐渐由河北省走向全国范围，且在全国范围形成广泛影响。直至今日，县级

---

① 翟帆．县级职教中心的二十载峥嵘岁月．(2012-01-07) [2018-06-13]. http://edu.people.com.cn/h/2012/0107/c227696-1843838625.html.

职教中心仍然广泛存在，并在统筹县域职业教育资源、提高职业教育办学质量和服务能力，发挥着重要的功能。

3. 县级职教中心办学模式的基本做法

职教中心办学模式的主要特点是："综合性、多功能"，"政府统筹，部门联办，教育协调，一校多制"的管理体制；多渠道的经费投入和"上挂横联下辐射"的农科教结合机制。此处"政府"指的是县级政府，其功能就在于协调县域内职业教育各机构的联合与资源利用，以及各部门之间的资源统筹，如农业、科技、教育、劳动等；"校"指的是县级职教中心校，其功能就在于将县域内的职业教育资源进行统筹利用。由政府统筹，职教中心校实践，实施并推广县级职教中心办学模式。有研究者总结了我国县级职教中心的三种模式。

一是集团型模式。这一模式的主要特征是在县政府主办下，政府对县域内的中等职业教育资源进行整合，对县域内各类型的职业教育机构进行布局结构调整，通过合并、联办、划转、置换等多种形式，打破行业、部门及学校类别的界线，实现农村各类职业教育的实质性合并。在管理体制上，实行县政府主办制。在机构组成上，以县级职教中心为中心。在功能实现上，依靠实质性合并后的集团型模式，达到理顺农村职教管理体制、优化农村职业学校的资源配置、提高农村职教规模效益的目标。这种模式以河北省、浙江省的县级职教中心为代表。浙江省的县级职教中心以"政府统筹、部门联合、教育主管、统一规划、分口服务"的办学体制和管理体制，有效地解决了农村职业学校布局分散、规模小、重点投入不足等实际问题，在很大程度上减轻了地方财政的压力，实现了农村职业教育资源的合理配置。

二是联合型模式。这种模式的主要特点是在政府的宏观调控下，将职能部门举办的职业学校和社会力量主办的民办学校联合起来，集中规划到县级职教中心。在管理体制上，县级职教中心由主管县长任主任，教育、财政、人社、乡企、农业、科技等部门的主要负责人为成员。在机构组成上，以县级职教中心为主要框架，以职能部门举办的职业学校和社会力量主办的民办学校为主办力量，县级政府主导统筹，县域各个职能部门以及社会力量共同参与管理。在功能实现上，"政府统筹、部门联办、教育协调、多校一体"的办学体制，明确了"职业教育中心负责培训，农业部门组织培训对象，劳动部门负责劳动力转移，财政部门负责经费保障，各乡（镇）负责协调配合"的工作职责。这种模式以陕西省宝鸡市的眉县等县（市）为代表。以眉县职业中专为依托的眉县职教中心，先后联合了县电大、县教师进修学校、县党校和该县所有乡（镇）的农科教中心，基本上将县域内的职业教育融为一体。

三是示范学校型模式。这一模式的主要特征是依据县域经济社会发展的特色，由县政府负责，协调组织各个相关的部门与行业，以县域内条件较好的示范性职业学校为载体，联合县域内各个职业教育机构，组成集职前教育、职后培训、不同学制、不同教育对象于一体的连锁办学模式。在管理体制上，实行校务委员会领导下的校长负责制，即由教育、劳动、农业、工业、卫生、科技等各部门主要领导组成，并由县（市）主要领导担任主任。校务委员会既是政府统筹的决策机构，也是联合办学的组织结构。在机构组成上，以县级职教中心为主要框架，以实力较强的职业学校为龙头，以其他各个职业教育与培训机构为基础，县级政府主导统筹，县域各个职能部门共同参与管理。在功能实现上，校务委员会根据县域经济社会发展规划，制订县级职教中心的人才培养计划，包括正规教育、非正规培训等方面的计划，并组织培训力量；各相关产业部门参与制订专业课教学计划、教学大纲，各产业部门协调安排专业教师和实习场所；教育行政部门统筹安排师资配备和教学设施等问题，且领导和监管教育教学和管理活动。这一模式以山东平度职教中心为代表，其通过做强做大做优县级职教中心，来提升全市职业教育整体水平，增强职业教育服务县域经济的能力。

（三）县级职教中心办学模式的重要经验

一是重视政府部门的统筹功能。职业教育管理体制上的分割性导致职业教育教育资源弱质性、职业教育办学条件落后性、职业教育发展方向模糊性等一系列问题的出现，严重阻碍了职业教育基础能力建设的恢复乃至提升。由此，县级职教中心作为县域内职业教育管理体制上的管理者，主要由县级政府主要领导担任中心的负责人，通过召集县各个职能部门的负责人作为中心的成员，形成了政府统筹、部门配合的管理体制，使区域内职业教育大家庭有主心骨。政府统筹的内容主要包含两个方面：一是资源的整合，二是资金、政策的整合。需要指出的是，随着市场经济体制的不断完善，政府统筹的内容逐渐由从资源、资金和政策的整合过渡到资金投入和宏观调控上。自此，避免了资源的闲置与重复建设，提高了资源的统筹利用，也促使各个部门的分散力量形成合力，共同促进职业教育的发展。

二是体现区域服务性。职业教育与地方经济发展联系最为密切，县级职教中心是服务县域经济的，县域经济的区域性要求县级职教中心要体现县域特色。根据上述三种县级职教中心模式的特征，可知县域内职业教育机构的专业设置、教学安排、师资队伍构建和实习场地安排等都是由各相关产业部门参与制定、协调安排的。根据服务地方的原则，政府职能部门和相关产业部门务必结合区域特色进行相关教学安排。此外，由于地方产业和当地中小型企业的稳步发展，县级职教中心在办学契机、学生就业等方面会迎合区域经济社会发展对技能型人才的需求，并且各个职业教育与培训机构也会相应推出与区域发展需求相对接的培训服务。

三是体现职业教育与培训机构服务的综合性。县域经济区是国家经济的缩影，为应对服务重点和服务方向上的差异，一是整合各类型职业教育资源，二是集合多种机构和多个主体，三是培养多种类和多层次的人才，四是发挥综合社会服务功能，全方位、多方面给予区域经济区服务范围的综合性和服务能力的多样性。其中，在教育类型上，既包括职业教育，同时包括职业培训；在教育目标上，既注重农村学龄人口升学的需求，又突出就业能力的培养；既注重农村剩余劳动力转移的培训需求，也重点服务区域经济社会发展。总之，县域经济是经济和社会功能齐全、综合各产业部门乃至社会单位于一身的国民经济小系统，县级职教中心作为服务其发展的方式之一，也必然要求五脏俱全，综合功能强。

四是鼓励职教中心的开放性。县级职教中心的开放与合作成为经济发展潮流中的趋势。过去，“三教统筹”和农科教结合的办学理念都是侧重强调服务当地经济，致使职业教育的发展始终是小步子前进。随着改革开放的深入，开放与合作的形式呈现多样化。开放意味着教育资源的多样化和教育领域的扩大化，合作意味着在广阔的教育领域中实行大范围的资源整合与重组，实现错位发展。县级职教中心虽具有综合性，但却不能包罗万象，打开大门看全国，才能实现优势互补，才能促进各县级职教中心办学模式的生命力越显强大。

三、职业教育城乡一体化办学模式

（一）职业教育城乡一体化办学模式的形成背景

首先，深化经济体制改革是城乡一体化办学模式的主要动力。随着发展领域的放开、投资身份的打破，城镇居民和农村群众进入彼此的生活领域，一方面部分城镇居民陆续下乡开发资源，另一方面部分农村群众纷纷进城、务工经商。城镇市场和农村市场发生的新变化，对人力资源素质和结构的需求发生巨大的转变。为适应这一变化，创新原有的技能形成体系势在必行，及时调整职业教育发展策略，结合城乡各自的资源优势，提出职业教育城乡一体化办学模式。

其次，“打工经济”的兴起成为城乡一体化办学模式的直接动力。一方面，打工者离开土地进城务工，在获得收入、增长见识的同时，增加了城市容量，扩大了城市规模，促进了城镇经济的繁荣和发展。另一方面，离土人员的增加，必然使守土人员减少，人均拥有资源扩大，劳动生产率提高，从而实现农民增收。但无论是离土农民创业，还是守土农民增收，都遇见了一个相同的问题，即技能储备的不足。

最后，公平意识深入人心和城乡均衡发展诉求是城乡一体化的价值取向。随着经济社会的全面发展和观念的进步，城乡之间不均衡的发展状况势必要被打破。一方面，国家将实现城乡公平享受改革发展的成果作为重要的努力方向，这是从价值观层面对城乡一体发展的支持；另一方面，城乡均衡发展需要各种不同形式的探索，而以往的各种方式“治标不治本”，难以从根本上解决城乡非均衡发展的问题。城乡一体化发展为均衡发展提供了可能，探索了“城乡公平、以城带乡”发展路径。

（二）职业教育城乡一体化办学模式的具体内容

2008 年 10 月，党的十七届三中全会审议通过《中共中央关于推进农村改革发展若干重大问题的决定》。该决定提出，要建立促进城乡经济社会发展一体化制度，把推进城乡一体化作为国家发展战略，希望通过形成“以城带乡、城乡互补”的方式，逐步消除我国长期存在的城乡二元结构，实现城乡关系平等、城乡共同发展。城乡职业教育一体化是城乡发展一体化的衍生概念，是从属于城乡发展一体化这一理念的。

职业教育城乡一体化的基础在于突破原有的城乡二元结构理念，改变城乡之间二元对立的基本关系，逐步实现城乡融合的一体化理想。而实现城乡一体化的发展战略重点在于树立统筹发展理念，将城乡发展要素通盘考虑，统筹兼顾，将相关要素公平分配，这是这一理念的核心。具体表现在：在具体操作上，通过建立城乡合作机制，充分发挥城乡职业教育的互补性，优质的城市职业教育资源与巨大的农村职业教育需求进行结合，实现职业教育资源的最优配置和最大效益。

教育部等部门对城乡合作、职业教育城乡一体化办学同样持鼓励和推动的态度，如 2003 年《教育部 财政部 劳动保障部关于开展东部对西部、城市对农村中等职业学校联合招生合作办学工作的意见》出台，该意见重点阐述了城乡合作办职业教育的重要意义，提出采取多种形式开展联合招生，合作办学，通过跨地区单独招生、联合交流培养及城市职业学校面向农村定向招生等形式，坚持以就业为导向，推动城市职业教育带动农村职业教育发展、城乡互动交流，实现城乡职业教育资源的均衡与共同发展。在这一文件的推动下，各个省份根据省情特点，在职业教育城乡一体化办学方面进行了各自的探索。

重庆市于2009年出台了《关于开展中职教育“城乡互动、联合办学”工作的实施意见》，提出有序推进“城乡互动、联合办学”，通过多种帮扶形式，为城市优质中职教育资源和农村中职学校搭建相互融通的平台，推进城乡中职教育联合办学、分段培养，实现城乡中职资源配置、办学水平、人才质量一体化。逐步建立起遍布全市城乡、灵活开放、较为完备的职业教育网络。在具体的操作上，提出了几个方面的工作任务：一是实施城乡中职学校“三段式”人才培养计划，引导和组织城市重点中职学校与县镇、农村中职学校签定分段办学协议。二是探索城乡中职学校合作办学途径，鼓励城市优质中职学校利用品牌优势，采取集团化办学、联合办学等多种形式，支持和带动县镇和农村职业学校发展。三是建立城乡中职学校对口帮扶、捆绑发展制度，引导和组织城乡中职学校在师资交流、专业建设、课程开发等方面通过协议明确帮扶任务，开展合作；构建城乡中职学校信息服务平台，引导和组织城乡中职学校联合开发中职学校招生、就业服务信息网络、实现信息共享，引导联合开发职业技能网络实训室等。为了实现上述目标和做法，重庆市还成立了工作领导小组及办公室，市教委主要领导担任领导小组组长、市教委和相关部门分管领导为副组长的领导组织，由职业教育行政主管部门具体负责实施，各个中职学校成立相应的组织机构，实行工作责任制，并通过提供保障，加强督管，确保职业教育城乡一体化办学目标的实现。

四川成都在职业教育城乡一体化方面做出了可贵的探索。2003年以来，成都市运用统筹城乡发展的思路与方法，开启了城乡教育一体化的探索。在办学实践中，坚持以政府投入为主体，以缩小城乡教育差距为目标，完善了相关的制度与机制，通过均衡城乡教育资源，按照“全域成都”的理念，在义务教育均衡发展的基础上，将相关的经验和做法向高中阶段教育和终身教育延伸。在强化县级政府责任的同时，努力扩大可调控资源的市域统筹，在发展规划、办学条件、队伍建设、教育质量、评估标准、教育经费等多个方面都实现了城乡一体化。

在具体的实施方案中，成都市在空间上分为中心城区、近郊区（市）县和远郊区（市）县三个圈层。中心城区发挥教育辐射功能，起牵头作用；近郊区（市）县发挥教育吸纳功能，跟进城乡教育一体化；远郊区（市）县发挥教育后发优势。三个圈层的区（市）县充分发挥各自优势，联动推进成都市城乡教育统筹工作的开展。

河南在职业教育城乡一体化办学模式上也有实践，该省实现职业教育城乡一体化办学的重要抓手就是城市与农村职业学校联合招生、合作办学，利用城市的优质专业教育资源和就业优势，开展城乡“联姻”，实行省、市、县三级合作办学，招生、培养、就业“一条龙”的职教新模式，逐步缩小城乡职业教育的差距，实现职业教育区域平衡。

在具体的操作方案上，从2004年起，河南省级以上重点中职学校确定一所农村中职学校，特别是国家和省级扶贫开发县的农村中职学校开展联合招生合作办学；各省辖市确定部分城市中职学校面向农村招生，以定向招生和培养的方式为乡镇培养人才；各级政府和教育行政部门出台经费扶持办法，补贴学校因联合招生出现的学费差额。

在形式上，河南城乡职业学校合作办学主要采取了“1＋2”、“2＋1”、设分校等几种形式，即城乡职校联合招生，农村职校学生在当地学习一年或两年，然后到城市职校学习两年或一年，颁发城市职业学校的毕业证书。双方在专业、师资、课程、实验实训设备上实行交流协作、优势互补、资源共享。

第三节　我国农村职业教育改革与发展的反思与展望

一、改革开放40年来农村职业教育改革积累的重要经验

（一）重视农村职业教育不可替代的基础性和战略性地位

高度重视农村职业教育的基础性地位是改革开放40年来农村职业教育发展的首要经验。长期以来，农村职业教育被定位为在一定的文化基础上对农村广大预备就业的人员进行从业所需的专业知识和技能的教育，其根本任务是培养新一代劳动者，提高农村劳动者的思想道德和科学文化素质，从而增强农村吸收科学技术的能力，推动农村物质文明和精神文明建设。加强基层农村职业教育体系建

设、提高农村职业教育办学水平，是提升农村人口素质、促进农业生产、推动农村经济社会进步的重要力量。因此，从战略意义上看，农村职业教育担负着中国最庞大、最弱势群体的教育和培训任务，肩负着把数以亿计农村人口转化为高素质劳动者和技能性人才的重任，也是我国由人口大国变为人力资源强国的关键途径。从现实层面看，作为具有中国特色职业教育体系的重要组成部分，农村职业教育有着不可替代的作用。没有农村职业教育的发展，就没有现代职业教育的发展和现代职业教育体系的完善，也就谈不上职业教育的全面现代化。改革开放以来，正是因为认识到农村职业教育在我国经济社会发展全局和农村进步的进程中的重要地位，关注到我国农村职业教育发展的“短板”，对农村职业教育发展进行全面布局，并随着外部经济社会环境的变化，探索适应经济社会以及人群特征的农村职业教育办学模式与发展路径，才实现了农村职业教育的全面可持续发展。在关注农村职业教育的基础性地位同时，随着外部环境变化，积极扩展农村职业教育的功能定位，拓宽农村职业教育的服务对象和办学渠道，实现升学、就业、产业服务、技术创新等一体化办学格局，才能为农村职业教育发展注入不懈动力，促使其在改革与创新中不断发展，在促进农村职教现代化的进程中不断推进农村现代化。

（二）“自下而上”创新探索与“自上而下”政策推广相结合

从我国改革开放以来农村职业教育的发展历程不难看出，尊重基层的积极主动性和创造性，推动基层创新是一项基本经验，这也是我国改革开放以来政治、经济以及社会各领域发展的重要经验。“自下而上”与“自上而下”的结合，一方面，最大程度地降低了改革与探索的可能风险，改革的成本与代价得到控制；另一方面，又能较好地利用体制优势，将成功经验通过各种方式推广与移植，极大地提高了改革效率。

改革开放以来，我国农村职业教育涌现了大量“自下而上”的创新探索，如“农科教结合”的怀化经验、“三教统筹”的河北探索等，都是农村职业教育的基层办学机构根据农村经济社会发展和农村人群的教育需求，及时调整办学模式，创新办学形式，在管理体制、经费投入方式、运行模式以及质量保障途径等方面寻求改进农村职业教育办学效益与办学水平的具体改革策略，并在实践中逐步完善。通过基层的探索与实践，寻求农村职业教育办学的基本规律，并为办学提供具体经验与实践方案。在总结实践、反思经验的基础上，以召开现场会、典型经验报告、个体案例研究的方式，提炼农村基层办学探索的行动框架，并以具体方式与途径为其他地区提供改革的范例。“自上而下”的方式利用了体制动员能力的优势，将在小范围内总结的发展经验，以政策推广的方式，在更大范围内进行推广实践，各个地区根据发展基础与区域特色，对案例经验进行适应性改造，扬长避短，扩大经验的有效部分，避免盲目照搬。

（三）关注农村职业教育与经济社会发展的嵌入性，及时调整目标与功能定位

关注改革开放以来我国农村职业教育的发展过程，从各个时期的发展模式创新中不难发现，农村职业教育发展战略与经济社会发展需求契合程度决定其发展能力与水平，任何不能适应经济社会发展需求的农村职业教育办学模式都被历史抛弃（如湖南怀化盛极一时的“十百千万工程”）。有研究者将这一特点称为农村职业教育发展的“嵌入性”，意即农村职业教育发展是“嵌入”在经济社会发展总体结构中，处于结构的特定位置，并发挥其特定结构性功能。在不同历史时期，农村职业教育发展都是融入区域经济社会的，体现国家发展与改革的总体进程。从这一角度看，“三教统筹”“农科教结合”的涌现，是我国农村地区实行联产承包责任制度、农业产业发展与农业技术进步等因素综合影响的结果；县级职教中心的出现，则是因为随着经济社会的发展，农村职业教育不仅要满足农业发展的需求，更要满足农村剩余劳动力转移和县域产业崛起的需求，以形成农村职业教育全方位融入县域经济社会发展的总体布局，满足人才培养需求与技术服务的多元化与多样化。在发展外部环境产生变化的情况下，农村职业教育及时调整自身的功能与定位，在发展目标、培养内容、发展路径等方面进行调整以适应需求。

（四）关注农村职业教育发展的规模与质量并重，尤其在保障发展规模方面积累了大量经验

回顾我国农村职业教育改革开放 40 年来的发展历程，既有辉煌时刻的春潮涌动，全国上下农村职业学校办学一片火热，也有低谷时期的人心惶惶，招生困难，办学难以为继，关、停、转、并时有发生，教师流失、校舍被挪用。不管是高潮还是低谷，农村职业教育发展都体现了一定时期的经济社会条件、国家政策等，直接反映了一定历史时期的外部环境特征。无论是何种状况，我国农村职业教育在办学过程中坚持质量标准与规模效益相统一的基本原则值得关注。一方面，我国农村职业教育形成了一系列质量标准，如通过加强对县级政府发展职业

教育的考核工作，明确农村职业学校的办学标准等，有力地提升了农村职业教育办学质量。另一方面，我国农村职业教育在保证办学规模方面的经验尤其值得关注。比如，出台高中阶段教育普职“大体相当”政策并强化执行；出台政策要求每个县办好至少一所中等职业学校；等等。这些政策与规定都对农村职业教育发展和规模保障起到了至关重要的作用。在城市化进程不断加快的背景下，农村职业教育的规模与质量保障可能在一段时间内将一直处在矛盾之中，这就需要我们认真总结经验，探索未来发展的方向与路径。

二、改革开放40年农村职业教育改革过程中的主要问题

（一）在“离农”与“为农”之间摇摆不定，导致农村职业教育定位不清

随着城市化进程的推进以及城市现代工业的发展，大量的农村剩余劳动力被城市的“拉力”吸引到了城市，转变身份，成为城市的产业工人。与此同时，我国经济社会的全面进步与发展，也同样离不开农村的发展与进步，农业需要发展，农民需要知识与技能，农村需要人才来参与建设。如果发展农村职业教育只会产生“抽水机”效应，将优秀人才从农村抽到城市，农村的建设与发展将一直处于人才匮乏的状态，这不是发展农村职业教育的本来意义。因此，从改革开放以来我国农村职业教育发展历程看，“离农”还是“为农”是一直影响政策与制度取向的关键要素，政策目标在二者之间摇摆不定。农村职业教育到底是为农业产业进步、农村发展和农民富裕服务，还是通过技能培训为农村剩余劳动力转移到城市服务？农村职业教育的发展思路一直不够清晰，也反映了我国从传统的小农经济走向现代工业化国家的这一进程。随着我国现代化进程的不断推进，农村发展在经济社会全局中的地位越来越重要，尤其是“乡村振兴战略”的提出，农村发展被置于与城市同等重要的地位，农村职业教育在这一发展过程中应坚持何种发展导向是政策选择与制度完善的重要逻辑起点，扬弃单纯“离农”或“为农”的思路，实现二者并重，才能进一步明确农村职业教育的发展定位。

（二）农村职业教育不同利益主体间的矛盾难以调和

作为不同的利益主体，国家与农村社区、个人、教育机构之间既有一致也

有冲突之处。随着改革开放不断深化、经济社会发展日渐多元，农民这一利益主体有了更多的选择。因此，国家所推行的政策往往在各类利益主体的博弈中逐渐偏离了原有的政策目标。以职业教育发展为例，近年来，由于政府对农村职业教育的发展有较高的期待，因而在资源建设、条件发展以及个体支持等诸多方面有较大的投入，但是，民众对国家和政府的“好心”并不买账，农村职业教育多数时候仍然是被动选择。正如有研究者所反思的，在很长的时间内，我国农村职业教育政策主要体现国家重视职业教育服务经济发展的功能，体现对效率的追求，相对忽视对公平、权利和自由的保障。具体表现在：一方面，政府大力提倡职业教育，采取免学费等措施鼓励农村学生选择职业教育，甚至采用强制分流的方式，引导学生就读职业学校；另一方面，农村人口及其子女虽然有学习“一技之长”的愿望，但却不愿意选择职业学校，其中重要的原因是农村职业教育自身的办学能力问题和公众对教育期待的差距问题。在新的历史时期，我国农村职业教育无法回避的一个课题是，如何做到将多方利益主体的不同利益取向统一到经济社会发展和人的发展这一共同发展目标中来。

（三）农村职业教育质量与效率有待进一步提高

从某种意义上说，质量问题是各个阶段农村职业教育陷入办学困境的一个重要原因。从具体表现上看，农村职业教育办学质量与效率的问题体现在人才培养的质量难以满足要求、专业结构难以适应产业结构的调整需求、师资队伍与培养条件难以体现产业特征等方面。部分农村职业学校陷入了办学条件差、服务能力弱、招生困难、可持续发展水平低的恶性循环，在回应社会需求方面有时显得力不从心。近年来我国加大了职业农民的培养力度，并制定了相关的培养方案与要求，但是有能力承担培养有文化、懂技术、会经营的新型农民这一任务的农村职业学校较少。随着近年来政府职业教育办学思路的转变、办学条件的改善、对口帮扶政策的实施等一系列积极变化，我国农村职业教育基础能力和办学水平在不断提高，优质农村职业教育资源越来越多，服务能力越来越强。

三、乡村振兴战略背景下我国农村职业教育发展的展望

乡村振兴战略是新的历史时期我国农村地区改革与发展的新思路，是今后一段时期统领我国农村发展的基本战略。在乡村振兴战略之下，我国农村发展的制度框架与政策体系、农业综合能力、农业供给体系质量、农村三产融合发展水

平、农民就业质量以及农村基本公共服务等方面均将有全面发展，最终将实现乡村全面振兴，实现农业强、农村美、农民富的总体目标。乡村振兴战略对我国农村职业教育发展提出了新的发展要求，提供了全新的发展机遇。从这一重大背景和战略机遇来看，农村职业教育发展有以下几个方面的趋势。

（一）以因地制宜和分类指导推动农村职业教育供给侧结构性改革

我国幅员辽阔，地区之间发展水平差异很大，东、中、西地区的农村也呈现不一样的特点，类型复杂、多样。因此，我国农村职业教育改革不能全国一道标准，搞全国“一刀切”，而要根据地区差异，结合地区产业发展与人口布局特征，选择合适的农村职业教育发展模式，因地制宜确定农村职业教育办学内容与办学方式，以满足适合地区需求的农村职业教育供给侧结构性改革。在这一思路之下，我国农村职业教育改革大致可以遵循“全国布局、一省一政、一地一策”的方针。

首先，在国家层面制定农村职业教育办学的基本方针与基本思路，为全国农村职业教育发展定下基本原则与指导思想，确定农村职业教育发展的全国总体布局，形成农村职业教育发展服务乡村振兴战略、融入乡村振兴全过程的基本思路。

其次，各地根据区域特征、产业布局、人口结构与流动特征等，将农村职业教育发展纳入本地经济社会发展总体规划，尤其是要将农村职业教育发展与乡村振兴的规划进行同步规划、融合发展，并在具体财政政策、督导与评价制度方面形成专门的政策与制度，支持农村职业教育发展。省级政府要通过对区域发展状况的把握，由相关部门牵头制定省域农村职业教育发展的规划与政策，实现资源布局、发展方向与办学重点的有效协同。

最后，在省域职业教育政策的总体安排之下，各个市县形成具体农村职业教育发展策略。在现有的农村职业教育发展基础上，通过资源重组、模式创新、资本引入等方式，形成区域农村职业教育办学体系，结合区域内乡村振兴规划的具体方案，将职业教育、职业培训等资源进行整合规划，在确保一个市（地区）集中力量办好至少一所高水平高职院校、一个县至少办好一个高水平职教中心的基础上，推动农村职业教育发展与乡村振兴战略同步规划、协同推进。县域作为农村职业教育布局的基本单位，应将国家、省、市层面关于农村职业教育发展的战略与县域经济社会发展规划、乡村振兴总体布局紧密结合，从根本上体现我国经济社会发展的多样性和地区的特殊性。通过将县域农村职业学校（尤其是县级职业教育中心）的办学模式、专业设置、课程体系与结构、教育教学模式等等与乡村振兴战略进行结合，不断提高农村职业教育服务的针对性与有效性。

（二）改革办学模式，形成政府主导、多元参与的农村职业教育办学主体结构

农村职业教育是一项准公共产品，主要应由政府提供。随着经济社会发展外部环境的变化，农村职业教育的提供方也应该逐步由政府的一元走向多元。在多元的供给主体中，政府是主导，社会力量是重要的参与方。

一是继续依托现有的农村职业教育体系，拓展功能，提升水平。农村职业学校是承担农村职业教育的主体力量，同时要积极利用原有乡镇农业学校、农业广播学校等一系列基层农村职业教育组织，完善基层农村职业教育机构，奠定现代农村职业教育基础。

二是要积极引入社会力量，激发农村职业教育办学活力。积极利用乡村振兴进程中所吸引的大量社会资本，根据国家出台的金融支持政策，在促进农村各项事业发展的同时，努力为农村职业教育的发展创造条件。要充分把握各类资本进入乡村振兴战略重要机遇，通过多种方式，获取农村职业教育发展多渠道支持，改变单一政府投入格局。一方面，作为乡村振兴战略系统工程中的重要组成部分，农村职业教育发展应积极争取国家财政支持乡村振兴战略资金的配套支持，改善农村职业学校基础能力建设；另一方面，积极吸引社会资本进入农村职业教育领域，通过发展民资独营、股份制、公私合营等多种形式的农村职业教育办学方式，实现农村职业教育发展经费的多渠道增长，不断提升农村职业教育办学活力。

三是要充分发挥各类专业农业合作社在农村职业教育办学过程中的积极作用。农民合作社是由同类农产品生产经营者自发、自愿联合和组织起来的互助性经济组织。这类组织不仅仅具备较强的经济性，同时也有较强的社会性。应通过依托专业性农业合作社，引导其参与农村职业教育的技术培训与人才培养，尤其是新型职业农民培养工作，政府通过向其购买相应培养服务，推动农村职业教育发展进一步面向产业、融入产业、提升产业，提高农村职业教育办学水平。

（三）扩展办学功能与培养能力，促进农村职业教育融合发展

乡村振兴战略的出台，农业产业发展必将迎来新一轮的大发展，需要相应的人才培养政策与措施适应“产业兴旺”的发展格局。农村职业教育在这一进程中要不断扩展自身的办学功能与培养能力，不断实现与乡村振兴、精准扶贫、新型职业农民培养等农村发展战略融合发展；要通过推动农村职业教育体制机制改

革，创新要素、整合资源、提高效率、形成体系，促进职业教育技能人才培养与乡村经济社会协调发展。在发展的过程中，通过不断扩展农村职业教育办学功能，提升办学能力，逐步形成以政府为主导、以切实服务农村经济和社会发展为重点的格局，推动区域内高职院校与农村职业学校之间的合作，推动农村职业学校与乡村特色产业企业、产业化基地、农民专业合作社的深度融合，培育新型农业产业方向，推动传统优势产业升级，促进农村职业教育发展与乡村繁荣进步协同发展，在乡村振兴进程中推动农村职业教育现代化。

从融合发展的具体内容看，首先应积极推动农村职业教育发展服务国家“精准扶贫”战略。职业教育在扶贫助困方面具有特别功能，农村职业学校应充分结合区域精准扶贫战略，对接精准扶贫在技术培训、转移培训等方面的需求，结合“雨露计划”等相关方案，衔接“建档立户”等精准扶贫具体工作方案与具体数据，根据贫困户发展需求定向提供培训服务，实现职业教育的精准扶贫。其次，农村职业教育要积极承担新型职业农民的培养工作，将新型职业农民培养作为农村职业教育发展的重要增长点与特色形成的重要内容。在这一过程中，农村职业学校要积极对接新型职业农民培养的具体要求，开发培训教材，培训相关课程，提升新型职业农民的能力与水平。最后，农村职业教育要全程融入乡村振兴战略，成为乡村振兴的重要组成部分。通过主动对接乡村振兴战略的综合性发展要求，融合职业培训、技术服务、社区教育等教育方式与内容，全方位为乡村振兴战略提供教育与培训服务，形成与乡村振兴战略相匹配的现代农村职业教育体系。

（四）以城乡职业教育共享发展探索农村职业教育发展新境界

新时期农村职业教育发展亟待理念和实践上的双重突破，而基于城乡职业教育共享发展的区域职业教育融合发展将是实现突破的重要内容。

推动城乡职业教育共享发展，首先要有理念和价值观上的突破与保障。这是由于价值观与社会体制或者制度存在内在联系，制度建构与顶层设计的共识是建立在共同的价值观之上的。与此同时，共享理念的伦理文化资源也是制度建构的重要支持。因此，在价值观层面，应该树立共享的职业教育发展观，明确教育公平是体现共享发展的基本途径。

其次，城乡民众平等地享受教育权利。分享优质职业教育资源与成果，要从制度上得到体现和保障，因为制度关乎权利和义务、利益与责任的分配。政府作为推动城乡职业教育共享发展的主导力量，政府应通过有效的制度安排，落实城乡职业教育共享发展。在相关制度和政策出台之前，共享发展只能说是一项价值认识和应然权利，只有在相关的共享发展权通过制度的方式确定下来，明确共享权的法律地位，确定共享发展的操作规程，职业教育共享发展权才落地并惠及民众。从这一意义上说，一方面，国家层面，应该在共享发展的国家制度之下，确立城乡职业教育共享发展的相关制度安排，形成教育共享发展的国家制度与相关政策，明确以共享为目标的城乡教育发展制度框架；另一方面，职业教育共享发展的微观制度应将城乡居民的职业教育共享权细化，厘清职业教育共享权清单，并确定具体运作手段和操作模式，严格执行共享发展的有关政策与制度，并及时回应教育发展过程中的问题与诉求，保障共享发展的水平。

最后，以创新手段保证城乡教育共享发展成果。城乡教育共享是一种发展思路的颠覆式创新，需要突破寻常思路，通过路径创新不断推进。在城乡职业教育共享发展过程中，如何充分利用信息技术，实现其效用最大化，是城乡职业教育共享发展的重要路径，也是重要的挑战。在这方面，一是要通过加强各类优质教育资源的开发与开放，扩大优质教育资源的覆盖面。通过建立区域优质资源城乡共建共享系统，开发面向城乡各级各类学校的信息化服务体系，并依托此开展异地同步教学、教师在线培训、管理者在线团队交流等线上活动，构建城乡学校线上共同体，以此促进城乡教育资源均衡配置，城乡同步共享最新最优的职业教育资源，提高优质职业教育资源的城乡共享水平。二是将信息技术与优质教育资源相结合，以此促进城乡职业教育机会共享。三是应将重点放在城乡学校对信息技术的应用和改进上。在城乡职业学校推行创新教育教学，积极变革学生学习与教师教学的方式，引导学生利用信息技术学习知识和技能，提升信息素养，让互联网等信息技术真正成为城乡学生学习与成就的“利器”。同时，通过基于大数据分析的优质资源精准推送，提高职业教育服务水平，推动城乡教育逐步由“以教定学”转换为“以学定教”，促进学习个性化，不断提高学习质量，改进教育水平，以此促进城乡职业教育服务质量的共享水平，从而实现农村职业教育发展新境界。

第八章

职业院校德育的改革与发展

党的十一届三中全会召开后，中国逐渐摆脱封闭、僵化的社会状态，开始步入改革开放的新时期。随着改革开放的不断深入、产业结构的不断调整，市场不仅需要大量的学术型、工程型人才，也需要大量的技术型、应用型人才。

值此改革开放40年之际，回顾、总结职业教育德育实践形态的演进，分析职业教育德育特点与关键问题，对于理解职业教育德育的本质、反思职业教育德育政策，以及推进现代职业教育德育实践改革均具有重要意义。

第一节　职业教育德育实践形态的演进

在全新的社会背景下，我国职业教育德育的实践形态经历了较大的发展变化，对于职业教育德育的研究也必将进一步深入。本节旨在总结职业教育德育政策的历史，并将其演进过程分成五个阶段，分别是孕育起始阶段、改革建设阶段、内容提出阶段、政策完善阶段和内涵深化阶段。

一、孕育起始阶段（1978—1991 年）

改革开放以来，中国社会进入了新的转型时期，除了政治与经济体制除旧布新、文艺与思想界百家争鸣之外，教育体制也进行了全面的改革。同时，社会的改革开放也推进了教育德育政策的变迁，从而引导着职业教育德育实践的发展。1978 年 4 月，邓小平同志明确指出，要扩大农业中学、各种中等专业学校和技工学校的比例[①]。随着职业教育的重要性不断被重申，职业教育德育也开始积蓄力量，初步在思想和内容等要素上有所体现。

（一）转变德育思想，形成德育实践工作新局面

中国特色社会主义文化建设中的德育思想从“以阶级斗争为纲”的思想政

---

① 邓小平. 在全国教育工作会议上的讲话 .（1978-04-22）[2018-04-30]. http://cpc.people.com.cn/GB/64184/64185/66611/4488667.html.

治工作路线中走出，初步形成了德育实践工作的新局面。邓小平同志在1978年的全国教育工作会议上指出，学校应该永远把坚定正确的政治方向放在第一位[①]。1979年，全国中小学思想政治教育工作座谈会也强调，中小学德育是“区分社会主义教育与资本主义教育的重要标志”[②]。在中小学德育思想的指引下，1982年和1983年，国家分别出台了《中等专业学校学生守则（试行草案）》《中等师范学校学生守则（试行草案）》，为中等职业教育德育指明了方向。

（二）关注德育内容，适应社会主义现代化建设

1979年，教育部组织召开了全国中小学思想政治教育工作座谈会，从意识形态的角度对中小学德育进行了限定。1986年，国家教育委员会还出台了《关于在中专、中师贯彻〈中共中央关于改革学校思想品德和政治理论课程教学的通知〉的意见》，强调要提高思想认识，改革和完善中专、中师政治理论课程的教材内容，贯彻理论联系实际的方针，努力改进教学方法，切实加强政治理论课师资队伍的建设，同时还要重视和加强对教学改革的领导。同年，《技工学校工作条例》发布，提出了关于技工学校培养中级技术工人的具体要求，并对学生的思想政治教育和学生工作做出了具体规定。此外，1990年出台的《技工学校学生日常行为规范》和《关于加强技工学校思想政治工作意见的通知》也进一步规范了技工学校德育工作。

此阶段主要在宏观上对普通教育德育进行方向性的引领与指导，职业教育德育还未彻底从其中分化出来。相关德育指导思想主要体现于中小学德育和高校德育的政策文件中，而且政策制定多从德育课程开始深入，并未对其他方面进行专门规定。值得关注的是，1991年，《国务院关于大力发展职业技术教育的决定》发布。该份决定的出台，提高了下阶段对职业教育德育的重视程度。

二、改革建设阶段（1992—1995年）

自1992年开始，以邓小平同志的南方谈话和党的第十四次代表大会为标志，我国的改革开放进入了系统推进阶段。这一时期，邓小平建设有中国特色社会主

---

① 邓小平. 在全国教育工作会议上的讲话 .（1978-04-22）[2018-04-30]. http://cpc.people.com.cn/GB/64184/64185/66611/4488667.html.

② 蒋南翔. 中小学教育要面向全体同学——在全国中小学思想政治教育工作座谈会上的讲话（摘要）. 人民教育，1979（6）：5-10.

义理论被确立为全党的指导思想，社会主义市场经济体制初步建立，社会主义精神文明建设被提上重要日程①。新形势的到来必然要求职业教育德育进行相关改革，而建立社会主义市场经济的实践，也会给职业教育德育带来新的问题。

（一）重视政策总体规划，体现职业教育德育时代特征

在科教兴国战略的指引下，1993年，中共中央、国务院出台了《中国教育改革和发展纲要》，制定了本阶段教育事业发展的目标、战略和指导方针，指明职业技术学校要注重职业道德和实际能力的培养。1994年，《中共中央关于进一步加强和改进学校德育工作的若干意见》印发，指出“必须站在历史的高度，以战略的眼光来认识新时期学校德育工作的重要性”②。同年，国家教育委员会职业教育与成人教育司在北京召开座谈会，就职教系统进一步贯彻落实《中共中央关于加强和改进学校德育工作的若干意见》和《爱国主义教育实施纲要》、推动中等职业学校政治课的改革、加强和改进学校的德育工作等问题进行座谈。

（二）建设普通教育德育，指导职业教育德育工作实践

1992年，中共中央宣传部和国家教育委员会举办了全国中小学德育工作会议，研究在进一步深化改革、扩大开放的新形势下，加强和改进中小学德育工作等问题。1994年，《中学生日常行为规范》印发，在日常行为层面对中学生的道德行为进行具体规定。1995年，《国家教委关于正式颁发中学德育大纲的通知》印发，肯定了1988年《中学德育大纲》的实践成效；该通知对于推进中学德育工作的整体改革，进一步加强中学德育工作的管理，实现中学德育工作的科学化、规范化、制度化，均具有重要的指导作用。同年，《关于高校马克思主义理论课和思想品德课教学改革的若干意见》和《关于颁布施行〈中国普通高等学校德育大纲〉的通知》相继出台，分别对高校马克思主义理论课、思想品德课的教学和德育目标、德育内容、德育原则等七个方面做了重要指示。

该阶段处于新旧经济体制转换的重要时期，职业教育德育实践也面临新的机遇与挑战。为了解决重智轻德的问题，此阶段的德育政策以改进德育工作、加强针对性和实效性为主要目标。不足之处在于职业教育德育的独立性不强，更多

① 冯婉桢，檀传宝. 改革开放30年的中小学德育政策. 中国教育学刊，2008（12）：24-27.

② 中共中央关于进一步加强和改进学校德育工作的若干意见 .（1994-08-31）[2018-05-01]. http://www.moe.edu.cn/jyb_sjzl/moe_177/tnull_2479.html.

还是体现在方针政策的引领，而单独针对职业教育德育的文件依然较少，并且尚未形成自身的发展特色。

三、内容提出阶段（1996—2001 年）

1996 年《中华人民共和国职业教育法》颁布之后，职业教育进入了一个全新的发展时期，职业教育德育作为其中的重要内容也被提上改革日程。同年，党的第十四届中央委员会第六次全体会议通过的《中共中央关于加强社会主义精神文明建设若干重要问题的决议》，也为加强青少年思想道德教育、提高职业学校学生的思想道德素质和科学文化素质提供方向指引。

（一）提高职业教育地位

1996 年 5 月 15 日，第八届全国人民代表大会常务委员会第十九次会议通过了《中华人民共和国职业教育法》，自此，职业教育有了自身坚实的立法保障。该法案指出：实施职业教育必须贯彻国家教育方针，对受教育者进行思想政治教育和职业道德教育，传授职业知识，培养职业技能，进行职业指导，全面提高受教育者的素质[①]。该次会议的召开，使得职业教育的地位得到了空前提高，思想政治教育和职业道德教育也首次在职业教育的体系中明确提出。因此，该事件具有重要的划时代意义。

（二）改革中等职业学校德育课程与教学

2001 年 2 月 22 日，为加强和改进中等职业学校德育课教学工作，增强德育课教学的针对性、实效性和时代感，全面推进素质教育，适应 21 世纪我国经济建设和社会发展对高素质劳动者和中初级人才的要求，《教育部关于中等职业学校德育课课程设置与教学安排的意见》出台。此外，1998 年发布的《中小学德育工作规程》对德育工作的管理职责、思想品德课和思想政治课、常规教育、队伍建设与管理、物质保证，以及学校、家庭和社会要求方面做出相关具体规定，有利于全国各地全面、科学地规划中小学德育工作，并保持中小学德育工作的稳定性。1999 年，还出台了《教育部关于加强中小学心理健康教育的若干意见》，

---

① 中华人民共和国职业教育法 .（1996-05-15）[2018-06-03]. http://www.moe.edu.cn/publicfiles/business/htmlfiles/moe/moe_619/200407/1312.html.

将心理健康教育作为德育的一个关键方面，充分认识加强中小学心理健康教育的重要性。

该阶段完善了学校德育体系，强调从实际出发，遵循学生的阶段发展规律，对德育目标、课程结构和内容进行科学的设定和规划。同时也对教师的道德品质和职业行为提出了相关要求。职业教育德育在政策方针的引领下，具体规定了德育的课程设置与教学安排，巩固了德育的地位和任务。职业教育德育逐渐从普通教育德育中分化出来，开始形成自身的发展特色。

四、政策完善阶段（2002—2012年）

党的第十六次全国代表大会提出了全面建设小康社会的目标，以此为标志，改革开放进入了一个新的关键时期。这是一个“经济体制深刻变革，社会结构深刻变动，利益格局深刻调整，思想观念深刻变化”[①]的时期，我党适时提出了“三个代表”重要思想和科学发展观理论，制定了构建社会主义和谐社会的总体规划。巩固全社会的思想道德基础成为事关全局的重要任务。

（一）宏观德育实践

职业教育德育在顶层设计上取得良好进展，首先体现在改革中等职业教育德育方面。在《中共中央国务院关于进一步加强和改进未成年人思想道德建设的若干意见》的思想指导之下，2004年10月25日，教育部印发了《中等职业学校德育大纲》，明确了中等职业学校德育的基本内涵、指导思想和基本任务，明确了中等职业学校德育的总体目标和具体要求，是中等职业学校德育的纲领性文件。为了进一步促进德育实践，2007年，教育部发出《关于确定首批中等职业教育德育工作实验基地学校的通知》，旨在希望各实验基地学校以邓小平理论和“三个代表”重要思想为指导，结合我国社会生活发生的新变化和职业教育的新发展以及职业学校学生的实际，不断研究新问题，总结新经验，积极探索，勇于创新，扎实工作，为进一步加强和改进中等职业学校德育工作做出突出贡献[②]。2010年，《关于加强中等职业学校校园文化建设的意见》的出台，强调了校园文化建设对中等职业学校德育的推进作用。

---

① 新华社. 中共中央关于构建社会主义和谐社会若干重大问题的决定. 当代广西，2006（20）：4-10.

② 教育部关于确定首批中等职业教育德育工作实验基地学校的通知 .（2008-04-25）[2018-06-03]. http://www.moe.edu.cn/publicfiles/business/htmlfiles/moe/s3051/201001/xxgk_79008.html.

其次，国家也对高等职业教育德育进行改革。如2002年，教育部职业教育与成人教育司出台《教育部关于进一步办好五年制高等职业技术教育的几点意见》，提出“深化教育教学改革，提高教育教学质量”时要树立“以综合素质培养为基础，以能力培养为主线”的指导思想[①]，全面推进素质教育，培养学生具有良好的职业道德和创新精神、较强的实践能力和终身学习能力。

此外，在德育工作的机构设置上，2006年，中国职业技术教育学会德育工作委员会成立，大大促进了职业教育德育实践的发展。该委员会下设五个分支机构，即德育教学研究会、班主任工作与师德建设研究会、心理健康教育研究会、校园文化建设研究会、美育研究会。2011年，国务院副总理刘延东在天津调研时，强调在大力发展职业教育时，要关注学生不同特点和个性差异，着力培养学生的优良品德、职业技能和就业创业能力，促进学生全面发展[②]。2012年5月，《中国教育报》刊登了题为《建设中国特色现代职业教育体系》的文章，提出将创业素养融入德育实践，进一步深化德育内涵。

（二）微观德育实践

1. 德育课程与教学实践

2003年，《职业技术学校德育课贯彻十六大精神教学指导纲要》印发，指出职业技术学校哲学基础知识、经济与政治基础知识、职业道德与职业指导、法律基础知识四门必修课的教学必须全面贯彻十六大精神[③]。2004年，劳动和社会保障部出台的《关于印发技工学校德育课课程标准及规范使用德育课教材的通知》也具有很强的时代感和鲜明的职业教育特色。2005年，中共中央宣传部和教育部印发《关于进一步加强和改进高等学校思想政治理论课的意见》，说明了高等学校思想政治理论课、本科与专科必修课程的基本内容、课程设置实施工作的基本要求和时间安排，以及教材编写、教学管理、教学研究、教师培训和学科建设的要求。同年9月21日，《教育部办公厅关于规范中等职业学校德育课程设置与教材编写使用的通知》出台，落实四门德育必修课的教学，并将教材使用情况纳

---

① 教育部关于进一步办好五年制高等职业技术教育的几点意见.（2002-03-27）[2018-06-03]. http://old.moe.gov.cn//publicfiles/business/htmlfiles/moe/moe_952/200408/2847.html.

② 刘延东：加快发展现代职业教育 提升企业创新能力.（2015-07-04）[2018-06-03]. http://www.gov.cn/guowuyuan/2015-07/04/content_2890252.htm.

③ 关于印发《职业技术学校德育课贯彻十六大精神教学指导纲要》的通知.（2003-03-17）[2018-06-03]. http://www.moe.gov.cn/s78/A07/s7055/tnull_8949.html.

入教学评估指标体系之中。2008年，《教育部关于印发中等职业学校德育课课程教学大纲的通知》和《教育部关于中等职业学校德育课课程设置与教学安排的意见》相继出台。前者制定了中等职业学校职业生涯规划、职业道德与法、经济政治与社会、哲学与人生等四门德育课必修课程教学大纲和“心理健康”选修课程教学大纲；后者将德育选修课程教学时间的最少学时上升为64学时。2009年，《关于加强和改进中等职业学校学生思想道德教育的意见》印发，指出应充分发挥课堂教学和实训实习在中职学生思想道德教育中的主导作用，高度重视管理工作；2010年，《教育部 人力资源社会保障部关于加强中等职业学校班主任工作的意见》出台，指出中等职业学校班主任应由取得教师资格、思想道德素质好、业务水平高、身心健康、经过相关培训的教师担任①。2011年，《教育部印发〈高等学校思想政治理论课建设标准（暂行）〉的通知》中将组织管理、教学管理、队伍管理、学科建设和特色项目作为一级指标，再将各一级指标划分为二、三级指标，同时规定了指标的类型以及相关责任部门。

2. 职业教育心理与就业指导

2003年，《关于在技校就业训练中心和职业培训机构开展职业指导工作的通知》印发，指出自2003年9月起，职业指导课程被列为技校学生和培训机构劳动预备制培训学员必修课程。2004年，教育部出台《中等职业学校学生心理健康教育指导纲要》，就中等职业学校学生心理健康教育的指导思想和基本原则、目标和主要内容、途径与方法、组织与实施等方面作了详细规定。同年，教育部周济部长在全国职业教育工作会议上发表题为《以服务为宗旨以就业为导向实现职业教育的快速健康持续发展》的讲话，强调职业学校要加强职业道德教育，认真学习贯彻《中共中央国务院关于进一步加强和改进未成年人思想道德建设的若干意见》和中央关于加强高等学校学生思想政治教育的一系列重要精神，指出学生的思想觉悟和职业道德水平也体现了职业院校的竞争力。2005年，《教育部 卫生部 共青团中央关于进一步加强和改进大学生心理健康教育的意见》印发，提出要进一步明确大学生心理健康教育的总体要求，努力提高大学生心理健康教育和心理咨询工作水平，大力加强大学生心理健康教育队伍建设，切实建立和完善大学生心理健康教育领导体制与工作机制。2009年，《教育部办公厅关于在高校思想政治理论课中开展科学发展观专题教育活动的通知》的出台，旨在深入开展学习实践科学发展观活动。

---

① 教育部 人力资源社会保障部关于加强中等职业学校班主任工作的意见 .（2010-09-26）[2018-06-03]. http://old.moe.gov.cn//publicfiles/business/htmlfiles/moe/s5134/201010/110090.html.

3. 职业教育德育监督管理

2007 年，教育部和财政部出台《中等职业学校学生实习管理办法》，其中第二条指出：中等职业学校学生实习，应遵循职业教育规律，培养学生职业道德和职业技能，促进学生全面发展和就业，提高教育质量[①]。2012 年《全国大学生思想政治教育工作测评体系（试行）》印发，详细规定了一级指标、二级指标、测评标准与测评方式。同年 3 月，时任教育部副部长鲁昕在全国职业教育与成人教育视频工作会议上作了题为《推进现代职教体系建设 提高服务国家战略能力》的讲话，指出要加强和改进职业学校德育工作。

该阶段职业教育德育在应然和实然两个层面均有很大的进展。职业教育的特殊性与针对性逐渐在制度政策上体现出来，除了针对该领域的宏观性指导文件外，还分别涉及中等和高等职业教育不同的教育层级，并从课程与教学实践、心理与就业指导与实习管理方面出台了一系列政策文本。正如 2008 年教育部职业教育与成人教育司王继平副司长接受中央人民广播电台访谈时谈到，各地在德育活动中实施德育，这是职业教育德育工作非常突出的特点[②]。此后，中等职业学校“文明风采”竞赛活动、“璀璨星光”校园文化节活动、全国职业院校技能大赛不断开展。然而，虽然各地院校的德育实践取得了良好的进展，但在实际操作中仍存在着许多问题，如对职业教育德育的内涵理解不深入、德育课程的实施不到位、德育工作的管理不严格等，德育实践仍需持续推进。

五、内涵深化阶段（2013 年至今）

党的十八大胜利召开，我国步入全面建成小康社会的决定性阶段。此时，国际环境愈发复杂，各国利益摩擦和矛盾冲突日益加剧。同时，我国处于深化改革开放、加快转变经济发展方式的关键时期，改革发展稳定的任务也更为繁重。面临如此国内外形势，提升国家文化软实力、中华文化国际影响力的要求则更为迫切。因此，党的十八大报告中专门提出要健全现代职业教育体系，坚持以人为本，促进学生职业道德、职业素养与职业技能的全面发展，培养综合素养高的技能人才。

---

① 教育部 财政部关于印发《中等职业学校学生实习管理办法》的通知 .（2007-06-28）[2018-06-03]. http://old.moe.gov.cn/publicfiles/business/htmlfiles/moe/s3566/201001/xxgk_79114.html.

② 徐国庆. 政策配套，措施到位 大力发展职业教育——教育部王副司长接受中央人民广播电台访谈. 职业教育（下旬刊），2008（2）：7-9.

（一）将立德树人作为教育根本任务

2013年11月，中共十八届三中全会出台了《中共中央关于全面深化改革若干重大问题的决定》，指出要加强社会主义核心价值体系教育，完善中华优秀传统文化教育，形成爱学习、爱劳动、爱祖国活动的有效形式和长效机制，增强学生社会责任感、创新精神、实践能力①。为了贯彻落实该会议关于完善中华优秀传统文化教育的精神，2014—2015年，国家先后出台了《完善中华优秀传统文化教育指导纲要》《关于全面深化课程改革 落实立德树人根本任务的意见》《关于在各级各类学校推动培育和践行社会主义核心价值观长效机制建设的意见》等政策文件。2016年12月，习近平总书记在全国高校思想政治工作会议上强调，坚持把“立德树人”作为中心环节，把思想政治工作贯穿教育教学全过程，开创我国高等教育事业发展新局面②。

“立德树人”还体现在中等职业学校德育改革实践中。首先，2013年，教育部办公厅印发《中等职业学校德育课贯彻党的十八大精神教学指导纲要》，特别强调在中职必修课与选修课的教学中，要根据学生的身心发展特点和认知水平来帮助学生提升道德素养。为了进一步深化中等职业学校德育，2014年12月22日，教育部在广泛征求多方意见后印发《中等职业学校德育大纲（2014年修订）》。该文件基本保持原大纲的框架体例与行之有效的内容，但也体现出五个新特征：一是指导思想更加全面，二是德育目标更加明确具体，三是德育内容更体现时代性，四是德育途径进一步拓宽，五是德育评价更加完善。③之后为贯彻落实《中等职业学校德育大纲（2014年修订）》的精神，全国多所学校认真召开座谈会，并因地、因校制宜对德育工作作出相关要求与指示。其次，2016年，教育部办公厅出台《中等职业学校学生公约》，充分体现出促进学生成长成才的激励导向。该公约在内容方面进行了大胆创新，对中职生在思想政治素质、专业技能学习、劳动观念、品德修养、法纪规范、形象塑造、身体健康和心理健康方面提出基本要求，体现了服务性、职业性和时代性的特征。④

---

① 习近平. 关于《中共中央关于全面深化改革若干重大问题的决定》的说明. 前线，2013，34（22）：20-26.

② 习近平谈高等教育：把立德树人作为中心 把思政工作贯穿全程．(2016-12-08) [2018-06-03].http://cpc.people.com.cn/xuexi/n1/2016/1209/c385474-28938271.html.

③ 席东梅.《中等职业学校德育大纲（2014年修订）》王继平就新版中职德育大纲答记者问. 中国职业技术教育，2015（4）：5-9.

④ 汪永智，王丹，陈昊. 解读《中等职业学校学生公约》. 江苏教育，2016（52）：30-31.

（二）定义和深化“工匠精神”的内涵

在 2016 年 3 月 5 日国务院政府工作报告中，将“工匠精神”这一概念第一次写进治国安邦的文件之中，显示“培育工匠精神”的诉求上升为国家意志和全民共识①。这是职业教育德育内涵得到进一步深化的重要历史事件。此后，对“工匠精神”的理解出现在各领导讲话、座谈会讲话以及政策文件中。如 2016 年国务院副总理刘延东作了题为《弘扬工匠精神，打造技能强国》的讲话，教育部职业教育与成人教育司中职德育与学校管理处处长邬跃指出“工匠精神需要以制度与文化支撑、全社会共同培育”②，《职业教育与继续教育 2016 年工作要点》的印发等。在 2017 年的政府工作报告中，李克强总理再次重申“质量之魂，存于匠心”，“大力弘扬工匠精神，厚植工匠文化，恪尽职业操守，崇尚精益求精”。③同年 10 月 18 日，习近平总书记作十九大报告，强调要“弘扬劳模精神和工匠精神，营造劳动光荣的社会风尚和精益求精的敬业风气”④。

该阶段主要聚焦职业教育德育的内涵深化，从“立德树人”和“工匠精神”等方面大大加深了对职业教育德育的理解。除此之外，职业教育德育实践也取得优异成绩，开展了“文明风采”竞赛、“劳模进职校”、班主任基本功大赛等丰富多彩的校园文化和主题教育活动，努力把德育与智育、体育、美育有机结合起来，构建全员、全过程、全方位的育人格局。

第二节　职业教育德育的特点与中国特色

随着我国改革开放的深入、产业结构的不断调整，市场不仅需要大量的学术型、工程型人才，也需要大量的技术型、应用型人才。新时期职业教育迅速发展，职业教育德育实践也随着职业教育的大发展而进一步深入，并在不断地修正

---

① 李克强 . 政府工作报告—— 2016 年 3 月 5 日在第十二届全国人民代表大会第四次会议上 .（2016-03-05）[2018-06-03]. http://www.gov.cn/guowuyuan/2016-03/17/content_5054901.htm.

② 佚名. 中等职业学校德育课程标准研讨会在京召开. 职业教育（中旬刊），2016（8）：6.

③ 李克强 . 政府工作报告—— 2017 年 3 月 5 日在第十二届全国人民代表大会第五次会议上 .（2017-03-05）[2018-06-03]. http://www.gov.cn/premier/2017-03/16/content_5177940.htm.

④ 习近平 . 决胜全面建成小康社会 夺取新时代中国特色社会主义伟大胜利——在中国共产党第十九次全国代表大会上的报告 .（2017-10-18）[2018-06-09]. http://cpc.people.com.cn/n1/2017/1028/c64094-29613660.html.

和完善中形成了自身的特色。职业教育德育作为德育的一个子系统，除了具有德育的普遍性以外，还具有鲜明的政治导向性、典型的内容丰富性、突出的途径多样性三个特点。

一、鲜明的政治导向性

政策是实践的指南。实践的正确性，有赖于政策的正确；而政策的正确，也是以科学决策为前提的。德育科学研究为德育科学决策奠定了基础，德育政策以文件的形式存在。改革开放以来，作为中国共产党和国家德育政策的重要文件，都是科学决策的结果，对改革开放以来的德育改革发展发挥了重要的规范性与导向性作用。

（一）始终坚持社会主义方向，把职业教育德育工作放在首要位置

改革开放以来，我国职业教育德育政策的政治方向是统一的，政策与时俱进地坚持了正确的社会主义方向。如1991年出台的《国务院关于大力发展职业技术教育的决定》明确指出：各级各类职业技术学校要把德育放在首位。坚持不懈地进行四项基本原则和国情教育，进行爱国主义、社会主义、集体主义及共产主义人生观等思想政治教育。要注意根据职业技术教育的特点，切实加强职业自豪感、职业道德和职业纪律的教育，坚持严格要求，反复实践，扎扎实实地提高学生的思想觉悟和纪律观念。[①]在此基础上，2005年《国务院关于大力发展职业教育的决定》再次重申了职业教育德育的政治导向性，要把德育工作放在首位，全面推进素质教育。坚持育人为本，突出以诚信、敬业为重点的职业道德教育[②]。现阶段德育的指导思想是马克思列宁主义、毛泽东思想、邓小平理论、“三个代表”重要思想和习近平新时代中国特色社会主义思想，并以积极培育和践行社会主义核心价值观为宗旨。

（二）政策结构完整，基本政策与具体政策互相配合

通过对职业教育德育政策的梳理，可以发现各阶段都既有德育教育的基本

① 国务院关于大力发展职业技术教育的决定.（1991-10-17）[2018-06-18]. http://old.moe.gov.cn//publicfiles/business/htmlfiles/moe/moe_732/200407/816.html.

② 国务院关于大力发展职业教育的决定.（2005-10-28）[2018-05-31]. http://www.moe.edu.cn/jyb_xxgk/moe_1777/moe_1778/tnull_27730.html.

政策，又有具体政策。这样既保证了整体工作的统一协调，又使具体工作有据可依。同时这些政策又可以分为综合政策和专项政策：综合政策一般是对某一时间内德育工作的统筹规划，专项政策多为对某一项德育内容的系统安排和对某一方面德育工作的深入落实。如在政策完善阶段（2002—2012 年），综合政策主要有《教育部关于进一步办好五年制高等职业技术教育的几点意见》《中共中央国务院关于进一步加强和改进未成年人思想道德建设的若干意见》《中共中央国务院关于进一步加强和改进大学生思想政治教育的意见》《国务院关于大力发展职业教育的决定》等。在这些综合政策的指导之下，针对德育课程与教学实践，《关于印发技工学校德育课课程标准及规范使用德育课教材的通知》《关于进一步加强和改进高等学校思想政治理论课的意见》《教育部关于印发中等职业学校德育课课程教学大纲的通知》《关于加强中等职业学校班主任工作的意见》等政策文件相继出台；针对职业教育心理与就业指导，《关于在技校就业训练中心和职业培训机构开展职业指导工作的通知》《中等职业学校学生心理健康教育指导纲要》等政策文件相继印发；针对职业教育德育监督管理，《中等职业学校学生实习管理办法》《全国大学生思想政治教育工作测评体系（试行）》等政策文件相继制定。

除此之外，我国多数单项德育政策的结构也比较完整，既有对政策制定依据和指导思想的说明，又有对政策目标和基本内容的阐述，还有政策实施颁发和保障的规定。如 2014 年修订的《中等职业学校德育大纲》在呈现具体大纲内容之前，仔细说明该份文件是“为贯彻落实党的十八大和十八届三中、四中全会精神，深入贯彻习近平总书记系列重要讲话精神，进一步加强和改进新形势下中等职业学校德育工作”而印发的，然后简要说明了新大纲较原大纲的创新之处，最后对各地、各组织教育部门、各教职工人员、各社会组织切实履行新大纲的内容提出要求[①]。

二、典型的内容丰富性

职业教育德育内容丰富多元，体现出“大德育”观念的特色。改革开放以来，特别是进入 20 世纪 90 年代，职业教育领域“大德育”的概念不仅为广大德育工作者所接受，而且以文件的方式得以确立。1995 年颁布的《中学德育大纲》和 1998 年颁布的《中小学德育工作规程》均明确指出“德育即对学生进行政治、

① 教育部关于印发《中等职业学校德育大纲（2014 年修订）》的通知 .（2015-01-07）[2018-05-31]. http://old.moe.gov.cn/publicfiles/business/htmlfiles/moe/s3051/201501/xxgk_183069.html.

思想、道德和心理品质教育"[①]，这对职业教育"大德育"观念的提出作了重要指引。2004年，教育部印发的《中等职业学校德育大纲》在德育内容中又增加了法律教育。可见，如今职业教育所说的"德育"，已经扩展为囊括了全部社会意识形态的教育，甚至也容纳了一部分非意识形态方面的教育。"大德育"的概念，无论是在理论、制度或是实践层面都已成为我国德育的主流取向。应该说，这既是中国职业教育德育的特色所在，也是中国职业教育德育的优势所在。

（一）发挥思想道德素质的核心作用

人的素质主要包括思想道德素质、科学文化素质和健康素质，而德育是以培养和提高人的思想道德素质为宗旨的教育。职业教育的思想道德素质主要包括思想政治素质、道德素质和法律素质。1986年，党的十二届六中全会通过的《中共中央关于社会主义精神文明建设指导方针的决议》中就将思想道德建设作为社会主义精神文明建设的一个重要方面。江泽民同志在第三次全国教育工作会议上明确指出："要说素质，思想政治素质是最重要的素质。不断增强学生和群众的爱国主义、集体主义、社会主义思想，是素质教育的灵魂。"[②]2004年，《中共中央国务院关于进一步加强和改进未成年人思想道德建设的若干意见》也强调了全面提高未成年人思想道德素质的重要性。此后，对思想道德素质的培养逐渐融入了学校课程内容中，把加强和改进高校思想政治理论课作为一项重大而紧迫的政治任务。同时，也通过表彰优秀学生的感人事迹，教育广大学生树立正确的世界观、人生观和价值观。2009年，国家出台《关于加强和改进中等职业学校学生思想道德教育的意见》，明确提出要充分认识加强和改进中职学生思想道德教育的重要性和紧迫性[③]。

除了培养学生的思想道德修养外，国家还重视对班主任思想道德素质的提升。2010年，相关部门出台了《关于加强中等职业学校班主任工作的意见》，其中将思想道德素质作为一项担任班主任的重要考核内容。总之，唯有全方面加强职业教育思想道德素质的培养，才能够真正帮助个体通过提高思想道德素质带动科学文化素质和健康素质的提升，从而实现人的全面发展。

---

① 王易. 当前思想道德教育的特点、挑战和回应. 人民论坛，2015（2）：30-33.

② 江泽民. 教育必须以提高国民素质为根本宗旨.（1999-06-15）[2018-05-31]. http://cpc.people.com.cn/GB/64184/64185/180138/10818652.html.

③ 教育部、中宣部等6部门关于加强和改进中等职业学校学生思想道德教育的意见（2009年）.（2009-06-24）[2018-06-01].http://www.wenming.cn/ziliao/wenjian/jigou/qita/201203/t20120308_546763.shtml.

（二）注重个体自我实现与社会进步的统一

中国向来注重德育对于国家和社会的重大意义。从一定意义上说，中国古代德育所遵从的是修身—齐家—治国—平天下的建构模式，即要实现社会的安定和谐就要从提升个人的德行修养出发，并且德育的最终目标是达到个人自我修养提升与社会进步的统一。这种强调个体发展与社会进步的密切关系的思维模式也充分体现在改革开放以来中国职业教育德育的目的与内容之中，成为当代中国职业教育德育的优势之所在。

在具体政策方面，1985 年，《中共中央关于改革学校思想品德和政治理论课程教学的通知》印发，提出：为了适应我国社会主义现代化建设的需要，适应现代科学技术、现代政治经济巨大发展变化，适应新时期青少年心理发展具体状况，现行的思想品德和政治理论课程设置、教学内容和教学方法必须进行认真改革。改革的关键是坚决贯彻执行理论联系实际的方针。[①] 该通知的出台，使得德育课程的设置充分体现了个人思想道德素质提升与社会主义现代化建设是紧密联系在一起的。2005 年，在《国务院关于大力发展职业教育的决定》中也再次重申了职业教育德育的社会作用。此外，2013 年党的十八届三中全会召开，“立德树人”在职业教育事业中的根本性地位被逐渐确立起来。成才先成人，树人先树德。立德树人、培养社会主义新型人才是我国德育的重要任务，对社会主义现代化建设的顺利进行也有着至关重要的作用。因此，我国当代职业教育德育所践行的提升个体思想道德之路也是一条培养国家、社会和人民所需的栋梁之材的道路，是为构建社会主义和谐社会打下坚实思想基础的道路。

三、突出的途径多样性

改革开放以来，职业教育德育方法的创新始终根据职业教育德育的目标和内容，总结历史和现实的道德教育经验，切实贯彻主体性、实践性的基本原则，实行人文教育方式与现代科技手段有机结合，建立了具有中国特色和时代特征的符合规律性富有实效性的道德教育方法系统。如《中等职业学校德育大纲（2014 年修订）》在原大纲基础上，拓宽了中职德育途径，在课程教学、实训实习、学校管理、校园文化、志愿服务、职业指导、心理辅导、家庭和社会八个方面做出

① 中共中央关于改革学校思想品德和政治理论课程教学的通知 .（1985-08-01）[2018-06-01]. http://www.chinalawedu.com/falvfagui/fg22598/11762.shtml.

具体规定，同时还强调要加强运用网络等新媒体手段，以响应网络信息化时代的要求。

（一）重视道德实践的强化作用

改革开放40年来，职业教育德育的重心逐渐转移到对受教育者实践的指导上来，把受教育者的自觉实践作为道德教育的出发点和归宿点、作为培养思想道德主体的基本途径。首先，将职业教育德育融入各种活动之中，增强德育工作的实施效果。如全国中等职业学校“文明风采”竞赛活动、“璀璨星光”校园文化节活动、全国职业院校技能大赛陆续开展。其次，设立各级德育工作管理机构，提升对德育实践的监督作用。如2006年，中国职业技术教育学会德育工作委员会成立，大大促进了职业教育德育实践的发展。与此同时，国家还重视示范德育工作基地的建设。如2007年《教育部关于确定首批中等职业教育德育工作实验基地学校的通知》印发，旨在发挥典型学校的德育示范作用，从社会生活实际、职业教育发展现状和学生需求出发，进一步推进实施职业教育德育工作的进程。

除此之外，职业教育德育实践也让受教育者结合实践认真学习必要的理论知识，并通过他们自己的生活实践获得深刻体验和理解，使之真正转化为他们的认识以至信念。同时还组织受教育者参加公益劳动、文化建设、社会调查、科技服务、勤工俭学、节日活动等各种社会实践，并引导他们在日常生活中，随时随地自觉地将正确的思想道德认识付诸行动。

（二）利用校园文化的熏陶作用

现代职业教育作为人才培养的一种重要类型，其特色校园文化在德育中占有重要地位。职业教育德育中的校园文化是引导人、鼓舞人、激励人的一种内在动力，它能通过多种途径，有效地将社会的价值观念、道德原则隐藏在自身的形成结构中，通过灌输、启迪、熏陶而潜移默化地影响和形成学生的思想行为和道德品质。校园文化建设已经成为落实学校德育的重要载体，因此，必须切实加强校园文化建设，以充分发挥其德育功能。

改革开放以来，利用有效德育环境进行教育是职业教育德育采用的重要方法之一。2012年，教育部副部长鲁昕在“全国职业院校德育创新暨校园文化建设工作座谈会”上指出，以高度文化自觉自信推进职业院校文化育人，是职业教育贯彻落实十七届六中全会决定精神的一项重要任务①。同年，德育工作委员会在召开“省级职教学会德育工作委员会联席会”时也明确提出“要以高度文化自觉自信推进职业院校文化育人”②。总之，职业教育德育的校园文化建设已经充分立足职业教育，突出了“职”的特点，在此基础上构建了独特的、充满意蕴和活力的校园文化氛围和体系，有力地推动了职业教育德育工作的发展，进而实现了职业教育的长足进步。

第三节 职业教育德育中的关键问题及其改进

改革开放的过程，是中国特色社会主义实践探索的过程、推进的过程。40年来，我国教育事业取得了快速稳步的发展，德育教育也开始了漫长的科学化征程。经过多年的探索与实践，作为德育教育的一个子系统，职业教育德育在范围、层次和实践形态等方面均取得了显著成效。但随着职业教育德育实践的不断深入，德育工作也面临着重大挑战，存在着各种必须解决的问题。因此，准确把握当前职业教育德育的现状和问题，并找出解决问题的对策，对于提高职业教育质量、完善职业教育体系均具有重要意义。本节主要从职业教育德育体系尚未健全、德育“知”与“行”尚未合一两方面来分析其中存在的问题，并提出相应的改进措施。

一、职业教育德育中的关键问题

（一）职业教育德育体系尚未健全

职业教育德育体系是一个有机的系统，由教育者、受教育者、媒介与环境组成，包含德育目标体系、德育内容体系、德育途径体系、德育方法体系、德育管理体系和德育评价体系六个子系统③。改革开放40年，我国在整体构建德育体

---

① 全国职业院校德育创新暨校园文化建设工作座谈会召开．(2012-07-02) [2018-06-01]. http://edu.people.com.cn/n/2012/0702/c1053-18423311.html.

② 省级职教学会德育工作委员会联席会在晋召开．(2013-09-27) [2018-06-01]. http://www.zjchina.org/jg/shtml/news/201309/n2376.shtml.

③ 林韧卒. 高职院校德育体系整合创新. 哈尔滨理工大学，2014：68-99.

系方面取得了一系列的理论与实践成果，这些都为整合创新职业教育德育体系提供了范式探索的依据。但由于我国职业教育德育起步较晚，2002年以后才真正开始蓬勃发展，而且其中也历经种种曲折，对职业教育德育体系的研究与探索还仅仅处于初始阶段。职业教育德育体系虽然从形式上较为完整，但是仍然在相对封闭的系统中运行，科学性和完整性尚未凸显，育人为本、德育为先的理念尚未深入落实，职业教育德育合力也尚未发挥强有力的作用。职业教育德育体系暴露出了一些弊端。

首先，职业教育德育体系缺乏整体性。德育体系中的每个子系统之间与子系统内部各要素之间都是相互贯通、彼此依赖的。目前，在职业教育德育实践中出现将目标、内容、途径、方法、管理和评价各要素割裂开的问题，如德育实施过程有始无终或德育环节中间断裂等现象。其次，职业教育德育体系缺乏层次性。层次性突出表现为阶段性与递进性的特点，各子系统之间需要做到有效衔接和逐渐过渡。如今职业教育各层级之间，其德育体系的衔接性与层次性特征并不明显，且忽视了不同年级学生特点以及思想品德形成发展的规律。再次，职业教育德育体系缺乏针对性。职业教育德育突出的职业性价值取向是职业教育德育体系区别于普通教育德育的重要特色。然而，当前职业教育德育体系沿袭普通教育的痕迹比较明显，尤其是高等职业教育德育基本紧跟本科德育的思路，缺少了体系构建的针对性、实践性与职业性。最后，职业教育德育体系缺乏外延性。外延性主要表现在对其他教育类型的德育体系的影响力，以及能否集学校、家庭和社会于一体发挥合力的作用。如今普通教育德育体系的目标、内容、原则、途径等内容对职业教育影响较大，而职业教育所施加的影响远远小于普通教育。同时职业教育德育体系的构建普遍取法家庭、社会与企业方面的力量，未能很好地实现校内德育和校外德育的有机结合。

（二）职业教育德育“知”与“行”尚未合一

“知行合一”强调道德认知和道德行为的合一并进，相互促进，也就是要求德育主体要言行一致。相反，“知行不一”则是指道德认知和道德行为之间不相符、不一致，产生偏离、脱节甚至相背离的现象。在职业教育德育领域，“知行不一”一方面体现在“知”和“行”发展不同步，主要是道德认知水平和道德实践能力的发展步调不一致；另一方面体现在“知”和“行”层次不一，主要是道德认知和道德行为的偏离、断裂、脱节甚至背离。长期以来，德育工作与学生自我实践存在着脱节现象，德育工作往往停留在口头认识和表面形式上，正面灌输和机械训练较多，而落实到学生具体行动上的较少。过多地以他律代替自律，往往造成学生“双重人格”的形成。例如学生理想信念模糊，功利性和现实性表现突出；人生观和价值观趋向功利化；道德素质较差，道德践行能力较弱；心理素质较差，阻碍健康人格的形成。

二、职业教育德育问题的改进措施

（一）加强职业教育德育体系的开放性

整体构建职业教育德育体系是在以德性论、德育论、系统论为基础，坚持古今相承、中西交汇、继承借鉴、发展创新的基本原则，以德育目标、内容、途径、方法、管理等要素系统为纬，以中职德育和高职德育等层次系统为经，进行横向贯通、纵向衔接、分层递进、螺旋上升，形成具有中国特色的、符合社会发展需求、适应全面素质教育要求的职业教育德育体系。

首先，可以成立专门职业教育德育体系科研管理机构，为整体实施德育体系打下坚实基础。如建立班级、学校、教育主管行政部门三级德育科研管理体系机构，建立社会、企业、学校三位一体的德育工作人员体系结构，从而形成一个全员参与、责任明确、分工协作的教育群体，形成一个目标明确、要求一致、管理严密的德育工作领导管理体制，切实使全体教师员工、学校、行业与企业、政府、社会、家长等教育力量都成为学生思想成长的引路人。

其次，可以建立横向循环、纵向并行的职业教育德育体系，形成高效的交叉运行机制。在构建横向循环德育体系的过程中，可以参考经德育评价反馈的信息，以新的德育目标为首，制定相适应的德育内容，然后选择最佳途径和方法进行组合，实行具体管理，最后进入德育评价阶段得出相应反馈信息；在构建纵向并行德育体系的过程中，可以根据德育体系中以子系统纵向衔接、分系统横向衔接的理论基础，将各层级的德育目标、德育内容、德育途径、德育方法、德育管理和德育评价各子系统进行逐级递推和纵向衔接，实现同一目标不同内容的多个循环体系的并行递进工作。

最后，可以建立家庭、学校、社会三位一体的职业教育德育新体系。如新加坡在实施德育的过程中，特别重视家庭教育对学生品德形成的影响，而且政府意识到学生所生活的环境对其道德品质的形成所起的重要作用，建立了广泛的社区教育网和教育监督站，创立了融学校和社会机构为一体的互动合作的文明社区[①]。因此，加强职业教育德育体系的开放性可以充分利用这三个群体的作用，形成三者结合、群策群力的德育局面。

（二）注重职业教育德育的科学性和实践性

为了解决职业教育德育实践中长期存在的“知行不一”的问题，可以从加强“知”的科学性和“行”的实践性入手。

首先，可以实行德育灌输与德育渗透相结合的方式。两者皆为道德教育的手段或方法，灌输是一种显性的、集中的、系统的、直接的宣传教育法。而渗透是一种隐性的、分散的、间接的熏陶教育法。在职业教育德育实践过程中，两者的关系应并行不悖、互为补充、互为促进。从现实来看，进行社会主义现代化建设事业离不开理论的指导，因此，就需要加强对学生进行这方面的理论灌输。要注意实施正确的“柔性灌输”，同时也应更加重视和加强德育的渗透功能。西方国家十分注重跨学科的德育渗透，把品德教育与知识传授密切结合起来。同时将德育渗透到丰富多彩的校园文化活动中，通过寓教于乐、寓教于活动等方式，使学生在不知不觉中受到教育、得到成长。此外还提出“人人有责”的德育模式，把德育渗透到学校管理、服务工作的各个领域等。由此启示职业教育要增强道德教育的实效，除了在必要的理论方面进行灌输之外，还要加强德育的渗透力度，通过教书育人、管理育人、服务育人、环境育人，全方位、多渠道地开展道德教育。

其次，重视心理辅导的德育功能。从西方国家的道德教育实践来看，他们对心理辅导非常重视。如各校的学生事务处都设有心理辅导组，为学生提供个别心理辅导，并针对一些普遍性问题开设专题辅导。西方国家的心理辅导工作不仅开展得早和广泛，而且做得很有成效，成为学校德育的重要途径。反观国内，虽然在21世纪初，在职业教育德育方面提出对心理健康实施教育工作，但多流于表面形式。随着社会的迅速发展，生活节奏的加快和竞争也日趋激烈，这使得职业学校的学生面临着巨大的挑战，心理素质亟须提升。

再次，拓宽德育途径，建立开放型德育模式。职业教育德育方法的创新，要根据职业教育德育的目标和内容，总结历史和现实的道德教育经验，切实贯彻主体性、实践性的基本原则，实行人文教育方式与现代科技手段有机结合，建立具有中国特色和时代特征的符合规律性富有实效性的道德教育方法系统。长期以

---

① 王冬艳. 儒家道德观对新加坡道德教育的影响. 北方论丛，2002（3）：103-106.

来，西方国家实行开放的德育格局，学校“小课堂”，紧密联系社会“大课堂”，在教育方法上呈现百花齐放的局面，如价值澄清法、道德认知发展法、社会行为体验法等得到广泛应用。为此，职业教育德育应首先打破单纯的课堂灌输、报告宣传的模式，积极采取各种现代的教学方法，诸如启发式教学、道德两难问题讨论法、角色扮演法、活动参与法等。同时发挥第二课堂的德育功能，组织学生开展丰富多彩、寓教于乐的课外活动和社会实践活动。此外，积极借鉴国外道德教育中有价值的东西，拓宽职业教育道德教育的思路和途径，采取“开放式”的教育方法，加大德育的信息注入量，开阔学生的视野，培养其正确区分、辨别、选择和吸收多种社会信息的能力。

最后，积极创设具有中国特色的“隐性教育”[①]。中西方国家德育方法共性中突出的一点，意识到学生除了在学校课堂和教科书中学习外，还从学校的制度特征、集体生活、课外活动、学校气氛中受到影响，这些因素以隐蔽的、潜在的、渗透的方式对学生的态度、动机、价值、规范、观念等发生影响作用。改革开放以来，职业学校学生思想变化的一个显著特点是个体意识和实践精神增强，而权威意识和被动服从意识减弱。他们厌恶和排斥单一观念的灌输和空洞说教，不满足于被动接受某种现成的观点和结论，更看重和相信现实生活，希望独立自主地做出取舍和判断。显然，隐性教育比显性教育更适合学生的思想变化特点。西方国家在这方面有许多值得我们学习借鉴的地方。由此启示职业教育德育应以学生作为主体，来参与学校内外的各种活动，并通过校内外各种有形和无形的文化环境、氛围对学生进行渗透教育，从而达到“润物细无声”的教学效果。

---

① 王丹丹. 中西德育方法比较研究. 哈尔滨工程大学，2007：60.

第九章

职业教育国际化的改革与发展

改革开放40年，无论是政治、经济还是文化，我国都取得了显著的进步，也基本建成了小康社会，人民生活水平不断提高。回溯40年的历程，职业教育的国际化也取得了突飞猛进的成就，从浅层次的外延合作到实质性的内涵合作，在21世纪初，我国逐步参与职业教育国际化标准的建立，在此基础上中国特色经验也不断输出，职业教育国际化的发展日益形成自身的特色，在国际舞台中的角色定位逐步明晰。

本章在总结发展规律与中国特色的基础上，结合“一带一路”的背景，分析职业教育国际化的改革方向，同时针对职业教育国际化的发展路径、组织管理方式、学生培养、师资队伍及课程教学等，为职业教育国际化的进一步发展提供相应的战略抉择。

第一节　职业教育国际化历程回顾

我国职业教育国际交流的起步是在政府的完全主导下进行的，改革开放初期，经济建设的发展急需大批应用型、实用型、技术型人才，职业学校应运而生。但职业教育作为当时一种崭新的教育类型，在教育体系构建、办学模式、人才培养目标、专业设置等方面都没有经验可循。因此，我国将目光转向国外，尤其是发达的工业国家。出于通过改革发展职业教育、促进经济发展、提高人民生活水平的目的，中国政府希望学习和借鉴发达国家职业教育的成功经验，对此与发达国家展开了国际交流与合作。随着对国外先进经验的学习逐渐深入，我国也意识到推进职业教育的改革发展、现代化水平的进一步提高，不能只通过学习国外先进经验，也要积极展开国际交流与合作。通过与国际组织、发达国家的积极合作，职业教育国际交流的内涵进一步深刻。职业教育的国际化由浅层次的外延合作逐步发展为具有实质性的内涵交流与合作，随着改革开放、“一带一路”的日益推进，职业教育国际化日益规范，中国特色也逐步凸显。

一、职业教育国际化浅层次的外延合作（20 世纪 80 年代初至 90 年代初）

（一）职业教育体系的学习

20 世纪 80 年代初到 90 年代初期，职业教育的国际化的发展是由政府牵头，合作对象是以德国、法国、澳大利亚、美国为代表的发达国家，合作方式主要是通过访问、开展交流会议、成立学习小组等，学习发达国家教育体系与先进的职业教育办学经验，并与其初步达成合作意向，在职业教育体系的构建与经验分享上展开初步的交流与合作。

1980 年 5 月 15 日至 6 月 20 日，教育部部长蒋南翔先后访问了联邦德国、法国与美国，通过了解三国的教育体系以及职业教育体系，汲取了三国在职业教育发展中的先进经验。1981 年 8 月 10—20 日，联邦德国教科部部长比约尔恩·恩霍尔姆考察北京、西安、上海部分高等学校，着重了解我国职业教育方面的情况，表示愿为中德两国职业教育的合作努力。1985 年 5 月 9—17 日，中德双方签订了“职业教育合作协议”，双方就发展和完善职业教育的基本问题进行协商、交换考察团、了解对方职业教育的情况并相互交流意见与经验，互相提供有关对方职业教育重大活动的信息，以便商定是否派官员或专家参加等。1985 年 10 月 16—17 日，中国与澳大利亚签署教育与培训合作谅解备忘录，为中澳两国在教育领域的互利合作打开了更广阔的空间，促进了两国在包括职业技术教育在内的各个教育领域的广泛合作。1987 年 11 月，欧洲共同体职业教育专家代表访华，表示中国的职业教育存在一定的可学之处，就中国与欧洲共同体在职业教育方面开展合作的可能性进行探讨。1991 年 3 月 4—8 日，中加高中后职业技术教育研讨会召开，会议围绕中国和加拿大各自的高中后职业技术教育的特点和形式、职业技术教育在社区发展和地方性经济发展中的作用、学院和地方之间的合作、中加高中后职业技术教育的发展及如何进一步促进中加两国高中后职业技术教育合作项目的推广等几个专题进行讨论。1987 年 9 月 11—17 日，国家经济贸易委员会代表团访问瑞士，学习了解了瑞士职业教育培训制度，并提出学习瑞士职业教育制度的建议。1989 年 2 月 20 日至 3 月 1 日，中国职业技术教育管理国际研讨会召开，会议通过经济发达国家与发展中国家交流职业技术教育的经验，分析我国职业教育的现状、形势，提出了相应的对策、建议。1989 年 4 月 24 日至 5 月 12 日，联邦德国职业教育的专家考察组对我国进行访问，访问的主要目的是与中国职业教育专家就职业教育研究的任务、职能及工作方式进行交流，并对联邦德国给予的支持方式与规模进行进一步商讨。1994 年 9 月 28—29 日，中德职教联合工作小组成立并发表联合公报，指出两国在职业教育领域的合作取得了巨大成就，今后主要任务是加强在职业教育领域的合作，希望通过加强合作一方面保障实训教师的地位，另一方面加强职业咨询和职业信息的交流，建立广泛的职业资格证书制度，并以此为抓手进一步提高职业教育的地位。1995 年 10 月 5—18

日，英国职业教育代表团访华，考察我国职业教育的政策与发展现状等，以寻求双方合作的共同点，这是英国职业教育界第一次组团来华访问。1998年5月18—27日，亚非地区职业教育培训班在我国举行，此举目的在于结合国际职业教育发展趋势，向参与者介绍中国职业教育发展的有关经验，探讨亚非地区发展中国家职业教育发展的模式和途径，特别是职业教育为中小企业服务等问题，这是我国职业教育走向世界、在国际职业教育舞台上发挥影响的一次初步尝试。

（二）职业教育办学模式

此阶段我国与联邦德国、英国、加拿大、韩国等国家展开初步的交流与合作，进而学习发达国家职业学校的办学经验，通过一系列的考察活动、项目制定、协议签署等，结合我国职业教育在办学方面的相关问题，我国职业教育办学模式得到了进一步的完善。

1983年8月15日，中国与联合国教科文组织开展职业教育合作，教育部部长何东昌与联合国教科文组织总干事在北京签订合作备忘录，通过信托基金在中国举办职业教育培训班，并资助中国专家赴发达国家考察职业教育。1991年6月1日，中国和联邦德国签署职业技术教育换文，提出联邦德国将资助中方建设位于北京的职业技术教育中心研究所和上海、辽宁两地的职业技术教育研究所。1991年7月4日，中国与加拿大高中后职业技术教育合作项目学校确立，此项目旨在协助中国有关院校发展高中后职业技术教育，以非学位教育和培训为主。1996年6月24—30日，我国职业技术教育代表团访问韩国教育部与劳动部，主要考察了韩国的部分企业和职业学校，并就职业教育方面的有关问题与韩方进行了交流。

从20世纪80年代初开始，我国陆续从国外引进先进的职业教育办学模式，比较典型的项目为1988年国家教育委员会在东北和华东地区6城市引进德国“双元制”职教模式试点项目、1991年中加高中后职业技术教育合作项目、2002年中澳重庆职业教育与培训项目。对国外先进的职业教育模式的引进，极大地更新了我国职业教育理念，丰富了我国职业教育办学实践[①]。

---

① 关晶.改革开放三十年我国职业教育国际交流与合作的回顾与展望.江苏技术师范学院学报，2008（7）：16-19.

（三）职业教育产学合作

20世纪80年代初期，职业教育国际化在产学合作上的交流主要聚焦推动产学研三方的结合，极大地发挥职业教育的经济功能，在职业教育产学合作国际化的学习阶段，我国主要与联邦德国建立密切联系，通过开展论坛、研讨会等形式学习联邦德国先进的经验，以促进我国职业教育产学合作取得更好的发展。

1994年11月14—18日，“中德职业教育合作十年——成果与展望研讨会”召开，会议提出扩大试验范围，加强改革成功经验的宣传和推广，进一步加强企业对职业教育的参与。

1997年4月23日，中德高技术对话论坛成立并举行会议，此次论坛不仅加强了两国政府的高技术政策交流，同时还为两国科研机构和企业提供了一个磋商高技术研究项目及其成果产业化问题的场所。在职业教育国际化聚焦产学合作的过程中，不仅推动了职业教育经济功能的发挥，而且推动了产学研的结合紧密化，从而促进我国职业教育的内涵更加丰富。

（四）职业教育师资培养

改革开放初期，在职业教育国际化的师资培养上，主要通过出国访问、进修、考察或聘请外籍教师来华任教等方式，宣传介绍发达国家的职业教育先进经验。在此基础上与我国签订职业教育合作意向书，以及对我国建立职业教育师资培训中心提供资助。

1982年4月19日，联邦德国巴伐利亚州和经济合作部同意，向中国教育部提出三个合作项目资助我国建立职业学校、师资培训中心和德语中心的建议。1983年10月16—26日，中国和联邦德国签订职业教育合作备忘录，联邦德国教科部和经济合作部共同研究同意，为今后在中国建立职业教育师资培训中心提供资助；联邦德国的巴伐利亚州、下萨克森州和北威州就帮助我国建立3所高等专科学校和1所企业管理培训中心达成意向性原则协议。同年，中国和丹麦也确定开展职业教育合作，双方主要就加强中等职业教育师资和在职教师培训等方面达成一致，丹麦将协助我国职业教育的规划研究。1985年6月11日，中国和联邦德国共同建立二汽职业教育中心，通过与德国的合作办学，我国职业院校的师资力量得到进一步加强。1985年9月27日，甘肃省与美国俄克拉荷马州签署职业技术教育合作交流协议书，美国俄克拉荷马州接受甘肃省6名职业学校管理人员和教师分两批进行为期半年的学习。1993年9月13—18日，国际职业技术教育研讨会召开，会议围绕“现代化与职业技术教育”展开探讨，主要讨论职业技术教育在社会与经济发展中的地位与作用，企业在职业技术教育中的作用、职能和参与方式，职业技术教育的层次、办学和管理体制，职业技术教育的经费和师资问题，职业技术教育国际交流与合作问题，以此推动全球职业技术教育的进一步发展。

二、职业教育国际化实质性的内涵合作(20世纪90年代初至21世纪初)

(一)职业教育办学模式

基于20世纪80年代初至90年代初期职业教育国际化积累的些许经验，各级政府及学校尝试对职业教育办学模式国际交流与合作的动力明显增强。职业教育国际化在聚焦办学模式的国际化上，主要是通过一系列交流、研讨等方式，加深国外职业教育与我国职业教育办学模式的彼此了解，并在此基础上找到共性与差异，进而探求进一步合作交流的可能性，并将中外合作办学落到实处。

1980年4月30日至6月4日，我国代表团先后访问瑞士、联邦德国和奥地利，以考察职业教育与职业培训为重点，从企业、学校工会、工商联合会、雇主协会、联邦政府和州政府的有关部门等多个方面了解联邦德国职业教育的总体情况。在职业教育的内容、职业教育多样化、多元性的培训以及教育的方法上，推进四化建设。并在此基础上，推进“双元制”试点。此后，教育部开始与德国汉斯·赛德尔基金会开展教育领域的合作，双方在职业教育领域的合作成果显著，在北京、山东、上海、江苏、浙江、湖北、甘肃等七个省、直辖市共同设立14个职教项目点。

1995年，国家教育委员会颁布的《中外合作办学暂行规定》更是明确指出，国家鼓励在职业教育领域开展中外合作办学。此后，职业教育中外合作办学机构和项目的数量有了较快增长，合作国及合作形式也更加多元。2002年12月9日，我国与新西兰续签教育与培训合作谅解备忘录，进一步强调双方鼓励两国专业教育机构、大学、中小学和职业院校建立直接联系，并通过建立校企合作项目等方式在高等教育、中小学教育、职业教育与培训、现代远程教育和汉语教学的课程设置、教材编写、教学框架等方面加强交流，促进双方在职业教育与培训领域内的合作。2003年10月18—20日，第四届中国教育国际论坛召开，论坛主题为“构建终身教育体系，建设学习型社会”，设有农村教育、高等教育与高校毕业生就业体系建立、职业教育与职业资格证书等专题论坛和中外合作办学研讨会及项目洽谈会。

改革开放 40 年来，国家大力支持引进外国优质教育资源的中外合作办学，鼓励在高等教育、职业教育领域开展中外合作办学，鼓励中国高等教育机构与外国知名的高等教育机构合作办学。这一时期我国的职业教育合作办学主要以引进优质资源为主，并且以澳大利亚、美国、英国、加拿大、韩国、德国、日本为主，聚焦在 MES 课程、CBE 课程等[①]。通过合作办学，在学习、吸收先进的职业教育办学经验的基础上，结合我国的实际情况对其进行本土化改造，力求使职业教育的办学更为优质，进一步提高职业教育办学水平。

（二）职业教育学生培养

改革开放 40 年来，我国始终十分关注对职业教育学生的培养，在职业教育发展中，极力为学生提供国际化交流平台，为职业教育学生的更好发展搭建舞台，进而提高职业教育学生的整体水平，以提升职业教育人才的整体层次。

职业教育学生培养国际化的实现，主要是以留学生培养为载体，通过留学生互派、国际交流等形式为学生提供广阔的平台，以学分互认等政策为学生培养提供保证。职业教育学生的国际化培养主要是与德国、美国、日本与韩国等国建立了良好的合作与交流关系。

2011 年 8 月 4 日，中美双方成功召开中美人文交流高层磋商机制第二次会议；2011 年 11 月，召开中俄人文合作委员会第十一次会议和中俄教育合作分委会第十次会议，建立“中俄学院”和“中俄工科大学联盟”合作平台；2015 年，中德高等职业教育合作联盟成立，并达成了中德高教战略合作伙伴关系。启动“亚洲校园”试点项目，促进中日韩大学学分互认及人才联合培养，以服务国家教育改革发展和外交战略，进而构建教育国际交流与合作大格局。

（三）职业教育产学合作

职业教育产学合作的国际化主要针对协调职业教育与就业市场、劳动力资源配置之间的关系，通过对话、论坛等形式展开国际交流，针对职业教育与产业结构调整，协调劳动力市场、劳动力供需之间的矛盾，利于各国交流在促进职业教育产学合作方面的相关经验，以推动职业教育产学合作更加健康平稳的发展。

---

① 李云梅. 中国职业教育国际化背景、路径与措施的研究. 中国职业技术教育，2017（13）：45-49.

20世纪90年代，我国在德国的资助下先后成立了国家教育委员会职教研究中心和上海、辽宁职教研究所，这是改革开放后我国职业教育学术与科研机构与国外机构的第一次正式合作，并且这三所科研机构的影响在当下仍然十分深远。2004年5月11—14日，“2004年职业教育国际研讨会”成功召开，研讨会以“推进西部及东北地区职业教育发展——适应就业市场的劳动力资源开发”为主题，对支持西部地区职业教育发展、开展国内外合作、职业教育在加快城市化进程中的贡献、现代教育技术在职业教育中的应用、产业结构调整和职业培训等专题进行了深入探讨。2005年8月3日，第二届中澳职教论坛在重庆举行，论坛以“合作与发展”为主题，系统总结了中澳职教项目的成果和经验，详细介绍了我国和澳大利亚职业教育改革发展的最新动向和趋势，探讨了职业教育与行业企业之间进行产教融合、校企合作的途径和机制。

2007年8月13—15日，亚洲就业论坛召开，论坛主题为“增长、就业和体面劳动”，会议是国际劳工组织与中国又一次良好合作，提出构建和谐社会的理念，以及在劳动领域建立和谐的劳动关系，维护劳动者合法权益的实践，对推动各国实现体面劳动的目标有很好的带动作用。2008年11月17—19日，国际职业技术教育论坛暨高等职业技术教育与产业合作研讨会举行。会议围绕提高职业技术教育质量、职业教育发展中的公平与效率、职业教育与培训与产业界的合作、全球化背景下的职业教育国际合作等问题进行了探讨，对各国促进职业技术教育与培训的政策框架和实践经验进行总结，进一步推动了职业教育的发展。作为职业教育与已经走出去的国家进行产学合作的关键年份，2008年全球产业结构进入快速调整阶段，我国的经济结构调整与产业转型升级速度进一步加快，“一带一路”倡议、“三网一化”等进一步推进。同年，中德职业教育国际交流大会召开，大会旨在推进产学研合作，进一步提高技能效率，介绍德国先进的职业教育体系和使用的培训方法，展示中德职教创新和课程改革成果，探索中德职教合作与交流的新途径，构建新平台。

改革开放40年中，我国政府支持职业院校不断扩大对外交流与合作，鼓励我国的职业院校与各国分享职业教育经验和成果，从而扩大对外开放，坚持政府合作与民间合作相结合，调动各方面的积极性，全方位、多角度、深层次开展合作，坚持教育合作与产业合作相结合，深化产教融合、校企合作，注重发展与中国企业和产品“走出去”相配套的职业教育模式。

（四）职业教育师资培养

职业教育师资的国际化培养主要通过一系列教师进修项目，对中等职业学校、高等职业学校的骨干教师进行选拔，满足条件者派遣至国外进修学习，主要是前往德国、美国等国家，学习国外职业教育的教学法与方法论，了解本专业领域的最新发展趋势，进而提高我国职业院校教师的专业教学能力。在职业教育师资方面的国际交流与合作阶段，主要通过与德国、丹麦、美国、英国、澳大利亚等国家进行交流合作，开展合作项目、建设师资中心等形式，在职业教育师资质量提升方面进行合作交流，进而提高职业教育师资的整体质量水平。

2003 年 11 月，同济大学职业技术学院、上海电子工业学校、东南大学职业技术教育学院、山东理工大学、山东－巴伐利亚职教师资中心、天津职业技术师范学院和重庆师范大学在内的 7 所职教师资培训机构为中德职教师资进修项目国内培训基地①。2004 年，为落实《教育部、财政部关于实施中等职业学校教师素质提高计划的意见》，教育部与德国国际继续教育协会启动了“中德职教师资进修项目”和“中德骨干学校校长高级研修班”，计划 2004—2006 年每年为 300 名中职骨干师资提供赴德国进修的机会，并根据中国经济和社会发展的要求确定了 6 个技能型紧缺人才专业。2005 年 10 月 9 日，中德职教师资进修项目 2006 年度进修计划确立，项目培训由国内培训和国外培训两部分构成，国外培训主要学习德国先进的职业教育专业教学法、方法论，同时了解本专业领域的最新发展趋势，由指定的国外培训机构实施。2007 年 5 月 16 日，2007 年职业教育国际研讨会召开，会议以“提升人力资源、提高竞争能力”为主题，围绕高校在职业教育中的角色和贡献、职业教育师资的潜力培养与发展、不同国家职业教育文化、职业教育经济学的国际比较等专题进行进一步研讨。

通过国际交流与合作，加强职教师资培训，造就“双师型”师资队伍，教师具备扎实的理论知识，同时具备丰富的实践经验，培养其国际视野的不断拓宽与丰富。在接下来的职业教育师资国际化培养中，要进一步明确目标，同时注意构建与职业教育“双师型”教师特征相匹配的课程培训体系，在此基础上加强与职业教育“双师型”教师相关的问题研究，尤其注重理论研究与实践问题的结合。

（五）农业技术教育经验

改革开放 40 年中，我国中等农业技术教育积累了先进的经验，在很大的程度上对以巴西为代表的在农业技术教育上有需要的发展中国家给予帮助，推动其更好地发展农业技术教育，展示了我国在中等农业技术教育方面的中国化成果，

---

① 关于确定同济大学等七所职教师资培训机构为中德职教师资进修项目国内培训基地的通知 .（2003-11-18）[2018-06-16]. http://old.moe.gov.cn//publicfiles/business/htmlfiles/moe/moe_960/200506/9852.html.

进而提高我国农业技术教育的国际影响力。

1991年6月18—24日，以“世界全民教育大会”为精神主旨的农村教育国际研讨会召开，这是新中国成立以来国家教委组织的规模最大的一次国际研讨会，旨在推动各国农村教育的发展，使中国与联合国教科文组织的交流与合作迈上了一个新的台阶。同年10月7—20日，巴西职业教育代表团访问我国，旨在了解和研究我国中等农业技术教育的体制、现状、中等农业技术教育与生产者的关系，以及我国推广“科技兴农”计划、农民靠科技致富等情况。1994年11月，联合国教科文组织国际农村教育研究与培训中心成立，中心的主要任务是，在全民教育和《达喀尔行动纲领》的框架与战略内，致力于促进农村教育方法和技术的国际研究与开发，以在全世界范围内实现农村职业教育的大力发展。

2003年1月20—23日，国际农村教育研讨会举行，会议以“教育为农村发展服务”为主题，根据发展中国家的实际情况，围绕教育在农村发展中的作用、教育为发展服务的政策和策略、农村教育的研究和发展方向等问题，从农村的学习需求、农村特别是边远农村的教育组织、通过正规和非正规教育加速农村发展的策略三个方面进行交流。

农村职业教育的国际化交流与合作展示了职业教育的中国特色，将我国在农村职业教育发展过程中积累的经验分享并传授给其他有需要的发展中国家，一方面提高我国职业教育的国际影响力，另一方面也为全球的进步、打造人类命运共同体做出贡献。

三、职业教育国际化标准建立经验输出（21世纪初至今）

（一）职业教育办学模式

20世纪90年代末至21世纪初，职业教育中外合作办学机构和项目如雨后春笋般大批出现，在中外合作办学数量快速增长、合作性质多样化、职业教育国际化程度日益凸显的同时，职业教育也暴露了一些不足之处。21世纪初至今，我国不断总结职业教育办学的不足，进一步吸收借鉴发达国家的职业教育办学经验，通过分析比较，进一步推进职业教育办学的规范化，形成中国特色的职业教育办学模式。同时通过介绍我国职业教育的体系、办学模式等经验，为亚非等经济发展水平相对较低的国家提供支持与援助，推动我国职业教育走向世界，进一步提升其影响力。

2006 年 10 月，中德职业教育研讨会召开，就职业教育领域具有前瞻性的发展模式、最新发展趋势进行了探讨，一致认为，不同国家的职业教育虽然采取不同的模式，但是目标是一致的，那就是可持续发展。2007 年 6 月 16 日，第一届中韩职业教育论坛举行，论坛进一步推动我国西部、东北部地区职业教育与韩国职业教育的交流，通过利用韩国的教育理念与资源，培养应用型技术人才，从而促进西部地区及东北老工业基地的经济发展。2008 年 12 月 24 日，中国和埃塞俄比亚两国教育部根据中国高等职业学校的办学模式，在埃塞俄比亚建立职业技术教育学院，并将职业技术教育学院办成中国与非洲国家在职教领域合作办学的示范性学校。中国先后派出专家对埃塞俄比亚职业教育提供支持和帮助，并帮助其建立职业技术教育学院，学院为埃塞俄比亚培养实用性人才，提高其劳动力素质，对促进当地的经济发展起到了积极作用。

2011 年 6 月 27 日，教育部副部长郝平会见卢旺达教育部国务部长马蒂亚斯·哈里巴姆古，并介绍了我国职业教育发展的基本情况以及近年来中国与卢旺达在教育领域进行合作与交流的基本情况，表示愿与卢旺达在职业教育、留学生交流、孔子学院建设等领域开展更多的务实合作。卢旺达方面就我国在职业教育、人才培养方面的先进经验给予高度评价，并表达希望与我国职业院校建立合作伙伴关系的意愿。2008 年 10 月 13—14 日，第二届中韩职业教育论坛召开，论坛围绕深化首届论坛成果而开展，以进一步促进中韩两国职业教育领域的合作与交流。2009 年 11 月 29 日，中德职教合作三十周年庆典暨中德职教合作发展论坛召开，论坛指出，中国将进一步扩大开放，进一步加强与世界各国在职教领域的合作与交流，让世界认识和了解中国特色的职教体制在高素质、技能型人才培养方面的独特优势。

2011 年 8 月 4 日，教育部规划纲要颁布实施一周年教育部党组务虚会上，提出制定《教育部关于推动高等教育中外合作办学科学发展的若干意见》，突出国家战略需求，明确引进优质资源的政策导向，将中外合作举办的本科高校纳入高等学校设置总体规划；鼓励高等教育和职业教育中外合作办学，成立全国合作办学专家评议委员会，建立全国统一的中外合作办学机构，探索建立中外合作办学质量认证制度。同年 12 月 6—7 日，中英职业教育政策对话会议，教育部副部长鲁昕在主旨报告中指出：新世纪以来，中国政府从国家发展全局的高度把职业教育摆在非常突出的战略地位，职业教育呈现蓬勃发展的良好局面。会议期间，鲁昕会见约翰·海耶兹，通过对话达成共识，全面加强中英两国在职业教育领域的交流与合作，共同探讨现代职业教育体系建设，促进职业院校校企合作的开展，开展职业教育课程与教材的建设，开展职业教育领域的研究与合作，以应对经济社会发展给职业教育带来的新挑战，从而为世界经济社会可持续发展做出更大的贡献。2014年，《国务院关于加快发展现代职业教育的决定》指出：到2020年，形成适应发展需求、产教深度融合、中职高职衔接、职业教育与普通教育相互沟通、体现终身教育理念，具有中国特色、世界水平的现代职业教育体系。[①]这一方面保证中国特色现代职业教育体系与国际接轨，另一方面进一步推动中国特色现代职业教育走向世界。

2017年，国际职业技术教育大会召开，会议以“不断变化的技能：全球趋势与本土实践”为主题，国务院副总理刘延东致信，希望各国共同努力，把握全球趋势，立足本土实践，积极推动职业教育发展及2030年教育目标的实施，为增进人民福祉、促进全球可持续发展做出新贡献。

改革开放40年中，我国通过在国际舞台对先进经验的学习，基于未来职业教育实现内涵发展、推进改革创新的要求，关注职业教育发展的内在特征与规律，从实质上形成职业教育与其他类型教育的沟通衔接，从而在根本上建设包容性、开放性、融通性、终身化的现代职业教育体系。[②]与此同时，我国一直在完善职业教育的办学模式，并不断在国际舞台上展示职业教育办学模式中国化的经验成果，职业教育办学模式在国际舞台上的影响力日益扩大，进一步提高了我国职业教育的国际影响力。

（二）职业教育师资培养

21世纪初至今，我国职业教育国际化的师资培养规范化程度越来越高，并逐渐形成中国特色。通过开展职业教育师资进修项目提高教师的素养与能力，并且在项目的内容、进修对象的选拔与考核标准及进修项目开展的工作要点等方面日益规范，尽可能确保职业教育师资能够更好地学习国外先进的专业教学法、提高专业教学能力等。

2007年4月，教育部高等教育司明确中德高等职业教育师资进修项目的项目目的、项目内容、进修对象、推荐条件及工作要点。项目的目的在于提高高等职业教育教学质量，加强职教师资队伍建设，配合国家示范性高等职业院校的建设，借鉴国外先进的职业教育教学理论和经验。同年4月20日，北京市教育科学研究院职业教育与成人教育教学研究所召开中德职业教育汽修专业研讨会，4

① 国务院关于加快发展现代职业教育的决定 .（2014-05-02）[2018-06-16]. http://www.gov.cn/xinwen/2014-06/22/content_2705926.htm.

② 李玉静. UNESCO政策框架下我国职业教育发展研究. 职业技术教育，2016（21）：16-17.

名德国职业学校的汽车维修专家为北京各类职业院校汽修专业的300余名骨干教师介绍了德国职教汽修专业课程改革的情况。为加快职业教育改革与发展，北京市将职业院校教师队伍能力建设作为核心工作予以强化，并投入专项经费作为保证。

2007年4月24日，教育部和德国国际继续教育和发展协会在南京共同举办“中德职教师资进修项目（P300项目）”成果总结大会，会议指出：三年来，我国有916名中职学校骨干教师赴德进修，重点学习专业教学法，提高了专业教学能力，为我国职业学校培养了一批掌握职业教育先进理念和先进教学方法的骨干教师。2007年9月15日，中德职业教育师资进修项目交流研讨会召开，旨在吸收国际先进理念并引领职业教育课程改革。参与该项目的中国教师超过900名，这是我国第一次大规模选派教学第一线骨干教师出国进修。该项目由德国教师言传身教、中国教师模拟实验，从理念更新到实践运用，从内容传授到方法训练，为中国职教的国际合作开创了一种新模式，使教师对德国“双元制”教育体制、“行动导向”课程方法有了深刻了解。中国教师回国后，将所学的理论和方法在教学实践和教学改革中消化应用，成为学校、行业或地区的骨干力量，使项目受益面扩大到全国，产生了倍增效应。2009年11月11日，教育部高教司公布2009年度中德高等职业教育师资进修项目专业和实践安排，以及赴德进修候选人相关要求。此项目是为了在2007年、2008年度高职教育师资赴德进修项目实施的基础上，进一步研究和借鉴德国职业教育思想、理论和经验，加快中国特色高职课程开发与实践，推动高职院校专业建设，师资队伍建设水平，提高高职教师工作过程导向的课程开发与实施能力[①]。

2010年5月30日，教育部副部长郝平会见来访的美国教育部助理部长布兰达·丹·梅西尔博士一行，郝平指出，中美教育交流合作具有深厚的合作基础，希望双方在中美人文交流高层磋商机制的框架下，不断探索新的合作模式，拓展更广阔的合作空间；双方还讨论了合作举办中美高等职业教育论坛和鼓励中国省属大学和美国州立大学之间合作的可能性。2012年10月29日，教育部发布关于实施中英职业教育“影子校长”项目及推荐第一批中方项目人选的通知。通过实施该项目，中英双方互派职业学校校长到对方学校担任“影子校长”，体验对方校长的岗位职责，交流教育和管理经验，深化中英校际交流与合作，增进友谊，开阔视野，加快培养一批适应经济社会发展需求和国际化要求的职业

① 关于推荐选拔2010年度中德高等职业教育师资进修项目赴德候选人的通知.(2010-03-11)[2018-06-16]. http://sfb.sxpi.edu.cn/info/1001/1010.htm.

教育改革发展领军人才，为推动职业教育改革创新、提高职业教育办学质量创造经验。

2013年11月4日，中国教育国际交流协会职教国际交流分会成立，教育部副部长鲁昕在产业结构升级及转变经济发展方式全局的高度，全面分析了加快发展现代职业教育的内涵及重要意义，充分肯定了高职院校领导海外培训项目所取得的成绩。该项目实施5年来，中方共组派26个境外培训团组，选派来自95所国家示范性高职院校、66所骨干高职院校及71所省属重点高职院校的领导和后备干部共计556人，分别赴美国、德国、澳大利亚、加拿大、英国、新加坡、韩国等国接受培训。2017年2月16日，教育部指出要打造“双师型”教师队伍，支撑制造业人才专业发展，“在近十年间，全国各地教育部重点建设的职教师资培养培训基地组织了多批骨干教师、专业带头人和校长培训团赴德国、美国、新加坡、澳大利亚等国考察研修，很多地方和职业院校就是得益于这些活动，学习借鉴了德国的‘双元制’、美国的‘合作教育’、澳大利亚的‘CBET’等人才培养模式，回国后深入推进各自学校的产教融合与校企合作工作，在此基础上明确了，到发达国家进修访学是制造类专业教师开阔视野、习得先进技术、提升专业能力的有效途径”[①]。

（三）职业教育国际化与“一带一路”

2011年1月11—12日，由教育部、外交部和青岛市人民政府主办的亚欧职业技术教育研讨会在青岛召开，会议指出：亚欧会议机制运行已有15年的历程，在此期间，亚欧合作的宏观框架不断充实完善，亚欧在提高劳动者素质方面的交流与合作不断加强，促进了职业教育又好又快的发展，深化了亚欧会议的教育合作；通过研讨会这个有效的交流平台，各国代表们不仅有机会学习借鉴其他国家成功的职业教育办学经验，也有机会向国外同行展示自己在职业技术教育改革发展方面取得的成就和经验。

2012年5月14日，第三届国际职业技术教育大会召开，大会通过《上海共识》，对改进职业教育的技能培养水平、提升职业教育体系的投入产出效率、消除社会不公和排斥、构建职业技术发展与终身教育相结合的技能体系等多方面提出了有针对性的措施与意见。

2013年9月和10月，习近平在出访中亚和东南亚国家期间，先后提出共建

---

① 打造“双师型”教师队伍 支撑制造业人才专业发展.（2017-02-16）[2018-06-16]. http://www.moe.gov.cn/jyb_xwfb/moe_2082/zl_2017n/2017_zl07_2147441722/201702/t20170216_296416.html.

“丝绸之路经济带”和“21 世纪海上丝绸之路”（简称“一带一路”）的重大倡议，得到国际社会高度关注。李克强参加 2013 年中国—东盟博览会时强调：铺就面向东盟的海上丝绸之路，打造带动腹地发展的战略支点。加快“一带一路”建设，有利于促进沿线各国经济繁荣与区域经济合作，加强不同文明交流互鉴，促进世界和平发展，是一项造福世界各国人民的伟大事业。中国政府积极推动“一带一路”建设，加强与沿线国家的沟通磋商，推动与沿线国家的务实合作，实施了一系列政策措施，努力收获早期成果①。

“一带一路”倡议为职业教育的国际化提供了行动指南，进一步推动我国广泛吸收和借鉴沿线 68 个国家和地区发展优势，共同打造“政治互信、经济互融、文化包容”的利益共同体、责任共同体和命运共同体②。2014 年 6 月，教育部、国家发展和改革委员会等六部门联合发布《现代职业教育体系建设规划（2014—2020 年）》，指出：要建设开放型职业教育体系，鼓励高等职业院校与国外高水平院校建立一对一的合作伙伴关系，举办高水平中外合作办学项目和机构。国际化发展已经成为职业教育的内在需求和发展趋势，深层次、多形式、全方位的国际化办学将成为建设世界一流职业院校的显著标志，有助于提升我国职业院校的核心竞争力。

在“一带一路”的背景下，推进职业教育的国际化适应了经济全球化、世界多极化的发展趋势，满足了沿线国家和地区的共同需求，为“一带一路”沿线国家实现优势互补、开放合作、互利共赢提供了全新的国际舞台，同时也为职业教育国际化的发展提供了更大的机遇与挑战。

第二节　职业教育国际化的特点与中国特色

随着劳动力市场国际化程度的不断提高，技术技能人才在全球范围内的流动与迁徙成为不可避免的潮流和趋势，在此背景下，各国纷纷将提升职业教育国际化水平、提高国际竞争力作为应对经济全球化的重要战略选择。技术技能人才作为支撑实体经济发展的重要力量，在推动我国产业结构的升级与转型过程中起

① 推动共建丝绸之路经济带和 21 世纪海上丝绸之路的愿景与行动 .（2015-03-28）[2018-04-06].http://politics.people.com.cn/n/2015/0329/c1001-26765454.html.

② 徐华，黄华 .“一带一路”战略背景下高职教育国际化路径研究. 江苏高教，2016（4）：143-145.

到了关键的作用，同时也影响了我国职业教育在国际合作与交流中的角色定位和功能发挥。

目前，我国已经成为全球第一大货物贸易国和第一大出口国，中国的商品、服务、资本与劳动力正在大规模流向国外，在全球经济体系中，“中国制造”越来越成为无法忽视的重要部分。在这样的经济体系转变下，人们的工作、生活标准及语言、文化、规则方面的对接、互动逐步与国际接轨，国人的跨文化交流能力也逐渐提高，进而对于技术技能人才而言，掌握国际先进的专业技能已经成为胜任未来工作岗位的必备条件之一。

改革开放以来，我国职业教育迅速发展并且取得了显著的进步。40年来，我国职业教育国际化水平日益提高，从单向学习国外的先进经验，再对国外的经验进行“取其精华、去其糟粕”，在客观分析职业教育实际发展情况的基础上，对国外先进的经验进行本土化改造与吸收，逐渐形成了自己独特的风格，并通过一系列国际交流与合作的项目活动逐渐在国际舞台上发挥作用，国际影响力不断提高。随着“一带一路”倡议的逐渐深入推进，我国职业教育发展进一步走出国门，在国际舞台上，成为技术技能人才培养标准的制定者和输入者，并且将自身的优秀经验传递给其他国家，这样一方面可以提高我国职业教育的国际信服力与影响力，另一方面也可以促进发展中国家职业教育水平的进一步提升，切实为打造人类命运共同体做出贡献。

一、“适应规则”与“制定规则”协同并进

职业教育国际化是一个在办学等各个要素上都实现与国外先进标准进行对接的过程，是一个不断地通过调整自身的办学方向与行为适应国际规则的过程。起初，在职业教育国际化的进程中，我国一直处于一种被动模仿的境地，在标准与规则的制定上尚未掌握足够的话语权①。然而，在推动职业教育国际化的进程中，要明确职业教育国际化不仅仅是单向适应国际规则、国际标准的过程，而是应逐渐在适应的基础上通过模仿、创新等方式形成具有自身特色的“中国”标准与规则。随着“一带一路”倡议的推动与实施，我国应逐渐在职业教育相关国际规则的制定中掌握话语权，在国际舞台上发出中国声音。当然，职业教育国际化过程的主旋律是交流与合作，对规则的适应是进一步创新与挑战的基础，然而，倘若拘泥于对规则、标准的模仿与适应，那么又可能在国际化过程中失去发展动

① 石伟平. 职业教育国际化水平和国际竞争力提升：战略重点及具体方略. 现代教育管理，2018（1）：72-76.

力。因此，把握好“适应规则”与“制定规则”既是我国在职业教育国际化进程中积累的宝贵经验，也将是我国在提升职业教育国际化水平和国际竞争力的过程中一直要把握的重要关系。

二、“引进来”与“走出去”双轨并重

中国职业教育国际化的发展成就是把先进的发达国家经验和自己国家的国情、发展阶段有机结合的产物。对于与一个国家和地区经济社会，尤其是与经济发展密切相关的教育类型，在一个国家和地区适合的发展方式未必适合别的国家和地区，这不是否定不同国家和地区之间在发展职业教育方面的互相借鉴，而是鼓励在“拿来”的基础上探索适合本国、本地区的发展职业教育之路，对“拿来主义”的正确理解与运用，才可以更好地促进职业教育国际化的进一步发展[①]。

改革开放以来，我国职业教育国际化发展的主流便是引入国际社会优质的职业教育资源，为了能够缩小我国职业教育发展同国外先进水平的差距，我国通过多种方式不断学习德国、英国、美国、澳大利亚在内的发达国家的职业教育办学经验，引入了德国的“双元制”、美国的 CBE 模式、澳大利亚的职业技术教育学院体系和英国的职业资格框架体系等先进办学模式与经验，在先进经验的学习基础上，极大地推动了我国职业教育办学水平与办学质量的提升[②]。

随着“一带一路”倡议的提出，我国职业教育的发展进一步走出国门，在此过程中，我国职业教育的发展充分贯彻“一带一路”倡议的愿景与精神，服务企业“走出去”，将职业教育国际化内涵更新，聚焦我国职业教育“走出国门”，实现了职业教育从“单向输入”到“双向互动”的转变。

在职业教育国际化进程中，“走出去”与“引进来”并不是两条相互矛盾的道路。一方面，我们通过“引进来”这一手段，充分吸收国外职业教育先进办学经验，并正视我国实际情况，对外国的先进经验进行本土化改造，切实提高我国职业教育的实力水平；另一方面，通过“走出去”的方式，进而深刻与“一带一路”的倡议贴合，服务“一带一路”的总体发展与国际产能合作，传播中国职业教育的特色经验，从而提升中国职业教育的世界影响力。

---

① 郝天聪．庄西真．走出去：职业教育发展的中国经验．职教论坛，2016（13）：34-38.

② 石伟平．职业教育国际化水平和国际竞争力提升：战略重点及具体方略．现代教育管理，2018（1）：72-76.

三、"顶层设计"与"基层创新"双轮驱动

职业教育国际化是一个涉及环境、观念、制度与实践操作，融合了人员、财物、信息和组织等要素的系统工程，是一个由点及面、由浅入深、由低到高的发展过程，推进我国职业教育国际化的发展要在整体上把握上述各个层面及各个要素之间的相互关系，各级政府需要在顶层设计的层面对其进行总体统筹与布局，并协调相关的影响因素，从而保障职业教育国际化视野发展能够稳步推进①。

然而不容小觑的是，广大职业院校自身在推动职业教育国际化发展过程中所蕴含的巨大能量。我国职业教育国际化战略的具体实施者是广大职业院校，如果没有职业院校坚持不懈的努力，乐于探索，不断实践，那么职业教育国际化的宏观发展在落实的过程中将失去基层依托，也就会成为空中楼阁。因此，改革开放40年中，我国广大职业院校积极、主动地在实践中探索，总结基层创新经验，形成规律性的认识，进而提高职业教育的国际化水平。

在接下来提升职业教育国际化水平、提高国际竞争力的发展过程中，各级政府也应进一步明确自身的角色定位，做好政策规则的制定者、职业教育国家化发展方向的把控者、职业教育国际化平台的搭建者，在此基础上给予广大职业院校充分且独立的自主发展空间，进一步提高了职业教育的国际化水平。

第三节 "一带一路"背景下职业教育国际化的改革方向

2013年9—10月，习近平出访中亚和东南亚国家期间，先后提出共建"丝绸之路经济带"与"21世纪海上丝绸之路"的重大倡议，形成了"一带一路"构想，体现了习近平新发展观、新治理观、新全球观的新理念与新主张，这是我国在新的历史条件下对外开放的重大举措。2015年，由国务院授权，国家发展改革委、外交部、商务部联合发布了《推动共建丝绸之路经济带和21世纪海上丝绸之路的愿景与行动》，具体阐释了"一带一路"倡议的主张与内涵，明确

① 石伟平.职业教育国际化水平和国际竞争力提升：战略重点及具体方略.现代教育管理，2018（1）：72-76.

了“一带一路”的合作框架与行动指南，进一步提出在沿线70多个国家，承载超过44亿人口的区域内实现互利合作，共同打造利益、命运、责任共同体与人类命运共同体的美好愿景[①]。在“一带一路”倡议提出以来，中国与80多个国家和组织先后签署了“一带一路”合作协议，同30多个国家开展了机制化产能合作，在24个国家推进建设了75个境外经贸合作区，中国企业对“一带一路”沿线国家投资累计超过500亿美元，创造了近20万个就业岗位，促进了资本、技术、人员等相关要素的有序流动和优化配置[②]。在我国与沿线国家签署的270多项合作文件中，科教文卫类占16.67%，标准互认类占14%，产能投资与信息技术类占15.33%。各地同沿线国家区域缔结友好城市关系707个，建立中外合作办学机构和项目1205个[③]。大数据表明，沿线国家的教育水平、信息化水平与人均GDP呈明显的正相关，旅游、钢铁与汽车等行业有望成为最受期待的合作领域[②]。

深入融入“一带一路”，作为新时代背景下中国教育应肩负的历史使命，2016年7月，教育部印发《推进共建“一带一路”教育行动》，明确强调了与沿线国家的教育领域合作是“一带一路”的重要组成部分，提出了中国将坚持政府引导、民间主体、开放合作、互利共赢等原则，携手沿线国家聚力构建“一带一路”教育共同体，全面支撑共建“一带一路”[④]。

中国特色的现代职业教育体系是开放包容、博采众长的教育体系，且应主动适应全球化的趋势，并在全球化的过程中取长补短、融合创新、开放弘扬自身特色与优势，以此追求更好更快的发展。职业教育必须要主动融入“一带一路”倡议中，对沿线国家的教育需求要有充分把握，才能实现与沿线国家的精准合作，学习并借鉴沿线国家具有特色文化传统、发展理念与社会背景，不断促进职业教育的思想、经验的相互碰撞及资源的共享交流。《推进共建“一带一路”教育行动》等相关文件中提出了要着力构建支撑产业转型升级和“中国制造2025”的现代职业教育体系，明确了我国职业教育国际化发展的六个导向：一是形成具有中国特色、世界水平的现代职业教育标准与体系；二是培养具有国际视野、通晓国际规则的国际化人才；三是协调建立教育合作双边多边机制，搭建国际合作平台；四是政府引导，统筹政府与民间教育资源，实现一体化合作计划；五是对

① 王荣辉.“一带一路”背景下我国职业教育国际化发展战略与路径. 职业技术教育，2018（1）：6-11.

② 外交部部长王毅在2017年国际形势与中国外交研讨会开幕式上的演讲.（2017-12-09）[2018-06-16]. http://www.xinhuanet.com//world/2017-12/11/c_129762823.htm.

③ 国家信息中心“一带一路”大数据中心.“一带一路”大数据报告（2017）. 北京：商务印书馆：17.

④ 教育部关于印发《推进共建“一带一路”教育行动》的通知.（2016-07-15）[2018-05-11]. http://www.moe.gov.cn/srcsite/A20/s7068/201608/t20160811_274679.html.

接总体布局，与企业合作走出去，联合开展科技创新与成果转化；六是突出“一带一路”政策的落地性，提升教育行动质量与水平。目前，我国已经与“一带一路”的64个沿线国家签署了70份不同形式的教育合作协议或谅解备忘录[①]。

一、职业教育国际化发展的趋势

（一）职业教育“走出去”与“引进来”的双重发展路线逐渐清晰

从职业教育国际化的全局视角出发，无论是职业教育国际化的政策还是职业教育国际化进程中的实践举措，都渗透出职业教育的国际化发展路线为“走出去”与“引进来”，并且在整个职业教育国际化进程推进中，“引进来”与“走出去”的路线不断清晰。职业教育“引进来”与“走出去”双管齐下的政策导向是一种以教育资源整合共享为基础，以学校持续发展和师生全面发展为目标的双向交流，注重本土化与国际化的融合与创新，从而真正实现双向的互动与发展，推动中外双方教育理念和教学质量的提升[②]。

新经济背景下，职业教育配合国家“一带一路”的倡议，为优质产能的走出去提供进一步的推动力量，积极扩大与“一带一路”沿线国家的职业教育合作，主动挖掘“走出去”企业对于人才的需要，在此基础上培养具有国际视野、通晓国际规则的技能人才与管理人才。与此同时，鼓励各职业院校将国际上先进的工艺流程、产品标准、技术标准、服务标准及管理的方法引入到教学实践中，发挥广大职业院校在专业上的优势，配合“走出去”的企业面向当地员工开展学历教育与技能培训。

（二）职业教育“自主培养”与“双向互动”的国际化体系初步建立

在人才强国的战略指引下，多种途径培育人才和多渠道吸引海外高层次人才工作加速推动。这一时期，确立了以我为主，按需引进，突出重点的国际交流方针[③]。2011年，《教育部关于推进高等职业教育改革创新引领职业教育科学发

① 孙爱武. 愿景与行动：“一带一路”视阈下高职国际化的战略思考. 职教论坛，2017（15）：5-8.

② 闵京华.“走出去”“引进来”：双管齐下促发展——利用现代信息技术，加强与留学人员的沟通渠道. 中国政协，2005（4）：75.

③ 张晓光. 探索大学国际交流与合作的新模式推进人才强国战略的实施. 黑龙江教育学院学报. 2006（25）：40-42.

展的若干意见》指出，高等职业学校要服务国家“走出去”战略，满足企业发展需要和高技能劳务输出需要。至此，职业教育国际化的推动，逐渐由政策发展过渡到长期合作，服务地区经济发展与个体终身发展等。学校、企业、政府多方共同努力合作，旨在促进国内外学校优秀人才培养的双向互动，与此同时，职业教育国际化中各方的主体角色与所发挥的功能日益清晰，职业教育国际化发展过程中服务领域不断扩大，服务对象不断细化、服务内容不断丰富。由此可以看出，职业教育国际化政策制定和国际化实践不仅立足于我国的基本国情，并且根据全球化发展的趋势，真正在与世界的对话中逐步聚焦深化[①]。

（三）职业教育国际化推动经济结构转型升级的目标日益明确

2014年，《国务院关于加快发展现代职业教育的决定》提出：加快构建现代职业教育体系，推动职业教育国际化工作加速向纵深发展，积极推动与中国企业“走出去”相配套的职业教育发展模式，注重培养符合中国企业海外生存经营需求的本土化人才等。随着与各国资本、商品和服务的大规模交流互动，中国成为全球第一大贸易国，尤其是“一带一路”倡议的提出加速了中国与世界融合的步伐[②]。如何通过转变职业教育发展模式，培养大量掌握娴熟技术技能、具有国际能力的优秀人才，从而适应经济结构转型需要成为职业教育国际化进程中最为关键的问题。

2016年7月，教育部印发《推进共建“一带一路”教育行动》，呼吁加快推进本国教育资格框架开发，建立区域性职业教育资格框架，体现了就业市场中从业标准的一体化对促进地区的经济发展具有重要影响。《加快发展现代旅游职业教育的指导意见》中也提出探索与出境旅游快速发展相配套的发展模式，支持优质旅游职业院校到国（境）外办学，培养符合中国游客境外旅游需要的本土化人才[③]。同时需要进一步提升职业教育集团服务发展方式转变能力，通过转变职业教育集团服务发展方式，协调推进区域人力资源开发与技术进步，推动职业教育教学过程与行业企业生产过程相对接，推进职业教育教学改革与产业转型升级衔接配套，从而促进经济结构转型发展[④]。

---

① 黄睿彦，汪霞. 纵横交错、协调合作：哈佛大学教育国际化组织与管理的创新. 北京：2011中国教育国际化论坛.，2011（3）：167-170.

② 周艳. “一带一路”战略与我国高等教育的发展路向. 扬州大学学报（高教研究版），2016（6）：8-12.

③ 国家旅游局 教育部关于印发《加快发展现代旅游职业教育的指导意见》的通知.（2015-10-26）[2018-06-16]. http://www.moe.edu.cn/jyb_xxgk/moe_1777/moe_1779/201602/t20160218_229739.html.

④ 曹晔. 新形势下我国中等职业教育功能定位与推进策略. 教育发展研究，2016（Z1）：106-112.

二、职业教育国际化的战略抉择

（一）从“引入为主”到“双向互动”的国际化发展路径

职业教育国际化发展进程是一个循序渐进的发展过程，体现在从强调理念层面的对外开放到实践层面的引入为主，进而逐步发展为双向互动的政策引导。2014年，《现代职业教育体系规划（2014—2020年）》提出，职业教育要服务国家对外开放，培育一批具有国际竞争力的职业院校。此外，鼓励职业院校加强与国外高水平院校的合作交流，通过建立一对一的合作关系，提高职业院校的办学水平；鼓励示范性职业院校充分利用学校的品牌效应与独特的专业优势吸引境外学生来华学习，这一举措表明职业教育国际化已经从理念层面转为职业院校实践层面。与此同时，《推进共建“一带一路”教育行动》旨在围绕国家“一带一路”倡议开展教育互联、教育互通以及教育合作，共同商讨并建立区域性职业教育资历框架，实施“丝绸之路”留学、师资培训、人才联合培养推进计划。这一政策目标指向教育、科研及社会服务等要素的全方位互动与交流，通过围绕国家发展战略的职业院校、行业企业等各方主体的参与，逐渐形成一个高效、畅通、覆盖面广的职业教育国际化网络。

（二）从“政府调控”到“多方治理”的国际化组织管理方式

职业教育国际化的推进过程中，组织管理方式的不断转变极大也推动了职业教育的国际化。这种转变体现在三个方面，分别是组织管理、经费管理与规章制度。组织管理方面，职业院校主要在政府的宏观政策指导下，与自身实际情况相结合，以开放的心态学习国内外知名教育机构与企业的运行模式，进而取其精华、去其糟粕，以此推进学校的管理与创新。2015年，《教育部关于深入推进职业教育集团化办学的意见》中提出，鼓励国内外职业院校、科研院所、行业、企业和其他社会组织等加入职业教育集团并鼓励学生直接参与国际文化或技能交流活动，为学生打造国际化的环境，并且在硬件环境的创设上更加注重与国际接轨。在经费管理层面，强调动态管理与弹性经费管理制度，以本土实际情况为底色，建立政府、行业、企业、社区、个人等主题共同参与的多元投资机制。在规章制度层面，强调各主体充分发挥自身作用，开发相对应的专业标准与课程体系，推动职业教育国际化多主体参与、协同治理。

（三）从“扩大规模”到“质量优先”的职业教育学生国际化

职业教育国际化的一大重要组成部分便是学生国际化，主要体现为学生出国交流情况，学生获得职业资格证书情况，学生海外留学、实习，外派交换生、交流生情况及招收外国留学生情况等。2010 年以前，职业教育学生的国际化培养主要体现在出国交流以及来华留学的学生规模上①。《国家中长期教育改革和发展规划纲要（2010—2020 年）》也明确提出：要强调创新和完善公派出国留学机制，扩大外国留学生规模，重点资助发展中国家学生来华留学。2011 年，《教育部关于推进高等职业教育改革创新引领职业教育科学发展的若干意见》提出：要将国际化生产的工艺流程、产品标准、服务规范等引入教学内容，增强学生参与国际竞争的能力。由此可见，在职业教育国际化进程中，系列政策的关注点也由关注国际化学生数量转移为聚焦学生与国际接轨的可持续发展能力。2013 年，《中西部高等教育振兴计划（2012—2020 年）》在关注学生个体能力发展同时，也强调中西部学生的国际化水平，并通过中国和东盟“双十万学生流动计划”、来华留学奖学金项目等重点项目支持中西部高校接受来华留学生，推动留学事业的进一步发展。

（四）从“项目引领”到“系统筹划”的职业教育师资队伍国际化

职业教育师资队伍的国际化主要体现在外国文教专家的聘用、留学归国人员的聘用、专任教师访学以及管理人员出国访学等。2007 年，《教育部关于进一步加强引进海外优秀留学人才工作的若干意见》提出以引进海外学术大师、科研骨干人员为重点的高等教育创新引智计划，并且加强海外优秀留学人才引进与管理。2011 年，《全国教育人才发展中长期规划（2010—2020 年）》提出校长和骨干教师海外研修培训计划，每年选派一批大中小学和职业学校的党政领导、后备干部及中青年骨干教师到海外研修培训。职业院校教师素质提高的相关计划也被提上日程，通过实施职业院校专业教师、骨干教师培训项目，在国家级项目的培训基础之上，选派高等职业学校具有中级以上教师职称的专业教师到国外进修，通过对国外先进的职业教育教学理论与方法、先进教育技术、课程开发手段等的学习，进一步提升各级各类教师的素质，促进其观念的开放化、前沿化，进而推动职业教育的专业师资队伍不断走向国际化。

---

① 胡微，王亚南. 职业教育国际化：背景、趋势及战略抉择. 现代教育管理，2018（1）：82-86.

（五）从“要素优化”到“标准对接”的职业教育课程与教学国际化

从当前职业教育课程的发展状况来看，职业教育课程与教学的国际化逐渐从初期的“课程要素零散式”转变为“制度标准接轨式”。现有的职业教育课程认识到引进国外教材、课程以及教学工具等基础要素的重要性。通过开设双语教学课，职业院校自主设定、自主选择、从自身实际情况出发对课程与教学的内容进行相应的改善与尝试。《现代职业教育体系建设规划（2014—2020年）》提出，到2020年应基本形成对接紧密、特色鲜明、动态调整的职业教育课程体系。在职业教育课程与教学不断国际化的过程中，为适应中国特色社会主义市场经济的发展与产业升级、技术进步，应建立国家职业标准与专业教学开发机制，按照科技发展水平和职业资格标准设计课程结构和内容，通过行业、企业在职业教育课程设计与评价环节的参与，以及通过引进国际先进课程与国际证书，进一步体现职业教育对时代发展与技术进步的敏感性与反应速度。在课堂教学层面，通过强调教学内容、教学理念、专业教学方法与国际水平接近，建立教育教学项目、实训项目，促使职业教育课程与教学国际化方面的改革从初期零散的要素优化探索逐渐转向国际化标准和先进模式的引领，进一步促进职业教育课程与教学的国际化。

（六）从“资源引入”到“多维互动”的职业教育国际交流与合作

职业教育的国际化不仅仅体现在课程、师资、教材等引进数量的增加，更为关键的部分在于依托项目合作与交流，搭建平等对话的平台，在此基础上通过国外资源本土化的过程，提高国内职业教育资源的质量，并不断推进其国际化。《国家中长期教育改革和发展规划纲要（2010—2020年）》提出合作设立教育教学、实训、研究机构或项目，提倡搭建高层次国际教育交流合作与政策对话平台。随后，《教育部关于推进高等职业教育改革创新引领职业教育科学发展的若干意见》提出，鼓励职业院校积极参与职业教育国际标准和规则的研究与制定。通过参与国际标准的制定，在国际舞台上进一步宣传中国的职业教育。此外，无论是在国际化办学、还是职业教育的国际交流与合作方面，政策的引导与执行都体现了从片面强调资源到逐渐过渡到聚焦多层次、宽领域的教育交流与合作，表明职业教育国际交流与合作的维度将进一步拓宽，职业教育国际化的道路也将进一步丰富。

第十章

现代职业教育的发展之路：中国方案

随着国内外经济社会环境变化日益迅猛，我国职业教育事业发展正面临着新的挑战，这种挑战不仅来自于技术变革所引发的工作世界变革对职业教育人才结构与规格需求的变化，更来自于新时代背景下经济社会发展对职业教育功能价值定位的新要求和新期待。为了有效应对外部经济社会环境不断变化所带来的新挑战，世界各职业教育发达国家都采取了相应的变革举措来进一步实现本国职业教育体系的“转型升级”。

我国职业教育在基于现实国情的基础上，坚持以“中国特色”为前提，以“世界一流”为目标，给出了职业教育现代化的“中国方案”。

第一节　世界发达国家职业教育现代化发展的主要路径

随着全球产业链条的建立与完善，国与国之间在产业合作与交流上的步伐也日趋加快，这必然导致人才培养标准与规格的日趋国际化。在这种新形势下，国与国之间尽管存在着一定的文化差别，但人才培养规律将成为影响职业教育办学模式的最根本因素，国与国之间在职业教育的沟通交流合作上将会有更多的话语共识基础。因此，在新的时代背景中去探讨我国职业教育现代化发展的思路与具体路径之前，首先必须了解借鉴世界发达国家在实现本国职业教育现代化上的共通举措和基本规律。

一、产教融合：职业教育现代化发展的永恒主题

产教融合并不是一个新兴的概念，在美国、德国、英国、日本等制造业强国，产教融合已经深深进入职业教育和产业发展的方方面面。这是职业教育的根本属性所决定的，职业教育作为一种典型的“跨界”教育类型，实现学校与企业的对接、工作场所与学习场所的结合是实现职业教育知识与技能传承的根本途径。没有“产”与“教”的融合，仅仅凭借学校职业教育进行职业知识的传授注定难以实现职业教育人才培养的初衷。反观我国职业教育产教融合的现状，无论是在政府的政策制定上还是办学实践上，都仍然处于探索阶段，远远落后于当前发达国家产教融合的现状。而且在新的时代背景下，世界发达国家为了有效应对

技术革新的浪潮和职业世界的变化趋势，纷纷采取了新的举措来进一步实现产教融合的深化。

德国《职业教育法》将产教融合作为开展双元制职业教育的本质要求与基本特征，在法律条文之中明确规定了教育机构应该与经济部门、劳动部门及各个行业组织共同协商制定与职业教育相关的法律条文、质量标准规范，共同负责相关规划决策、组织实施等工作，同时对参与职业教育各方应履行的职责、义务以及工作要求都进行了十分明确的规定。德国各州文教部长联席会议于2015年发布了《关于职业学校的框架协议》，该协议明确规定职业学校在双元制职业教育中的使命和地位。该协议第一条开宗明义，强调职业学校与教育企业在双元制体系内共同完成教育的使命，职业学校作为独立学习场所，作为平等伙伴与其他职业教育参与者进行合作。各州也都按照这一协议精神，在其关于职业学校的法律法规中对职业学校落实产教融合理念，与企业分工协作完成人才培养作出规定。①

美国早在21世纪初就提出了“从学校到生涯”（School to Career，STC）的理念，STC强调从学校教育到生涯发展的过渡，以培养产业发展所需要的高素质技术技能人才为目标，但同时强调要尊重学生的个性需求和生涯发展路径，从而实现学生学习目标与市场人才需求的协调发展。该理念还十分强调，职业教育的发展不能够单单依靠学校力量进行，应积极保持学校与企业、社区的紧密合作，密切关注产业发展环境对人才需求的变化。例如，为了能够促进职业教育与产业发展之间的良性互动，美国特别在国家层面建立了国家职业技术教育创新中心（National Center for Innovation in Career and Technical Education），该机构的组成成员包括了企业、承包商、研究机构及行业代表。该机构致力于将劳动力市场需求和职业教育人才培养紧密联结起来，通过多种途径了解职业教育发展与劳动力市场需求的现状，积极组织评价分析职业教育供给与市场需求之间是否协调统一，从而实现两者的协调共进。

英国为了有效提升国家竞争力，同样将技能开发作为基本的国家战略，而实现产教融合发展则是其最为关键的内容，其实现的方式则是通过学徒制度的建设与完善。2009年以来，英国政府就颁布了一系列推进学徒制的专门政策文件，如《为增长而开发技能》（2009年）、《为可持续发展而开发技能》（2010年）、《英格兰学徒制的未来：执行计划》（2013年）、《英国学徒制：我们的2020愿景》（2015年）、《16岁后技能计划》（2016年）等。以上政策的实施使得教育界与产业界实现了进一步的深度融合，企业参与学徒制的积极性大大提高，注册的学徒数量实

① 刘立新. 德国职业教育产教融合的经验及对我国的启示. 中国职业技术教育，2015（30）：18-23，37.

现了快速增长。为了激发企业的积极性，英国政府通过建立学徒制学院、实施学徒制税、修改公共采购规则等机制激发企业参与现代学徒制的意愿。

二、信息化：职业教育现代化发展的题中之义

自21世纪以来，信息技术日渐融入人们的生活与工作中，不仅人类的生产、生活方式通过信息技术的应用实现了根本的变革与重塑，信息技术同样对教育发展具有革命性的影响，而且这种影响是全方位的，教育理念与教学模式都将随着信息技术的引入而发生根本的重塑。我国职业教育发展正面临着前所未有的挑战与机遇，以职业教育信息化带动职业教育现代化的发展，是破解当前我国职业教育发展所面临的问题、促进职业教育改革与创新、加快实现职业教育强国的重大抉择。可以说，实现职业教育的信息化是实现职业教育现代化的题中之义。

而世界发达国家早早在职业教育信息化上进行了布局，比如德国自从2013年提出职业教育4.0的概念以来，就为了积极适应这种要求开始谋划职业教育的进一步发展变革，而信息化正是实现改革目标的主要路径。德国联邦教育部与联邦职教所于2016年4月就开始共同启动实施“职业教育4.0——适应未来数字劳动的专业人才资格与能力”倡议，“该倡议支持德国科研界与行业、企业共同开展相关课题研究，以相关双元制职业教育为基础，分析数字化对职业资格要求在数量和质量上的影响，从而更好地预测未来的资格需求，并为开发相关新教育职业及修订更新职业教育教学规范标准提供依据”[①]。德国建立了职业教育4.0资格监测与预测系统，从监测劳动力市场的角度考察数字化发展对人才的需求，实施促进跨企业培训机构及能力中心数字化，帮助跨企业培训中心改善自身的装备设施，支持其进行新型的课程与教学模式的开发，制定数字化人才培养标准，从而满足数字化发展对学习和劳动的需求。与此同时，为了进一步深化整个职业教育的信息化程度，德国还推行实施“职业教育中的数字媒体计划”和“面向未来的职业与继续教育创新方案”资助计划，通过这些计划方案调整职业教育数字化实现的方式路径，支持相关企业和职业学校朝着数字化的方向进行全方位的改革。

三、国际化：职业教育现代化发展的时代趋势

美国、澳大利亚、德国、欧盟等发达国家或地区相继出台了相关文件推进

① 刘立新. 工业4.0背景下德国职业教育4.0发展述评及启示——基于德国联邦政府《2017年职业教育报告》. 中国职业技术教育，2017（18）：5-12.

技术与继续教育国际化的发展。

例如，澳大利亚政府专门成立了教育国际发展署、国际教育处及技术与继续教育指导部等负责技术与继续教育国际化的机构。此外，澳大利亚联邦政府和州政府还出台了一系列的法律和政策，如《海外留学生教育服务法》《澳大利亚职业教育与培训国际化参与策略框架（2007—2011年）》《澳大利亚技术与继续教育国际化国家框架：澳大利亚技术与继续教育指南》《国际教育国家战略2025》等，澳大利亚教育与培训部还出台了“国际技能培训课程”。以上文件从机构、课程、师资、平台各方面保障了技术与继续教育的国际化发展。

德国政府于2013年7月首次发布了《职业教育国际化战略报告》，在双元制职业教育模式推行中建立了遍及全球的伙伴关系。除联邦教育部，参与职业培训国际化项目的部门还有经济合作与发展部、联邦经济技术部、联邦劳工部、外事局。为保证联邦政府职业教育培训国际化政策的实施，2013年起，德国相关机构便对此项目的具体落实展开了讨论。2014年，德国政府出台《专业资格等效评估法令》，该法案支持与国外的职业资格证书进行对接和评估，便于全球化就业。德国教育与研究部门出台的《职业教育与培训报告2015》强调同其他国家和组织之间的合作。

欧盟出台多个文件推进各国技能教育与培训之间的相互合作，尤其是推进其成员国的发展，特别是2009年的“达·芬奇计划”，旨在促进职业教育的跨国合作、推进欧盟范围内的职业教育一体化进程，具体包括促进人员流动、启动示范项目、推行语言能力强化计划、建立跨国教育网络等内容。近年来，欧洲职业培训发展中心出台过《以成功改革和高质量职业教育为目标支持教师和培训者项目（英国）》《以成功改革和高质量职业教育为目标支持教师和培训者项目（挪威）》，还推出两国交换项目、成立欧洲学徒制联合会等，重在加强欧盟各成员国职业教育上的交流和理解。

四、普职融通：职业教育现代化发展的理性抉择

随着当前经济发展、产业结构调整的速度日益加快，在新的时代背景下产业发展对人才的需求已经发生了根本的变化，已经从过去的以经验操作技能为主的人才转变为以跨岗位能力、创新能力为核心素养的新型职业人才，人才需求变化的逐步加快造成传统的职业分割的界限也日趋模糊，这也意味着职业教育和其他类型教育之间的界限也应该从过去的二元分割转变为互相融通渗透。而世界发达国家也十分注重普通教育和职业教育之间的沟通融合，将其视为职业教育现代

化发展的重要路径。

例如，“澳大利亚早在1999年就出台了《阿德莱德宣言》，提出了普通高中职业教育要在国家资格框架内展开，学生应积极参加职业教育课程，培养和发展未来工作所需的技能，争取成为具有较强创造能力和生产能力的社会人才”①。2014年，澳大利亚政府出台了新的政策文件，即《为高中生参加工作做准备》，以帮助学生尽早适应变化日趋迅速的职业工作环境。英国政府也将普职融通作为现代职业教育建设的重要内容，为了能够帮助普通中学中不热衷于学习学术课程却对职业课程感兴趣的学生，英国政府确立了14～16岁教育项目。早在2002—2005年，英国教育与技能部就先后发布了《14～19岁：扩展机会，提高质量》绿皮书、《14～19岁：机会与卓越》绿皮书和《14～19岁：教育技能》白皮书，主要目的就是促进14岁后基础教育的改革，而14～16岁阶段将职业教育融入普通教育之中便是其中的重要内容。为了能够充分帮助学生探索职业兴趣，多元主体被引入并参与相关项目之中，多元主体包括继续教育学院、普通中等教育学校、企业雇主以及相关的培训机构，开展了形式各异的普职融合模式。其中14～16岁学段接受的就是上述项目之中的典型模式，其组织者主要为继续教育学院，这些学院具有招收14～16岁全日制学生的资质，并获得英国教育基金署的资助。

与此同时，在德国这样一个普通教育与职业教育“双轨并行”的国家，同样出现了融通的趋势，而之所以会出现这一趋势，与德国职业教育发展所面临的时代背景有着极为紧密的关系。振兴工业的国家战略对德国的整个劳动力市场带来了极为强烈的冲击和影响，而最大的影响便是工作环境变得更为复杂多变，传统的仅需要标准化、规范化操作的工作岗位一去不复返，更多的工作岗位需要劳动者具备更多的知识和更高的资质水平，提升劳动者的学历正变得越来越重要。因此，职业教育和普通教育、高等教育的截然分立已经日益难以适应产业发展对劳动力的需要，不同教育类型之间亟待融通渗透，以应对外部环境的挑战。借助欧盟资格框架的颁布与实施，德国制定了本国的国家资格框架，同样依据能力标准将职业教育和普通教育分为了不同的级别，以实现两者在各个级别上的相互对应。

五、质量先行：职业教育现代化发展的立命根本

如果对世界发达国家职业教育的最新改革举措进行考察，可以发现健全职

① 过筱.澳大利亚高中阶段普职融通的经验、挑战与发展趋势.职教通讯，2018（1）：27-33.

业教育人才培养质量保障体系几乎是世界职业教育发达国家的共识。不同国家在职业教育培养机构抑或培养模式无论存在哪些不同，建立标准清晰、权责明确、制度完善的质量保障体系都已经成为现代职业教育体系构建的必要前提，不建立一套完善的现代职业教育质量保障体系就难以奢谈实现职业教育的现代化。

自2011年起，在原有质量保障体系基础上，澳大利亚政府陆续颁布了一系列的法规制度，明确指出了将注册培训机构的相关信息的公平性、透明性、及时性融入整个质量要求之中。同年4月，由澳大利亚教育部牵头制定并出台“国家职业教育与培训管理者法令”，其中包括了培训机构的注册方式、许可课程、学历资格的颁发与取消、国家职业教育管理者的权力等一些至关重要的职业教育质量保障体系要素。同年7月，澳大利亚技能质量署成立，其作为澳大利亚职业教育质量监督的部门，以人才培养质量为基础，在行业及雇主、培训机构及学生之间进行利益的调节，通过调查来识别职业教育的运行风险并确保教育质量。

德国职业教育质量保障体系的构建起始于2002年，经过10余年的研究、探索和实践完善，到2014年最终形成了四大质量管理体系模式，且四种模式在德国各州都有实施运行，每种模式都有自身的不足和优势，但总体而言都有效保证了教育质量，而且各种模式之间相互借鉴，实现了不断的优化完善。例如，“在EFQM质量管理模型①的9项标准中，领导、目标与战略、教师与员工、合作与资源、过程属于引擎标准，引擎标准是规定应该如何做的标准；而教职工满意度、学生等满意度、社会满意度、主要成果属于结果标准，是对做的结果是否实现预期目标而进行评价的标准。”② 美国自1917年起，经过对《卡尔·D.帕金斯职业技术教育法案》的三次修正，促使问责式的质量评价体系逐步确立，2006年美国国会对该法案进行了第四次修订。该法案制定了生涯与技术教育质量问责模型，加强了绩效问责系统的构建，关注学生的学习成绩，对问责目的、问责实施机构、质量指标体系以及质量问责内容都进行了明确规定。2009年，欧盟颁布的《欧洲职业教育与培训质量保障参考框架》设计了一套高标准的质量评价指标体系，将其作为评价各成员国职业教育与培训质量的共同指标。该指标体系一共包括了10个一级指标和14个二级指标，每一个指标都具有可操作性定义。③

无论是德国、英国，还是美国、欧盟，建立起高标准的职业教育质量保障体系是确保职业教育人才培养质量的根本，也是不断完善优化现代职业教育体系的

---

① 指欧洲质量管理基金会开发的一种模式。

② 王亚盛.德国职教EFQM质量体系及其在职业院校质量诊断改进中的借鉴与应用.中国职业技术教育，2017（20）：87-90.

③ 吴雪萍，郝人缘.欧盟职业教育和培训质量保障政策评析.高等教育研究，2015（2）：99-104.

根本依据。质量保障体系的构建不是一劳永逸的过程，随着外部产业环境的变化及职业教育内部运行的新模式和新特点，职业教育保障体系亟待不断完善优化。

第二节　新时代我国职业教育面临的机遇与挑战

随着我国职业教育改革发展逐步进入“深水期”，办学规模的增长已经到了极致，实现发展模式的转型并提升教育教学质量成为当前职业教育改革发展的关键，在新的时代背景下，职业教育的进一步深化改革正面临着新问题与新挑战，这首先表现为随着工作场所技术革新速度的逐步加快，随着智能时代的即将来临，职业教育人才观、课程观、教学观都需要紧随工作场所人才需求规格与类型的变化而逐步进行革新。其次，随着信息化时代的到来，信息技术手段在学校的广泛应用正在逐步重构职业院校的课堂生态，面对信息浪潮的冲击，职业院校的课堂教学模式、学生管理方式甚至办学模式都面临着严峻的挑战。最后，“一带一路”倡议作为当前我国重要的发展战略，职业教育在推动“一带一路”建设上发挥着十分重要的作用，也同样面临着多方挑战。

一、新工业革命背景下工作世界变化带来的机遇与挑战

就在当下，以数字化、智能化为引领的智能工厂生产模式为典型代表的新工业革命同样正在迅疾改变整个工作世界的发展图景，而兴起于并服务于传统工作世界的职业教育必然需要因应这一发展趋势，通过结构调整与战略转型满足整个产业转型升级对新一代技术技能人才的需求。作为人类社会技术技能传承的有效制度载体的职业教育，必然会率先受到来自新工业革命的冲击。

（一）新工业革命的内涵及其主要特征

此次新工业革命的引爆同样来自于生产技术手段的革新。回溯整个工业革命的发展史，如表10-1所示，共经历了四个阶段。而此次新工业革命正是基于第三次工业革命基础上的又一次技术飞跃，其主要技术标志是物联网、大数据技术在生产制造过程应用的日渐成熟，整个生产制造活动日趋智能化和个性化，日

渐呈现出智能化的特征，所以被称为“智能时代”。

表 10-1 工业发展不同阶段的主要联系与区别

内容＼阶段	工业 1.0	工业 2.0	工业 3.0	工业 4.0
时间	18 世纪 60 年代～ 19 世纪 60 年代	19 世纪 60 年代～ 20 世纪中期	20 世纪中期至今	正在发生
主要标志	水力和蒸汽机	电力和电动机	电子计算机等领域的突破	物联网、大数据技术的成熟
进入时代	蒸汽时代	电气时代	信息时代	智能制造时代
工业水平	工业机械化、代替手工劳动	工业电气化、流水线批量生产	制造活动的自动化	制造活动的智能化、个性化

新工业革命以制造业的“数字化”和“智能化”为典型特征，大规模定制化生产逐步成为主流生产模式，其特征主要呈现为以下三个方面。其一，制造数字化，信息技术在生产过程中广泛应用。此次工业革命最为典型的特征便是信息技术与生产制造技术的高度融合渗透，这正在从根本上改变整个制造业的产业形态与运行模式。德国工业 4.0 概念的提出正是基于信息技术在工业领域的广泛应用前景。在工业 4.0 时代，智能制造的核心技术特征便是“虚拟－实体系统”（Cyber-Physical Systems），或者被称为信息－物理系统。内涵主要是指智能制造将实现新型物联网信息生产力和传统制造业工业生产力的紧密结合，在传统的互联网、信息系统基础之上，进一步加入了物联网、服务网，使得物理世界和虚拟信息世界实现了紧密的融合互联。其二，大规模定制化，个性需求与标准化规模生产之间的矛盾逐步消解。如“可重构制造系统为代表的新型制造系统，能够更好地适应大规模定制生产，这类制造系统以重排、重复利用和更新系统组态或子系统的方式，实现快速调试以及制造，具有很强的包容性、灵活性以及突出的生产能力，能够很好地解决传统刚性制造系统下的产能过剩和产品开发周期过长的问题”[①]。可重构生产系统的引入能够很好地适应外部市场需求的快速变化所带来的挑战，可以极大地减轻企业的库存压力，能够更加灵活地安排生产任务，而且在不提高整体生产成本的前提下，尽可能地满足消费者的个性化需求。例如，原先用来生产某一固定型号的生产线，仅仅能够生产完全标准化的产品，而在实现了智能化的智能工厂便可根据市场环境变化的需求同时生产两种或者多种型号的产品，从而保证了企业的生产制造能够同消费者之间的需求达成紧密的动态匹

① 中国社会科学院工业经济研究所课题组，吕铁. 第三次工业革命与中国制造业的应对战略. 学习与探索，2012（9）：93-98.

配。其三，生产社会化，产业价值链条逐步呈现分布式扩展的特征。以互联网为核心的通信网络基础工程的大规模普及，使得原先生产制造过程中的物质流可以转化为信息流，以及新的生产技术（例如三维打印技术）的广泛应用都使得整个生产过程日益走向一种分布化和去中心化的特征，生产组织可以实现无限细分，越来越多的个体和企业将会融入整个产业链条之中，通过信息网络系统实现生产过程的高效运行。

（二）新工业革命背景下工作世界变化所带来的机遇

在探讨新工业革命将会对职业教育发展带来哪些机遇与挑战之前，需要首先回答新工业革命将会对工作世界产生哪些革命性的影响。首先，从职业结构来看，随着工业机器人、三维打印等新技术在工作场所的应用，以整个制造生产的流程来看，整个产业链条中的样本模型制作、生产制造、组织、分配、仓储等环节的技术技能人员，将会随着数字化生产技术的广泛应用而被智能机器人所取代，而更多的就业岗位可能会出现在研发、销售、客户服务两端。其次，从企业的内部组织结构来看，将从过去严格的管理者—技术人员—工人的垂直划分，向扁平化发展，随着智能制造、柔性生产模式的广泛应用，企业竞争的战略重点已经不再是占有足够大的市场，通过压低成本、大规模销售从而实现利润的增长。企业是否能够在市场竞争中获得成功的关键已经变为是否能够在不断变化的动态环境之中，获得并保持足够的动态调整与适应能力，组织的战略柔性和灵活性要比降低成本与生产效率更为关键。再次，胜任职业岗位的职责要求将逐渐模糊化，智能制造企业将会以新一代的信息化生产技术为主导，实现整个制造过程中的生产、管理、决策三个层面的业务流程闭环管理，进而实现整个业务流程的一体化运作和智能化运行，一些简单的、重复操作的工作岗位将逐渐被“机器人”所取代，随着生产过程的高度自动化，传统意义上的工人、专业技术人员、经理等角色可能将不复存在，整个生产体系日益发达的自组织能力将逐渐模糊不同岗位之间的界限。最后，从人才需求来看，所需要的人才规格将从“标准高效”向“个性创新”转变，随着新技术的广泛应用，整个生产制造过程对于硬性生产资料的约束将日益降低，将越来越看重个体个性创造能力的发挥，电脑将会挖掘并放大个体的创造潜能。过往的工业革命最重要的是谁掌握着生产资料，但新工业革命将彻底改变这一状况，对于企业而言，最为重要的不是地点、厂房、机器，而是创意、创新能力。

2017年2月，为了深入贯彻实施“中国制造2025”提出的战略目标，按照国家制造强国建设领导小组的统一部署，教育部、人力资源和社会保障部、工业和信息化部共同发布了《制造业人才发展规划指南》，该指南的颁布旨在健全制造业人才培养体系，创新人才培养机制，进一步提升整个制造业人才队伍的素养水平，为实现制造强国的战略目标提供充分的人才保证。该指南对制造业十大重点领域的人才需求进行了预测（表10-2），明确指出了企业中那些仅仅能够胜任流程化操作的一线技术工人的供给已经处于饱和和过剩状态，企业更加缺乏的是能够胜任智能机器人的安装、调试、维护、保养与维修等岗位的一线技术技能人才。由此可见，在新的时代背景下，企业创业转型升级对高端的复合型技术技能人才产生了更为迫切的需求，而这些需求的满足都亟待职业教育通过办学方向的调整、培养模式的革新来对接企业的需求。基于以上阐述，随着新工业革命所引爆的工作场所革命逐步深入发展，职业教育并没有从历史舞台中退出，而是肩负着新的重要使命。不论是当前还是未来可预期的时间内，我国高技能人才的结构和素质都还远远未能满足产业转型升级的需要，特别是在制造业企业进行转型升级过程中缺乏掌握先进生产技术的技术工人已经成为制约“中国制造2025”战略实施的关键瓶颈。因此，职业教育作为技术技能人才的供给主体，应该肩负起历史重担，充分发挥其人才培养的优势和功能，大力加强自身的基础设施建设，根据企业的智能化改造的任务而培养数量充足、结构适宜、素质过硬的高技能人才。

表10-2　我国制造业十大重点领域人才需求预测　（单位：万人）

序号	十大重点领域	2015年	2020年		2025年	
		人才总量	人才总量预测	人才缺口预测	人才总量预测	人才缺口预测
1	新一代信息技术产业	1050	1800	750	2000	950
2	高档数控机床和机器人	450	750	300	900	450
3	航空航天装备	49.1	68.9	19.8	96.6	47.5
4	海洋工程装备及高技术船舶	102.2	118.6	16.4	128.8	26.6
5	先进轨道交通装备	32.4	38.4	6	43	10.6
6	节能与新能源汽车	17	85	68	120	103
7	电力装备	822	1233	411	1731	909
8	农机装备	28.3	45.2	16.9	72.3	44
9	新材料	600	900	300	1000	400
10	生物医药及高性能医疗器械	55	80	25	100	45

资料来源：教育部 人力资源和社会保障部 工业和信息化部关于印发《制造业人才发展规划指南》的通知.（2017-02-24）[2018-05-21]. http://www.miit.gov.cn/n1146295/n1652858/n1652930/n3757016/c5500114/content.html.

（三）新工业革命背景下工作世界变化所带来的挑战

在新的时代背景下，云计算、大数据、物联网、三维打印等在工作场所的广泛应用，势必会从根本上改变未来工厂的组织结构和生产模式。例如，最为明显的变化是生产制造链条低端的一线工人数量将会大量减少，这势必会对以培养生产、管理、服务一线的技术技能人才为主的职业教育带来巨大的挑战。过去的几次工业革命不仅提升了人类的生产效率，增强了社会财富的创造力，更是对人类的整个生产协作形态、制度结构甚至价值观念产生了革命性的影响。基于当前技术发展的趋势及对未来工作世界的展望，当前我国职业教育发展正面临着如下挑战。

1. 对职业教育人才观的挑战

无论是前工业时代，还是第一和第二次工业革命，尽管不同时期对人才规格的要求存在着很大的不同，但是总体来看，能够按照工作岗位的要求，高标准、高效率地完成工作任务一直都是企业对技术技能型人才的基本要求，也是职业教育人才培养的最终目标；而且从实际情况来看，培养过程中往往局限于特定的或某几个工作岗位所需掌握的技能，这样就保证了其能够较为熟练地实现高效率操作。然而，随着生产技术手段的革新，生产制造模式和组织体系将被重新定义，尤其是物联网技术、工业机器人以及云计算、大数据等技术的应用，整个生产制造将加速向“自动化”“数字化”“智能化”的方向演进，这将会导致整个制造产业对人才规格的需求产生革命性的变化，过去那种仅仅能够胜任某个固定岗位需求的经验性、熟练性技术工人将会被时代的洪流所抛弃，未来工作世界所需要的人才注定将是创新型和复合型的人才。随着那些仅仅需要重复性的技能操作岗位被智能化、自动化的机器所取代，更多的就业岗位将逐步向研发、营销、客户维护两端逐渐扩展，这些岗位无疑需要个体充分发挥自身的创造才能，而且随着企业内部组织结构的逐步扁平化，员工将会有更多的自主权去决定如何开展工作，而不是像过去被动、服从地开展工作。与此同时，工作世界的变化除了对个体的创造能力提出更高的要求外，也需要员工掌握跨产业链的复合能力。在智能工厂中，生产不再是流水线式的标准加工制造模式，而是一种融合了产前、产中和产后的，贯穿研发、设计、物流、供应、营销和售后的全产业链制造模式，“这意味着未来的产业工人不仅仅活跃在工厂制造的第一线，还可能参与产品的设计、研发、营销乃至售后等各个环节”[①]。

① 李政．“中国制造2025”与职业教育发展观念的转轨．中国职业技术教育，2015（33）：38-44.

2. 对职业教育办学模式的挑战

随着未来工作世界对人才的需求日趋个性化和多样化，当前学校职业教育可能将会日益难以满足产业发展对人才规格的需求。职业学校的产生主要是为了应对第一次工业革命对掌握现代科学知识的产业工人而出现的，统一规格、标准高效是其最为主要的特征，这种模式有效满足了产业发展所需要的标准化人才需求。但随着新工业革命所引起的工作世界的快速变化，学校形式的职业教育将日益难以满足未来工作世界快速变化的、多样化的人才需求。这主要是由于未来工作世界的技术革新速度将日益加快，而学校形式的职业教育先天地倾向于稳定与有序，这将造成某些远离工作世界变化中心的学校难以快速、灵活而有效地满足产业发展的人才需求。随着信息技术革命的推波助澜，扁平化学习将日益成为未来的主流学习模式，泛在化的网络教育、游戏化学习、虚拟社区与现实课堂有机结合的新型教育模式将不断涌现，这将逐渐消解传统人才培养的时空概念，最终实现超时空的学习与互动，而当前的学校职业教育仍然停留在垂直化的单向传输模式，信息技术的应用仍然停留在教学辅助的层面，并没有发生根本性的变革。然而，随着整个工业革命的逐步深入，愈来愈多的小众化职业将逐步成为主流，而这种泛在化的、基于网络模式的学习将能够很好地适应这一变化的需要，但当前职业学校教育仍然延续了班级授课制的批量生产模式，同日益兴起的泛在化、个性化、分散化及远程化的新型教育模式相矛盾，因而很难培养出适应未来工作世界所需要的人才。

3. 对职业教育专业结构布局的挑战

新工业革命对工作世界带来最直接的冲击无疑会使得一大批传统的职业种类随着新技术的广泛应用而逐步消亡或被取代。在制造业领域，被淘汰的职业种类主要集中于产业链条的加工制造领域，一些需要重复操作的、技能含量相对较低的工作岗位将逐渐被智能机器人所取代。“江苏淮安淮鑫棉纺织有限公司细纱车间里没有人头攒动，只有一排排整齐的‘丝饼’汇成白色海洋飞快转动。过去每生产万锭纱需要 140 人，如今只要 39 人。工人减少近 3/4，产值却增加了十多倍。”[①] 智能生产技术在工厂的广泛应用将会导致机器大规模地代替人类的劳动。随着生产制造过程本身在整个制造业价值链条中的比例逐步降低，直接在生产一线进行技能操作的工人将会逐步减少，大量的工作岗位可能会需要能够胜任机械臂的安装、调试、保养、维修等的一线技术技能人才，这必然会对传统的制造类

① “机器换人”大势渐成 职业教育应何去何从 .（2015-11-18）[2018-05-20]. http://robot.ofweek.com/2015-11/ART-8321203-8120-29028222_3.html.

专业产生极大的挑战，如数控、机械设计与加工，这些专业必然面临着如何通过内涵建设来应对智能化、数字化时代工作世界对人才的需求。除了在传统制造业领域将会如雨后春笋般地诞生一批新的职业和工作岗位外，同时还会有一大批新兴的职业替代过去的传统职业和工作岗位，如绿色能源产业的快速发展将会随着一大批绿色能源生产技术的应用和普及而催生一大批过去不曾有过的新工作岗位，如分布式的、小型可再生能源发电厂的建设，能源网络的广泛构造，以及新能源交通工具的制造，上述绿色革命的实现都亟须一大批能够胜任工作岗位需求的“绿色工人”来助推新能源革命的发生。除上述技术革新所推动的工作岗位变革，当下“互联网+”战略在我国的深入推动与实施，同样会随着传统产业与互联网的紧密融合而催生一大批新型的职业，如传统的国际商务专业将会随着全球互联的实现而需要更多的跨境电子商务人才，而传统的金融专业也将会随着互联网金融、电子银行及在线银行等新型的金融产业的需求而产生新的变化。因此，在新的时代背景下，职业院校专业布局的动态化调整将成为必然，而如何实现教学秩序的稳定和市场人才需求满足的平衡将会是未来职业教育办学所面临的一项重要挑战。

4. 对职业教育课程教学模式的挑战

前文提及，在新工业革命背景下工作世界的快速变化日益需要能够有效满足其产业发展需求的技术技能人才，这类人才的典型特征为创新性和复合性。传统的职业教育课程教学模式仍然以培养能够高标准、高效率完成工作岗位需求的个体为主，全产业链条的复合能力培养及基于工作岗位的创新能力培养并不是传统课程教学模式建构所关注的重点，但未来工作世界所需人才规格的不断变化势必会对基于固定岗位的知识技能需求，以培养能够高标准、高效率完成工作岗位任务要求的传统课程教学模式产生极大的挑战与冲击。在未来的新工业时代，尽管智能技术的广泛应用对传统工作世界产生革命性的挑战，一大批工作岗位将会因新技术的应用而面临消亡，但工作者并不会消失，而是将扮演其他新的角色，“工作者既包括在生产领域又包括在研发部门的从业人员。一线的学徒工，掌握专业技术的产业工人以及工程师、商务人员，他们将面临日益复杂和具有挑战性的工作环境，传统的线性环境将一去不复返，工作环境的变化将会对其学习能力、适应工作世界变化的能力带来严峻的挑战，这必然需要工作者能够增加对所有相关工作岗位的概览性知识，深入理解人与人之间的交互合作，并且在新技术变革速度日益加快背景下，不仅需要掌握胜任某一特定工作的专业能力，跨岗位以及社交能力也日渐重要”[①]。因此，处于未来工作世界的工作者，其完成岗位工作任务的工作手段与工作内容的迅速变化将会成为常态，也将对员工个体的创新能力和跨岗位复合能力提出更高的要求，这表明传统的以“岗位胜任力”培养为主要目标的职业教育课程教学模式将不能满足新时代工作世界对员工的能力素质要求。

二、信息化浪潮背景下学习方式变革带来的机遇与挑战

随着互联网、计算机、多媒体等为标志的信息化时代的到来，信息技术的普遍应用正在极大地推动教育变革的步伐。通过信息化手段来改造传统的教育教学模式和课堂生态正变得日益急迫。在汹涌澎湃的信息化浪潮之下，职业教育的发展必然需要顺应整个世界教育信息化的浪潮与趋势，通过明确职业教育信息化的战略目标和明晰发展路径来推动职业教育信息化的深入扩展。2017 年，《教育部关于进一步推进职业教育信息化发展的指导意见》中指出：要加大云计算、大数据、物联网、虚拟现实 / 增强现实、人工智能等新技术的应用，体现产教融合、校企合作、工学结合、知行合一等职业教育特色。[②]

（一）信息化浪潮背景下职业教育面临的机遇

职业教育信息化建设绝不是追随西方职业教育发达国家信息化建设步伐的应时之举，也不是局限于信息化基础设施建设的短期工程，而是对于提升职业教育国际竞争力、实现职业教育现代化、改善职业教育课堂生态的战略举措，最终将达到通过利用信息技术手段改变从宏观办学模式到微观教学形态的整体改革目标。

1. 提升职业教育国际竞争力，实现“弯道超车”

欧美等职业教育发达国家和地区一直都将提升职业教育的信息化水平作为提升职业教育质量、保持其领先地位的重要措施，其信息化建设不仅在硬件投入方面花费了巨大的资金与精力，在软件设计、网络平台搭建、教师信息化教学能力提升等多个方面都取得了不俗的成绩，为职业院校教师的教学和学生的学习提

① 阿尔冯斯·波特霍夫，恩斯特·安德雷亚斯·哈特曼. 工业 4.0——开启未来工业的新模式、新策略和新思维. 刘欣，译. 2015. 北京：机械工业出版社：44.

② 教育部关于进一步推进职业教育信息化发展的指导意见 .（2017-08-31）[2018-05-10]. http://www.moe.edu.cn/srcsite/A07/zcs_zhgg/201709/t20170911_314171.html.

供了十分优良的信息化教学环境，极大地提高了职业院校教师的教学效果与学生的学习质量。而我国职业教育信息化的建设无论是在硬件投入还是在软件支持、教师能力、建设机制上都同发达国家存在着较大的差距。例如，有学者通过对中美两国职业教育信息化建设的对比后发现，“中美两国对信息化内涵理解的不同和信息化基础建设水平的差距，已造成了我国职业教育信息化发展成果与美国的重大差距”①。

面对来势汹汹的信息化浪潮，职业教育信息化发展战略正是为了能够在吸取各国信息化建设的经验与教训基础上，脚踏实地，走一条兼具国际水平与中国特色的职业教育信息化发展道路，对国外先进信息化建设经验的总结学习有助于我国职业教育在较短时期内实现职业信息化建设水平的提升，信息化的广泛应用可进一步提升职业教育的办学质量，从而实现职业教育国际竞争力的提升。

2. 助推职业教育现代化步伐，实现“内涵提升”

时下，推进职业教育现代化建设已经成为我国职业教育发展重要的战略目标之一，在这一目标的引导下，我国职业教育发展需要通过不断地变革以迎合当前经济社会发展的新需要。由此可见，职业教育现代化建设是一个动态的持续发展过程，其内涵意蕴是随着经济社会发展的变迁而自我演化的，而当前我们所处的时代是一个以信息技术广泛运用为特征的信息化时代，智能化驱动下的数字制造、大数据、互联网+、云制造、三维打印等这些词汇频繁出现在政府的工作报告与人们的日常生活中，都意味着一种新的生产模式、工作方式正在快速地向社会生活的每个角落逼近与渗透。面对扑面而来的信息化浪潮，迎接新时代的挑战已经成为政府、企业、学校与个人都不得不承受的历史重担，信息化理应成为现代化的应有之意。

对于职业教育而言，如何应对信息化的挑战，培养在信息化时代浪潮中“冲浪的职业新人”，实现新时代“职业人”的现代化是历史赋予职业教育的新使命。职业教育现代化作为一个随着时代背景而不断动态演化的历程，在信息化浪潮的不断冲击下，其内涵意蕴、功能发挥、实现路径都必然产生深刻的变革，将迎来新一轮的深化与发展。只有当职业教育改革使其具备了信息化时代的基本特征时，才表明其完成了现代化的深化，才意味着其实现了从工业时代到信息时代的转型。因此，职业教育信息化发展战略正是基于职业教育现代化目标的理性诉求与实现前提。

① 徐国庆. 中美职业教育信息化发展水平比较研究. 教育科学，2011（2）：80-84.

3. 改善职业教育课堂生态圈，实现“智慧课堂”

改善职业院校课堂教学效果一直是我国职业教育课程与教学改革的出发点与落脚点，然而经过不同课程改革理念与模式的轮番洗礼之后，不能说课堂教学成效没有发生一点变化，但其实际成效离课程理论家与企业、社会的预期仍然有不小的差距，造成这一结果既有学生自身学习基础与态度习惯的主观因素，也有课程体系设置与课堂教学模式不能契合学生需求、理论与实践教学“两张皮”的客观现实，两种因素的互相叠加又进一步降低了课堂教学的实际成效。

针对这一问题的解决之道也一般从以上两个因素入手：一是提高生源质量，但在职业院校生源危机大背景下，这几无可能；二是改革课堂教学模式，通过校企合作实现理论与实践教学的紧密结合，但由于文化观念与自由劳动市场存在“挖人外部性”的风险，企业普遍不愿参与到校企合作之中。两条改革的道路都日趋逼仄，而职业教育信息化则提供了解决这一问题的第三条道路，即通过在职业教育课堂教学、学生学习、评价管理、实习实训等一系列领域运用信息技术手段来促进课堂教学的改革，改变当前的职业教育教学形态，形成一种教育与技术相辅相成的课堂新生态。例如，在那些积极投入信息化建设的职业院校中，学生已经可以通过虚拟仿真设备完成实习实训的教学任务，这些虚拟仿真设备的运用不仅可以让学生不出校门就体验到工作世界，也可以让教师通过教学设计实现在传统的校企合作中完成不了的教学目标，提高学生实习实训的学习效率，改善课堂教学的实际效果。除此以外，信息化技术也可以在学习程序设计、学习评价反馈、学习资源支撑等多个方面提升职业院校学生学习的主动性与积极性，借此达到信息化时代职业教育“教”与“学”的全方位转型。

（二）信息化浪潮下职业教育面临的挑战

职业教育信息化建设不仅是职业教育某一方面的局部变革，而是涉及办学理念、模式与课程教学体系、学生管理方式等多个领域的综合改革，这既意味着变革的艰巨性，也意味着变革的复杂性，以信息技术为手段变革当前职业教育办学现状无疑正面临着艰巨的挑战。

1. 如何充分发挥信息化教学手段功效，实现“软硬并重”

职业教育信息化建设理念是在进行具体的信息化建设规划、实施之前，对何谓职业教育信息化、信息化建设的内容、建设路径、评价监督等一系列问题的整体思考与规划，不仅决定了信息化建设的方向，也直接决定信息化建设的具体路径，对职业教育信息化建设的成败起到了至关重要的作用。

对当前我国职业教育信息化建设现状的整体审视可以发现，对职业教育信息化内涵认知的理念偏差已经造成了在实践层面职业教育信息化建设走向了重“硬”轻“软”的歧途。重“硬”表现为广大职业院校普遍将网络平台建设、多媒体教室等物质资源建设作为信息化建设的重点，并将其作为评判信息化建设质量优劣的关键指标，而普遍忽视了信息化“软”层面的规划与建设。在硬件建设上，我国职业教育信息化建设已经取得了十分显著的成就，如我国各级各类职业院校已经分别建立了较为完善的校园网络，与众多的区域网和广域网相连，而且在多媒体教学设施、虚拟仿真实习实训设备的投入上都实现了较快增长；在数字校园建设上已经进入到了新的阶段，在教学、科研、学生等管理信息系统建设上已经开始着手共享数据中心的建设，实现数据共享与深度应用，尤其是在专业教学资源库建设上，不同层面的建设已经形成了专业门类日益齐全、资源较为丰富、功能强大的专业教学资源体系，通过共建共享有效提升了各级各类职业院校的教育教学质量。然而，职业教育信息化的完整内涵不仅包括了物质层面的信息化资源与环境的建设，更包括了应用开发、队伍建设、标准制定、效益评估等多个层面。因此，职业教育信息化建设面临的一大挑战就是如何在硬件投入持续增加的基础上，提升“软”的建设，从而充分发挥信息技术的应用功效，否则将因教师信息化素养不高和软件易用性差而造成信息技术应用效果的“大打折扣”。尽管硬件投入是职业教育信息化建设的基础，但“软”的提升是决定硬件投入效果的关键因素。

2. 如何充分依据职教规律开展信息化建设，实现“教技融合”

当信息技术介入原本由职业院校教师、学生和学习内容三要素组成的教学过程后，必然会引起学生学习内容、知识呈现的结构顺序、教师的教学策略及师生关系、生生关系的深刻变化。然而，这一变化既可以达到激发学生学习积极性、提高课堂效率、增进师生互动的效果，也可能会造成学习过程机械化、知识内容碎片化、师生互动浅表化的后果。造成两种结果截然相反的原因只有一个，即“教育”与“技术”是否实现了充分的融合，信息化教学设施的建设、软件资源的开发、资源的使用是否是在基于学生学习规律、课堂教学规律、知识传递规律的基础上进行规划建设的，其规划方案是否是经过了技术开发专家、职业教育技术研究者和职业教育实践专家的多元视角审视和严谨论证后制定的。

然而，对当前我国职业教育信息化建设现状的考察可以发现，技术中心主义已经或明或暗地成为当前职业教育信息化建设规划上的“指南针”，教师的诉求、学生的需要则因现有建设机制难以获得即时的反馈，从而难以影响职业教育信息化建设的方向和原则。例如，在当前我国职业教育信息化建设中，掀起了一股“慕课”“微课”“翻转课堂”等所谓的课堂“革命”，为了能够在这次浪潮中拔得头筹，职业院校投入了大批的资源，教师也付出了极大的心血投入到这场“运动”之中，“慕课”制作的数量成为衡量一个专业、一所职业学校信息化建设水平的关键指标，但其是否契合职业教育特有的教学规律、是否符合学生学习的需求、是否获得教师的认可与接受并没有获得足够的关注，工具理性在信息化建设中已经占据了绝对的主导地位，但使用信息化工具的教师与学生的主体性则意外“旁落”。因此，职业教育信息化建设不能仅仅从技术开发的角度出发，应充分考虑到职业院校学生自身的认知特点和学习规律，根据职业教育“理实一体、工学结合”的教学规律进行信息化资源的开发，信息化技术应用的初衷——提升职业院校学生学习动机和学习质量才能够真正实现。

3. 如何把握好顶层规划与基层创新间的关系，实现“上下互动”

《教育信息化十年发展规划（2011—2020 年）》明确提出，我国教育信息化建设应该以“应用驱动、共建共享”为基本原则，以人才培养、教育改革和发展需求为导向，开发优质的数字教育资源，构建信息化学习和教学环境，建立政府引导、多方参与、共建共享的合作开发机制①。该规划明确指出，在信息化建设中政府应该发挥引导、推动的功能作用，职业院校自身的需求与规划则应居于主导地位，即政府应该为职业院校信息化建设提供物质、资金、政策、标准等多方面的支持，而不应该采用“一竿子捅到底”的直接管理模式，不应过度干预职业院校信息化建设的内容和方向。然而，当前我国职业教育信息化的建设路径已经实质上走向了以“政府主导为主，职业院校次之，教师与学生最末”的信息化建设路径，政府在信息化建设的内容、标准、方向上握有绝对的话语权力，而真正使用信息化资源的教师与学生的需求则难以得到体现。“自上而下”的信息化建设路径并没有充分反映职业院校在信息化建设中的自主需求，最后可能演变为一种外在的压力和任务，扰乱了职业院校管理者和教师的心态，最后将信息化改革等同于“按照上面要求不得不完成的任务”，职业院校的教师也失去了推进信息化改革的魄力与决心。因此，对于推动信息技术的应用应重视教师在信息化技术应用上的主体作用，提升教师信息化素养，帮助其正确理解职业教育信息化的价值和意义，以及信息技术手段的应用在提升其教育教学质量上所能发挥的重要作

① 教育部关于印发《教育信息化十年发展规划（2011—2020 年）》的通知 .（2012-03-13）[2018-06-05]. http://old.moe.gov.cn/publicfiles/business/htmlfiles/moe/s3342/201203/xxgk_133322.html.

用，提升广大职业院校教师参与信息化改革的主动性。

三、“一带一路”背景下国际化路径转轨所带来的机遇与挑战

随着我国“走出去”战略的深入推动与实施，尤其是“一带一路”倡议的提出，日益需要我国职业教育国际化发展实现路径的转轨——走出国门并主动制定标准与规则，从而实现从“引进来”到“走出去”的华丽转身。因此，“一带一路”倡议的提出为职业教育发展提供了新的历史机遇，同样也面临着严峻的挑战。

（一）“一带一路”倡议提出的时代背景及内涵

2013年9月和10月，由中国国家主席习近平相继提出建设“丝绸之路经济带”和“21世纪海上丝绸之路”的合作倡议，并在党的十八届三中全会上将其写入了《中共中央关于全面深化改革若干重大问题的决定》。[①]2014年，国务院政府工作报告明确提出要抓紧建设丝绸之路经济带、21世纪海上丝绸之路的战略构想，并同时提出了要推进中印缅、中巴经济走廊的建设，并推出了一批重大支撑项目来保证上述战略构想的实现，从而加快基础设施、能源设施、通信设施的建设实现互联互通，扩展我国经济发展的国际空间[②]。2015年3月28日，国家发展和改革委员会、外交部、商务部联合发布了《推动共建丝绸之路经济带和21世纪海上丝绸之路的愿景与行动》，该文件明确指出：“沿线各国资源禀赋各异，经济互补性较强，彼此合作潜力和空间很大。以政策沟通、设施联通、贸易畅通、资金融通、民心相通为主要内容。”[③]该文件的颁布实现了对“一带一路”倡议的部署，使“一带一路”构想逐步从理念开始逐步走向实践。职业教育作为同经济社会发展最为紧密的一种教育类型，对助推经济发展具有十分重要的战略意义，而“一带一路”倡议作为我国未来较长时期的一项基本战略部署，涵盖了政治、经济、文化等多个领域，职业教育也必然肩负着十分重大的使命。

---

① 中共中央关于全面深化改革若干重大问题的决定．(2013-11-12) [2018-06-03].http://politics.people.com.cn/n/2013/1116/c1001-23560979.html.

② 李克强．政府工作报告——2014年3月5日在第十二届全国人民代表大会第二次会议上．(2014-03-05) [2018-06-03]. http://www.gov.cn/guowuyuan/2014-03/14/content_2638989.htm.

③ 推动共建丝绸之路经济带和21世纪海上丝绸之路的愿景与行动．(2015-03-28) [2018-06-03]. http://ydyl.people.com.cn/n1/2017/0425/c411837-29235511.html.

（二）"一带一路"背景下职业教育面临的机遇

2015年10月，教育部颁发《高等职业教育创新发展行动计划（2015—2018年）》，提出将引进境外优质资源，支持优质产能走出去，全力配合"一带一路"倡议实施，扩大与"一带一路"沿线国家在职业教育上的合作交流，并持续提升我国职业教育的国际影响力。该计划详细指出了职业教育服务"一带一路"的具体路径：主动发掘和服务"走出去"企业的需求，培养具有国际视野、通晓国际规则的技术技能人才和中国企业生产经营需要的本土人才。支持专科高等职业院校将国际先进工艺流程、产品标准、技术标准、服务标准、管理方法等引入教学内容；与积极拓展国际业务的大型企业联合办学，共建国际化人才培养基地；发挥专科高等职业院校专业优势，配合"走出去"企业面向当地员工开展技术技能培训和学历职业教育。① 从政策文本中可以得知，职业教育发展正面临着新的机遇。

1. 在推动"一带一路"倡议实现上职业教育大有可为

"一带一路"倡议所涉及的经济体包括了欧洲经济圈和亚太经济圈，直接实现了两大经济圈的有效连接，共涉及70多个国家约44亿人，目前已有100多个国家和国际组织共同参与，有40多个国家和国际组织与中国签署了合作协议，经济总量达到21万亿美元。自"一带一路"倡议实施以来，在沿线20个国家已经建立了56个经贸合作区，打造国际产能和装备制造的合作平台，引导中国企业"集群式"往外走，目前累计投资超过了180亿美元，为东道国创造了超过10亿美元的税收，创造了超过16万个就业岗位。仅2016年，中国对"一带一路"沿线53个国家的直接投资就达到了145.3亿美元，中国企业与相关61个国家新签的合同总额达到1260.3亿美元。②"一带一路"倡议的实施将会对职业教育产生巨大的需求，"一带一路"的合作内容包括政策沟通、设施联通、贸易畅通、资金融通、民心相通五个方面，这五个方面的实现，职业教育都将扮演着积极的角色。政策沟通主要是为了使"一带一路"沿线国家能够建立起高效的政治协商机制，双方政府能够在共同推动相关经济社会发展事务过程中建立起高效的沟通合作与交流平台，解决好在合作中遇到的各种问题，而这势必需要一大批掌握沿线国家语言的人才来作为支撑。而民心相通则需要加强我国人民群众和"一带一

---

① 教育部关于印发《高等职业教育创新发展行动计划（2015—2018年）》的通知.（2015-10-21）[2018-05-20]. http://www.moe.edu.cn/srcsite/A07/moe_737/s3876_cxfz/201511/t20151102_216985.html.

② 周谷平，阚阅."一带一路"战略的人才支撑与教育路径.教育研究，2015（10）：4-9，22.

路”沿线国家人民群众之间的经济、社会、文化交流，而教育合作与交流则是最能够实现民心相通的重要途径，而且“一带一路”沿线国家中发展中国家占据多数，其职业教育发展相对较为滞后，而我国职业教育经过较长时期的发展已经积累了许多宝贵的经验，这些经验必然对上述沿线国家职业教育事业发展具有重要的促进作用。设施联通、贸易畅通更是离不开职业教育的积极参与，无论是我国同“一带一路”沿线国家的基础设施建设合作还是商贸通道的构建，都需要职业教育为其提供充足的人力保障。

2. 中国企业“走出去”亟须职业教育为其提供人力支撑

在未来很长一段时间内，伴随着我国与“一带一路”沿线国家之间在基础设施领域的广泛合作，在航运、交通、通信、能源、电力等多个领域，我国都将积极参与到“一带一路”国家的基础设置建设。伴随着中国企业的“走出去”，不仅仅是中国制造的生产设备和管理经验将会向这些国家输送，中国的技术工人同样会跟随着中国企业一起走出国门，服务“一带一路”沿线国家的基础设施建设。这就需要我国职业教育能够根据“走出去”企业的需要，加快培养能够胜任跨国工作的技术技能人才，服务产能输出地经济建设。例如，随着中国高铁战略的实施，我国已经在高铁建设上具有了领先世界的建设技术与质量标准，中国铁建、中国中铁、中国中车等企业的国际化业务也开始不断扩展，到目前为止中国铁路设备已经出口到80多个国家和地区。但是中国铁路建设的国际化之路并非一帆风顺，地缘政治风险、经济发展水平、技术标准的兼容性等因素都会影响国际化战略的实施，国际化人才队伍建设无论是在数量还是在质量上都很难满足企业的需求，已经成为制约中国铁路“走出去”的最大瓶颈。这主要表现为三个方面：“一是缺少对目标国家或地区政治、经济、人文了解，熟悉国际经济运作规则，熟悉海外标书方案起草和投标业务流程的海外市场拓展人才；二是缺少海外项目经营人才；三是缺少项目全寿命周期服务的海外售后、运营、维护人才。”①

3. 为促进职业教育国际化提供崭新的交流合作平台

改革开放以来，我国职业教育发展日新月异，目前已经建成了世界规模最大的职业教育体系，并逐步开始从规模扩展阶段走向内涵提升的阶段转型，在学习西方发达国家职业教育先进经验基础上逐步形成了具有中国特色和世界一流水平的职业教育管理制度、职业教育课程教学体系，而中国职业教育经过多年发展

---

① 刘海，荣国丞.“一带一路”战略下职业教育的机遇与挑战——中国职业技术教育学会“一带一路”战略与职业教育研讨会综述.职业技术教育，2015（30）：18-21.

所积累的经验对于处于经济发展正处于上升期的“一带一路”沿线国家具有巨大的吸引力。随着“一带一路”建设的全面深入开展，我国职业教育国际交流与合作将进入新的历史阶段，中外职业教育交流与合作无论是在广度还是深度上都将迈向新的台阶。这首先表现为，“一带一路”将为我国职业教育国际交流与合作提供了一个全新的平台，通过该平台可以加深我国与“一带一路”沿线国家和地区的职业教育交流以及合作，能够通过广泛深入的沟通不断促进人民群众之间的相互了解、相互尊重与信任，建立起紧密互动、友爱的民间合作关系，从而实现民心相通。其次，通过“一带一路”平台，我国职业院校可以不断加强同国际职业教育界的学术交流、经验分享和人才流通，这样不仅能够有效促进我国职业院校师资队伍的专业化发展，同样也能够提升我国职业教育的整体国际竞争力和知名度，从而实现我国职业教育国际化水平的系统优化提升。

（三）“一带一路”背景下职业教育面临的挑战

尽管“一带一路”倡议的实施对我国职业教育发展提供了更加国际化的舞台和更多提升自身办学水平的机遇，但却并不意味着所有职业院校能够真正把握住如上机遇，这是由于当前我国职业院校在办学质量和办学水平上还存在着较多的短板与不足，是否能够把握“一带一路”倡议所提供的机会还面临着严峻的挑战。

1. 国际化复合型人才需求对职业教育的挑战

“一带一路”建设不仅仅是中国自身的事情，还是一件世界性的大事件，涉及地域之广阔世所罕见，到目前为止已经有 100 多个国家和地区参与其中由此可知，“一带一路”倡议的实施尽管是在全球化已经盛行多年的今天，但不同国家和地区的文化鸿沟并没有弥合，某些不同文化与宗教之间的对抗甚至日趋激烈，这无不表明“一带一路”的实施是在社会文化背景、风俗习惯差异巨大的多元经济区域展开的，职业院校要想能够为“一带一路”建设提供合格的人才，就必须要正视这一挑战。进而，当考虑到为“一带一路”建设所培养的学生未来将作为人才到各种文化背景差异巨大的环境中开展工作，如果不能够在学习期间就培养其跨文化的沟通交流合作能力，当他们深入到当地文化圈后可能就难以有效地开展建设工作。中国企业走出国门，除了要面对经济承受力、技术标准体系的兼容、当地政治社会稳定性等问题的挑战外，最为关键的是缺少掌握扎实技术技能且同时具备跨文化交流能力和外语能力的复合型人才。因此，职业院校应积极迎合“一带一路”建设的人才需求，改善人才培养模式，将跨文化交流能力、语言能力纳入到人才培养目标，为社会培养复合型的高技能人才。

2. 对职业院校人才供给规模与质量的挑战

2016年11月，清华大学和复旦大学联合在北京发布《中国劳动力市场技能缺口研究》报告。该报告明确指出："当前中国拥有职业资格证书等级的技能劳动者仅占全国就业总人口的19%左右，高技能人才仅占5%。到2020年，全球高新技术企业将面临缺口4000万的技术人才缺口，而位于中国的高新技术企业面临的高技术人才缺乏的问题尤为严重。到2020年，中国高技能型人才短缺将达到约2200万人。2016年，中国有1200多万名本科生和高职校毕业生求职，但不少雇主仍然很难找到合适的人才。"① 我国高职院校每年培养了大批毕业生，但劳动力市场上仍然存在大量的技能人才缺口，这既与毕业生的就业倾向有关，同时也与职业院校人才培养结构与目标同劳动力市场和企业需求存在着较为严重的错配有关，具体表现为职业院校培养的毕业生就业不对口、毕业生知识和能力结构难以满足企业的需求等问题。这也反映了当前我国职业教育发展还尚不能够较好地满足经济社会发展的需求，无论是在人才培养质量上还是在结构上都与实际需求存在着较大的差距。而"一带一路"建设所需的人才规格和质量只会更高，如果不能够有效满足"一带一路"建设所需人才的数量需求和质量需求，必将会制约"一带一路"建设的步伐和进度。因此，职业教育要加快改革步伐，不断提升职业教育人才培养质量，通过校企合作、产教融合有效对接企业人才需求；通过与"走出去"企业的多方面合作不断完善人才培养机制，灵活对接企业的用人需求，实现人才培养质量的稳步提升。

3. 对职业院校国际化水平和服务能力的挑战

服务"一带一路"建设不仅需要职业院校为其提供充足的技术技能人才，更需要职业院校提升自身的国际化水平和社会服务能力，这是因为服务"一带一路"建设是多方面的，既有人才培养的使命，同时也需要职业院校积极扩展合作领域，深化与"一带一路"沿线国家的交流与合作，并且要完善自身的服务能力和服务机制，为"走出去"企业提供多样化、灵活性的技术研发、培训、咨询等多方面服务。总体而言，"当前我国职业教育国际化办学能力和国际化办学程度还不够强，目前我国有27个省的386所高职院校与国外27个国家和地区的32个机构开展了交流合作，合作项目近900个，在全国1358所高职高专院校中仅

① 《中国劳动力市场技能缺口研究》发布——高技能劳动力缺口警钟再次敲响.（2016-11-28）[2018-05-21]. http://news.tsinghua.edu.cn/publish/thunews/9650/2016/20161128171646074669623/20161128171646074669623_.html.

占比28%，且区域分布严重不均衡，主要集中在沿海地区，如江苏、浙江、上海的合作项目数量排在前三位，分别达到196个、75个、59个，广大中西部地区合作项目明显偏少，而且合作的国家主要以发达国家为主，与‘一带一路’沿线国家的合作交流较少，而且合作的专业主要集中在管理学和工学两个学科领域，其他与‘一带一路’所涉及的重点行业、重点人才的需求未能做到全面覆盖，尤其是与基建、交通、能源等领域专业合作较为缺乏。”①

除此之外，国内职业院校还较为缺乏“走出去”的办学经验，也未能形成较为成熟的合作机制，对于如何“走出去”、合作什么、如何开展合作还处于探索阶段。除了在国际化办学的经验与能力上存在着不足与欠缺之外，职业院校在服务能力上同样存在着不足。除了人才培养之外，职业院校还应该具备社会服务能力，包括服务企业技术研发的能力、提供咨询的能力、服务社区发展的能力。但当前职业院校在服务能力提升方面还存在较大的不足，这表现为职业教育的灵活适应能力较弱，无论是在专业设置上还是服务企业上都缺乏灵活性和主动适应性。职业教育发展总是滞后于社会发展的步伐，很多职业院校在开展社会服务方面缺乏长效机制，仅仅局限于重点项目，对于如何建设长效的服务机制和服务品牌缺乏系统性、前瞻性的思考。

第三节　新时代我国职业教育现代化发展的思路与路径选择

2017年10月18日，中国共产党第十九次全国代表大会召开，习近平在报告中指出“中国特色社会主义进入了新时代”②。这一重大判断明确了中国发展新的历史方位。这个新时代，是承前启后、继往开来的时代。我国职业教育经历了1904年“癸卯学制”后110多年的发展，沐浴改革开放的春风40年，进入了一个全新的发展时期。在这个全新的发展时期，在已经取得重大历史性成就的基础之上，直面中国职业教育的痛点，谋划具有中国特色的职业教育新征程。

---

① 赵其勉，王军福.“一带一路”战略中我国职业教育发展的机遇、差距与路径. 职教论坛，2017（31）：67-72.

② 习近平. 决胜全面建成小康社会 夺取新时代中国特色社会主义伟大胜利——在中国共产党第十九次全国代表大会上的报告.（2017-10-18）[2018-05-25].http://cpc.people.com.cn/n1/2017/1028/c64094-29613660.html.

一、新起点——职业教育两大根本性问题的破解

站在历史的新起点上，经历了改革开放40年的发展，职业教育更加现代化，取得了历史性的辉煌成就。规模、结构、质量、效益均取得了显著提升。其中最重要的是解决了两大根本性问题：一是职业教育从“层次”走向“类型”，二是人才观的彻底改变。

（一）现代职业教育体系建立实现了职业教育从“层次”向“类型”之蜕变

改革开放40年中，我国逐步建立起具有中国特色的职业教育体系。体系建设是一种从局部性、阶段性过渡到终身性、全面性的漫长而又渐进的过程。最早提出体系建设是1985年颁布的《中共中央关于教育体制改革的决定》，该决定提出逐步建立起一个从初级到高级、行业配套、结构合理又能与普通教育相互沟通的职业技术教育体系[①]。这一体系建设的蓝图具有长远影响，后续30多年职业教育体系建设路径基本是按照这一蓝图的脉络来实施的。体系建立无疑是这几十年职业教育发展的伟大成就之一。从仅有中等教育层次的“断头”教育发展到一个“中职—专科—本科—硕士”相互衔接，又与普通教育融通的完整体系。其最大的价值在于改变了职业教育在整个“大教育”体系中的定位。处于“断头”教育时期的职业教育，充其量只是在大教育学制体系中的“一个层次”。建构了相互衔接的多层次职业教育体系后，它随即转变为“一种类型”，一种与基础教育、高等教育不同的类型，形成了典型“双轨制”体系结构。当然，它还不是完美的，后续仍然存在理顺关系、职前职后一体化的完善过程。尽管如此，我们仍然可以不夸张地认为，从“层次”走向“类型”的蜕变，应当视为职业教育改革发展中的一次质变。随着“类型”定位的稳固，以往“二流教育”“次等教育”的说法将不复存在，取而代之的则是“适合的教育”。

（二）科学人才观基础上的技术技能从业者地位从“工人”跃升为“人才”

长期以来，我国传统文化中的“学而优则仕”的观念，导致“唯学历、唯

---

① 中共中央关于教育体制改革的决定.（1985-05-27）[2018-05-01]. http://old.moe.gov.cn/publicfiles/business/htmlfiles/moe/moe_177/200407/2482.html.

文凭”的现象深深地影响着社会舆论和百姓民众。职业教育所培养的“技术技能人才”饱经鄙薄。这些是改革开放初期职业教育不被看好、备受争议、几经挫折的根本性原因。

真正破解这一瓶颈的是2003年《中共中央 国务院关于进一步加强人才工作的决定》的颁布，该决定明确提出，只要具有一定的知识或技能，能够进行创造性劳动，为推进社会主义物质文明、政治文明、精神文明建设，在建设中国特色社会主义伟大事业中作出积极贡献，都是党和国家需要的人才。要坚持德才兼备原则，把品德、知识、能力和业绩作为衡量人才的主要标准，不唯学历、不唯职称、不唯资历、不唯身份，不拘一格选人才。①这个“四不唯”坚定地树立了科学的人才观。此后，陆续出台的《关于进一步加强高技能人才工作的意见》《高技能人才培养体系建设“十一五”规划纲要（2006年—2010年）》《关于高技能人才享受国务院颁发政府特殊津贴的意见》《国家中长期人才发展规划纲要（2010—2020年）》《关于深化收入分配制度改革的若干意见》等政策文件，逐步摧毁了这一壁垒，实现了技术技能从业者的社会地位从“工人”跃升为“人才”。至此，职业教育才谈得上吸引力的问题，为后续的大力发展和快速发展奠定了重要的思想基础。

二、新时代——新矛盾与新背景交织

（一）新矛盾——职业教育主要矛盾发生了重要变化

党的十九大报告中旗帜鲜明地指出，“我国社会主要矛盾已经转化为人民日益增长的美好生活需求和不平衡不充分发展之间的矛盾”②。这一重要政治判断涵盖了社会领域的方方面面，职业教育同样也必须面临这一矛盾。例如，不同层次职业教育发展的不充分不平衡，城乡之间、区域之间职业教育发展的不充分不平衡，职业启蒙阶段、职前教育阶段和职后继续教育阶段之间发展的不充分不平衡等问题，致使职业教育难以满足人民大众对“适合的教育”之诉求，难以满足人民大众对“高品质的教育”之追求，难以满足人民大众多元化发展、多样成才之需求。当前，我国职业教育必须正视的六大痛点。

---

① 中共中央 国务院关于进一步加强人才工作的决定.（2003-12-26）[2018-05-08]. http://www.gov.cn/test/2005-07/01/content_11547.htm.

② 习近平. 决胜全面建成小康社会 夺取新时代中国特色社会主义伟大胜利——在中国共产党第十九次全国代表大会上的报告.（2017-10-18）[2018-05-25].http://cpc.people.com.cn/n1/2017/1028/c64094-29613660.html.

1. 痛点一：单一供给与多元需求之矛盾

改革开放以来，我们职业教育的价值导向经历了“学历导向”向“就业导向”的变迁。2004年2月10日，教育部颁布《2003—2007年教育振兴行动计划》，提出“以就业为导向，大力推动职业教育转变办学模式”[①]。同年4月，《教育部关于以就业为导向 深化高等职业教育改革的若干意见》颁布，针对社会中存在的高职院校办学浮躁、一味效仿本科等现象，第一次对高等职业教育进行了定位，即“以就业为导向，以服务为宗旨，走产学研结合发展的道路”[②]。在此背景下，“就业导向”的职业教育正式确立。

当时，“就业导向”对于解决毕业生就业难，忽视企业与市场需求而言，无疑起到了积极作用。据统计，2007—2011年，中职毕业生就业率均保持在95%以上，远高于普通高校毕业生平均就业水平[③]。

然而，站在历史的新起点上来审视这种价值导向，就可能存在不同的判断。当时，人们的需求主要集中于获取一技之长，能够高质量就业。而如今，职业教育的功能不仅仅限于帮助人们获得生存的技能和岗位，还不断拓展为升学的预备教育、留学的准备期、创业的孵化期等。而职业院校的课程体系供给依然是单一的就业导向课程，仅能满足行业企业单个岗位的需求，这种发展不充分必然造成学无所用、供难适需的局面。这一局面极大地影响着职业教育的吸引力，也极大地阻碍了学生们获得“适合的教育”之可能性。

2. 痛点二：完善体系与构建框架之拉锯

十九大报告中关于职业教育的内容特别指出：完善教育和培训体系。如前文所述，改革开放40年重大成就之一就是建立了具有中国特色的现代职业教育体系。显然，目前的体系仍不够完善，职前的教育体系和职后的培训体系未能融合成为一个完整的体系，未能为每个人在不同阶段、不同状态进出体系提供支撑。除了管理机构壁垒之外，最为关键的因素是我国未能建立起完善的国家资格框架。

3. 痛点三：面向不确定的职业世界

以往我们讨论职业教育的前提是培育面向确定的职业世界的技术技能人才。

---

① 2003—2007年教育振兴行动计划.(2004-02-10)[2018-04-29]. http://old.moe.gov.cn/publicfiles/business/htmlfiles/moe/moe_177/200407/2488.html.

② 教育部关于以就业为导向 深化高等职业教育改革的若干意见.(2004-04-02)[2018-05-25]. http://old.moe.gov.cn//publicfiles/business/htmlfiles/moe/moe_737/200507/9969.html.

③ 《2012中国中等职业学校学生发展与就业报告》之三. 中国中等职业学校学生就业. 河南教育(职成教版)，2013(6)：9-10.

进入新时代，这个基本前提面临深度瓦解。智能化、定制化和互联化背景下每个技术工人都要具有研究和创新的能力，因为他们必须面向不确定的职业世界。

当前对于职业能力的培养，不能仅仅关注冰山上的知识行为部分，而必须更多地塑造和提升冰山下的基础性素养。因此，“核心素养”近期作为热词风靡教育界，包括职业教育领域。对核心素养的追捧促使人们从另一个视角来理解或解读职业教育的功能。

4. 痛点四：聚资专项投入与标准规范建设之困顿

进入 21 世纪，职业教育逐步从规模扩张转变为内涵建设。这对于我国职业教育的发展具有举足轻重的作用。在内涵建设之初，主要采用的方式是聚集资金专项投入的方式。

这种投入方式的优势在于能够在较短时间内集中针对某方面进行突破性提升。与此同时，其劣势也是非常明显的，即难以从全面推动教育质量的角度进行全方位、系统的提升，甚至可能会出现因专款专用的要求有专项的板块和没有专项的板块之间的不匹配等尴尬现象。此外，还出现了教育经费主要用于扶持一些优秀职业院校，然而仍有一大批薄弱学校难以得到实质性的扶持，即未能全面抬高“质量底线”，未能大面积惠及职业教育。

5. 痛点五：产教融合、校企合作的路径依赖缺失

职业教育的发展模式从改革开放以来，一路愈加坚定地走校企合作、产教融合的道路。这一共识无论在职业教育的理论界还是实践界早已达成。然而，在具体实践中，校企合作中的难点，即“校热企冷”的现象长期存在，尽管有一些院校和地区搞得有声有色，但整体盘面上的困局依然未能化解。

产教融合、校企合作最重要的症结是学校找企业困难重重，如何从“熟人交情”模式变成“必然选择”模式是重中之重。校企之间本身就不是一种自然结合。要破解这一痛点，最为核心的是搭建产教融合的合理路径。

6. 痛点六：课堂教学变革甚微，学生的改革获得感低

发展至今，我们欣喜地看到职业教育取得了历史性的辉煌成就。然而，我们还必须清醒地认识到，职业教育的巨大变化主要停留在宏观和中观层面，而在微观层面，特别是在课堂教学层面体现的仍不够。学习方式、学习模式、学习效果方面的改革与发展才能真正提升学生的受教育获得感和教师的教学成就感。

（二）新背景——三化交融共同掀起教育的重大变革

1. 智能化

智能化时代所体现的核心特征有三：①所有岗位工作普遍更具研究性。智能化的核心在于通过智能化生产系统为社会提供高质量产品[①]。新时代产品质量提升的方式不再仅仅依靠整个流程前端的突破性创新，根据熊彼得的技术创新理论，智能化时代的创新更趋向后端的、靠近产业化的渐进性创新。这种全新模式使得创新不再仅仅与科学家、工程师紧密联系，而是成为与产业链上每一位产品设计、生产、制造、销售、管理环节的从业人员密不可分[②]。②工作岗位的边界更加模糊。以往的工作特征往往是“一个萝卜一个坑”，例如流水线上的操作员。而智能化背景下，简单的技能操作型岗位将逐渐被机器人取代。真正需要技术工人的岗位，更多的是复杂性劳动，是团队合作性劳动，是多工种复合型劳动。因此，原先清晰的岗位描述和针对性的职业能力将不再符合智能化时代的要求。③泛在智能覆盖社会各领域。例如，智能家居、智能交通、服务机器人、语言助理等，形成了无处不在的泛在智能，会将智能、虚拟与现实融合。

在这一背景下，以培养岗位技能之功利目标必然会遭遇巨大挑战。在应试和应市教育的今天，我们更多关心的常常是知识，是技能，是成绩，是大赛，是升学率，是资格证书，而不是人格，不是道德。在智能化背景下，教育的目标必将转向培育“完整的人”和“全面的人”。

2. 互联化

新时代是一个以物联网（internet of things）和务联网（internet of service）为核心的互联技术迅猛发展的时代。2015年出台的《国务院关于积极推进“互联网+”行动的指导意见》中指出，在全球新一轮科技革命和产业变革中，互联网与各领域的融合发展具有广阔前景和无限潜力，已成为不可阻挡的时代潮流，正对各国经济社会发展产生着战略性和全局性的影响[③]。在教育领域，这种影响扑面而来。例如美国出台了“连接教育”（Connect ED）、澳大利亚的“数字教育革命”（Digital Education Revolution）、欧盟的“数字化进程”（Digital Education Revolution）等项目，涉及包括职业教育在内的教育的各个领域。

---

① 徐国庆. 智能化时代职业教育人才培养模式的根本转型. 教育研究，2016（3）.

② 匡瑛. 智能化背景下“工匠精神”的时代意涵与培育路径. 教育发展研究，2018（1）：39-45.

③ 工业和信息化部关于印发贯彻落实《国务院关于积极推进“互联网＋”行动的指导意见》行动计划（2015—2018年）的通知.（2015-11-25）[2018-06-02]. http://www.miit.gov.cn/n1146290/n4388791/c4538291/content.html.

当前，数字制造、大数据、互联网+、云制造、三维打印等这些热词与职业教育息息相关。未来的职业教育形态将会因互联化和信息化而发生翻天覆地的变革。以学习为中心议题的职业教育改革发展时代即将来临。

3. 定制化

以英国《经济学人》杂志刊登的《第三次工业革命》“特别报道”提出将生产方式作为划分的依据，人类从制造业的“自动化”，正在走向制造业的“数字化”，并将经历以此为基础的“大规模定制”的主流生产方式。

在这种新的生产方式下，个体的生产状态将有彻底的变化。“大规模定制”的生产方式即便是传统意义上的优秀产业工人也难以满足。其智能结构必须在如下方面进行必要地拓展与延伸：①解决问题的灵活度和综合判断应变能力；②沟通合作与协同工作的能力；③不仅要具备技术思维与技术能力，不可或缺的还有管理思维、管理能力以及职业精神。

三、新征程——中国职业教育未来发展的路径选择

综上所述，站在新的历史起点，面对前所未有的挑战，老问题新矛盾交织。职业教育有必要直面痛点，顺应三化，走出一条具有中国特色的现代化发展道路。

（一）职业教育新定位

面向未来的职业世界和个体需求，我国职业教育亟待进行价值导向的变革。从就业导向过渡到生涯发展导向，满足学生的多元需求，遵从“为生活和工作而学习”的理念，即对美好生活的需求，从而促使职业教育从单一的功能定位走向多元化的功能定位。总体上，其价值导向从社会本位的取向走向社会本位与个体本位兼顾的取向。由此，职业教育逐步开启“定制化”教育新时代。

世界职业教育的改革与发展，深受两个经典理论的影响：职业主义和“实用主义”。职业主义认为“职业教育应为现实社会培养需要的合格工人，为适应现实职业做准备”，强调职业教育的“工具价值”，CBE初期基于行为主义心理学强调单项能力训练是典型代表。归根结底，职业主义者把职业教育理解为“为了职业的教育”。而“实用主义”的提出者杜威则认为“职业教育将训练未来的工人适应不断变化的情况的能力”，所强调的是职业教育的“发展价值”。从根本

上说，杜威所推崇的不仅仅是“为了职业的教育”，更是“通过职业的教育”。

既然是“通过职业的教育”，那么足以论证新起点中根本性变革之一，职业教育在大教育体系中从“层次”变为“类型”。普通教育是“通过学科的教育”，职业教育则是“通过职业的教育”，两者可能殊途同归。因此，职业教育的培养目标必须把职业技能与职业精神的融合起来，技术技能教育与学术教育结合起来。唯有如此，才能真正站稳“类型说”。

（二）体系框架新范畴

完善职业教育和培训体系的根本性前提是必须要建立国家资格框架。通常来说，一个成熟的国家资格框架具有几大要素：第一，是一个终身性、开放性、全纳性的资格框架；第二，是一个能够认可非正规学习和非正式学习的框架；第三，能够认定、积累并转换不同形式先前学习经验的框架。这些是世界上发达国家已有资格框架的共同特点。例如，英国在这方面最为领先，最早的国家资格证书框架（National Qualification Framework，NQF）于1997年建立并运行，经2004年、2011年两次更新后，增加的层级，并赋予了学分和难度认定。此后，于2015年10月又进一步出台了规范资格框架（Regulated Qualifications Framework，RQF）[①]，其目的是实现与高等教育资格框架（Framework for Higher Education Qualifications，FHEQ）对接，促进更高层次普职的等值与学分转换，给予授权机构更多自由，符合特定劳动力市场需要等。

由此可见，职业教育体系的建立和完善，离不开国家资格框架的逐步架构与深入，两者是下位和上位的关系。没有外部国家资格框架的宏观规划，就很难建构好上下通达、横向融通、终身包容的现代职业教育体系。其中，亟待解决的核心问题有二：①不同专业之间学分的核算与等值；②普通教育与职业教育之间学历、资格与学位之间的转换。

与此同时，体系的完善还涉及职业启蒙教育阶段的普职融合。该阶段的职业教育在我国长期以来不受重视，发展极为缓慢。而为了寻求“适合的教育”，职业启蒙迁移是必然的趋势。如何架构好职业启蒙阶段的普职融合制度、如何认定职业探索阶段的先前经验以便累积和转换等就成为未来职业教育必须尽快思考和解决的问题。

届时，中国的职业教育不仅拥有世界规模最大的人才培养体系，而且是应当拥有能够提供给面向人人“定制化”职业教育与培训服务的、独立于普通教育

① 白玲. 从QCF到RQF：英国资格框架改革的新取向及其启示. 外国教育研究，2016（11）：31-43.

的强大体系。

（三）内涵建设新抓手

职业教育内涵建设至今，投入机制亟待深入改革。有必要从专项投入转向标准建设。当前，教育部已经意识到这一问题，开始了专业教学标准的建设、中职教师的专业能力标准等。但从总体上来看，我国的职业教育尚缺乏完善的国家标准和国家规范。只有健全的标准和规范，我国幅员辽阔国土之上的职业教育发展才能真正解决发展不平衡、不充分的问题。

其中最为典型是产教融合、校企合作。以往我们把推进校企合作的希望寄托于学校主动找企业，找到企业的利益点，然后精诚合作、互惠互利。但从德国双元制的运行经验表明，校企之间未必需要有特别紧密的关系，而是要在国家层面架构产业与教育之间合作的制度，进入双元制体系的学校和企业必须遵守相关制度，按照规范履行各自的职责。十九大报告提出“产教融合”十分英明，它意味着从国家层面架构有利于产业界与教育界合作的制度保障，用全新的方式和路径推动校企合作。

项目投入的效果是明显的，但往往是一时的。当内涵建设进入“深水区”后，这种模式必然被替代，需要一种长效的机制来持续保障。职业教育在国家层面的制度和规范的逐步建立与完善是下阶段职业教育内涵建设的新抓手。

（四）师资培育新范本

职教师资培养是一个系统工程，培养模式的变革必须依托培养体系的整体改革。第一，开发职教师资培养课程体系。研究开发适合我国国情的、针对不同类型教师的胜任力模型，基于胜任力模型与不同受训教师来源（如本科应届生、有相关工作经历 / 相关职业资格证书者、师范专业 / 非师范专业毕业生）分类开发多元化的教师培养课程。第二，实施职教教师培养课程制度。区别于学校制度，建立严格的准入制度，只允许具备开设这类课程办学条件的机构承担。第三，重点实施研究生层次的职教教师培养制度。探索培养新模式的实施路径；针对职教教育硕士试点中的问题进行专题研讨，完善政策保障与协调机制，开发职教教育硕士培养包，重视课程、教材、师资队伍建设；建议恢复或者重建面向职业学校校长管理干部的教育硕士（管理与教学），弥补“中职教师在职攻读硕士学位项目”结束后职校校长管理干部研究生培养的空白点。第四，启动新一轮全国重点建设职业院校教师培养培训基地的评估，优进劣汰，保持国培基地的应有水准，发挥新时期职教师资培养培训基地的导向功能。第五，加强职教教师培养研究。设立专门的研究机构，专题研究我国职教教师培养培训一体化的制度与模式，当下尤其要探索产教融合、校企合作，推行现代学徒制背景下的“双师”结构师资队伍建设的路径与方法，为从根本上解决我国“双师型”教师队伍建设问题提供成功范例。

（五）职业学习新课堂

信息化、定制化浪潮汹涌来袭，职业教育现代化改革必须深入微观层面，特别是课堂层面。改革开放40年来，课堂教学外围的职业教育改革进行得轰轰烈烈，也取得了令人瞩目的成果。然而敲开课堂这一“黑箱”，我们不难发现，其现代化的程度与外围职业教育现代化的程度差距甚大，科学性与艺术性的程度与普通教育也有一定的落差。未来的职业教育必须揭开职业学习秘密，了解学生职业学习障碍的类型与根源，分析不同专业学习的奥秘（包括深度学习、合作学习、有效学习、职业思维方式转变等），改革专业教学法、教学模式，等等。这些改革将长期持续推进，才能让职业教育在真正意义上实现现代化。

（六）国际交流新路径

从世界范围来看，职业教育国际化主要是通过双边或多边的交流与合作，促进职业教育项目的输入或输出。而在我国，随着“一带一路”倡议的提出，职业教育走出了一条与众不同的服务于产业发展的“中国道路”——“教随产出”或“产教同输”的全新国际化路径。《推进共建“一带一路”教育行动》明确指出围绕国家“一带一路”的发展战略开展教育互联、教育互通以及教育合作……通过围绕国家发展战略的职业院校、行业企业等各方主体的参与，逐渐形成高效、畅通、覆盖面广的职业教育国际化网络[①]。这一国际化新路径将对我国职业教育扩大影响力和辐射面起到较为长期的作用，与此同时，也对我国职业教育的包容度和跨文化交际能力提出了新的需求。

---

① 教育部关于印发《推进共建“一带一路”教育行动》的通知.（2016-07-15）[2018-06-02]. http://www.moe.edu.cn/srcsite/A20/s7068/201608/t20160811_274679.html.

（七）农村职教新气象

未来一段时期内，乡村振兴战略将成为推动农村改革与发展，实现农村产业兴旺、农民富裕、乡村文明、治理有序的有力动力，教育将是影响这一进程的重要因素。农村职业教育既是开发农村人力资源、促进乡村振兴的重要力量，同时高质量农村职业教育也是乡村振兴战略的重要组成部分。在推动乡村振兴的过程中，我国农村职业教育将在发展模式的不断探索与创新中实现功能扩展。一是要促进农村职业教育发展融入乡村振兴战略，围绕乡村振兴战略中人的发展、农村产业进步、农村治理等方面需求，形成相应的职业教育布局。二是要通过服务当前我国经济社会发展的重大战略，如“精准扶贫”战略，将农村职业教育发展对接农村贫困人口的特殊需求，并嵌入在国家相应扶贫政策体系之中，进一步发挥农村职业教育扶贫助困的重要功能。三是要创新发展路径，利用政策红利和现实条件，以城乡共享发展的理念，实现城乡职业教育联动发展和一体化发展，全方位提升农村职业教育办学水平。

（八）质量保障新体系

职业教育的多元化需求必然带来职业教育与培训机构的多样化发展。职业教育承担机构的样态将发生极大的变化，机构类型将呈现极端丰富化。那么，对于未来这种职业教育与培训供给就必须有强有力的外部保障体系来约束并提升其质量。例如，美国教育管理部门对生涯与技术教育的质量保障，主要采取“认证”手段。这是一种行之有效的管理措施。其认证体系由联邦政府认证管理部门、州政府认证管理部门、社会认证机构三方共同组成。联邦教育部负责对社会认证机构即第三方评价机构做认证。此外，2006 年，美国国会对帕金斯法案进行了第四次修订，该法案制定了生涯与技术教育质量问责模型。

未来中国职业教育质量保证体系的建立需要建立两类国家机构：一类是职业教育监督委员会，专门负责监督地方认证或管理部门，对不符合职业教育发展规律的做法提出黄牌甚至红牌警告或处置；另一类是基于各行业权威机构建立行业咨询委员会，对于新兴工种或职业所需开设的专业及课程进行审核与认定。有了这两类国家机构，职业教育的质量之绳才可能是牢不可破的。

附　　录

改革开放40年职业教育相关政策文件

时间	颁布单位	文件名
1979年2月20日	国家劳动总局	国家劳动总局关于颁发《技工学校工作条例（试行）》的通知
1979年8月13日	教育部	关于中等专业学校工科专业二年制教学计划安排的几点意见
1980年8月17日	国务院	中共中央关于转发全国劳动就业会议文件的通知
1980年10月7日	国务院	国务院批转教育部、国家劳动总局关于中等教育结构改革的报告的通知
1980年11月5日	教育部	关于全日制中等专业学校领导管理体制的暂行规定
1980年12月2日	教育部	关于修订中等专业学校专业目录的通知
1982年2月27日	教育部	中等专业学校学生守则（试行草案）
1982年3月1日	国家经济委员会、国家劳动总局	关于加强技工学校生产实习教学工作的几点意见
1982年12月10日	全国人民代表大会常务委员会	中华人民共和国国民经济和社会发展第六个五年计划（1981—1985）
1983年2月22日	教育部	中等师范学校学生守则（试行草案）
1983年4月28日	国务院	国务院批转教育部、国家计委关于加速发展高等教育的报告的通知
1983年5月6日	中共中央 国务院	中共中央、国务院关于加强和改革农村学校教育若干问题的通知
1983年5月9日	教育部、劳动人事部、财政部、国家计划委员会	关于改革城市中等教育结构、发展职业技术教育的意见
1984年11月24日	教育部	关于在全日制普通中等专业学校建立学校基金制度几项原则意见的通知
1985年5月27日	中共中央	中共中央关于教育体制改革的决定
1986年4月12日	国家教育委员会	关于制定和修订全日制普通中等专业学校（四年制）教学计划的意见（试行）

续表

时间	颁布单位	文件名
1986年6月5日	国家教育委员会	关于制订职业高级中学（三年制）教学计划的意见
1986年8月30日	国家教育委员会	关于在中专、中师贯彻《中共中央关于改革学校思想品德和政治理论课程教学的通知》的意见
1986年11月11日	劳动人事部、国家教育委员会	技工学校工作条例
1987年2月25日	国家教育委员会	国务院批转《国家教育委员会关于改革和发展成人教育的决定》的通知
1988年8月15日	国家教育委员会	全国职业中学专业（工种）目录
1990年5月12日	劳动部	技工学校学生日常行为规范
1990年7月3日	劳动部	关于加强技工学校思想政治工作意见的通知
1991年1月6日	国家教育委员会	关于加强普通高等专科教育工作的意见
1991年10月17日	国务院	国务院关于大力发展职业技术教育的决定
1993年2月13日	中共中央国务院	中国教育改革和发展纲要
1993年9月29日	劳动部	劳动部关于深化技工学校教育改革的决定
1994年3月11日	国家教育委员会	中学生日常行为规范
1994年3月14日	国务院	国务院办公厅转发农业部关于实施“绿色证书工程”意见的通知
1994年7月3日	国务院	国务院关于《中国教育改革和发展纲要》的实施意见
1994年8月31日	中共中央	中共中央关于进一步加强和改进学校德育工作的若干意见
1995年2月27日	国家教育委员会	国家教委关于正式颁发中学德育大纲的通知
1995年3月18日	第八届全国人大	中华人民共和国教育法
1995年10月6日	国家教育委员会	关于推动职业大学改革与建设的几点意见
1995年10月24日	国家教育委员会	关于高校马克思主义理论课和思想品德课教学改革的若干意见
1995年11月23日	国家教育委员会	关于颁布施行《中国普通高等学校德育大纲》的通知
1995年12月12日	国务院	中华人民共和国教师资格条例
1996年4月10日	国家教育委员会	全国教育事业“九五”计划和2010年发展规划
1996年5月15日	第八届全国人大	中华人民共和国职业教育法
1996年6月7日	全国人大教科文委员会	关于学习宣传和贯彻实施《中华人民共和国职业教育法》的通知
1998年2月11日	国家教育委员会	关于加快中西部地区职业教育改革与发展的意见
1998年2月16日	国家教育委员会	关于印发《面向二十一世纪深化职业教育教学改革的原则意见》的通知
1998年3月16日	国家教育委员会、国家经济贸易委员会、劳动部	国家教委、国家经贸委、劳动部关于印发《关于实施〈职业教育法〉加快发展职业教育的若干意见》的通知
1998年3月16日	国家教育委员会	中小学德育工作规程
1998年4月15日	教育部职业教育与成人教育司	关于动员各类学校大力开展再就业培训的通知
1998年12月24日	教育部	面向21世纪教育振兴行动计划
1999年1月20日	教育部，国家计划委员会	试行按新的管理模式和运行机制举办高等职业技术教育的实施意见

续表

时间	颁布单位	文件名
1999年5月25日	教育部	教育部关于实施《中华人民共和国高等教育法》若干问题的意见
1999年6月13日	国务院	中共中央国务院关于深化教育改革，全面推进素质教育的决定
1999年8月13日	教育部	教育部关于加强中小学心理健康教育的若干意见
1999年8月12日	教育部	关于积极推进高中阶段教育事业发展的若干意见
1999年9月9日	教育部职业教育与成人教育司	教育部关于印发《关于调整中等职业学校布局结构的意见》的通知
2000年1月14日	国务院	国务院办公厅关于国务院授权省、自治区、直辖市人民政府审批设立高等职业学校有关问题的通知
2000年1月17日	教育部	教育部关于加强高职高专教育人才培养工作的意见
2000年3月21日	教育部	关于全面推进素质教育、深化中等职业教育教学改革的意见
2000年3月21日	教育部	关于制定中等职业学校教学计划的原则意见
2000年7月2日	教育部	关于加强五年制高等职业教育管理工作的通知
2001年2月22日	教育部	教育部关于中等职业学校德育课课程设置与教学安排的意见
2002年1月29日	教育部职业教育与成人教育司	关于印发《2002年职业教育与成人教育工作要点》的通知
2002年2月22日	教育部	教育部关于同意黄山高等专科学校升格为黄山学院的通知
2002年3月27日	教育部职业教育与成人教育司	教育部关于进一步办好五年制高等职业技术教育的几点意见
2002年6月6日	教育部	全国教育事业第十个五年计划
2002年8月24日	国务院	国务院关于大力推进职业教育改革与发展的决定
2002年10月31日	教育部职业教育与成人教育司	教育部关于加强职业技术学校职业指导工作的意见
2002年11月29日	劳动和社会保障部、教育部、人事部	劳动和社会保障部、教育部、人事部关于进一步推动职业学校实施职业资格证书制度的意见
2002年12月2日	教育部、国家经济贸易委员会、劳动和社会保障部	教育部 国家经贸委 劳动和社会保障部关于进一步发挥行业、企业在职业教育和培训中作用的意见
2003年3月17日	教育部职业教育与成人教育司	职业技术学校德育课贯彻十六大精神教学指导纲要
2003年5月15日	劳动和社会保障部	关于在技校就业训练中心和职业培训机构开展职业指导工作的通知
2003年10月14日	中共中央	中共中央关于完善社会主义市场经济体制若干问题的决定
2003年11月18日	教育部职业教育与成人教育司	关于确定同济大学等七所职教师资培训机构为中德职教师资进修项目国内培训基地的通知
2003年12月3日	教育部	教育部等六部门关于实施职业院校制造业和现代服务业技能型紧缺人才培养培训工程的通知
2003年12月26日	国务院	中共中央国务院关于进一步加强人才工作的决定
2004年2月10日	教育部	2003—2007年教育振兴行动计划

续表

时间	颁布单位	文件名
2004年2月26日	中共中央、国务院	中共中央国务院关于进一步加强和改进未成年人思想道德建设的若干意见
2004年4月2日	教育部职业教育与成人教育司	教育部关于以就业为导向 深化高等职业教育改革的若干意见
2004年4月14日	劳动和社会保障部	关于印发技工学校德育课课程标准及规范使用德育课教材的通知
2004年7月5日	教育部	中等职业学校学生心理健康教育指导纲要
2004年7月15日	教育部	教育部关于贯彻落实全国职业教育工作会议精神进一步扩大中等职业学校招生规模的意见
2004年9月14日	教育部、国家发展和改革委员会、财政部、人事部、劳动保障部、农业部和国务院扶贫开发领导小组办公室	教育部等七部门关于进一步加强职业教育工作的若干意见
2004年10月25日	教育部	中等职业学校德育大纲
2005年2月7日	中宣部、教育部	关于进一步加强和改进高等学校政治理论课的意见
2005年2月28日	教育部	教育部关于加快发展中等职业教育的意见
2005年7月5日	教育部、卫生部、共青团中央	教育部 卫生部 共青团中央关于进一步加强和改进大学生心理健康教育的意见
2005年9月21日	教育部	教育部关于规范中等职业学校德育课程设置与教材编写使用的通知
2005年10月9日	教育部职业教育与成人教育司	关于报送中德职教师资进修项目2006年度进修计划的通知
2005年10月28日	国务院	国务院关于大力发展职业教育的决定
2006年3月30日	教育部	教育部关于职业院校试行工学结合、半工半读的意见
2006年4月25日	教育部	教育部关于大力发展民办中等职业教育的意见
2006年7月24日	财政部、教育部	财政部 教育部关于完善中等职业教育贫困家庭学生资助体系的若干意见
2006年9月26日	教育部	教育部关于“十一五”期间普通高等学校设置工作的意见
2006年11月3日	教育部、财政部	教育部 财政部关于实施国家示范性高等职业院校建设计划加快高等职业教育改革与发展的意见
2006年11月16日	教育部	教育部关于全面提高高等职业教育教学质量的若干意见
2007年4月23日	教育部高等教育司	关于推荐选拔中德高职师资进修项目人员的通知
2007年5月18日	国务院、教育部	国家教育事业发展“十一五”规划纲要
2007年5月24日	教育部	关于确定首批中等职业教育德育工作实验基地学校的通知
2007年6月26日	教育部、财政部	中等职业学校学生实习管理办法
2008年1月4日	劳动和社会保障部	关于建立国家高技能人才培养示范基地的通知
2008年12月9日	教育部	教育部关于印发中等职业学校德育课课程教学大纲的通知
2008年12月10日	教育部	教育部关于中等职业学校德育课课程设置与教学安排的意见

续表

时间	颁布单位	文件名
2008年12月13日	教育部	教育部关于进一步深化中等职业教育教学改革的若干意见
2009年1月6日	教育部	教育部关于制定中等职业学校教学计划的原则意见
2009年3月1日	教育部高等教育司	关于推荐选拔2009年度中德高等职业教育师资进修项目赴德候选人的通知
2009年3月30日	教育部	教育部办公厅关于在高校思想政治理论课中开展科学发展观专题教育活动的通知
2009年6月24日	教育部、中共中央宣传部、中央精神文明建设指导委员会办公室、人力资源和社会保障部、共青团中央、全国妇女联合会	关于加强和改进中等职业学校学生思想道德教育的意见
2010年3月8日	教育部	教育部关于印发《中等职业学校专业目录（2010年修订）》的通知
2010年3月11日	教育部	关于推荐选拔2010年度中德高等职业教育师资进修项目赴德候选人的通知
2010年5月20日	教育部、人力资源和社会保障部	关于加强中等职业学校校园文化建设的意见
2010年5月30日	教育部高等教育司	关于开展高等职业教育专业教学资源库2010年度项目申报工作的通知
2010年6月1日	教育部、财政部	教育部 财政部关于进一步推进“国家示范性高等职业院校建设计划”实施工作的通知
2010年6月17日	教育部职业教育与成人教育司	教育部 人力资源和社会保障部 财政部关于实施国家中等职业教育改革发展示范学校建设计划的意见
2010年7月29日	教育部	国家中长期教育改革和发展规划纲要（2010—2020年）
2010年8月23日	人力资源和社会保障部	关于大力推进技工院校改革发展的意见
2010年11月27日	教育部	教育部关于印发《中等职业教育改革创新行动计划（2010—2012年）》的通知
2011年1月19日	教育部	教育部关于印发《高等学校思想政治理论课建设标准（暂行）》的通知
2011年6月2日	人力资源和社会保障部	人力资源和社会保障事业发展“十二五”规划纲要
2011年6月23日	教育部	教育部关于充分发挥行业指导作用 推进职业教育改革发展的意见
2011年7月5日	国家教育督导团	国家教育督导团关于印发《国家教育督导报告：关注中等职业教育（摘要）》的通知
2011年9月29日	教育部	教育部关于推进高等职业教育改革创新引领职业教育科学发展的若干意见
2011年12月30日	教育部	教育部关于推进中等和高等职业教育协调发展的指导意见
2012年2月15日	中共中央宣传部、教育部	全国大学生思想政治教育工作测评体系（试行）
2012年3月13日	教育部	教育部关于印发《教育信息化十年发展规划（2011—2020年）》的通知
2012年6月14日	教育部	教育部关于印发《国家教育事业发展第十二个五年规划》的通知

续表

时间	颁布单位	文件名
2012年10月18日	教育部、财政部、人力资源和社会保障部、国务院国有资产监督管理委员会	教育部 财政部 人力资源和社会保障部国务院国有资产监督管理委员会关于印发《职业学校兼职教师管理办法》的通知
2012年10月29日	教育部职业教育与成人教育司	关于实施中英职业教育“影子校长”项目及推荐第一批中方项目人选的通知
2013年1月26日	教育部	教育部关于2013年深化教育领域综合改革的意见
2013年3月20日	教育部	中等职业学校德育课贯彻党的十八大精神教学指导纲要
2013年5月27日	教育部职业教育与成人教育司	关于启动2013年度中德职业教育人员联合培训项目高职骨干教师培训工作的通知
2014年3月6日	教育部	完善中华优秀传统文化教育指导纲要
2014年3月30日	教育部	关于全面深化课程改革 落实立德树人根本任务的意见
2014年5月2日	国务院	国务院关于加快发展现代职业教育的决定
2014年6月16日	教育部、国家发展和改革委员会、财政部、人力资源和社会保障部、农业部、国务院扶贫开发领导小组办公室	教育部等六部门关于印发《现代职业教育体系建设规划（2014—2020年）》的通知
2014年8月25日	教育部	教育部关于开展现代学徒制试点工作的意见
2014年10月17日	教育部党组、共青团中央	关于在各级各类学校推动培育和践行社会主义核心价值观长效机制建设的意见
2014年12月22日	教育部	中等职业学校德育大纲（2014年修订）
2015年3月28日	国家发展和改革委员会、外交部、商务部	三部委联合发布《推动共建丝绸之路经济带和21世纪海上丝绸之路的愿景与行动》
2015年5月8日	国务院	国务院关于印发《中国制造2025》的通知
2015年7月29日	教育部	教育部关于深化职业教育教学改革全面提高人才培养质量的若干意见
2015年10月19日	教育部	教育部关于印发《高等职业教育创新发展行动计划（2015—2018年）》的通知
2015年10月26日	国家旅游局、教育部	国家旅游局 教育部关于印发《加快发展现代旅游职业教育的指导意见》的通知
2015年11月14日	教育部	教育部关于同意建立天津中德应用技术大学的函
2015年11月25日	工业和信息化部	工业和信息化部关于印发贯彻落实《国务院关于积极推进“互联网+”行动的指导意见》行动计划（2015—2018年）的通知
2015年12月28日	上海市教育委员会、上海市人力资源和社会保障局、上海市发展和改革委员会、上海市财政局、上海市经济和信息化委员会	上海市教育委员会 上海市人力资源和社会保障局 上海市发展和改革委员会 上海市财政局 上海市经济和信息化委员会关于印发《上海现代职业教育体系建设规划（2015—2030年）》的通知
2016年3月21日	教育部职业教育与成人教育司	关于印发《职业教育与继续教育2016年工作要点》的函
2016年5月5日	教育部职业教育与成人教育司	关于做好职业教育专业教学资源库2016年度相关工作的通知

续表

时间	颁布单位	文件名
2016年5月11日	教育部、国务院国有资产监督管理委员会、国家发展和改革委员会、工业和信息化部、财政部、人力资源和社会保障部、国家税务总局等	教育部等七部门关于印发《职业学校教师企业实践规定》的通知
2016年7月15日	教育部	教育部关于印发《推进共建“一带一路”教育行动》的通知
2016年7月6日	人力资源和社会保障部	人力资源和社会保障事业发展“十三五”规划纲要
2016年9月15日	教育部	中等职业学校学生公约
2016年10月28日	教育部、财政部	教育部 财政部关于实施职业院校教师素质提高计划（2017—2020年）的意见
2016年12月16日	教育部、国家发展和改革委员会、民政部、财政部、人力资源和社会保障部，国务院扶贫开发领导小组办公室	教育脱贫攻坚“十三五”规划
2017年1月10日	国务院	国务院关于印发国家教育事业发展“十三五”规划的通知
2017年2月24日	教育部职业教育与成人教育司	关于印发《职业教育与继续教育2017年工作要点》的函
2017年2月24日	教育部、人力资源和社会保障部、工业和信息化部	教育部 人力资源和社会保障部 工业和信息化部关于印发《制造业人才发展规划指南》的通知
2017年3月31日	教育部	教育部办公厅关于印发《职业院校教师素质提高计划项目管理办法》的通知
2017年5月22日	教育部、国务院扶贫开发领导小组办公室综合司	教育部办公厅 国务院扶贫办综合司关于印发《贯彻落实〈职业教育东西协作行动计划（2016—2020年）〉实施方案》的通知
2017年8月31日	教育部	教育部关于进一步推进职业教育信息化发展的指导意见
2017年11月17日	教育部职业教育与成人教育司	关于开展《高等职业教育创新发展行动计划（2015—2018年）》2017年执行绩效数据采集工作的通知
2018年1月2日	中共中央、国务院	中共中央 国务院关于实施乡村振兴战略的意见
2018年1月15日	教育部、国务院扶贫开发领导小组办公室	教育部 国务院扶贫办关于印发《深度贫困地区教育脱贫攻坚实施方案（2018—2020年）》的通知
2018年2月5日	教育部、国家发展和改革委员会、工业和信息化部、财政部、人力资源和社会保障部、国家税务总局	教育部等六部门关于印发《职业学校校企合作促进办法》的通知
2018年2月11日	教育部、国家发展和改革委员会、财政部、人力资源和社会保障部、中央编办	教育部等五部门关于印发《教师教育振兴行动计划（2018—2022年）》的通知
2018年2月26日	教育部职业教育与成人教育司	关于印发《职业教育与继续教育2018年工作要点》的函
2018年2月26日	中共中央、国务院	关于分类推进人才评价机制改革的指导意见

索　引

CBE 课程 / 130
MES 课程 / 131
2 年制教育硕士培养 / 178
6 年本硕连读贯通培养 / 178
21 世纪海上丝绸之路 / 21

A

爱国主义教育 / 208

B

半工半读模式 / 112
半工半读学校 / 3

C

产教融合 / 19
产教深度融合 / 26
产学合作 / 231
产学研一体化办学模式 / 119
产业结构调整 / 10
厂中校 / 31
成人高校 / 9
初等职业教育 / 6
“从学校到生涯”（STC）/ 253

D

达·芬奇计划 / 255
“大德育”观念 / 217
大规模定制化 / 259
大学内设职业技术师范学院 / 32
大职教观 / 56
道德行为 / 208
道德教育方法系统 / 219
道德两难问题讨论法 / 225
道德认知 / 222
道德认知发展法 / 225
道德实践 / 220
道德素养 / 214
德育方法体系 / 221
德育监督管理 / 213

德育科学决策 / 216
德育课程 / 207
德育课教材 / 211
德育模式 / 224
德育目标体系 / 221
德育内涵 / 211
德育内容体系 / 221
德育评价体系 / 221
德育渗透 / 224
德育途径体系 / 221
德育原则 / 22
德育政策 / 205
德育指导思想 / 207
邓小平理论 / 210
地方学校 / 101
顶岗实习 / 28
订单培养 / 122
定向培养 / 10
东西部合作办学 / 19
独立设置职业技术师范学院 / 32
短期职业大学 / 4
多元办学格局 / 15

F

非学位教育和培训 / 230
非正规教育 / 236
分段模式 / 112
服务育人 / 224

G

高本贯通 / 74
高等工程专科学校 / 85
高等工业专科学校 / 90
高等技术应用性专门人才 / 42
高等应用性专门人才 / 40
高等职业技术教育 / 8
高等职业技术学校 / 10
高等职业教育 / 4
高等职业教育德育 / 211
高等职业学校 / 6
高等专科教育 / 4
高等专科学校 / 8
高级技艺性人才 / 40
高校德育 / 32
高校扩招政策 / 10
工学交替 / 12
工学结合 / 22
工学结合课程 / 31
公益劳动 / 220
关停转制 / 10
管理干部学院 / 8
管理体制 / 14
管理育人 / 224
贯通培养 / 30

广播电视大学 / 8
国际产能合作 / 29
国际化复合型人才 / 273
国家学分银行 / 76
国家职业标准 / 146
国家资格框架 / 76
国情教育 / 216
国务院部属学校 / 101

H

行业办学 / 12
合作教育 / 240
核心素养 / 31
环境育人 / 224
活动参与法 / 225

J

基于工作过程系统化的职业教育课程 / 31
集体主义 / 216
集团化办学 / 19
计划经济 / 10
技工教育 / 102
技工学校 / 3
技工院校师资培训基地 / 32
技能培训 / 43
技能体系 / 26
技能型人才 / 4
技术本科 / 30
技术技能型人才 / 4
技术型人才 / 45
技术应用型本科 / 74
继续教育 / 16
价值澄清法 / 225
兼职教师 / 19
角色扮演法 / 225
教师培训 / 15
教师企业实践制度 / 23
教学法 / 157
教学工厂模式 / 113
教学计划 / 38
教学实践 / 38
教学制度 / 11
教育博士专业学位 / 161
教育分流 / 10
教育监督站 / 223
教育体制 / 5
教书育人 / 224
教育振兴行动计划 / 12

K

科技服务 / 220
科技兴农 / 236
科教兴国战略 / 68
科学文化素质 / 55

可持续发展 / 57
课程标准 / 53
课程改革 / 23
课程体系 / 25
“宽基础、活模块”课程 / 31

L

劳动力供需 / 233
劳动力市场 / 50
劳模精神 / 215
立德树人 / 23
联合办学 / 9
六路大军办高职 / 13
鲁班工坊 / 25
“绿色证书”教育 / 16

M

马克思列宁主义 / 216
马克思主义理论课 / 208
毛泽东思想 / 216
民办高等职业学校 / 87
民办中等职业教育 / 39

N

能力本位 / 31
能力本位教育 / 31
能力本位课程模式 / 31
农村教育 / 15
农村劳动力转移培训计划 / 16
农村职业教育 / 5
农科教结合 / 15

P

培养模式 / 4
普通教育 / 3
普通教育德育 / 208
普通文化课 / 31
普通中学 / 3
普职比 / 2
普职沟通 / 60
普职融通 / 255

Q

企业办学 / 31
企业实践 / 23
启发式教学 / 225
嵌入模式 / 112
勤工俭学 / 20
全国职业教育工作会议 / 5
全日制中等专业学校 / 100

R

人才观 / 29
人才培养模式 / 22
人才培养目标 / 29
人类命运共同体 / 236

人文教育方式 / 219

S

三不一高 / 13
三多一改 / 13
“三段式”课程 / 31
“三个代表”重要思想 / 210
三改一补 / 9
三级分流 / 6
三教统筹 / 15
商品经济体制 / 67
社会行为体验法 / 225
社会实践 / 226
社会调查 / 226
社会意识形态 / 218
社会主义 / 2
社会主义和谐社会 / 210
社会主义核心价值观 / 23
社会主义核心价值体系 / 214
社会主义精神文明建设 / 181
社会主义市场经济 / 10
社会主义现代化建设 / 2
社会主义新型人才 / 219
生涯导向 / 30
师资培训基地 / 32
实体经济 / 27
实习指导教师 / 157
实训基地 / 17
实训实习 / 164
实用人才 / 13
示范德育工作基地 / 220
示范性高等职业院校建设计划 / 18
示范专业点 / 22
双轨制 / 6
双师素质 / 170
“双师型”教师 / 19
“双师型”教师队伍 / 19
双向选择 / 10
双元制 / 25
双证融通 / 141
丝绸之路经济带 / 21
思想道德建设 / 210
思想道德教育 / 33
思想道德素质 / 209
思想道德修养 / 218
思想品德和政治理论课程 / 207
思想品德课 / 208
思想政治教育 / 32
思想政治课 / 209
思想政治素质 / 23
四大工程 / 17
四五套办 / 10
四项基本原则 / 216

四项计划 / 17
素质教育 / 11

T

统包统分 / 10

W

文化建设 / 206
文化课 / 31
文化课教师 / 156
文化软实力 / 213
文化育人 / 220
文化自觉自信 / 220
五年制高职 / 9
五年制技术专科 / 9

X

先进制造业 / 26
先前学习经验 / 282
现代教育技术 / 234
现代科技手段 / 219
现代农牧业 / 26
现代学徒制 / 22
现代远程教育 / 232
现代职业教育理念 / 35
现代职业教育体系 / 1
乡镇企业联合办学 / 106
项目课程 / 31
校办企业 / 28
校企合作 / 19
校园文化建设 / 210
校园文化节 / 213
心理辅导 / 219
心理健康教育 / 209
心理与就业指导 / 212
新时代中国特色社会主义思想 / 216
新型工业化 / 56
新型职业农民 / 16
虚拟-实体系统 / 259
学分互认 / 76
学历导向 / 35
学历资格证书 / 76
学习型社会 / 44
学校德育体系 / 210
学校基金制度 / 104

Y

业余学校 / 3
“一带一路”倡议 / 33
以就业为导向 / 13
以人为本 / 57
引企入校 / 31
隐性教育 / 225
应用技术本科教育 / 70
应用型人才 / 10

园区化办学 / 19

Z

正规教育 / 191
知行合一 / 28
职工大学 / 8
职工教育 / 3
职工业余大学 / 8
职后培训 / 32
职教中心 / 16
职前培养 / 32
职前职后一体化 / 75
职业操守 / 215
职业初中 / 67
职业大学 / 4
职业道德 / 32
职业道德教育 / 44
职业高中 / 3
职业核心素养 / 152
职业纪律 / 216
职业技能 / 15
职业技术教育 / 3
职业技术教育体系 / 6
职业技术师范学院 / 32
职业技术学校 / 3
职业技术学院 / 13
职业教育 / 1
职业教育办学 / 6
职业教育办学模式 / 16
职业教育标准体系 / 74
职业教育导向 / 35
职业教育德育 / 32
职业教育德育体系 / 221
职业教育工作部际联席会议制度 / 14
职业教育规律 / 61
职业教育国际化 / 25
职业教育和培训体系 / 30
职业教育基础能力 / 16
职业教育集团 / 19
职业教育教师资格 / 155
职业教育培训基地 / 17
职业教育师资 / 17
职业教育体系 / 1
职业教育现代化 / 1
职业教育信息化 / 254
职业教育与培训 / 62
职业教育园区化办学模式 / 117
职业精神 / 33
职业培训 / 57
职业启蒙教育 / 282
职业素养 / 39
职业院校技能大赛 / 28

职业院校教师素质提高计划 / 17
职业指导课程 / 212
职业中学 / 3
职业主义 / 55
职业资格证书 / 26
职业资格制度 / 70
中本贯通 / 74
中初级专门人才 / 12
中等教育结构 / 2
中等教育结构改革 / 3
中等农业技术教育 / 235
中等职业教育 / 2
中等职业教育德育 / 207
中等职业学校 / 3
中等职业学校德育 / 22
中等职业学校德育大纲 / 22
中等职业学校教师在职攻读 / 160
中等职业学校教师专业标准 / 20
中等职业学校学生公约 / 23
中等职业学校专业目录 / 22
中等专业教育 / 3
中等专业学校 / 3
中高职贯通 / 70
中高职协调发展 / 11
中国特色现代职业教育体系 / 30
中国制造2025 / 21
中级技术工人 / 37
中级技术管理人才 / 37
中小学德育 / 32
中小学教育 / 232
中职高职衔接 / 26
中职消亡论 / 11
中专学校 / 9
终身教育理念 / 26
终身学习 / 16
专业带头人 / 162
专业基础课 / 31
专业技术人才 / 39
专业建设 / 26
专业教学标准体系 / 31
专业教学资源体系 / 143
专业群 / 151
专业设置 / 8
专业学位研究生教育 / 30
自主择业 / 10
综合高中 / 41
综合素质 / 57
综合政策 / 217